Es werde *mehr* Licht!

Teilband 1: Die Benennung
Teilband 2: Die *inner*_staatlichen Auswirkungen
Teilband 3: Die *inter*_staatlichen Auswirkungen

Joachim H.E. Endemann

Die *tri*_logische Sezierung des lobbykratischen Zeitalters

Band I

Es werde *m e h r* Licht!

Mehr Demokratie wagen in der Lobbykratie? Untersuchung über die Konsequenzen der bürgerlichen Real-Demokratie

Teilband 1: Die Benennung
Teilband 2: Die *inner*_staatlichen Auswirkungen
Teilband 3: Die *inter*_staatlichen Auswirkungen

Edition !_scheuklappenfrei_! _ Bände1-3
EndemannVerlag

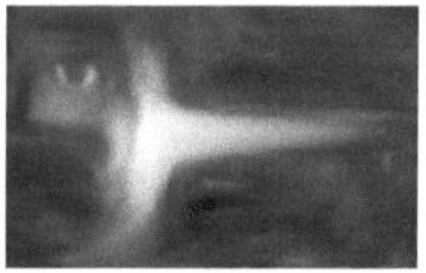

Die *tri*_logische Sezierung des lobbykratischen Zeitalters
Band I

1. Auflage, Juni 2016
2., revidierte Auflage, April 2018

Gestaltung: Joachim Endemann
(__Schriftsatz in 9 + 11 pt Corbel__)

Herstellung: BoD — Books on Demand GmbH, Norderstedt

(__Das für dieses Buch verwendete Papier stammt aus nachhaltiger Waldwirtschaft. Aus drucktechnischen Gründen ist der Aufdruck des diesen Sachverhalt dokumentierenden Siegels des Forest Stewardship Councils FSC® nicht abgebildet.__)

ISBN 978-3-9818019-8-9
(__Teilbände 1-3__)

Die Deutsche Nationalbibliothek verzeichnet diese Publikation in der Deutschen Nationalbibliographie; detaillierte bibliographische Daten sind im Internet über: https://portal.dnb.de abrufbar.

Die autorische Sorge um den Leser wie die Leserin ...

Zu ihrem besseren, also lediglich *restrisiko*_behafteten Durchsteigen, weisen die diesen die

Tri_logische Sezierung des lobbykratischen Zeitalters

eröffnenden Band durchziehenden, gefährlichen Gedankengänge eine den Leser sichernde Layout-Struktur auf, so daß ihm die nicht unrealistische Chance bleibt, aus ihnen (__u.U.__) relativ unversehrt herauszukommen — was nicht gegen den Autor spricht, immerhin geht sie auf seine Initiative zurück.

Vorne weg

Die Ihnen vorliegende, zweite, revidierte Auflage des ersten Bandes der

*Tri*_logischen Sezierung des lobbykratischen Zeitalters

zeichnet sich durch einige Besonderheiten aus, die im folgenden aufgedeckt werden sollen.

Mit diesem Band werden erstmals Gedankengänge sichtbar gemacht. Zwar wurde das schon mit der ersten Auflage des Ihnen vorliegenden Bandes dieser „Trilogie" mittels dreier Textebenen unternommen: Haupttext, Einschubtext und Fußnotentext, war aber noch unzureichend, da diese Ebenen einerseits voneinander nicht zureichend abzugrenzen waren (__Haupttext und Einschubtext__), andererseits sich diese Abgrenzung als zu groß erwies (__Fußnotentext__). Zumal die „Ebene Fußnotentext" ab einer gewissen Länge etwas von einem Fremdkörper bekommt, worunter mitunter die Erkennbarkeit des Zusammenhangs der Verästelungen eines Gedankengangs leiden kann. Denn es hat etwas Faszinierendes, den Begriff „Gedankengang" wörtlich zu verstehen und sich ein Buch als ein Kontinuum von Gedankengängen vorzustellen, dem mittels dieser Technik Ausdruck gegeben werden soll. Es ist also nicht ungewöhnlich, daß Sie auf umfangreiche, optisch abgesetzte Satzgefüge stoßen werden, wodurch eine Text-Struktur entsteht, die die Erschließung des Inhalts eines komplexen Gedankenganggefüges insbesondere dann adäquat unterstützt,

ist sie mit strukturgebenden Layout-Elementen versehen.

Zumal das Verwenden solcher Elemente erlaubt, einen optisch abgesetzten, den Zusammenhang fördernden Gedankennebengang einzuflechten,

*_ohne_*

den Gedankengangverlauf zu verwirren, was der Fall wäre, wenn eine solche *gedanken_*nebengangliche Einflechtung *_ohne_* optische Absetzung vom Gedankenhauptgang bliebe.

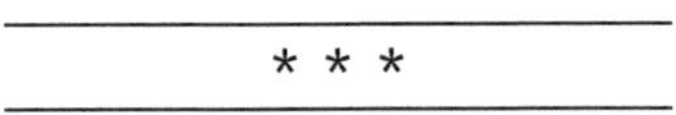

Leider gilt es als „modern", Bücher mit möglichst vielen kurzen Sätze zu schreiben. Zwar kann es sein, daß ein kurzer Satz einem Text Dynamik und / oder Stringenz verleiht. Kommt es aber zur Aneinanderreihung von kurzen Sätzen, werden mitunter Begriffswiederholungen notwendig, daß dem lesenden Menschen deutlich bleibe, daß bspw. im sechsten kurzen Satz weiterhin die Rede von einem Objekt ist, das im ersten Satz nicht nur erwähnt, sondern weiterhin die entscheidende Rolle spielt. Da aus meiner Sicht eine quasi ausschließliche Verwendung solcher Sätze die Fragmentierung des Denkens befördert, erscheint mir das insbesondere dann als wenig geeignet, soll eine gewisse thematische Weitläufigkeit verschriftet werden, denn dazu bedarf es der entsprechenden, in einem Gedankengangkomplex aufgehobenen Erläuterung, die, wenn schon nicht in einen einzigen, so doch möglichst in wenige Sätze gehört, die dann als Verästelungen dieses Komplexes zu verstehen sind — der mittels der oben angesprochenen Text-Layout-Struktur dem lesenden Menschen ein relativ gefahrloses Durchsteigen erlaubt, so daß er aus der thematischen Weitläufigkeit des verschrifteten Gedankengangkomplexes (__u.U.__) relativ unversehrt wieder herauskommen wird.

* * *

Die Verwendung der alten Sprachregeln findet

übrigens nicht darin ihren Grund, sich aus einem nostalgischen Reflex heraus davon nicht lösen zu können, sondern darin, daß ich es nicht akzeptiere, daß vorhandene grammatische Regeln nicht von Schriftstellern und Sprachwissenschaftlern, sondern von Kulturbürokraten verändert werden, wobei von diesen noch vorgegeben wird, die Zielsetzung sei eine „Vereinfachung" solcher Regeln.

Eine sprachliche Vereinfachung als Zielsetzung zu haben,

ist aus meiner Sicht aber nur dann erlaubt, wird der Wortsinn nicht zerstört.

Als Beispiel sei das Verb „kennenlernen" gegeben, das man irgendwann einmal zwar auch nicht zusammengeschrieben verwendet, dann aber nach reiflicher Überlegung einst klar erkannt hatte, daß das Kennenlernen eines Menschen lerntechnisch nicht möglich ist, sondern es sich dabei um einen Annäherungsprozeß handelt, der u.U. ein ganzes Leben währen kann, also nichts mit „lernen", sondern alles mit einer besonderen Art und Weise des Begreifens, des Verstehens und des Akzeptierens zu tun hat.

Es ist nämlich kein Ausweis von Fortschritt, daß diese hier exemplarisch angemerkte Erkenntnis wieder rückgängig gemacht worden ist, indem man durch eine bürokratisch verursachte Rechtschreibreform verfügt hatte, daß man nun nicht mehr „kennenlernen", sondern „kennen" „lernen" zu schreiben habe, da das „leichter" zu lernen sei. Wer dann in einem zweiten „Reformschritt" noch verfügte, daß sowohl die Schreibung „kennenlernen" als auch „kennen" „lernen" richtig wäre, kann nur als Verschlimmbesserer bezeichnet werden.

Eine weitere Besonderheit aller, in der Edition *!_scheuklappenfrei_!* erscheinenden Bände, liegt in der Verwendung der Abkürzung „u.f.Z.". Diese Abkürzung steht aus dem Grunde für „unsere fragliche Zeitrechnung", da weder durch die gewohnte Verwendung der Phrasen: „unsere Zeitrechnung" noch: „nach Christi Geburt" ein tatsächlich korrekter zeitlicher Fixpunkt benannt wäre, sondern einst allein durch den Zusammenbruch des Römischen Reiches[1] zeitliche

[1] Im Westen mit der Absetzung des letzten römischen Kaisers im Jahre 476 u.f.Z. anzusetzen. Dieser Prozeß ging wohl mit einer Durchmischung ansässiger Stämme mit Nomadengruppen aus Zentralasien einher. Im Osten ging das Oströmische Reich Mitte des 7. Jahrhunderts ins Byzantinische Reich über, wofür wahrscheinlich auch dort die primäre Ursache in der Überdehnung eines Großreiches und seinen dadurch bedingten, stetigen kriegerischen Auseinandersetzungen liegt.

Unklarheiten und Lücken entstanden sind, die Bezeichnungen wie „unsere Zeitrechnung" oder „nach Christi Geburt" zu einer Glaubensangelegenheit werden lassen und dem Versuch entsprechen, „Sicherheit" und „Klarheit" zu suggerieren, wenn es lediglich Vermutungen geben kann.

* * *

Im Rahmen dieser Vorbemerkungen möchte ich noch darauf hinweisen, daß es sich nicht um einen Druckfehler handelt, lesen Sie im Text das Wort „Wahlkrampf". Die Begründung für dessen Verwendung erschließt sich Ihnen im Laufe der Lektüre gewiß.

* * *

Zum Abschluß dieser Vorbemerkungen möchte ich Ihre Aufmerksamkeit noch auf zwei bemerkenswerte Menschen lenken.

Hier ist einmal zu nennen Prof. Dr. Heiner Flassbeck, dessen Bücher sowie Artikel und Vorträge mir erlaubt haben, ein tatsächlich gesichertes Verständnis von dem zu bekommen, was jeder andere per se zu verstehen scheint: Wirtschaft. Allerdings gehe ich nicht davon aus, daß Heiner Flassbeck mit meinen Schlußfolgerungen immer einverstanden sein wird. Aber geht es darum?[2]

[2] Meine Empfehlung an den Leser dieser vorliegenden Untersuchung ist jedenfalls die, sich über Wirtschaftsfragen auf der Internet-Seite des von Heiner Flassbeck und Paul Steinhardt herausgegebenen Wirtschaftsmagazins *Makroskop — Kritische Analysen zu Politik und Wirtschaft aus einer gesamtwirtschaftlichen Perspektive* zu informieren, dessen Internet-Adresse folgende ist: *makroskop.eu*.

Der andere Mensch ist meine Frau Kirsten Grunau. Sie ist es, mit der ich mein Leben teile, mit der ich meine Studienreisen unternehme, mit der ich meine schriftstellerische Arbeit bespreche, die meine zu veröffentlichenden Schriften korrekturliest, mit der ich die Perspektiven für die in der *Edition !_scheuklappenfrei_!* erst noch erscheinenden Bücher entwickle und die mir, last but not least, als hervorragende Anglistin erlaubt, meine in die deutsche Sprache gefaßten Gedanken in ein angemessenes Englisch zu übersetzen, wovon in absehbarer Zeit die Leser im englischsprachigen Raum auch in Print-Ausgaben profitieren können.

Die *tri*_logische Sezierung des lobbykratischen Zeitalters

Band I

Es werde *m e h r* Licht!

Teilbände 1-3

Inhaltsverzeichnis

Teilbände 1 – 3

Vorwort

Der Inhalt des Ihnen vorliegenden Buches mit seinen Teilbänden geht zurück auf Überlegungen, die von mir in den letzten fünfunddreißig Jahren angestellt und mitunter notiert worden sind. Auf Grund der Entwicklungen im Rahmen der in der zweiten Hälfte des Jahres 2007 offen zutage getretenen Finanzkrise, setzte eine Rekapitulation solcher Gedanken und des dazu Notierten ein, gefolgt von ihrer Inbeziehungsetzung mit den im Rahmen dieser „Krise" sich ergebenden Ereignissen, den damit verbundenen politischen Maßnahmen und den daraus sich ergebenden Auswirkungen bzw. Konsequenzen — dies mit Blick auf die Europäische Union (__EU__), d.h. insbesondere die Europäische Währungsunion (__EWU__). Zudem unter Einbeziehung der politischen Entwicklungen seit der primär vom „Westen" verursachten Destabilisierung Nordafrikas (__Libyen__), des Nahen Ostens (__Syrien__) und der auf Rußland zielenden Destabilisierungsversuche durch offene Eingriffe in die Politik der Ukraine (*__beginnend in den 2000er Jahren und keineswegs mit dem Putsch im Jahre 2014 und der Installierung einer pro-westlichen Regierung dort endend__*).

Die Ergebnisse dieser Politik sind nicht nur verheerend, sondern auch Ausdruck einer Ideologie, die mit der Bezeichnung „Neoliberalismus" richtig umschrieben und von der insbesondere zu Beginn des Teilbandes 1 des Bandes I der *Tri*_logischen Sezierung des lobbykratischen Zeitalters die Rede ist.

Eine erste schriftliche Zusammenfassung solcher Überlegungen erfolgte im Jahre 2009. Leitend war stets der Gedanke, keine tagespolitischen Betrachtungen anzustellen, dient diese Schrift schließlich dem Zweck, aktuelle Beispiele politischer Tendenzen (__*die in zehn oder zwanzig Jahren zwar andere sein mögen*__) auf eine Weise auszuleuchten, daß deutlich werden kann, welche Wirkmechanismen ihnen zugrunde liegen und in welcher Richtung sie sich ereignen, bzw. welchen Weg das Menschengeschlecht beschreitet ...

Was es mit dem „Potential des Menschengeschlechts" überhaupt auf sich hat , wird übrigens Thema einer später zu veröffentlichenden, weit aufgefächerten Untersuchung sein, in die aus einem anderen Kontext stammende, ebenfalls in den letzten Jahrzehnten angestellte Überlegungen einfließen werden, und die sich in ihrem letzten Teil mit den im vierten Teilband dieses ersten Bandes der *Tri*_logischen Sezierung dokumentierten Ergebnissen, und dem daraus abzuleitenden, „alternativen Lösungswegs", verschränken wird. So daß es nicht falsch wäre, insbesondere diesen ersten Band der *Tri*_logischen Sezierung als eine Hinführung zu verstehen, die mit Hilfe aktueller Beispiele,

insbesondere dokumentiert im zweiten Band dieser *Tri*_logischen Sezierung[1],

[1] Das heißt in dem im Dezember 2016 in der Edition !_scheuklappenfrei_! des EndemannVerlages erschienenen Buch: *Zwischenrufe in satirisch-politischen Variationen oder Reale Betrachtungen dadaistisch-surrealer Phänomene in der Lobbykratie*.

das Problem des Menschengeschlechts, nämlich die Blockierung seines Potentials, in ein *erstes Licht der Aufklärung* setzt — immerhin ist das grundsätzliche Ziel die Aufdeckung und das Erkennen von wesentlichen Zusammenhängen. Das heißt die zweite, sich mit den Ursachen des blockierten Potentials des Menschengeschlechts auseinandersetzenden Untersuchung, erwächst aus den Ergebnissen der letzten Kapitel dieser ersten, Ihnen vorliegenden.

Zur Weitung des Horizonts und zur eigenen Abgrenzung

von den heutigen kulturschaffenden Intellektuellen des lobbykratischen Zeitalters, werfe ich nun einen streifenden Blick auf einige Geistesgrößen, mit denen ich mich verbunden fühle und die ich gern persönlich kennengelernt hätte. Dennoch möchte ich nicht zum Ausdruck bringen, daß diese Untersuchung eine Hommage an sie wäre, sondern lediglich, daß sie für ein Denken und Handeln stehen, das heute allein deshalb keinen „fühlbaren" Einfluß mehr auf den gesellschaftlichen Entwicklungsprozeß ausüben kann, da ein solcher Prozeß gar nicht mehr stattfindet. Für diese Geistesgrößen war eine bedeutende Plattform *Vanity Fair*.

Das in seiner ursprünglichen Fassung von 1913 bis 1936 erschienene us-amerikanische Magazin *Vanity Fair*, entwikkelte sich insbesondere unter seinem Herausgeber, dem Kunstsammler, Journalisten, Kunst- und Theaterkritiker und einem der Begründer des *Museums of Modern Art*, Frank Crowninshield, zu einer herausragenden bürgerlichen Gesellschaftszeitschrift, die in das 20. Jahrhundert Raffinesse, gute

Umgangsformen und Eleganz des *Fin de Siècle* herüberzuretten suchte und zugleich *dem* Bedürfnis ein Medium gab, die Entwicklungen dessen, das man heute als *Ausdruck der Moderne* bezeichnen kann und die Begeisterung fürs JAZZ-Zeitalter in die us-amerikanische Gesellschaft zu tragen, wodurch in der Folge auch die innovativen Tendenzen in der vom ersten Teil des Großen Krieges verursachten, zerrütteten Mentalität in Europa flammend befördert wurden, was diese Zeitschrift zur bürgerlichen Avantgarde des unerschrocken Gezeigten von Schönheit und Neuem werden ließ.

Die Idee MoMA

geht zurück auf die Schaffung des *Musée du Luxembourg* in Paris als Ort der Versammlung der Werke zeitgenössischer Künstler im Jahre 1818, sozusagen als ein Ergebnis der Französischen Revolution. Für die Gründung des MoMAs Ende des Jahres 1929 selbst kam gewiß eine besondere Bedeutung zu dem damaligen Direktor des Hannoverschen Landesmuseums,

Alfred Dorner,

der, nach eigener Aussage, das Museum als Ort verstand, wo fürs gesellschaftlich breite und mit einem künstlerisch unentwickelten Bewußtsein ausgestatteten Publikum es zur Begegnung mit Kunstwerken kommt, deren Ziel die Entwicklung eines solchen Bewußtseins ist und das zugleich dient der Darstellung der Entwicklung des menschlichen Geistes, gezeigt am Beispiel der am meisten unabhängig und lebendig geschaffenen zeitgenössischen Kunstwerke, und es waren

(__zu werten als Versuch der Konsequenz_*Ziehung* aus der vom ersten Teil des imperialistischen Krieges resultierenden *Selbst*_Zerstörung der bürgerlichen Gesellschaft__)

diese Idee sowie die Begegnung mit der im Jahre 1919 vom Architekten

Walter Gropius

geschaffenen Kunstschule, um den Begriff „Akademie" zu vermeiden, des *Bauhauses*, die sich verschrieben hatte dem Unterricht der sich überlappenden Gebiete von Kunst und Handwerk, so daß deutlich würde der Zusammenhang von Malerei, Photographie, Architektur und Design (__von *Gebrauchsgegenständen*__), die wiederum im November des Jahres 1929

Alfred H. Barr

Gründungsdirektor des MoMAs werden ließen, der in diesem Monat den Lesern von *Vanity Fair* u.a. von den Motiven zur Realisierung dieses Museums berichtet.

Also war *Vanity Fair* eine Zeitschrift, für die, mit intellektuellem Anspruch und Experimentierfreudigkeit sowie politischer Aufgeschlossenheit ausgestattete Geistesgrößen aktiv waren, die für unser kollektives Bewußtsein von jener Zeit die prägenden Eindrücke schufen. — Geistesgrößen, die in jeder Hinsicht fern von den heutigen, moralisch heruntergekommenen und geistig ausgelaugt wirkenden bürgerlichen Intellektuellen sind.

Als das Auge von *Vanity Fair*,

prägten der von 1890 bis 1976 lebende Photograph, Maler, Filmemacher, Dadaist und Surrealist

Man Ray

und der von 1879 bis 1973 gelebt habende Photograph und Maler

Edward Steichen

das photographisch in unsere Zeit hineinragende Bild der Zeit zwischen den beiden Teilen des großen Krieges des zwanzigsten Jahrhunderts.

Aldous Huxley,

1894-1963, dessen *Brave New World* (1932) sozusagen das Wetterleuchten von George Orwells *1984* (1949) ist, schrieb u.a. im Mai 1925 für diese Zeitschrift:

What, exactly, is modern?

Ein Essay, in dem der Autor den Leser darum bittet, Wortbegriffe im Sinne ihrer Bedeutung zu verwenden und nicht leichtsinnig — denn das möge zwar „modisch" sein, dies aber sei keineswegs gleichbedeutend mit „modern".

Während Huxley darin davon schreibt,

daß der unbedarfte Gebrauch von Begriffen zu vermeiden

sei und er das gut an Beispielen aus der Musik, der bildenden Kunst und der Literatur darlegt,

spricht er noch nicht von der anderen Möglichkeit, Begriffe nicht angemessen zu verwenden:

zur Erweckung eines bestimmten, geneigt machenden Eindrucks bei der Masse der Menschen eines Staates.

Der erste Teil der vorliegenden Untersuchung dient der Klärung von oft in diesem Sinne verwendeten Begriffen, wie bspw. der mythische Begriff „soziale Marktwirtschaft".

T.S. Eliot,

1888-1965, der in *Vanity Fair* einige seiner Gedichte im Juli 1923 veröffentlicht, spricht in seinem 1921 erschienenen, großen Einfluß auf die Kulturinteressierten ausübenden Essay,

The metaphysical poets,

von einer

dissociation of sensibility.

Dies eine Bezeichnung, die ihm dazu dient, den

Verlust der „Einheit aus Gefühl und Denken",

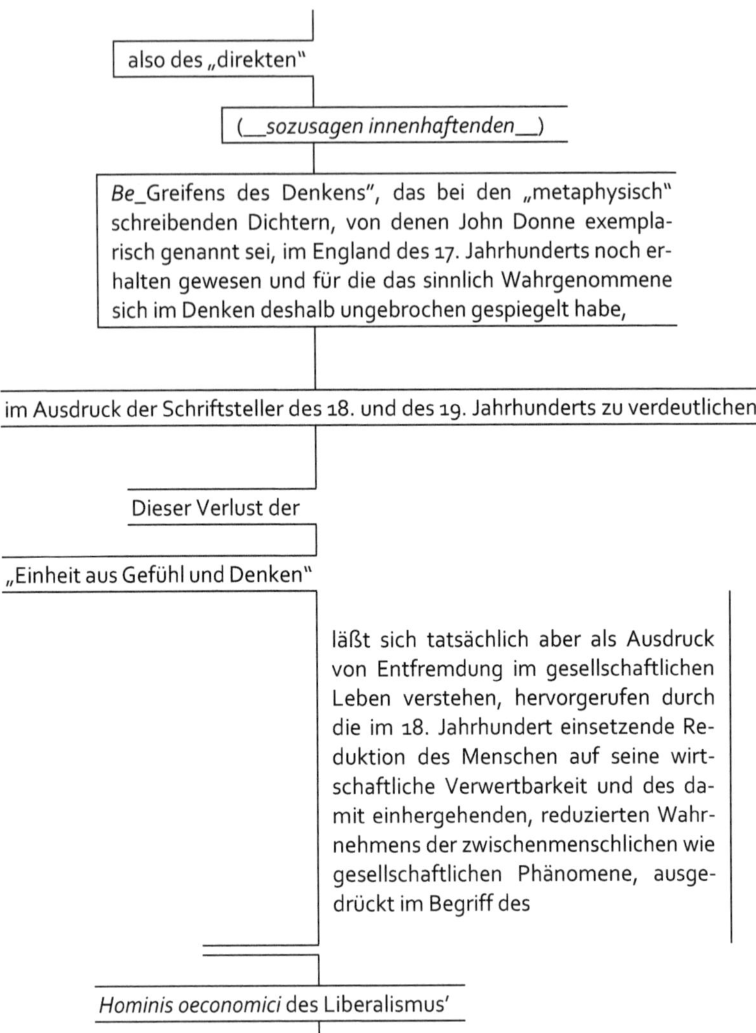

also des „direkten"

(__*sozusagen innenhaftenden*__)

*Be*_Greifens des Denkens", das bei den „metaphysisch" schreibenden Dichtern, von denen John Donne exemplarisch genannt sei, im England des 17. Jahrhunderts noch erhalten gewesen und für die das sinnlich Wahrgenommene sich im Denken deshalb ungebrochen gespiegelt habe,

im Ausdruck der Schriftsteller des 18. und des 19. Jahrhunderts zu verdeutlichen.

Dieser Verlust der

„Einheit aus Gefühl und Denken"

läßt sich tatsächlich aber als Ausdruck von Entfremdung im gesellschaftlichen Leben verstehen, hervorgerufen durch die im 18. Jahrhundert einsetzende Reduktion des Menschen auf seine wirtschaftliche Verwertbarkeit und des damit einhergehenden, reduzierten Wahrnehmens der zwischenmenschlichen wie gesellschaftlichen Phänomene, ausgedrückt im Begriff des

Hominis oeconomici des Liberalismus'

jener Zeit, wenn auch eines vergleichsweise moderaten Modell-Vorläufers des

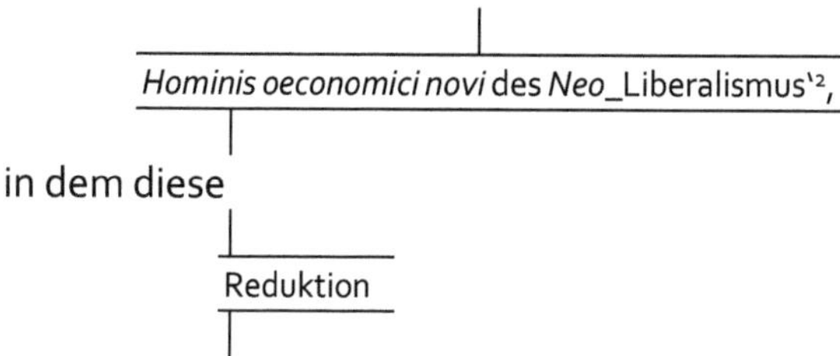

Hominis oeconomici novi des *Neo*_Liberalismus'[2],

in dem diese

Reduktion

derartig bestimmt ausformuliert worden ist, daß es keine sonderliche Empörung mehr unter bürgerlichen Intellektuellen auslöst, wenn die Rede vom

Ergebnis solcher Reduktion ist.

Denn, da heutzutage vollständig einer Lobbykratie gewichen, wäre es _*nicht*_ mehr adäquat, dieses Ergebnis als

„marktkonforme 'Demokratie'"

zu bezeichnen, da auf diese Weise schon längst nicht mehr die tatsächliche Beschaffenheit der bürgerlichen Gesellschaft angemessen benannt wäre, ist diese doch lediglich noch als

marktkonforme Gesellschaft,

d.h. vollkommen auf die Bedürfnisse eines gesellschaftlichen Fremdkörpers hin zugeschnittene — also als menschlich reduzierte Gesellschaft zu verstehen.

[2] Die Vorsilbe „Neo" läßt vermuten, daß es sich beim „Neoliberalismus um einen aktualisierten „Liberalismus" handele. Wie aber im ersten Teil des Ihnen vorliegenden Buches gezeigt werden wird, kann dieser Eindruck deshalb entstehen, da es sich dabei um einen der Verschleierung der tatsächlichen Verhältnisse dienenden, also orwellianischen Begriff handelt.

Ferenc Molnár,

1878-1952, diesem Journalisten und Romancier wird man nicht gerecht, beschränkt man sich auf die sprachliche Schönheit und die romantisch daherkommende Handlung seiner, das Gemüt ansprechenden Kurzgeschichten, gelingt ihm doch so bündig wie bewegend sowie mit beißendem Spott, die schöne Fassade zu durchstoßen, so daß der Blick frei wird auf die Abgehängten einer heuchlerischen Gesellschaft. Auch ihm war *Vanity Fair* ein Medium.

Gertrude Stein,

1874-1946, Ausnahmeerscheinung, und schon allein deshalb von dieser Zeitschrift ihren Lesern zur Kenntnis gebracht, die als Autorin zu bezeichnen selbstverständlich möglich, aber nicht zureichend wäre, obwohl sie auch Autorin war, immerhin ist ihr Werk geprägt vom

Hantieren mit Worten nach eigenen Regeln,

und insofern in der Tradition derer stehend, und sie durchaus beeinflußt habend, aber,

wie diese,

auf sehr feine Weise auf die

*Selbst*_Zerstörung

der bürgerlichen Zivilisation reagierend, die der erste Teil des großen imperialistischen Krieges mit sich brachte, also hier insbesondere die

Dadaisten, die Kubisten und die Surrealisten

zu nennen sind, so daß man sie zwar als eine

schrift_*stellende* DadoKuboSurrealistin

bezeichnen könnte, vorausgesetzt man ist geneigt, sie, als diese Elemente in sich habend, und selbst wieder prägend bis in unsere Zeit wirkend, eigenständig wahrzunehmen, sie demnach richtigerweise vor allem Gertrude Stein ist, wobei es vielleicht zu einfach wäre,

_*d i e s e*_

Einflußnahme habe sie über jenen von ihr variantenreich gesetzten Satz ausüben wollen, der aus der wiederholten Wiederholung des Wortes „Rose" besteht und bei dessen Interpretation die Meinungen auseinandergehen.

Denn nehmen wir an,

es handele sich bei „Rose" um eine Blume, eine Rose, dann ist es wahrscheinlich, daß wir sie mit der Farbe Rot und mit dem Begriff für anmutiges Äußeres, also Schönheit, assoziieren:

Rose ist Schönheit in Röte.

Oder „Rose" ist der Name eines Menschen: eines Mädchens, das bspw. wissen möchte, ob die Erde wirklich rund ist, denn das wurde ihr in der Schule erzählt, was zu glauben ist, bis man sich auf den Weg begibt, diese Behauptung eigenständig zu überprüfen — indem man, bspw., um den Weg abzukürzen, einen Baumstamm umwandert und gleichzeitig wiederholt sooft den eigenen Namen auf ihn schreibt, bis das Ende an seinen Anfang gekommen ist: „Rose ist eine Rose ist eine Rose ist eine Rose ist eine Rose" — rund und in sich geschlossen wie die Erde: und deshalb „Rose". (__*Dies eine zulässige Interpretation der Steinschen Rose?*__)

Jean Cocteau,

1889-1963, als avantgardistischer Schriftsteller, Künstler und Filmemacher, gehörte Cocteau zu den häufig für *Va-*

nity Fair schreibenden Essayisten, der dann u.a. Anekdotisches zu erzählen wußte über von ihm mit verursachten Ereignissen, die zumindest den allgemeinen künstlerischen Prozeß beeinflußten,

wenn nicht gar initiierten,

wie das einaktige Ballett „Parade — Ballet réaliste", für das Picasso die Kostüme entwarf, Eric Satie die Musik und Léonide Massine die Choreographie komponierten, während Cocteau das Drehbuch schrieb, und das vom als einflußreichstes choreographisches Ensemble des 20. Jahrhunderts geltenden *Ballets Russes* des Impresarios Sergei Diaghilev im *Théâtre du Châtelet* am 18. Mai des Jahres 1917 zur Aufführung gebracht wurde, dessen Handlung sich um den Wettstreit dreier Zirkusgruppen dreht, die

Aufmerksamkeit des Publikums

auf sich und von den anderen abzulenken ...

Eine gewöhnliche, dem normalen bürgerlichen Leben entnommene Handlung also, die aber wegen ihrer eigentümlichen Aufführungsweise von Guillaume Apollinaire als

eine „Art von Surrealismus"

bezeichnet wurde, was sozusagen eine Vorwegnahme dieses, einige Jahre später erst stil_*benennenden* Begriffs wurde.

Von diesem Theaterstück berichtete Cocteau im September 1917 den Lesern von *Vanity Fair*.

Wobei der diese Erstaufführung begleitende Skandal, also die Einbeziehung des real anwesenden bürgerlichen Publikums, durchaus als Teil der auf der Bühne inszenierten bürgerlichen Handlung interpretiert werden kann.

Übrigens wird schon damals im Oktober 1922 der in *Vanity Fair* erschienene Essay Cocteaus eine lohnende Lektüre gewesen sein:

The Public and the Artist —

und das gilt bis heute:

„Entfalte jene Qualitäten in dir, für die man dich allgemein tadelt, denn in ihnen spiegelt sich von dem, das du selbst bist."

Theodore Dreiser,

1871-1945, mit der notwendigen Empfindsamkeit ausgestattet, schärfte sich Dreisers Blick für die sozialen Ursachen menschlichen Verhaltens, denen,

wegen der anfänglichen Plastizität des Menschen,

der wesentliche

Einfluß auf den im Uterus erfolgenden

„Verwebungsprozeß" zuzusprechen ist, nämlich

von sozioökologisch und genetisch bedingten „Anlagen"

zu dem, was nachgeburtlich seine „charakterliche Ausprägung" durch die soziale wie die natürliche Umwelt erfährt.[3]

---

[3] Siehe den Teilband 4 des Ihnen vorliegenden Buches: Die *tri*_logische Sezierung des lobbykratischen Zeitalters, Band I: *Es werde mehr Licht! [...]*, d.h. dort das Kapitel 25: „Skizzierung des sozialen Rechtsstaates, Teil 2".

|

Diese Empfindsamkeit und seine Tätigkeit als Journalist, befähigen ihn später als Schriftsteller nicht nur mit scharfem Blick die Bedingungen zu beschreiben, die Menschen mickerig werden lassen, sind sie dem sozialen Druck solcher gesellschaftlichen Bedingungen deshalb ausgesetzt, da deren materielle Möglichkeiten beschränkt sind, sondern gleichfalls pointiert Kritik zu üben am ökonomischen System des „Westens", wie sie beispielsweise in *Tragic America* zum Ausdruck kommt, einem Buch, das im Jahre 1931 in den USA veröffentlicht worden und der Bericht über eine von Dreiser unternommene lange Reise durch die Vereinigten Staaten z.Z. der Großen Depression ist, aus dem ein kurzes Zitat hier nun aus dem Grunde folgt, da es

| _*S i e*_

als Leser der vorliegenden Untersuchung auffordert, gedanklich zwischen Dreisers Rede und *I h r e m* Wissen von den heutzutage weltweit durchgesetzt werdenden Bedingungen zur dauerhaften Etablierung eines Systems, das tatsächlich lobbykratisch ist und deshalb jede _*tatsächliche*_ demokratische Entwicklung im Keim verhindern will, zu wechseln:

ZITAT

[...] Das zutiefst Beunruhigende am heutigen Amerika ist, daß es als ausgemacht gilt, daß dem talentierten und starken Menschen, obwohl egozentrisch, selbstsüchtig und vollständig unsozial, trotzdem keine Zügel angelegt werden sollten, da er Teil eines mutmaßlich ganz und gar sozialen Staates sei, der eingerichtet worden war, das Recht auf Chancengleichheit zu garantieren. Aber Chancengleichheit kann unmöglich ein Freibrief sein für den Durchtriebenen und Raffgierigen, der Nutzen aus dieser Chancengleichheit zieht bei der Etablierung von bestimmten, oder anders ausgedrückt, unbegrenzten persönlichen Sonderrechten, verbunden mit der damit einhergehenden Macht, wohingegen die restlichen neunzig bis fünfundneunzig Prozent der Bürger dieses Landes vergleichsweise nur schlecht zurechtkommen.

[...] Von dem Ausgangspunkt ausgehend, wo ein geschicktes Individuum Millionen und sogar hunderte von Millionen Dollar auf eigene Rechnung zusammenraffen und reinvestieren konnte, sind wir an einen Punkt gelangt, wo es heutzutage nicht mehr auf sich allein gestellt ist, Banken, Geschäfte, Unternehmen und dergleichen zu gründen, sondern zu diesem Zweck sich andere mit ihm verbinden, wodurch sie (__und ohne annährend so viele Schwierigkeiten wie früher__) jetzt selbst die Staatsführung dirigieren. Denn auf wen hört man innerhalb oder außerhalb der gesetzgebenden Versammlung, in den Bundesstaaten oder ihren Städten und Gemeinden, wenn nicht auf Trusts, ihre Banken und ihre Mietlinge? Diese, durch ihre kombinierten Instrumente — Politiker, Polizei, Gerichte, Anwälte, und wen sie sonst noch für sich arbeiten lassen und bestimmen mögen — sind nunmehr nicht nur in der Lage ihre gemeinsamen Millionen oder Milliarden zu bewahren, sondern ihnen auch weitere hinzuzufügen. Mehr noch, indem sie dies tun, legal oder illegal, und dabei stets mit Billigung der Regierung, und merken Sie es wohl, benutzen sie diese [Millionen] nicht nur dazu, jeden Wettbewerb zu zerstören, sondern zwingen auch die Regierung und das Volk, unter deren Auge und durch dessen Unwissenheit sie zu einer solchen Kraft geworden sind, oder durch die Gleichgültigkeit beider, sie dabei zu unterstützen. [...]

ZITATENDE[4]

Der schriftstellerische Blick Dreisers ist also jener des sogenannten *Naturalismus*, der als gesamteuropäische Stilrichtung

[4] Theodore Dreiser, *Tragic America*, first published by Constable and Company Ltd., London, 1932 (__Copyright by Theodore Dreiser, 1931__), Seiten 14 f. Eigene Übersetzung des Autors. Den Text der Original-Passage finden Sie in: Die *tri*_logische Sezierung des lobbykratischen Zeitalters, Band I, Teilband 4, Anhang II.

um 1880 einsetzt und bei dem es sich sozusagen um den mit deutlich sozialkritischen Elementen angereicherten, ca. Mitte des 19. Jahrhunderts einsetzenden *Realismus* handelt, dessen Credo es ist, den Lebensbedingungen der Menschen einen ungeschminkt künstlerischen wie literarischen Ausdruck zu geben (__*eigentlich geben zu wollen*__), ohne, also im Gegensatz zum *Naturalismus* und auch im Gegensatz zur etwas später einsetzenden Bewegung des *Jungen Deutschlands*, die Ursachen der sozialen Probleme auf den Punkt zu bringen. Wobei jenes, das als Stilrichtung *Realismus*

(__mit seinen Ablegern wie *Junges Deutschland* und *Naturalismus*_)

benannt wird, eher als Reaktion auf die verschiedenen Ausprägungen der *europäische Romantik* zu verstehen ist, als daß es sich dabei um die tatsächlich realistische Abbildung der Wirklichkeit handeln könnte, erfährt diese *Ab*_Bildung doch konkrete Brechung im von konkreten Einflußfaktoren charakterlich geprägten Künstler oder Schriftsteller, wenn auch sein Bemühen um „Objektivität" bei der Darstellung des menschlichen Seins anzuerkennen ist.

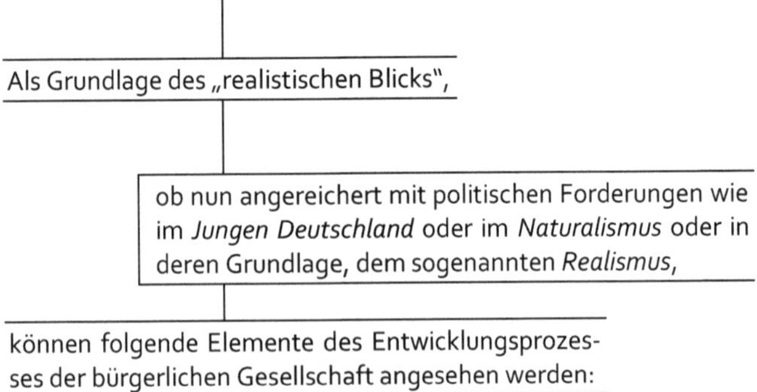

Infragestellung

des religiösen Dogmas des Christentums, die

Fortschritte

in den Naturwissenschaften (__*bspw. Darwins Erkenntnisse*__), die

Entfaltung

der technischen Möglichkeiten, die ihren

Niederschlag

insbesondere in der Verkehrsentwicklung und der Industrialisierung finden.

In diesem Zusammenhang sollte nicht unerwähnt bleiben, daß die 440 Werke Honoré Balzacs vorlaufenden bis prägenden Einfluß auf den *Realismus* und dessen Ablegern ausgeübt haben, was insbesondere für seine, mehr als 90 Romane umfassende, 1830 begonnene *Comédie humaine* gilt.

Walter Lippmann,

1889-1974, von dem die Leser von *Vanity Fair* nicht so selten in Kenntnis von Zusammenhängen gesetzt wurden, die seinerzeit von noch nicht abschätzbarer Bedeutung für die allgemeine gesellschaftliche Entwicklung waren.[5]

---

[5] Vgl. auch die Anmerkung auf der Seite 63.

Unter anderem Journalist und Autor, war Lippmann nicht nur ein auf die us-amerikanische Politik einflußreich einwirkender politischer Kolumnist, den besonders die Frage der Kommunikation in einer Massengesellschaft interessierte, und der wohl deshalb das Problem der Beschleunigung und der Konzentration von gesellschaftlichen Prozessen und der damit parallellaufenden Konzentration von meinungsbildenden Medien früh erkannte. Prozesse, die bspw. dem Produzieren von Slogans Vorschub leisten, so daß der notwendigen Deutung solcher gesellschaftlichen Entwicklungen weder Raum noch Zeit bleibt — zumal sie auf diese Weise bereits etikettiert sind.

Es sei auf den Essay *Blazing Publicity* aufmerksam gemacht, der im September 1927 abgedruckt wurde und in dem Lippmann sich mit der durch Medien gesteuerten Massengesellschaft beschäftigt — und schon wußte, daß die Zukunft multimedial sein werde.[6]

Eric Satie,

1866-1925, exzentrisch, frivol, beeinflußt von der Rosenkreuzer-Bewegung, verbunden mit der Dada-Bewegung und dem Surrealismus

(__*als zwei wichtigen künstlerischen Reaktionen auf den ersten Teil des großen Krieges des 20. Jahrhunderts*__),

verkörperte Satie das avantgardistische Ideal der Vereinigung aus Kunst und lebendigem Prozeß in einer, die Gesellschaft oft verblüffenden aber in sich ruhenden Persönlichkeit.

[6] Im Teil 1 des Bandes III der *Tri*_logischen Sezierung [...] ist auf diese Entwicklung zurückzukommen.

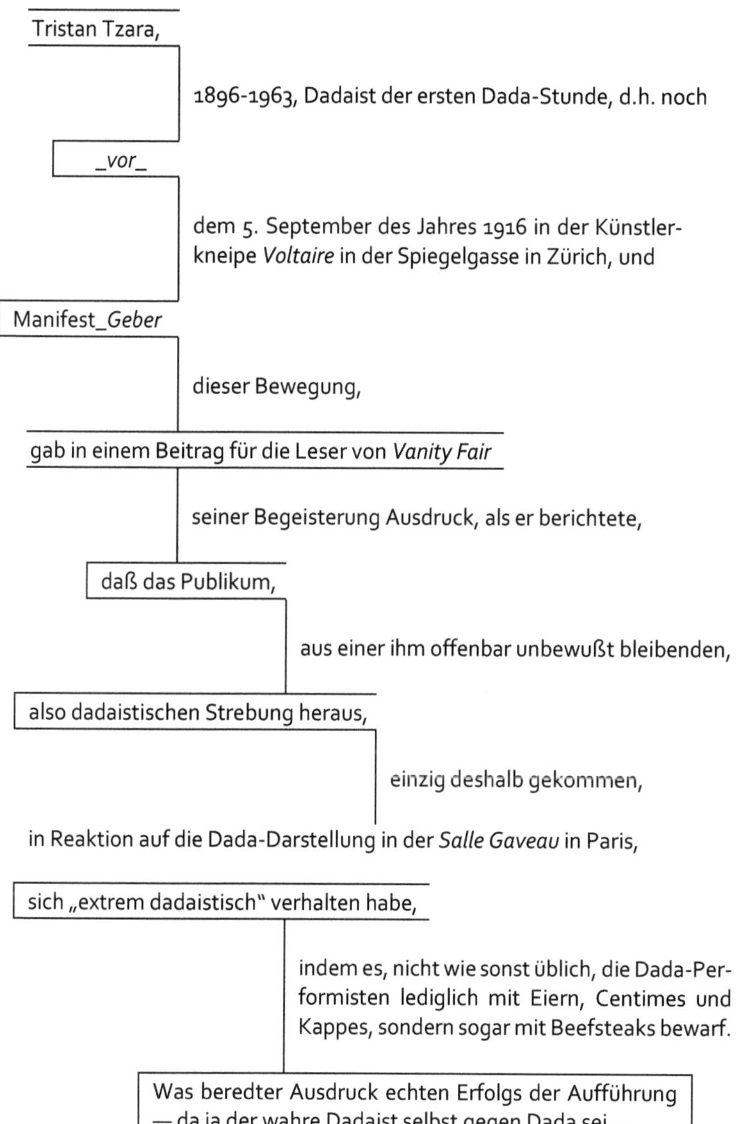
Tristan Tzara,
1896-1963, Dadaist der ersten Dada-Stunde, d.h. noch
vor
dem 5. September des Jahres 1916 in der Künstlerkneipe Voltaire in der Spiegelgasse in Zürich, und
Manifest_Geber
dieser Bewegung,
gab in einem Beitrag für die Leser von Vanity Fair
seiner Begeisterung Ausdruck, als er berichtete,
daß das Publikum,
aus einer ihm offenbar unbewußt bleibenden,
also dadaistischen Strebung heraus,
einzig deshalb gekommen,
in Reaktion auf die Dada-Darstellung in der Salle Gaveau in Paris,
sich „extrem dadaistisch“ verhalten habe,
indem es, nicht wie sonst üblich, die Dada-Performisten lediglich mit Eiern, Centimes und Kappes, sondern sogar mit Beefsteaks bewarf.
Was beredter Ausdruck echten Erfolgs der Aufführung — da ja der wahre Dadaist selbst gegen Dada sei …

John Maynard Keynes,

1883-1946, berichtet dem Leser von *Vanity Fair* im Januar 1932 von

Banks and the Collapse of Money Values,

sozusagen ein zeitloses Lehrstück über die Borniertheit sogenannter "Ökonomen" und die Blindheit von „Bankern".

Der Leser von *Vanity Fair* erfuhr auf diese Weise schon von dem, was viele selbst heute noch nicht wissen wollen:

Einen „vernünftigen" Banker „zeichnet aus", eine drohende Gefahr nicht beizeiten zu erkennen, so daß er auf konventionelle, von ihm und seinen Kollegen anerkannte, also orthodoxe Art und Weise ruiniert wird.[7]

Da das aber ebenso für die von ihrem ideologischen Gedankennetz in ihrem Handeln bestimmten neoliberalen Ökonomen und Politiker gilt, zeichnet eine die gesellschaftlichen Geschicke wesentlich bestimmende, „unvernünftige" Person aus, daß sie eine drohende Gefahr nicht nur beizeiten erkennt, sondern daß sie diese auch auf unkonventionelle Weise meistert. Wofür sie dann Kritik verdient, da sie sich nicht an die orthodoxen Regeln gehalten hatte ...

[7] Vgl. zu Keynes siehe auch auf den Seiten 64-69: „Anmerkung zu John Maynard Keynes".

Dorothy Parker,

1893-1967, Dichterin und Verfasserin von Kurzgeschichten, Theaterkritikerin, Satirikerin und sprühend vor ätzendem Witz.

Konnte es da anders sein, daß sie zum Stamm der, von 1919 bis 1929 bestehenden

Round Table Group im Algonquin Hotel

in New York gehörte, wo sich die

besten Schriftsteller, Journalisten und Künstler der Stadt an jedem Wochentag zum Mittagessen trafen, auf höchstem Niveau etwas zu betreiben, das nicht falsch als

leidenschaftlich literarisches Brainstorming

zu bezeichnen ist,

aus dem sich mit humorvollen Bemerkungen und Wortspielereien gespickte Satzbildungen ergaben,

die dann Eingang in die Kolumnen so mancher Teilnehmer fanden, auf diese Weise in Diskussionen durchs ganze Land echoten und zur Reputation der *Algonquiner* beitrugen?

Aber Parker hatte genauso ein feines Gespür

für die menschlichen Bedrückungen, das sich später bemerkbar machte, als sie sich persön-

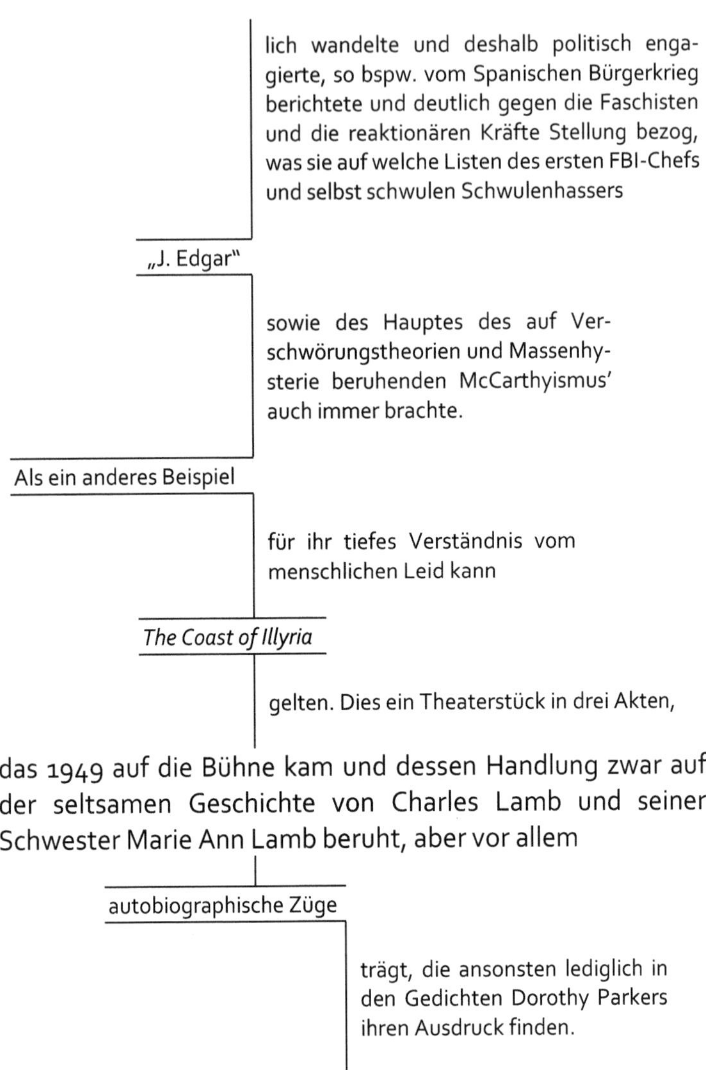
lich wandelte und deshalb politisch engagierte, so bspw. vom Spanischen Bürgerkrieg berichtete und deutlich gegen die Faschisten und die reaktionären Kräfte Stellung bezog, was sie auf welche Listen des ersten FBI-Chefs und selbst schwulen Schwulenhassers

„J. Edgar"

sowie des Hauptes des auf Verschwörungstheorien und Massenhysterie beruhenden McCarthyismus' auch immer brachte.

Als ein anderes Beispiel

für ihr tiefes Verständnis vom menschlichen Leid kann

The Coast of Illyria

gelten. Dies ein Theaterstück in drei Akten,

das 1949 auf die Bühne kam und dessen Handlung zwar auf der seltsamen Geschichte von Charles Lamb und seiner Schwester Marie Ann Lamb beruht, aber vor allem

autobiographische Züge

trägt, die ansonsten lediglich in den Gedichten Dorothy Parkers ihren Ausdruck finden.

Dorothy Parker schrieb oft für die Leser von *Vanity Fair*.

Pelham Grenville Wodehouse,

1881-1975, Lyriker und Schreiber von Kurzgeschichten und humoristischen Erzählungen, war Wodehouse der Autor von über neunzig Büchern und an der Schaffung von etwa dreißig Theaterstücken und von über zwanzig Filmdrehbüchern beteiligt.

Sein berühmtester Charakter ist gewiß Reginald Jeeves, der einem sogenannten Gentleman als Butler dient, hingegen der eigentliche Gentleman ist: *the accomplished* „gentleman's gentleman". In der Zeit um das Jahr 1913 entdeckte er für sich die *Farce* als Möglichkeit, seinen Charakteren die angemessene Ausdrucksmöglichkeit zu schaffen. Seine Stücke zeichnen sich seitdem durch eine hochkomplexe Handlung aus.[8]

Wodehouse läßt seine Charaktere stets in der Eröffnungszeit des 20. Jahrhunderts spielen, die von tiefgreifenden Widersprüchen in Mentalität und Seelenlage der ihre Entwicklung bestimmenden Mitglieder einer sich auf den, von einer funktionslos gewordenen Gesellschaftsschicht herrührenden, überkommenen Kulturelementen einrichtenden, selbst aber kulturell wurzellosbleibenden bürgerlichen Gesellschaft geprägt ist.[9]

[8] Bezüglich der literarischen Eckdaten, vgl. Merriam Webster's *Encyclopaedia of Literature*, Springfield, Massachusetts, 1995.

[9] Quelle zu den Essays, die in dem us-amerikanischen Gesellschaftsmagazin *Vanity Fair* veröffentlicht worden sind: *Vanity Fair: 100 Years — From the Jazz Age to our Age*, hg. von Graydon Carter, Abrams, New York, 2013 und idem mit David Friend: *Bohemians, Bootleggers, Flappers and Swells — The best of early Vanity Fair*, Penguin Press, New York, 2014.

Um auf die
„kulturschaffenden Intellektuellen"
zurückzukommen[10]

Zwar führten der technische Fortschritt und die wissenschaftlichen Entdeckungen bei einigen bürgerlichen Intellektuellen zu der Überzeugung, daß, da sich auf diese Weise für die menschliche Gesellschaft eine beispiellose Zukunft eröffne, auch die Institutionen und die Traditionen der alten Zeit einer Transformation bedürften, die dem Gedeihen und der Befreiung des menschlichen Geistes angemessen seien. In England schien der Tod von Königin Elisabeth und die Einsetzung von Edward VII. dieses Meinen zu bestätigen,

während bei den Intellektuellen in Deutschland

eine ähnliche „Gefühlslage" vom _*Tschingbum! Tschingtaratata! und Tschingderassabum!*_ des wilhelministischen Deutschlands überlagert wurde, in dem sich eine

tiefgreifende Diskrepanz

zwischen der sich davon anragen lassenden Masse der Intellektuellen und der Masse der einfachen Menschen abzeichnete, die in den Monaten vor dem Beginn des ersten Teils des großen imperialistischen Krieges deutlich hervortrat:

Die Kriegsbegeisterung war auf seiten der Masse _*dieser*_ Intellektuellen, nicht auf jener der normalen Bevölkerung.

Dies übrigens ein wichtiger Grund nicht nur für die weitere

[10] Siehe Seite XXVII.

Entwicklung Deutschlands im zwanzigsten Jahrhundert, sondern auch für das Fortbestehen dieser Diskrepanz zwischen den heutigen Vertretern der deutschen Intelligenz und den normalen Deutschen:

Die Art der aktuellen deutschen Politik,

eigentlich erst möglich geworden durch die falsche Konstruktion der EWU, die aber gerade wegen fehlender eigener Substanz zum erneuten Scheitern verurteilt ist,

wird in der Regel zwar hie und da kritisiert, aber offenbar von den deutschen Intellektuellen tendenziell gutgeheißen, andernfalls müßten sie nämlich klar Stellung dagegen beziehen,

hätten sie tatsächlich aus den Katastrophen des zwanzigsten Jahrhunderts gelernt und formulierten folglich Alternativen zum heute sich abzeichnenden Neowilhelmoliberalismus:

„Europa spricht Deutsch"?[11]

Nun, dies aber tun sie nicht — sind wohl zu sehr beschäftigt mit dem Drehen von Pirouetten um das, was sie alle paar Jahre gedanklich umkreisen und als

---

[11] Zum „Wilhelminismus" siehe auf den Seiten 107 f.: „'Wilhelminismus' bedeutet kurzgefaßt folgendes ...", und insbesondere im Teilband 2 des Bandes III der *Tri*_logischen Sezierung [...], die Lesung 16: „Die Ursprünge des Wilhelminismus' und seine Konsequenzen". Aber versäumen Sie nicht die Anmerkungen auf der Seite 572 desselben Teilbandes: „Definition des Neowilhelmoliberalismus'" sowie jene auf den Seiten 597-605: „Anmerkungen zu den Konsequenzen des Neowilhelmoliberalismus'".

„Nachdenken über die deutsche 'Rolle' in Europa und der Welt"

bezeichnen würden?

Und sie kritisieren nicht mit der gebotenen Schärfe,

die dann Ausdruck von tatsächlicher Unabhängigkeit ihres Denkens wäre,

das politische Führungspersonal Deutschlands, damit den normalen Menschen deren Ignoranz und deren gefährliches Tun deutlich werde. Das heißt die deutschen Intellektuellen tragen auf Grund ihres

*traditionell*

politischen Versagens entscheidende Mitschuld an allem, was noch an politisch Schädlichem in Europa geschieht.

Am Beispiel der *Panama Papers Affaire*[12]

Es war im Rahmen der *Panama Papers Affaire*, daß im April 2016 ein englischer Journalist den britischen Finanzminister Osbourne solange mit der Frage konfrontierte, was er mit sogenannten Offshore-Geschäften zu tun habe, bis dieser das Fernsehinterview abbrach. Das wäre in Deutschland undenkbar! Und das zeigt die ganze Erbärmlichkeit des intellektuellen Niveaus in Deutschland. So aber kann ein Herr Schäuble so tun, als habe er bisher von

[12] Wie aus der Hervorhebung deutlich wird, handelt es sich um ein exemplarisches Beispiel, es ist also nicht notwendig auf die „Paradise Papers" auch noch einzugehen, denn das Muster ist gleich.

dieser Affaire praktisch keine Kenntnis gehabt — als sei ansonsten alles „sauber“:

Während Panama auf Platz 13 der Länder liegt,

in denen unsaubere Geldgeschäfte gemacht werden, liegt Deutschland auf Platz 8.[13]

Nun, es gibt Ausnahmen,

eine davon ist Harald Schumann, denn er ist das, was man einen Journalisten nennen darf:

„Staatsgeheimnis Bankenrettung“[14]

Vielleicht kann jemand den Begründer des Schäubleismus, also ebenso seinen Nachfolger, auf ein YouTube-Video aufmerksam machen, dessen Thema auf das Jahr 2007 zurückgeht? Immerhin, nun, nachdem die sogenannten *Panama Papers* etwas aufgedeckt haben, das ihm längst bekannt gewesen sein mußte, tut Herr Schäuble schon geradezu peinlich empört, daß all jene, denen man insbesondere seit Anfang der 2000er Jahre ihre „Steuerlast“ erlassen hatte, offenbar wenig Neigung zeigten und zeigen, in die reale Wirtschaft zu investieren, also im Gegensatz zum behaupteten neoliberalen Credo:

„Steuerfrei – Wie Konzerne Europas Kassen plündern“.[15]

---

[13] Vgl. den „Financial Secrecy Index 2015“ [__„Schattenfinanzierungsindex 2015“__], dessen Link am 8. Januar '18 erneut geprüft worden ist: http://de.statista.com/statistik/daten/studie/70365/umfrage/financial-secrecy-index-2009-top-10/.

[14] Das Video ist über folgenden, ebenfalls am 8. Januar '18 erneut geprüften Link abrufbar: https://www.youtube.com/watch?v=ZxOREubaVE8.

[15] Auch dieses Video ist über folgenden, am 8. Januar '18 erneut geprüften Link abrufbar: https://www.youtube.com/watch?v=EzOgd7rsQ9o.

(*__Es sollte reichen, sähe es sich der Begründer des Schäubleismus ab Minute 39:57 an.*[16]__)

Wohl gemerkt:

das ist alles legal. Allerdings ist es nicht „lediglich" obszön, sondern bezogen auf das Menschengeschlecht als Ganzes auch unverantwortlich, immerhin bilden sich auf diese Weise Machtmöglichkeiten aus, die jede auch nur tendenziell richtige politische Entwicklung verhindern: denn „tendenziell richtige politische Richtung" bedingte u.a. die Abschöpfung solcher versteckten Vermögen sowie dann eine Gesetzgebung, die vor allem das Einkommen aus produktiver Arbeit (__*Primäreinkommen*__) lohnabhängig Beschäftigter adäquat verbesserte[17], sowie das Einkommen aus nichtproduktiver Arbeit (__*Sekundäreinkommen*__) adäquat besteuerte[18].

Ende der Anmerkung: Am Beispiel der *Panama Papers Affaire*[19]

[16] Der „Schäubleismus" wird in Band III der *Tri*_logischen Sezierung [...] an verschiedenen Stellen erläutert, siehe diesbezüglich aber insbesondere die Seiten 702 f. in dessen Teilband 2.

[17] Siehe dazu die Kapitel 8 und 12 des Ihnen vorliegenden Buches sowie insbesondere in: Die *tri*_logische Sezierung [...], Band III, Lesung 22.

[18] Rentenansprüche, die sich aus einst produktiver Arbeit ergeben, stellen selbstverständlich kein „Sekundäreinkommen" dar.

[19] Vgl. in Teilband 2 des Ihnen vorliegenden Bandes der *Tri*_logischen Sezierung [...] das Kapitel 18: „Eine kurze Beschäftigung mit der Frage nach der neoliberalen Strategie des 'Westens' und der Funktion seiner Medien bei der Vermittlung dieser Strategie".

Nun, wie dem auch sei, andererseits war die damalige europäische literarische Avantgarde u.a. geprägt vom realistischen Blick Balzacs, Turgenjews, Flauberts, Eliots und Dickens. Dies ein „Blick auf die Welt", der den Ästhetizismus des Besitzbürgertums nicht bloß als unzulässige Beschränkung des künstlerischen Ausdrucks wahrnahm, sondern bei dieser Avantgarde den Eindruck verursachte, daß seine Apologeten nicht die gesellschaftliche Rolle des Künstlers erkennen wollten oder konnten: seismographisch gesellschaftliche Entwicklungen wahrzunehmen und ihnen dann künstlerischen Ausdruck zu geben.

Wer der Meinung ist, daß verschiedene künstlerische Ausdrucksweisen des 20. Jahrhunderts nichts mit „Kunst" zu tun hätten, verkennt, daß es die gesellschaftliche Entwicklung ist, die den künstlerische Ausdruck bestimmt — vorausgesetzt, Künstler verstehen sich nicht als Verschleierer der gesellschaftlichen Auswirkungen häßlichen politischen Tuns. — Denn was anderes war bspw. die Dada-Bewegung, wenn nicht eine künstlerische Reaktion auf eben solches, machtinteressengeleitetes politisches Tun?

Es war diese Avantgarde, die für sich die Mängel der bürgerlichen Gesellschaft entdeckte, die einerseits ihren Ausdruck im Verhalten der sich plagenden, gefühlsentsagenden und in der Folge unterdrückt aggressiv und heuchlerisch werdenden Mittelklasse fanden.

(__*Deren heutige Vertreter als Kleinbürger zu bezeichnen weiterhin adäquat ist, da dieses, aus den, einem Sandwich gleichenden, gesellschaftlich bedingten Lebensumständen sich ergebende Verhalten, auch bei den heutigen Vertretern der Mittelklasse zu finden ist — entwickelt sich die gesellschaftliche Situation für sie kollektiv prekär.*__)

Und andererseits im Verhalten der Menschen der Unterklasse,

die erst gar keine Chance haben, in die Schicht der Mittelklasse aufzusteigen, da von dieser Seite das Prinzip des nach oben Buckelns und des nach unten Tretens praktiziert wird, die Menschen der Unterklasse sich deshalb also in ihrer Misere einzurichten suchen — wohl wissend, daß sie in einer kriegerischen Auseinandersetzung die ersten sein würden, *solchen* Interessen als Verheizgut zu dienen, die ihre Misere überhaupt erst zur unwürdigen Lebensperspektive werden lassen.[20]

Was man *d i e s e r* literarischen Avantgarde allgemein vorwerfen könnte, ist ihre mit Komik und Ironie versehene Verschriftung der Lebensumstände der Mittelschicht und der Unterklasse, wodurch die _*begehrlich*_ erwartete Antwort auf die

*Soziale Frage* unausgesprochen bleiben kann.

Denn wirklich interessant wird es erst, betrachtet man das Verhalten des einzelnen Menschen vor dem _*aufgedeckten*_ Hintergrund seines Milieus, vor dem _*aufgedeckten*_ Hintergrund der gesellschaftlichen Bedingungen, in die dieses Milieu eingebettet ist und denen die Menschen ausgesetzt sind. Dann könnte sich die Antwort quasi von selbst ergeben.

Nun, festzustellen ist jedenfalls,

daß im entscheidenden Moment des Aufgangs der direkten Zeit vor dem ersten Teil des großen Krieges des

[20] Siehe das „Weihmachtspiel" in Band II dieser *Tri*_logischen Sezierung […]: *Zwischenrufe in satirisch-politischen Variationen […].*

zwanzigsten Jahrhunderts, die _*Masse*_ der Intellektuellen nicht befähigt war, eine katastrophische gesellschaftliche Entwicklung, wie sie der Krieg nun einmal darstellt, abwenden zu _*wollen*_.

Mehr noch,

viele von ihnen sahen darin erst die Möglichkeit, daß eine „leuchtende Zukunft" erwachsen könne —

aus der *Ver*_Wüstung gesellschaftlichen Lebens ...

Und ich bin davon überzeugt, daß diese Unfähigkeit bei der Masse der heutigen Intellektuellen weiterhin vorhanden sein muß, denn ganz besonders sind es Intellektuelle, die den Einflüssen gesellschaftlicher Unterströmungen *e r l i e g e n*, auf denen sie dann die Manifeste ihrer „Bewegungen" verkünden.

Tatsächlich gab es nur wenige, die nicht mit untauglichem Pazifismus, sondern _*beizeiten*_ zwar gegen jeden Krieg waren, aber dennoch wußten, daß es eine Illusion ist, gegen Schlächter erfolgreich zu sein, bietet man diesen friedlich jene Hand, die diese abschlagen wollen. Auf der Seite der Bürgerlichen waren jedenfalls Aktivisten der _*Humanistischen Mission*_ damals so selten zu finden wie heute.

Joachim Endemann
Il Piano
Mai 2018

Ein Beispiel für diese neoliberale Methode

ist die Schaffung einer ausreichenden Reservearmee von „frei_*gesetzten*" Arbeitskräften und die Einführung eines Niedriglohnsektors sowie die Etablierung eines sozialen Knebelungsmittels.

(__„Sozial" sei auch hier nicht mißverstanden, wobei der Begriff „Knebelungsmittel" schon darauf hindeutet, *wie* „sozial" zu verstehen ist, fließt dieses Adjektiv in Äußerungen oder Schriften von neoliberalen Ideologen ein.__)

Dies ein Mittel, dessen Anwendung verlangt, daß jede Arbeit (__*fast ohne Einschränkung*__) unbedingt anzunehmen ist, da es bei Verweigerung zur Kürzung der „*Regelleistungen zur Sicherung des Lebensunterhaltes*" kommt.[21]

Im Geltungsbereich des deutschen Nationalstaates ist der inoffizielle Name dieses „Knebelungsmittels" „HARTZ IV".[22] Offiziell hat dieses „Mittel" die Bezeichnung: „*Sozialgesetzbuch* (__SGB__) *Zweites Buch* (__II__)", welches seine erste Fassung am 24. Dezember des Jahres 2003 erhielt, um am 1. Januar des Folgejahres in Kraft zu treten, damit es am 1. Januar des Jahres 2005 seine volle Gültigkeit zur

a s o z i a l e n

Regelung der „*Grundsicherung für Arbeitssuchende*" erhalten konnte, die zynischerweise als

[21] Vgl. in Teilband 1 von Band III der *Tri*_logischen Sezierung [...] die Lesung 9: „Von Altersarmut und Niedriglöhnern".

[22] Siehe den Hinweis in Fußnote 21.

„erwerbsfähige Hilfs_*bedürftige*"

bezeichnet und erst einmal _*genötigt*_[23] werden, quasi ohne Einschränkung jede Arbeit anzunehmen, wodurch dann, also nach einer solchen Nötigung, eine gewisse „Förderung" von seiten der zuständigen Sachbearbeiter der „Arbeitsagentur" nach *gutsherrenartigem Gutdünken* erfolgen kann.

Die semantische Spielerei „Arbeitsagentur" hieß einst „Arbeitsamt", das u.U. von Arbeitslosen aufgesucht wurde, die heutzutage aber wohl deshalb als „Kunden" bezeichnet werden, da diese eine „Einladung" bekommen, eine der Filialen dieser Agentur zu besuchen.

Nun, diese neoliberale Methode ist erstmals als deutscher

gesamtgesellschaftlicher Feldversuch

in den Jahren 2003 bis 2005 umgesetzt

und seitdem immer wieder modifiziert worden.

Diese Methode hat sich zwar in das kollektive Gedächtnis der deutschen Gesellschaft unter der Bezeichnung *Agenda 2010* eingebrannt

(__*und brennt sich aktuell in das der anderen eu-europäischen Gesellschaften ein*__),

[23] ... man nennt es *„gefordert werden"* ...

diese neoliberale Agenda findet aber ihre theoretisierte Begründung in einer Schrift, die Anfang der 80er Jahre des letzten Jahrhunderts u.f.Z. unter der Bezeichnung *Lambsdorff-Papier* bekannt geworden ist[24]. Erfahren hatte dieses Papier dann eine Aktualisierung, die mit freundlicher Unterstützung der (__*eigennützigen*__) Bertelsmann Stiftung erfolgte.

Diese „Stiftung" ist eine Organisation mit *ent*_demokratisierender, d.h. neoliberaler Zielsetzung, die dies auf dem Wege indirekter und direkter Einflußnahme auf die Politik verfolgt, deren Aufgabe sie ausschließlich im Dienste der Wirtschaft zu stehen habend sieht — also ganz im neoliberalen Sinne.[25]

Der Begriff „Neoliberalismus" selbst

rührt übrigens daher,

daß interessierte Kreise sich Anfang des 20. Jahrhunderts die Frage gestellt hatten, wie der „Liberalismus" überleben kön-

[24] Siehe hierzu bspw. den Artikel von Wolfgang Lieb: „30 Jahre Lambsdorff-Papier", der am 10. September des Jahres 2012 auf *NachDenkSeiten.de* zu lesen war und dessen folgende Internet-Adresse am 8. Januar 2018 erneut geprüft worden ist: http://www.nachdenkseiten.de/wp-print.php?p=14397.

[25] Einen Einblick in die einflußnehmende Art und Weise der Vertreter dieser Stiftung bietet folgendes, auf dem Online-Nachrichtenportal *Telepolis* am 9. November des Jahres 2004 erschienene Gespräch zwischen Florian Rötzer und Frank Böckelmann: „Ohne Bertelsmann geht nichts mehr". Der nachfolgend aufgeführte Link ist am 9. Januar '18 geprüft worden: http://www.heise.de/tp/druck/mb/artikel/18/18749/1.html.

nte — angesichts der Ergebnisse des ersten Teils des Großen Krieges, der allgemein meist lediglich unter der Bezeichnung Erster Weltkrieg bekannt ist.[26]

Die Vorsilbe *„Neo-"* im Begriff „Neoliberalismus"

ist insofern irreführend, da die neoliberale Doktrin inhaltlich nicht mehr mit dem klassischen Liberalismus vereinbar, bzw. eben _*nicht*_ als eine Neuauflage des Liberalismus' des 18. und 19. Jahrhunderts zu verstehen ist.

Für die Bündelung der auf die 20er Jahre des 20. Jahrhunderts zurückgehenden Theoretisierung dessen, das dann zum Neoliberalismus werfen sollte, ist das „Colloque Walter Lippmann" von großer Bedeutung. Auf Einladung des Journalisten Walter Lippmann nahmen daran namhafte bürgerliche Philosophen, Ökonomen, Industrielle, Politiker und Journalisten teil. Diese internationale Konferenz ereignete sich Ende August des Jahres 1938 in Paris und diente der Klärung der Frage, wie der Liberalismus „modernisiert" werden könne. In diesem Zusammenhang wurde der Begriff „Neoliberalismus" geprägt.[27]

Die Stoßrichtung des Neoliberalismus'

richtete (__*und richtet*__) sich insbesondere gegen den „Keynesianismus", der fälschlicherweise als *„linke"* Wirtschaftstheorie bezeichnet wird.

---

[26] Siehe dazu auch die sich auf den Seiten 23-32 in Teilband 4 dieser Untersuchung findenden Aussagen, beginnend mit: „Als erstes sei nun der historische Hintergrund des [...] neoliberalen [...] Systems ausgeleuchtet [...]".

[27] Zum unterschiedlichen Gebrauch der Vorsilbe „Neo" siehe in: Die *tri*_logische Sezierung [...], Band III, Teilband 2, Seite 594: „Der unterschiedliche Gebrauch der Vorsilbe „Neo".

Anmerkung zu John Maynard Keynes

Dem vielseitig gebildeten britischen Wirtschaftswissenschaftler, Mathematiker und Politiker John Maynard Keynes (__1883-1946__), der sich mit dem Phänomen „Gesamtwirtschaft" aus einer gesamtgesellschaftlichen Perspektive beschäftigte, d.h. von *_jener_* Perspektive aus, die die wirklichen wirtschaftlichen Abläufe zu erkennen sucht. Dies also eine realistische Blickweise auf das reale Wirtschaftsgeschehen, dessen Hintergrund das

*_U n g e w i s s e_*

ist, das bei den entsprechenden Überlegungen zu berücksichtigen ist, will man wirtschaftliche Abläufe realistisch theoretisieren,

ging es im wesentlichen darum, das kapitalistische Produktionssystem zu retten — angesichts dessen Offenbarungseides, den der erste Teil des großen Krieges des 20. Jahrhunderts darstellt, bzw. des damit einhergegangenen Zusammenbruchs der kapitalistischen Wirtschaftsordnung.

Gewiß ist einer der wesentlichen Punkte in seinen Überlegungen der, daß

Geld bei Rentiers schlecht aufgehoben

ist, da diese i.d.R. die Tendenz haben, es sparen zu wollen, bei gleichzeitig möglichst hoher Verzinsung, die aber lediglich möglich ist, kommt es bei Investitionswilligen spiegelbildlich tatsächlich zu einer Verschuldung, da sich beides bedingt, wie weiter unten in den Kapiteln 8 und 9 erläutert wird.

Ein weiterer damit zusammenhängender Punkt in seinen Überlegungen ist die Feststellung, daß eine

zu hohe Ungleichverteilung von Einkommen

dazu führt, daß der dabei entstehende Reichtum immer mehr

Kapital aus dem realen Wirtschaftskreislauf

abzieht, wodurch die Grundlage des kapitalistischen Systems selbst zerstört wird —

ist die Möglichkeit der Teilnahme am Marktgeschehen möglichst vieler Menschen immerhin Bedingung für sein Funktionieren — da es nun einmal stimmt, daß „Autos keine Autos kaufen".

Die Notwendigkeit des nachhaltigen Produzierens

ist übrigens per se erst erfolgreich zu realisieren, ist die Kaufkraft flächendeckend gut verteilt, da ansonsten zwar die Neigung vorhanden sein mag nachhaltig Produziertes zu kaufen, das unzureichende Haushaltsgeld aber den einzelnen Konsumenten zwingt, die vergleichsweise billigste und damit wahrscheinlich auch die am wenigsten nachhaltig produzierte Ware zu kaufen. Verbindlich gesetzte, den Gesamtmarkt bestimmende „Produktionsregeln" müßten also von einer guten Kaufkraftverteilung begleitet werden, da auf diese Weise erst nach-

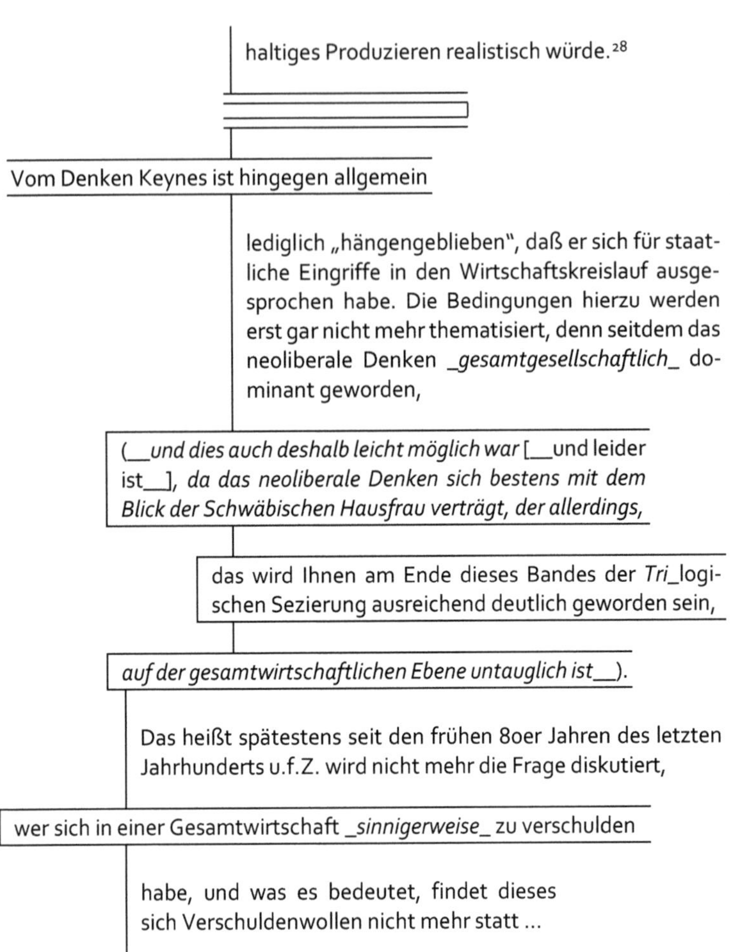

haltiges Produzieren realistisch würde.[28]

Vom Denken Keynes ist hingegen allgemein

lediglich „hängengeblieben", daß er sich für staatliche Eingriffe in den Wirtschaftskreislauf ausgesprochen habe. Die Bedingungen hierzu werden erst gar nicht mehr thematisiert, denn seitdem das neoliberale Denken _*gesamtgesellschaftlich*_ dominant geworden,

(__*und dies auch deshalb leicht möglich war* [__und leider ist__], *da das neoliberale Denken sich bestens mit dem Blick der Schwäbischen Hausfrau verträgt, der allerdings,*

das wird Ihnen am Ende dieses Bandes der *Tri*_logischen Sezierung ausreichend deutlich geworden sein,

*auf der gesamtwirtschaftlichen Ebene untauglich ist*__).

Das heißt spätestens seit den frühen 80er Jahren des letzten Jahrhunderts u.f.Z. wird nicht mehr die Frage diskutiert,

wer sich in einer Gesamtwirtschaft _*sinnigerweise*_ zu verschulden

habe, und was es bedeutet, findet dieses sich Verschuldenwollen nicht mehr statt ...

---

[28] Ein wesentliches Element, für eine flächendeckend gut verteilte Kaufkraft zu sorgen, ist die Goldene Lohnregel, von der in diesem Buch später noch die Rede ist und die insbesondere in: Die *tri*_logische Sezierung [...], Band III, Lesung 22 Thema ist.

... sondern von den neoliberalen Ideologen

wird reflexhaft gefordert, daß die staatliche Seite sich grundsätzlich aus dem Wirtschaftsgeschehen herauszuhalten habe.

Der Hauptpunkt im Denken Keynes

spiegelt sich hingegen in seiner Feststellung, daß der

gesellschaftliche Lebensprozeß eine verdammt ungewisse Angelegenheit

ist — um die übrigens insbesondere jeder Unternehmer weiß,

trotz der Einflüsterungen der Ideologen der neoliberalen Doktrin,

daß er nämlich niemals investieren wird, hätte er nicht eine ausreichende Begründung für die _*Erwartung*_ nach erhöhter Abnahme seiner Produkte oder seiner Dienstleistungen.

Oder würden _*S i e*_

etwa in eine Ausweitung Ihrer wirtschaftlichen Kapazität investieren, wäre Ihre bisherige lediglich unzureichend ausgelastet?

Eine steuerliche Entlastung änderte daran nichts, hingegen führte diese finanzielle

Entlastung wahrscheinlich zu dessen Anlage auf dem Kapitalmarkt — aus der falschen Hoffnung heraus, daß es sich quasi von selbst verzinste, fände sie bloß „trendmäßig" richtig statt, hierbei vergessend, was jeder Unternehmer für den eigenen Geschäftsbereich aus Erfahrung weiß:

das Morgen ist ungewiß,

so also auch die Fortsetzung eines „Trends" am Kapitalmarkt.

Allerdings ist an dieser Stelle abschließend zu sagen, daß der sogenannte „Keynesianismus" nicht unbedingt bedeutete, daß der ganze Keynes darin zum Ausdruck käme. Wie eingangs dieser Anmerkung schon erwähnt, ist es jedenfalls eine Tatsache, daß es

Keynes um die Rettung der kapitalistischen Produktionsweise ging,

deren Scheitern er mit dem Ergebnis des ersten Teils des großen Krieges des 20. Jahrhunderts wohl anerkennen mußte. Immerhin ist diese

Produktionsweise auf Expansion

angelegt, und da sie ihren

Ursprung in den Nationalstaaten

hat, geht mit dieser Expansion das

Streben nach Ausweitung der Einflußsphäre von Nationalstaaten einher. Diese Kombination nannte man einst Imperialismus. Allerdings wäre die Annahme falsch, daß dieser Prozeß deshalb nicht mehr stattfände, da neoliberale Ideologen diesen Begriff nicht mehr verwenden.[29]

Ende der Anmerkung zu John Maynard Keynes

Die wesentlichen Beeinflussungselemente des Neoliberalismus' sind der

Homo oeconomicus novus

und die

bürgerliche, bzw. neoliberale Gesellschaft,

als die rahmensetzende Größe für den Hominem oeconomicum novum.

Denn diese Gesellschaftsform ist heutzutage schon allein deshalb als neoliberale Gesellschaft zu bezeichnen, da die neoliberale Ideologie keine Heimsuchung ist, sondern ihre Wurzeln in der Industrialisierung überhaupt findet.

Also ist die neoliberale Gesellschaft das Ergebnis des Versäumnisses, aus der Industrialisierung und ihren Konsequenzen die richtigen Schlüsse gezogen zu haben.

[29] Welcher orwellianische Begriff heute dafür Verwendung findet, wird im weiteren Verlauf dieser „Sezierung" in den Blick kommen.

Welche Schlußfolgerungen das sind, erschließt sich Ihnen möglicherweise im Laufe der *Tri*_logischen Sezierung des lobbykratischen Zeitalters selbst. (*__Davon ist jedenfalls beispielhaft im Teilband 4 dieses Buches die Rede.__*)

Dabei könnte bei scheuklappenfreier Betrachtung als auf der Hand liegend erkannt werden, daß dieses Versäumnis mit der Masse der Intellektuellen der bürgerlichen Nationalstaaten direkt zu tun hat, immerhin rekrutieren sich daraus seine mittelbare, als Kulturträger der neoliberalen Gesellschaft unterwegs seiende Elite, sowie seine *un*_mittelbare Elite, deren Vertreter bspw. in entsprechenden Thinktanks einsitzende, *spin*_doktorische Wissenschaftler sind, oder als Alpha-Journalisten der Medien_*Konzerne* die öffentliche Meinung (*__trotz SocialMedia__*) im Sinne der neoliberalen Ideologie bestimmen. Als „geschäftsführende Werkzeuge" dienen bei diesem Treiben entsprechende Politiker.

Der Homo oeconomicus novus

Die Bezeichnung „Homo oeconomicus" bedeutet soviel wie der „wirtschaftende Menschen". Dies eine Übersetzung, die für den klassischen Liberalismus als akzeptable gelten konnte.

Im System des *Neo*_Liberalismus

kommt es aber zu einer veränderten Rahmensetzung, die ausschließlich von den aus einem betriebswirtschaftlichen Blickwinkel heraus wahrgenommenen „Marktbedürfnissen" bestimmt wird, also von solchen „Bedürfnissen", die von der „Angebotsseite" der realen Wirtschaft und von der Spekulationsseite des Finanzmarktes als „notwendig" für ein „freies" und behaupteterweise für die ganze Gesellschaft letztlich „nutzbringendes Marktgeschehen" angesehen werden.

Wobei nach neoliberaler Doktrin „nutzbringend" bezogen auf die

„lange Frist"

zu verstehen ist, denn im Neoliberalismus spielen *„kurze Fristen"* keine Rolle, im Gegensatz zum richtig angewendeten Keynesianismus, für den, richtigerweise, die

„kurze Frist" entscheidend ist,

bestimmt diese doch, ob tatsächlich investiert wird: nämlich dann, kann ein Unternehmer *_überblickbar_* „erwarten", daß in konkret absehbarer Zeit mit einem Profit zu rechnen ist

(*__gerade dieses Risiko rechtfertigte übrigens erst einen gewissen unternehmerischen Gewinn__*) —

und nicht bloß auf ein Wunder in der Zukunft gehofft werden muß.

Die Rolle des Staates

in dieser neoliberalen Vorstellungswelt hat sich auf die Befriedigung solcher oben genannter „Bedürfnisse" zu beschränken, da seine Aufgabe darin zu bestehen habe, durch politische Einflußnahme auf die Gesellschaft, diese „Bedürfnisbefriedigung" zu ermöglichen — also im Sinne des Marktes. Deshalb ist es richtig, fügt man dem Begriff „Homini oeconomico" das Adjektiv „novus" hinzu.

Denn die *eine* Beeinflussungsgröße im Neoliberalismus ist der Mensch,

der nun nicht mehr als der „wirtschaftende Mensch" (_*oder als der „tauschende Mensch"*_) gedacht, sondern im neoliberalen Gesellschaftsmodell als der

„marktkonforme Mensch",

bzw. als

der dem totalen „Wettbewerb" unterliegende Mensch

vorgestellt wird.

Der *Homo oeconomicus novus* ist somit die modellhafte Beeinflussungsgröße neoliberaler Sozialpolitik in einem Gesellschaftsmodell, dem das Prinzip eines künstlich gesetzten Wettbewerbs zwischen allen Mitgliedern der menschlichen Gesellschaft zugrunde liegt.

Und von neoliberalen Verständnis hergesehen bedeutet „modellhaft", daß die Beeinflussung der _*realen*_ Menschen auf der Basis eines _*menschlich reduzierten*_ Modells vom Menschen stattfindet.

In dieser ideologischen Vorstellungswelt haben sich also die _*realen*_ Menschen nach einem Modell vom Menschen zu richten — *nicht umgekehrt*.

Demnach ist es möglich, den *Hominem oeconomicum novum* als ein Modell vom Menschen zu bezeichnen, das, wird es kollektiv in die Praxis umgesetzt,

und so geschieht es tatsächlich in der marktkonformen Gesellschaft, vom Ergebnis hergesehen, bei den realen Menschen zu einem

„menschlich abgezehrtem"

Verhalten führt.

Das Resultat dieser Reduzierung ist eine *„doppelte Neurose"*,

die sich einerseits im Verhalten bei jenen realen Menschen zeigt, die dieser seltsamen Modellvorstellung vom Menschen entsprechen, d.h. im neoliberalen System Karriere machen wollen.

(__*Immerhin blendet diese Modellvorstellung wesentliche Elemente des Menschlichen aus.*__)

Andererseits in dem Verhalten bei jenen realen Menschen, die diese Reduktion des Menschlichen nicht akzeptieren können oder wollen, und _*darunter*_ leiden, daß ihnen ihre

freie, menschlich volle Entfaltung im neoliberalen System lediglich noch „nischenweise" möglich ist.

Diese willkürliche Prinzip_*Setzung* des Wettbewerbs

ist übrigens der wesentliche Grund dafür, wieso die Neoliberalen sagen, daß der „Markt" nicht reguliert werden dürfe, da der sehr empfindlich sei, und deshalb wären ausschließlich die gesellschaftlichen Bedingungen (__*marktkonform*__) zu regulieren — im Sinne dieses künstlich gesetzten Prinzips![30]

Ende der Anmerkungen zu:
Die wesentlichen Beeinflussungselemente des Neoliberalismus' sind der
Homo oeconomicus novus und die
neoliberale Gesellschaft

Folglich ist es den Ideologen des Neoliberalismus' primär darum zu tun, solche, einzig dem künstlich gesetzten Wettbewerb förderlichen gesellschaftlichen Bedingungen zu schaffen, so daß der „Markt" sowohl im Sinne der „Angebotsseite" (__*Unternehmerseite*__) der realen Wirtschaft als auch im Sinne der Spekulationswirtschaft möglichst „optimal funktionieren" könne.

(__*Unter anderem mittels der Agenda 2010, der Deregulierung des Finanzmarktes und der vermeintlichen „Schuldenbremse".*__)

Folglich dient diesen Ideologen das Herrschaftsinstrument Staat dazu, auf die Gesellschaft

(__auf *die Gemeinschaft von Menschen*__)

stets im Sinne dieses künstlich und willkürlich gesetzten Wettbewerbsprinzips einzuwirken.

[30] Näheres hierzu siehe Kapitel 2.

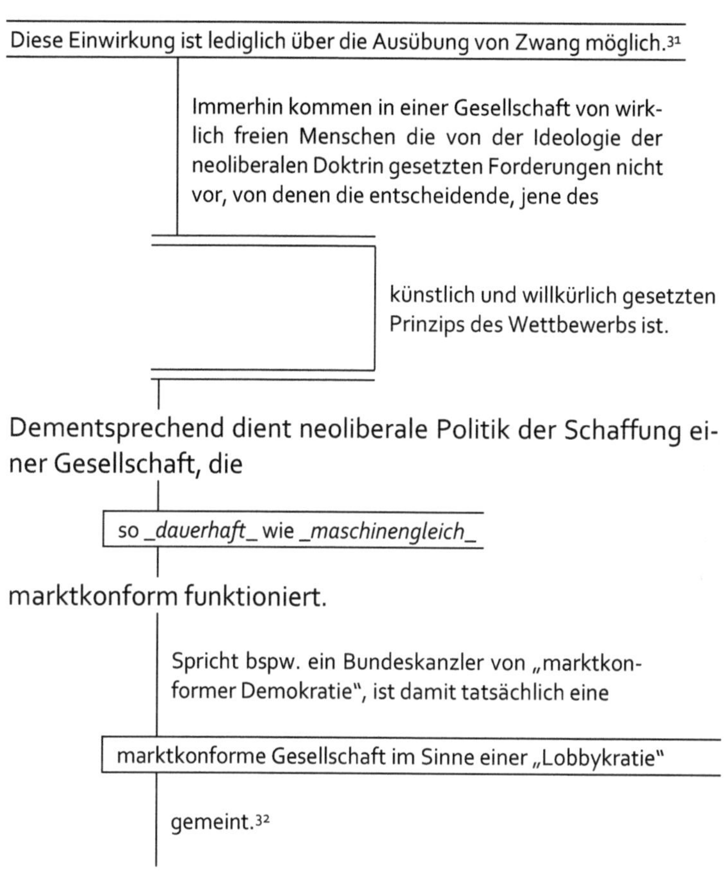
Diese Einwirkung ist lediglich über die Ausübung von Zwang möglich.[31]

Immerhin kommen in einer Gesellschaft von wirklich freien Menschen die von der Ideologie der neoliberalen Doktrin gesetzten Forderungen nicht vor, von denen die entscheidende, jene des

künstlich und willkürlich gesetzten Prinzips des Wettbewerbs ist.

Dementsprechend dient neoliberale Politik der Schaffung einer Gesellschaft, die

so _*dauerhaft*_ wie _*maschinengleich*_

marktkonform funktioniert.

Spricht bspw. ein Bundeskanzler von „marktkonformer Demokratie", ist damit tatsächlich eine

marktkonforme Gesellschaft im Sinne einer „Lobbykratie"

gemeint.[32]

---

[31] Vgl. Agenda 2010, insbesondere die Etablierung eines Niedriglohnsektors und eines als HARTZ IV bezeichneten sozialen Knebelungsmittels, wie weiter oben auf den Seiten 60-62 schon angesprochen. (__Siehe auch den Hinweis in Fußnote 21, Seite 60.__)

[32] Sowohl das Herkommen dieses Zitats als auch sein ihn beschwichtigen wollender Erklärungsversuch, findet sich in: Die *tri*_logischen Sezierung des lobbykratischen Zeitalters, Band III, Teilband 1, Seiten 241-44.

Denn die Entscheidungen werden eben nicht mehr von den gewählten Abgeordneten im Bundestag bestimmt und beschlossen, sondern von nicht gewählten Lobbyisten (*__im Dienste machtvoller Einzelinteressen__*), die die Blaupausen für die zur Entscheidung anstehenden Beschlüsse, Verordnungen und Gesetze liefern.

Nehmen jedoch die Ideologen des Neoliberalismus' das „Profitprinzip"[33] als Grundlage für den gesellschaftlichen Aufbau[34], blenden sie wesentliche Elemente des menschlichen Wesens aus[35] — oder mißbrauchen solche Elemente[36] für eigene, profitwerte Interessen ...

---

[33] ... insbesondere in Form des oben geschilderten, alle menschlichen und gesellschaftlichen Bereiche durchdringenden „Wettbewerbsprinzips".

[34] ... über die Regelung und Kontrolle der Gesellschaft im Sinne des sogenannten „Marktes", nicht also Regelung und Kontrolle des „Marktes" im Sinne der Gesellschaft.

[35] ... wie bspw. Altruismus oder Kooperationsfähigkeit.

[36] ... wie bspw. Forscherdrang, Erfindungsgabe oder Kooperationsfähigkeit.

Zweites Kapitel

Die eigentliche Bedeutung des Begriffs „soziale Marktwirtschaft“ oder Die umfassende Bedrohung humaner Kultur durch die neoliberale Doktrin

Anfang der 2000er Jahre wurde vom deutschen Gesamtverband der Arbeitgeberverbände der Metall- und Elektro-Industrie e. V. eine „Denkfabrik“ begründet.

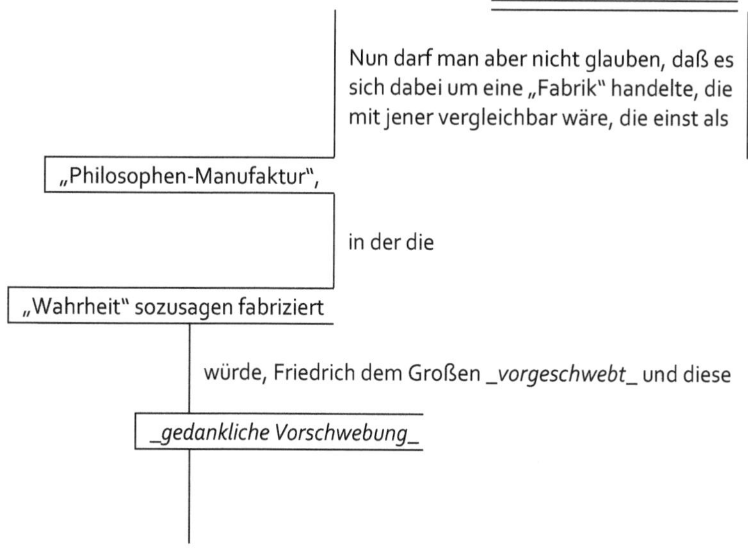

mit Voltaire reflektierte hatte, als sie auf Schloß Moyland weilten — dort also, wo sich heute ein schöner Skulpturenpark und die Kunstsammlung der Gebrüder van der Grinten befindet, wozu auch die größte Sammlung der Werke Beuys' gehört.

Wobei zumindest noch zu erwähnen ist, daß Voltaire Friedrich dem Großen hierbei eigentlich nur behilflich war, dessen Gedankengänge philosophisch zu ordnen — bevor er, also Voltaire, schließlich flüchtete.

Nein, *damit* vergleichbar

ist _*diese*_ Anfang der 2000er Jahre eröffnete „Denkfabrik" wohl nicht, obwohl auch diese die Aufgabe hat, eine _*gewisse*_ „Wahrheit" vorzuformulieren.

Allerdings räume ich ein, daß Friedrich des Großen „Vorschwebung" schon dem entsprochen haben könnte, was heutzutage als „Thinktank" bezeichnet wird, nämlich der Mißbrauch der Wissenschaft zur theoretischen Unterfütterung praktizierter Politik im Sinne von „Meinungsherrschaft".[37]

Diese neoliberale „Denkfabrik" (__„Thinktank"__) hat jedenfalls einen irreführenden Namen: „Initiative Neue Soziale Marktwirtschaft", kurz „INSM". Diese Irreführung ist übrigens mit jener vergleichbar, von der im folgenden die Rede ist:

[37] Siehe in: Die *tri*_logische Sezierung [...], Band III, Teilband 1, Lesungen 3 und 4.

„soziale Marktwirtschaft".

> Die Bezeichnung „soziale Marktwirtschaft" geht zurück auf einen der Theoretiker des Ordoliberalismus' (__*der als deutscher Zweig des Neoliberalismus' zu verstehen ist*__), d.h. auf den Ordoliberalen Alfred Müller-Armack (__1901-1978__), der diesen Ausdruck erstmals 1947 verwendet hatte, nämlich in einem Bericht für die IHK von Nordrhein-Westfalen. Dieser Begriff fand dann Eingang in das CDU-Programm für den ersten Bundestagswahlkampf 1949.[38]

Man darf

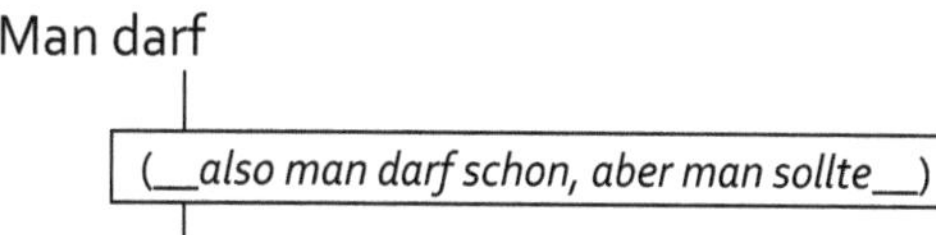

nicht glauben, daß das Adjektiv „sozial" in der Bezeichnung „soziale Marktwirtschaft" etwas benennen will, das man unter „Sozialstaat" oder „Wohlfahrtsstaat" versteht: also den Schutz und die Absicherung der Bürger _*gegen*_ „die zerstörerischen Auswirkungen des Marktes".[39] Ganz und gar nicht, denn

das Adjektiv „sozial"

wird im Rahmen der neoliberalen Doktrin verwendet, um die Beeinflussungsebene des Regierungshandelns zu bezeichnen:

---

[38] Vgl. Michel Foucault, *Die Geburt der Biopolitik — Geschichte der Gouvernementalität II*, Suhrkamp Taschenbuch, 2006, Anmerkung 48, Seite 221; Originaltitel: *Naissance de la biopolitique*, Éditions Gallimard / Éditions du Seuil, Paris, 2004.

[39] Vgl. a.a.O., Seite 206 unten.

Daß dieses politische Handeln nämlich _nicht_ auf den Markt und seine Auswirkungen gerichtet ist, sondern _ausschließlich_ auf die Gesellschaft.

An sich bezeichnet der Begriff „Gesellschaft" das soziale Gebilde, in dem Menschen in Gemeinschaft miteinander leben, denn der Mensch ist ein „soziales", d.h. ein gesellschaftliches Wesen.

Ausschließlich

in _diesem_ Sinne ist „sozial" zu verstehen, findet dieses Adjektiv in der neoliberalen Gedankenwelt Verwendung: Daß sich nämlich, unter gewissen meinungsmanipulativen Bedingungen, die Masse der Mitglieder einer menschlichen Gesellschaft konform verhält, so daß die gesellschaftliche Entwicklungsrichtung bestimmbar wird und die Menschen sich im,

ihren eigenen Interessen _gegenläufigen_ Sinne verhalten.

Zwar ist dieses meinungsmanipulative Ansinnen alles andere als neu, aber in der neoliberalen Gesellschaft geschieht es über eine kollektive Trimmung im Sinne der Bedürfnisse von Wirtschaftsinteressen, d.h., und das ist wiederum alt, im Sinne von Machtinteressen. — Und gewiß ist, daß das im Widerspruch zu demokratischen Mindeststandards steht.

Im neoliberal orientierten Staat dient das Regierungshandeln also _dem_ Ziel, die gesellschaftlichen Bedingungen so zuzurichten, daß sie _primär_ für den „Markt" und _dessen_ Entwicklung optimal werden — und bleiben.

Folglich sind „Freihandelsabkommen" à la TTIP vor _*diesem*_ ideologischen Hintergrund zu verstehen.[40]

Demnach ist es die Aufgabe neoliberaler Politik, die gesellschaftlichen Strukturen im Sinne des „Marktes" derartig zu verändern, bzw. zu formen, daß die wettbewerblichen Marktgesetze direkt auf die Menschen einer neoliberalen Gesellschaft einwirken können.[41]

Vermittelt über entsprechende sozial wirkende Faktoren, die ihre Wirkkraft ausschließlich über, auf die Gesellschaft einflußnehmende Maßnahmen wie die Etablierung eines wirtschaftlich relevanten Niedriglohnsektors und die Verabschiedung von entsprechenden Sozialgesetzen wie HARTZ IV entfalten.

Es sei wiederholt:

„Sozial" ist im Rahmen der neoliberalen Ideologie eben _*n i c h t*_ im Sinne von „gemeinnützig, dem Gemeinwohl dienend" zu verstehen, sondern im Sinne

a u s s c h l i e ß l i c h e r

Einflußnahme der Politik auf die Gesellschaft zur Bedienung wirtschaftlicher Macht-Interessen.

[40] Ein „à la TTIP-Abkommen" ist bspw. CETA; vgl. diesbezüglich in: Die *tri*_logische Sezierung […], Band III, Teilband 2, Anhang II: „Beleg für die Behauptung, daß die EU ein antidemokratisches Gebilde ist".

[41] Vgl. Foucault, a.a.O., die Seiten 206 unten und 207 oben.

Die Beeinflussung dieser gesellschaftlichen Ebene (__*im Sinne des* „Marktes"__) ist aus Sicht der Neoliberalisten (__*welcher Prägung auch immer*__) die _*einzige*_ wirtschaftspolitische Aufgabe des Staates.

Hierdurch wird im übrigen deutlich, daß der Neoliberalismus ohne Staat gar nicht denkbar ist, ganz im Gegenteil:

_*O h n e*_

diese _*stetige*_ Art der Einflußnahme

(__ausschließlich auf die Gesellschaft, d.h. auf die bürgerliche Gesellschaft mit ihrem Modell-Individuum[42]__)

ist nämlich das ganze Konstrukt der neoliberalen Markt- bzw. Gesellschaftsvorstellung nicht aufrechtzuerhalten.

Zur Durchsetzung dieses Gesellschaftsmodells

sind übrigens supranationale Organisationen noch besser geeignet, da sie 1. nicht demokratisch legitimiert zu sein brauchen und 2. die nationalen neoliberalen Regierungen, bei weiteren neoliberalen „Reform"-Projekten in „ihren" nationalstaatlich organisierten Gesellschaften[43], immer darauf verweisen können, daß sie unter dem Druck solcher supranationalen Organisationen wie EU, WTO oder IWF o.ä. stünden, obwohl _*d i e s e*_ es

---

[42] Siehe zu dieser ideologischen Kopfgeburt und ihren Konsequenzen die Seiten 69-74 des Ihnen vorliegenden Buches.

[43] Siehe zu *d i e s e r* Art sozialer Organisierung, also zum sogenannten Nationalstaat, weiter unten die Kapitel 15 und 16.

erst sind, die solche derartig strukturierten Organisationen einrichten, bzw. eingerichtet hatten: denn auf diese Weise wird das unter Neoliberalisten beliebte „Spiel über Bande" möglich — gespielt zur

Überlistung

von möglichem (__*demokratischem*__) Widerstand.

Im Unterschied zum Liberalismus des 18. und 19. Jahrhunderts, bleibt der Wettbewerb im Neoliberalismus nicht auf den Markt des Tauschens und Handelns beschränkt.

Das „Tauschen" und „Handeln" sind in der Tat alte Markttraditionen, die übrigens wesentlich zur Entwicklung des Denkens beigetragen haben, da hierbei die Begegnung mit anderen Menschen und bisher unbekannten oder qualitativ unterschiedlichen Objekten auf den kommunikativen Austausch zwischen Menschen und auf die Phantasie anregend wirkt, beides dem Denken in Zusammenhängen zuträglich — und dann anregenden Wettbewerb befördern können ...

Sondern im Neoliberalismus wird der primär das Marktgeschehen betreffen sollende Wettbewerb für das Funktionieren der _*ganzen*_ menschlichen Gesellschaft zum allein sie und ihre Entwicklung bestimmenden Prinzip erhoben. (__*Woran übrigens das Ideologische der neoliberalen Theoretisierung erkennbar wird.*__) Das aber ist ein _*künstlich*_ gesetztes Prinzip, das von sich aus nicht funktioniert, da es hierzu des Staates bedarf, der die „gesellschaftliche Spielanordnung" so setzen muß, daß ein

*soziales Gefälle*

stand, der von dieser Doktrin noch nicht erfaßt worden war, nämlich ein internationales Währungssystem mit von Zeit zu Zeit angepaßten (__flexibel-festen__) Wechselkursen, wobei dieses System von einer es _*lax*_ steuernden nationalen Zentralbank (__d.h. vom als „Fed“ bezeichneten Federal Reserve System der USA__) bestimmt wurde.

> 1944 wurde das nach dem Ort seiner ersten Konferenz benannte „Bretton-Woods-System“ begründet, das dem Zweck des Aufbaus einer neuen Weltwirtschaftsordnung dienen sollte, nach dem die alte im ersten Teil des von ihr verursachten Großen Krieges zusammengebrochen war. Der leitende Gedanke hierbei bestand darin, Konsequenzen aus dem in der Phase zwischen den beiden Teilen des Großen Kriegs eingesetzt habenden, ruinösen und insbesondere aus Währungsabwertung und Abschottung des eigenen nationalstaatlichen Wirtschaftsraums gegen internationale Konkurrenz bestanden habenden Wettbewerbs der Nationen zu ziehen. Deutschland trat dem Bretton-Woods-System 1949 bei. — Zwei der aus diesem Abkommen sich entwickelt habenden, heute weiterhin bestehenden Organisationen sind der IWF und die WTO.

Insbesondere der Umstand der laxen Steuerung dieses Systems kam der deutschen Wirtschaft zugute, denn erst hierdurch konnte jenes einsetzen, welches als „deutsches Wirtschaftswunder“ bezeichnet wird:

> Die hohe Produktivität der deutschen Wirtschaft bekam dadurch ihren Schub, daß für die Unternehmer einerseits Klarheit über den Wechselkurs der Währungen ihrer Handelspartner herrschte und andererseits die D-Mark chronisch unterbewertet blieb — _*wegen*_ der laxen Geldpolitik der USA.

Einer der Hauptmängel dieses Systems bestand darin, daß es

von einer nationalstaatlichen Zentralbank gesteuert wurde, da sich eine solche Steuerung primär an den Bedürfnissen der eigenen Wirtschaft orientiert. Daß sich das dennoch auf die deutsche Wirtschaft positiv auswirkte, lag eben an dieser besagten Laxheit des Fed.

(__Beziehungsweise die Laxheit „der Fed", versteht man darunter pauschalierend die US-Zentralbank.__)

Wäre allerdings damals das Fed-System nach Muster der Deutschen Bundesbank einseitig aktiv gewesen:

durch sture Fixierung auf die Preisniveaustabilität _*ohne*_ jede Rücksichtnahme auf die wirtschaftliche Entwicklung,

hätte es weder einen globalen Wirtschaftsaufschwung, noch überhaupt ein sogenanntes „deutsches Wirtschaftswunder" geben können.[47]

Das heißt es dauerte nach dem Ende des zweiten Teils des Großen Krieges noch Jahrzehnte, bis sich die Ideologie der neoliberalen Doktrin „freier" auswirken und die Grundlage für die neoliberale Weltordnung abgeben konnte.

---

[47] Vgl. Heiner Flassbeck und Friederike Spiecker, *Das Ende der Massenarbeitslosigkeit: Mit richtiger Wirtschaftspolitik die Zukunft gewinnen*, Westend Verlag, Frankfurt am Main, 2007, Seiten 148-155.

Was ist also das Credo dieser Ideologie?

Nun, die Marktwirtschaft weist keine Mängel auf, und falls solche doch aufträten, dann seien diese der Einflußnahme durch den Staat zuzuschreiben.[48] Daraus schließen insbesondere die

Ordoliberalen,

daß man die Rolle der Marktwirtschaft des 18. und des 19. Jahrhunderts

(__*nämlich die Setzung eines Raumes wirtschaftlicher Freiheit, der vom Staat überwacht und dessen Rahmen vom Staat begrenzt wird*__)

vollkommen umändern müsse.

Das heißt diese wirtschaftsgesellschaftliche „Spielanordnung" erfährt nun durch die neoliberale Doktrin ihre

Umkehrung:

Aufsicht des „Marktes" über den Staat.[49]

Im voll entfalteten neoliberalen System steht also der Staat unter der Kontrolle des Marktes — *und damit die ganze Gesellschaft.*

Auf diese Weise wird der Staat, selbst im Dienste von partikularen Wirtschaftsinteressen stehend, zur den einzelnen Menschen gängelnden Macht, da ein Staat nichts anderes als das Organisationsmedium einer Gesellschaft ist.

[48] Vgl. Foucault, a.a.O., Seite 167 unten.

[49] Vgl. derselbe, a.a.O., Seite 168.

Man denke in diesem Zusammenhang an vermeintlich dem „Freihandel" dienende Abkommen à la TTIP[50], deren Realisierung ich sozusagen als Schlußstein des von seinen Ideologen auf „Ewigkeit" angelegten neoliberalen Systems sehe.[51]

Folglich ist heutzutage durch den Neoliberalismus etwas zur politischen Praxis geworden, das Foucault in seiner Vorlesung vom 7. Februar 1979 noch als Frage formuliert hatte:

Ob nämlich die Prinzipien der *„Marktwirtschaft wirklich als … Form und Vorbild"* für die gesellschaftliche Organisationsform, also für den Staat, dienen könnten.[52]

Diese von einer neoliberalen Regierung praktizierte Politik zielt demnach direkt auf die bürgerliche Gesellschaft.

Also zielt diese Politik

mittels „Sozialpolitik",

und der

rechtlichen Rahmensetzung dieser Gesellschaft,

auf die Beeinflussung _*realer*_ Menschen —

wobei diese Beeinflussung nach einer

[50] „TTIP" steht für: „Transatlantic Trade and Investment Partnership".

[51] Beispielsweise ist CETA ein „à la TTIP-Abkommen"; vgl. den Hinweis in Fußnote 40, Seite 81.

[52] Vgl. Foucault, a.a.O., Seite 169.

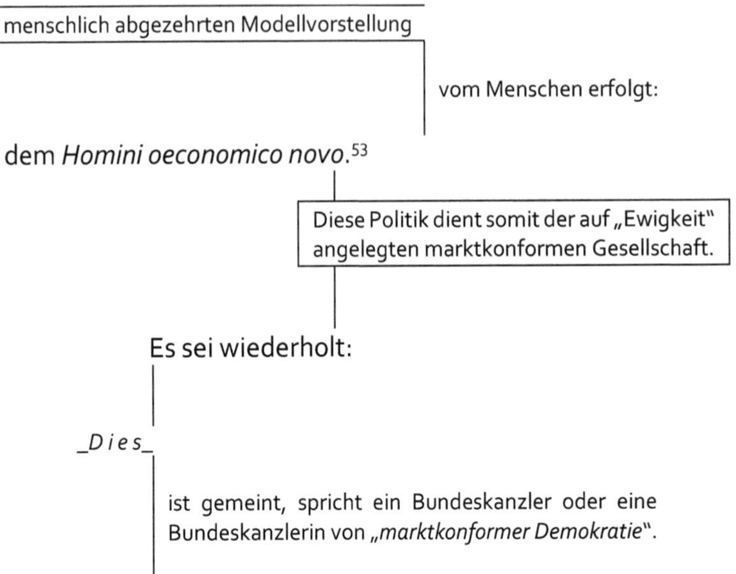

Den Vertretern der neoliberalistischen Ideologie geht es folglich um die Etablierung von gesellschaftlichen Verhältnissen, die dem _*künstlich*_ gesetzten Wettbewerb die für dieses künstliche Prinzip _*notwendigen*_ Voraussetzungen und Bedingungen auf eine Art und Weise schaffen, daß der „Markt" möglichst optimal funktionieren kann:

indem also das ganze gesellschaftliche Leben auf den „Markt" hin zentriert wird,

was stetig korrigierendes Eingreifen in die sich dagegen sträubenden gesellschaftlichen Prozesse erfordert, und früher oder

[53] Vgl. die Seiten 69-74.

später in eine wie auch immer geartete Diktatur enden muß — es sei denn, die Menschen *besännen sich noch kollektiv*.

Liest man also jenes, das im sogenannten „Lambsdorff-Papier“ steht[54], und das als Blaupause für die „Agenda 2010“ bezeichnet werden kann, liest man von den, seit den 1920er Jahren formulierten Theoretisierungen des Neoliberalismus'.

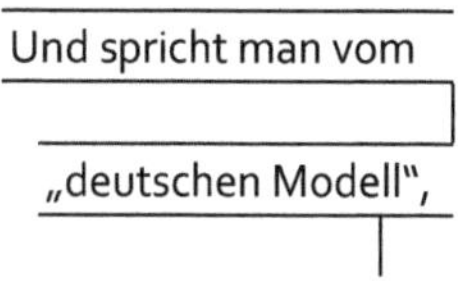

wie es bspw. in dem Feature des Deutschlandfunks der Fall ist, das am 20. April 2012 unter dem Titel:

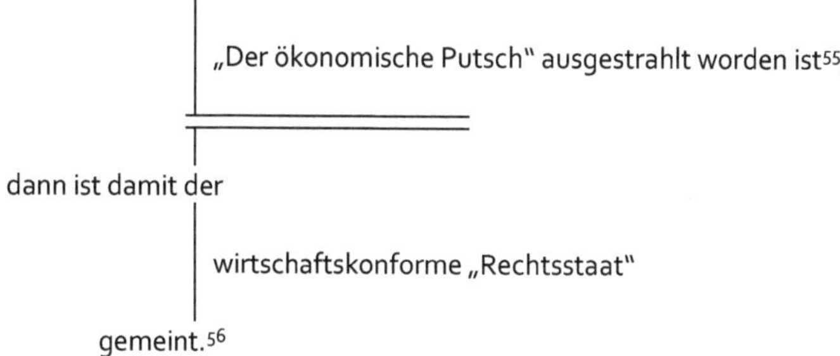

---

[54] Siehe hierzu den Hinweis in Fußnote 24 auf der Seite 62.

[55] Dieses Feature ist als pdf-Datei unter folgender Adresse abrufbar: http://www.deutschlandfunk.de/der-okonomische-putsch-oder-was-hinter-den-finanzkrisen.media.7dec0200bf81d7a61ef1f0180488fed5.pdf; oder als Aufzeichnung auf YouTube: https://www.youtube.com/watch?v=2xti7mN2cM4. Beide Links sind am 10. Januar '18 erneut geprüft worden.

[56] Vgl. Foucault, a.a.O. Seiten 252 f.

Wohlgemerkt:

„wirtschaftskonform“,

nicht

„demokratiekonform“.

Vor diesem in diesen Kapiteln sich eröffnet habenden Kenntnishorizont wäre es folglich falsch, antwortete jemand auf die Bemerkung hin: Die 2007 offensichtlich gewordene Finanzkrise und die daraus resultierenden Folgen, sind ein Ergebnis stetig forciert praktizierter neoliberaler Politik, die nach dem Ende des zweiten Teils des großen imperialistischen Krieges schleichend einsetzte:

> Das ist dem Neoliberalismus nicht allein anzulasten.

Gut, dann sage ich:

> Aber entscheidend anzulasten, denn umgesetzt wurde dessen Doktrin über neoliberale Politik, die übrigens von allen bürgerlichen Parteien sowie den Parteien des „Reformismus“'[57] praktiziert wurde und wird!

Was wäre aus dem vorstehend Erläuterten zu schlußfolgern? Nun, _*vorerst*_ sei lediglich geschlußfolgert, daß dieser Ungeheuerlichkeit mit leichten reformerischen Korrekturen nicht beizukommen ist.

---

[57] Siehe zur Definition und zur Fragwürdigkeit dieser politischen Richtung bürgerlicher linker Parteien das folgende Kapitel, und in Teilband 4, die Seiten 83 f., beginnend mit: „Dabei handelt es sich angeblich um eine Politik …“.

Drittes Kapitel

Ein Resümee des in diesem ersten Teil Ausgebreiteten

Vor dem Hintergrund dessen, was Neoliberalismus tatsächlich bedeutet und in den beiden vorgehenden Kapiteln erläutert worden ist, so daß die ganze Fragwürdigkeit des neoliberalen Projekts ausreichend deutlich hervortritt, muten bspw. die, diese Ideologie lobhudelnd verteidigenden Absonderungen eines ehemaligen Präsidenten der Bundesrepublik Deutschland geradezu exemplarisch seltsam an. Nämlich einerseits so, als kämen sie aus einem Paralleluniversum und andererseits offenbaren sie, daß selbst dieses repräsentative Amt lediglich von neoliberal denkenden „Leitfiguren" okkupiert sein darf, was grundsätzlich schlecht ist, da solche Figuren dann per se *_Zukurzdenker_* sein müssen.[58]

Resümierend komme ich deshalb zu dem Schluß,

daß es ziemlich unerheblich ist, welcher Flügel der „schattierten

[58] Als exemplarisches Beispiel sei auf einen Artikel von Roberto de Lapuente verwiesen: *Das hohle Geschwätz eines redlichen Intellektuellen*, der über nachfolgenden, am 11. Januar '18 erneut geprüften Internetpfad auf dessen InternetSite *ad sinistram* abgerufen werden kann:

http://ad-sinistram.blogspot.de/2014/01/das-hohle-geschwatz-eines-redlichen.html.

parteipolitischen Elemente", bspw. der deutschen Sektion der

Internationalen NeoLiberalen Partei (__INeLiP__),

aktuell bestehend aus CDU/CSU_AfD_SPD_Grünen_FDP_

(__*problemlos erweiterbar und ablösbar*__),

in einer neoliberal strukturierten Gesellschaft einen Wahlkrampf gewinnt und koaliert.

Während eine bürgerliche „Linke" in einer derartig strukturierten Gesellschaft noch _*etwas*_ unentschlossen antichambrieren mag, wie es am Beispiel der bundesrepublikanischen Partei „Die Linke" exemplarisch deutlich wird. Das aber wird sich nach Wahlkrämpfen ändern, gilt es Pirouetten zu drehen, und dann höchstens das _*Wie*_ solcher Drehungen zur Klärung der Frage interessant sein kann, mit welchem anderen der beispielhaft genannten Flügel-Elemente eine bürgerliche Linke nach einem nächsten großen Wahlkrampf die kurvenreiche Richtung

(__mal „Linkskurve", mal „Rechtskurve", aber alle ab durch die neoliberale „Mitte"__)

zur Förderung und zum Schutz von „Leistungsträgern" fortsetzen wird.[59]

[59] Im Teilband 4 des Ihnen vorliegenden Buches finden Sie auf den Seiten 156-60 einen „kleinen politischen Aufguß aus dem neoliberalen Jetzt", der die grundsätzliche Unschädlichkeit der Partei „Die Linke" für dieses System belegt.

Nehmen doch alle diese, hier lediglich beispielhaft genannten Parteien das zumindest heute für jeden sichtbar werdende, verheerende Ergebnis der praktischen Umsetzung der neoliberalen Doktrin partout nicht zur Kenntnis, da ihre Repräsentanten glauben, daß „kreatives"

(__*aber Hauptsache marktkonformes*__)

Drehen an irgendwelchen Stellschräubchen ausreichend sei, die neoliberale Doktrin konstruktiv zu wandeln — *Verbal_Gedonner* ändert daran nämlich nichts.

Also ist die neoliberale Doktrin eine Ideologie im pejorativen Sinne

Die neoliberale Doktrin ist eine Ideologie im pejorativen Sinne, da diese von Annahmen ausgeht, die auf Überlegungen zurückgehen, wie es möglich sein kann, den Liberalismus zu retten — nach dem Ergebnis seiner Auswirkungen, die in den ersten Teil des großen imperialistischen Krieges des 20. Jh. mündeten, als u.a. der angelsächsische Liberalismus mit dem Staatskapitalismus des Deutschen Kaiserreiches überquerlag

(__sprich: „Wilhelminismus", dessen Definition weiter unten erfolgt[60]__),

und an dessen Ende keine Lösung für ein friedliches Nebeneinander der Nationalstaaten in Sicht war. Zumal sowieso in Frage gestellt werden muß, ob denn eine solche

[60] Siehe die Seiten 107 f., beginnend mit: „'Wilhelminismus' bedeutet kurzgefaßt folgendes ..."; weiterführend auch in: Die *tri*_logische Sezierung [...], Band III, insbesondere Teilband 2, Lesung 16, dort unter: „Was übrigens den Begriff 'Wilhelminismus' anbelangt".

Lösung überhaupt zu erzielen wäre, solange es diese bürgerlichen Nationalstaaten mit ihrer kapitalistischen Produktionsweise und ihren Machteliten geben wird — man schaue sich bloß die Entwicklung vom Ende des Kalten Krieges bis heute an: die Tendenz geht eindeutig in Richtung auf *inter*_nationalstaatliche sowie *inner*_nationalstaatliche Konfrontationsstellung.

Als Stichwort sei an dieser Stelle lediglich der „Kampf gegen den Terror" genannt,

der objektiv gesehen ein Kampf gegen einen vom „Westen" selbst erzeugten Terror ist (__siehe hierzu insbesondere das Kapitel 13__).

Wie wir weiter oben festgestellt haben, gilt es bei den Ideologen dieser Doktrin als ausgemacht, daß es möglich sei, den Staat nach marktwirtschaftlichen Prinzipien zu gestalten und zu steuern, die zudem selbst ideologische Tendenz zeigen — oder wo findet tatsächlich noch wirtschaftliches Tun nach „marktwirtschaftlichen Prinzipien" statt, wird die ganze Chose wesentlich im Sinne der Konzerne gesteuert, die zudem unter finanzmarktakteurlicher Kontrolle stehen?

Es waren die verheerenden Ergebnisse der praktischen Umsetzung der neoliberalen Ideologie, die einen der überzeugten Beförderer und Befürworter des Neoliberalismus' im Juli 2011 im Londoner *The Telegraph* immerhin zu einer bemerkenswerten Aussage veranlaßten: „I'm starting to think that the Left might actually be right" (__*„Ich beginne zu glauben, daß die Linke tatsächlich recht haben könnte*"). Kommentiert wurde das beispielweise von Constantin Seibt im *Züricher Tagesanzeiger* und in der *Frankfurter Allgemeinen Zeitung* (__FAZ__) von Frank Schirrmacher, dem am 12. Juni 2014 leider viel zu früh verstorbenen, kritischen Geist des ansonsten daran symptomatisch verarmten Bürgertums[61].

Nun, welche politische Linke mag Charles Moore bei seiner Aussage im Blick gehabt haben? Auf spätere Rückfrage hin präzisierte der ehemalige Herausgeber des britischen Daily Telegraphs und autorisierte Biograph Margaret Thatchers das *insofern*, daß er das nicht bezogen auf die „bürgerliche Linke" verstanden wissen wolle: also nicht auf jene „Linke", die sich dem Reformismus (__*à la Eduard Bernstein*__) verschrieben hatte und

(__*über sogenannte Reformschritte*__)

weiterhin dieser Ideologie anhängt, die im Ergebnis aber zum Neoliberalismus heutiger Prägung geführt hat — wenn auch dieser Prozeß hin zum Neoliberalismus nicht von diesem Re-

---

[61] Der Artikel von Charles Moore ist unter folgender, am 21. Januar '18 erneut geprüften Adresse im Internet abrufbar:

http://www.telegraph.co.uk/news/politics/8655106/Im-starting-to-think-that-the-Left-might-actually-be-right.html.

Der Link zum Artikel von Constantin Seibt: „Der rechte Abschied von der Politik" vom 8. August '11, ist ebenfalls am 11. Januar '18 erneut geprüfte Internet-Adresse ist folgende: http://www.tagesanzeiger.ch/ausland/amerika/Der-rechte-Abschied-von-der-Politik/story/22710602.

Der Link zum Artikel von Frank Schirrmacher: „Ich beginne zu glauben, daß die Linke recht hat" vom 15. August 2011, ist ebenso am 11. Januar '18 erneut geprüft worden:

http://www.faz.net/aktuell/feuilleton/buergerliche-werte-ich-beginne-zu-glauben-dass-die-linke-recht-hat-11106162.html#Drucken.

formismus, sondern _*schon*_ von den Neoliberalen, d.h. in Deutschland von den Ordoliberalen selbst ausging (__*wozu noch einiges zu sagen wäre*__), letztlich aber zur entscheidenden

*Angleichung*

der Ideologie des Reformismus' an jene der neoliberalen Doktrin geführt hat.

Der „Reformismus" ist jene Ideologie,

die vom linken Flügel der bürgerlichen Gesellschaft mit dem Ziel praktiziert wurde, die negativen Auswirkungen des Kapitalismus' zu beschränken.

Eine solche Überlegung mag zu Bernsteins Zeiten (__1850-1932__) legitim gewesen sein.

Vor dem Hintergrund der aktuellen Verfestigung des, auf „Ewigkeit" angelegten neoliberalen System, ist diese Ideologie aber alles andere als legitim. Zumal heute unter bürgerlichen „linken" Intellektuellen eine auf reformerische Weise zu realisierende

„Demokratisierung des Kapitalismus'"

nicht mehr ernsthaftes Thema ist. Denn dieses Ansinnen ist offenbar längst auf der Strecke geblieben — man muß es wohl irgendwie aus den Augen verloren haben — auf dem Weg Richtung Neoliberalismus. Deshalb ist es übrigens auch falsch, wird behauptet, die CDU habe sich unter der Führung der Begründerin des Merkelesken

„sozialdemokratisiert".[62] Richtig ist hingegen, daß die Sozialdemokratie sich neoliberalisiert hat.

Folglich sind all jene Parteien nicht gemeint, die behaupten *_links_* zu sein, den Reformismus aber als *_das_* politische Medium zur Bändigung des Profitsystems verstehen, kommen einem bis dato überzeugten Anhänger der neoliberalen Doktrin Zweifel an dieser Art von umfassender gesellschaftlicher Manipulation zugunsten des Marktes, angesichts der verheerenden Auswirkungen neoliberaler Politik:

„Ich beginne zu glauben, daß die Linke tatsächlich recht haben könnte."

Und nebenbei und lediglich beispielsweise sei bemerkt: *Flüchtlingsströme anzuprangern steht solchen Intellektuellen nicht zu, denn sie werden verursacht von dem, das sie behaupten „reformieren" zu können!*

Sondern lediglich eine *_tatsächliche_* Linke kann gemeint sein — nämlich die *_revolutionäre_* Linke. Jene Linke also, die sich explizit auf das Werk von Karl Marx und Friedrich Engels stützt, sowie auf jene, die die erste gesellschaftliche Umwälzung nach marxistischen Prinzipien realisierten, also mit der klaren Zielrichtung: Weg vom Profitsystem — ohne die Errungenschaften des Fortschritts: Technik, Wissenschaft, tatsächliche

[62] Zum „Merkelesken" siehe in Die *tri_*logische Sezierung […], Band III, Teilband 2, Seiten 791-800: „Das Merkeleske am Merkelesken ist stets …".

und potentielle individuelle und kollektive Entwicklungsmöglichkeiten des Menschengeschlechts zu ignorieren, sondern sie im Sinne des Gemeinwohls zu verwenden und weiterzuentwickeln.

Die beiden herausragenden Persönlichkeiten der Oktoberrevolution

Zur Zeit dieser sich primär auf die Arbeiter und Arbeiterinnen stützen könnende Revolution galt in Rußland der auf Julius Caesar zurückgehende, im Jahre 45 u.f.Z. eingeführte julianische Kalender, dessen Nachteil darin bestand mehr als elf Minuten zu lang zu sein, so daß sich alle 128 Jahre das kalendarische Jahr um einen Tag vom tropischen oder Sonnenjahr entfernte (__*die Erde die Sonne dann also einmal vollständig umkreist hat*__), so daß bspw. die Tag- und Nachtgleiche im Frühling oder Herbst kalendarisch nicht mehr ausreichend richtig bezeichnet wurden. Papst Gregor XIII. verfügte deshalb, daß ab dem 4. Oktober 1582 der julianische Kalender mit einer verbesserten Schaltregel zu gelten habe. Dieser verbesserte Kalender wurde später nach diesem Papst als gregorianischer Kalender bezeichnet.

(__*Die im julianischen Kalender geltende Vierjahresschaltregel, also die Hinzufügung eines Tages im Februar eines Schaltjahres, kommt im gregorianischen Kalender lediglich dann zur Anwendung ist ein Jahr durch vier genau teilbar, wobei Jahre, die ein Jahrhundert abschließen, die deshalb „Säkularjahre" heißen, lediglich dann Schaltjahre sind, können diese genau durch 400 geteilt werden.*__)

Diese Änderung trat mit dem 15. Oktober 1582 in Kraft.

Aus _*diesem*_ Grund ereignete sich diese Revolution am 25. Oktober 1917. Hätte es also nicht erst am 2. Februar 1918 die Umstellung vom julianischen auf den gregorianischen Kalender gegeben, sondern schon vor dem 25. Oktober 1917, hieße die Oktoberrevolution Novemberrevolution, da sie sich dann am 7. November 1917 ereignet hätte.

Nicht die einzigen, aber die beiden herausragenden Persönlichkeiten bei der Realisierung der Oktoberrevolution im Jahre 1917 sind selbstverständlich Wladimir Iljitsch Lenin und Leo Trotzki. Sie sind es schon allein deshalb, da ohne diese beiden es nicht zu dieser erfolgreich verlaufenden Revolution gekommen wäre. Und sie sind es wegen ihrer hinterlassenen Schriften. Wobei insbesondere die von Leo Trotzki deshalb von besonderem Interesse sind, da sich in ihnen die Entwicklung der Sowjetunion wie in keinen anderen Schriften dieser Epoche spiegelt.

(__*Bis zu seinem gewaltsamen Tode im Jahre 1940 durch einen stalinistischen Agenten.*__)

Schriften nämlich, die bis in die Jetztzeit von hohem Wert sind, wegen der stets auf marxistischer Basis erfolgenden Analysen, die also weit über Tagespolitisches hinausreichen.

(__So war es Trotzki bspw. schon Anfang der dreißiger Jahre klar, daß die stalinistische Sowjetunion früher oder später vom Profitsystem „geschluckt" würde.__)

Aber sie sind auch schriftstellerisch hervorragend abgefaßt.

* * *

„Ob Aufklärung auch ohne Trotzki geht?“,

fragte mich vor einiger Zeit jemand, worauf er dann selbst

seine

Antwort gab:

> „... bestimmt — aber wie viele mit Trotzki wären durch Aufklärung gegen jeden Krieg?“

Das veranlaßte mich folgendermaßen zu antworten:

ZITAT

> Du unterstellst etwas, das aus einer „Haltung“ kommt, dem die Basis fehlt: Kenntnisse von dem, das Gegenstand Deiner Aussage ist.

Die von Trotzki für diverse Zeitschriften geschriebenen Artikel z.Z. des ersten Teils des großen Krieges des 20. Jahrhunderts und die heute zusammengestellt zu finden sind in: *Europa im Krieg*[63], dienen der Aufklärung von notwendig zu kennenden Zusammenhängen, will man die ihnen zugrundeliegenden gesellschaftlichen Wirkkräfte nicht nur *er*_kennen, sondern auch politisch *ver*_orten. Hingegen sind diese Schriften nicht geschrieben worden, die Köpfe der Menschen für den Krieg zu

[63] Arbeiterpresse Verlag [__heute Mehring Verlag__], Essen, 1998.

rüsten. Daß es sich so verhält, wird bei der Lektüre dieser Schriften schnell klar. Es waren andere, die damals Krieg brauchten und deshalb damals wollten und es sind andere, die heute Krieg brauchen und deshalb heute wollen.

Es sind bürgerliche Geschichtswissenschaftler, die i.d.R. die Tendenz haben in ihren Schriften eine vor dem ersten Teil des Großen Krieges allgemein bestanden habende soziale Situation wegzuleugnen, die man als sich tendenziell zum Vorrevolutionären hin entwickelnd bezeichnen kann. Wohlgemerkt in ganz Europa und nicht lediglich dort, wo die „kapitalistische Kette" dann tatsächlich brach: an ihrem schwächsten Glied. Das heißt die Entwicklung hin zum *Vor*_revolutionären war sozusagen flächendeckend.

Wer also behauptet, er halte etwas von „Aufklärung", verwiese in diesem Zusammenhang aber nicht auf diesen wesentlichen Fakt, der verlangte nach etwas, das mit „Aufklärung" nun einmal nicht zu machen ist. Wie anders könnten die von der Geschichte an das Menschengeschlecht gestellten Fragen adäquat angegangen werden?

Wer aber könnte diese Fragen stellen? Nun, es ist der historische Prozeß, der vom Menschengeschlecht „aufzuklären" ist, so daß deutlich werden kann, welche „Fragen" es sind, die einer adäquaten Beantwortung bedürfen. Aufklärung ist immerhin kein statisches Gebilde:

Da, schau, wie großartig sie in ihrem Glanze steht — die Aufklärung auf ihrem

Sockel, den wir für sie errichtet haben, sich in der aufklärungsbedürftigen Not an sie zu wenden...

Es war der „Reformismus“[64], der zumindest mit zum präsenten „Neoliberalismus“ beigetragen hat und dessen Verfechter sich nun anschicken, den Konzernen die Macht über die Nationalstaaten zu geben:

(__Der Ausschluß der Öffentlichkeit bei diesem Treiben dient ihrem Schutz, so behaupten sie.[65] Nun, das wissen die Priester von jeher: zu viel den Menschen bekanntes Wissen schadet dem Glauben.__)

Und der Verrat an der revolutionären Bewegung in Deutschland ermöglichte erst den Stalinismus, da dieser Verrat zur Selbsteinmauerung der Sowjetunion führte. Geschichtsprozeß ist nun einmal etwas anderes als Geschichtsschreibung:

Das Verschweigen von Zusammenhängen führt wohl dazu, daß die ihnen zugrundeliegenden Antriebskräfte (__also „Interessenlagen“__) nicht ins Bewußtsein dringen, aber ihre Wirkkraft bleibt davon unberührt.

Die Reaktion der Machteliten und ihrer Satelliten in Politik und Wissenschaft ...

---

[64] Siehe weiter oben auf den Seiten 100 f.

[65] Vgl. bspw. „Die Heimlichtuer“ von Alexander Wallasch in *The European* vom 11. August '14. Die folgende Internet-Adresse ist am 19. Januar 2018 erneut geprüft worden: http://www.theeuropean.de/alexander-wallasch/8815-die-geheimverhandlungen-zum-ttip#.

Diese Reaktion erfolgte entsprechend dem im damaligen Deutschen Reich vom „Wilhelminismus" geprägten Bildungskanon — und das heißt jetzt keineswegs, daß die Bildungskanones in den anderen Nationalstaaten grundsätzlich besser gewesen wären, aber der wesentliche Unterschied lag in der Schärfe des imperialen Drängens der Vertreter des „Wilhelminismus'".

„Wilhelminismus" bedeutet kurzgefaßt folgendes:

Pakt der bürgerlichen Reaktion mit der Obrigkeit; Militarisierung der Gesellschaft; erhöhter Duck auf die Masse der Lohnabhängigen; institutionalisierte Freiheit für die Wirtschaft

(__d.h. „Wilhelminismus" ist u.a. Ausdruck von „Staatsmonopolkapitalismus"[66]__);

„Demokratie" als Fassade:

Dem deutschen Volke

stellte man ein Parlament zur Verfügung — und

_n i c h t_

das deutsche Volk schuf sich eine Einrichtung, die der Debatte zu dienen habe, daß der beste „Weg" zur gesellschaftlichen Entwicklung gefunden werde ... Also ist der

[66] Zu diesem Begriff siehe in Teilband 4 dieser Untersuchung, die Seiten 92-97, beginnend mit: „*_Diese_* dauerkrisenhafte Entwicklung ...".

der Kunst zu verwandeln,

was schlicht unmöglich ist, da diese Prozesse so ihr Wesentliches verlieren:

das Eingebundensein in ein historisches Ereignis.

Sie mögen auf diese Weise allenfalls zu „entsorgen" sein —

wie es jemand versuchen mag, der etwas ihn Genierendes vor sich selbst tief verbirgt:

Jedes Engagement [...] *wird durch literarische Form entwirklicht* [...] *Der engagierte Schriftsteller kann sich, als Schriftsteller, nicht engagieren.* [...] *Auch die sogenannte engagierte Literatur, obwohl gerade sie sich als realistisch bezeichnet, ist unrealistisch, romantisch,* sagt hierzu Peter Handke in: „Ich bin ein Bewohner des Elfenbeinturms".[68]

Übrigens war Trotzki, u.a., aus diesem Grund der (__*richtigen*__) Ansicht, daß Kunst nicht in den Dienst von Politik gestellt werden dürfe, sondern sie ihre grundsätzliche Freiheit brauche.[69]

Nun, dieses Theaterstück von Peter Weiss (__1916-1982_) wurde von Marcel Reich-Ranicki (__1920-2013__) verrissen:

---

[68] 1. Auflage, Suhrkamp Taschenbuch Verlag, 1972, Seiten 49 f. Zitierung mit freundlicher Genehmigung des Suhrkamp Verlages.

[69] Vgl. hierzu Leo Trotzki, *Literatur und Revolution*, Arbeiterpresse Verlag, Essen, 1994.

Gut so, da es richtig war![70]

So stellt Reich-Ranicki klar, daß es ein Hohn sei,

einen der geistreichsten politischen Schriftsteller des Jahrhunderts,

und dessen Leben einer

einzigartigen Parabel

gleiche, auf eine Weise darzustellen, daß beim Zuschauer der Eindruck entstehen müsse, als handele es sich um einen

bornierten und dümmlichen
[__Phrasendrescher__].[71]

_ Ende meiner Antwort auf die weiter oben auf der Seite 104 zitierte, abgeschmackte Bemerkung eines heruntergekommenen bürgerlichen Intellektuellen. _

ZITAT

Die Widerspiegelung der Natur im menschlichen Denken ist im ewigen Prozeß der Bewegung, des Entstehens der Widersprüche und ihrer Lösung aufzufassen, denn hierdurch erfolgt Erkenntnis als ewige, unendliche Annäherung des Denkens an das Objekt.

---

[70] Vgl. Marcel Reich-Ranicki, *Lauter Verrisse*, erweiterte Neuausgabe, 3. Auflage, DVA, 1989, die Seiten 97 ff.

[71] Vgl. a.a.O., Seite 100 unten. Die Zitierung erfolgt mit freundlicher Genehmigung des Verlages Deutsche Verlags-Anstalt.

Beziehungsweise ...

[...] Erkenntnis ist die ewige, unendliche Annäherung des Denkens an das Objekt. Die Widerspiegelung der Natur im menschlichen Denken ist nicht „tot", nicht „abstrakt", nicht ohne Bewegung, nicht ohne Widersprüche, sondern im ewigen Prozeß der Bewegung, des Entstehens der Widersprüche und ihrer Lösung aufzufassen. ...[72]

Wesentliches Element der materialistischen Geschichtsauffassung ist übrigens die (__*materialistische*__) Dialektik, wodurch der Marxismus in der Tat zu einer Theorie der Praxis wird, d.h. zu einer Erkenntnis von den (__*praktischen*__) Bewegungsgesetzen der Natur, die sich auf der menschlichen Ebene in der Geschichte des Menschengeschlechts im subjektiven Faktor ausdrücken (__*den politisch handelnden Menschen*__) sowie in den gegebenen sozialen und natürlichen Bedingungen auf die dieser Faktor trifft.

Praktiziert man dieses dialektische Prinzip, kann keine Gefahr entstehen, sich von der Wirklichkeit spekulativ zu entfernen, da der auf diese Art und Weise Erkennende weiß, daß er Teil der Materia ist, die sich durch

sein Denken: „ES bildet sich ein Gehirn" (__Adolf Portmann__) in die Lage versetzt hat, über sich selbst nachzudenken.

Mit der Installierung des stalinistischen Systems endete

[72] Vgl. W. Lenin, LW, Bd. 38, die Seite 185.

die auf dieser Grundlage praktizierte Politik, d.h. der Marxismus wurde „à la Lenin" mumifiziert und für die stummbleibende Masse ins Schaufenster gestellt — sprachen von nun an doch nur noch stalinistische Bürokraten.

In einer später zu veröffentlichenden Untersuchung wird in ausreichender Weise die umfassende Bedeutung der Materia für alles Seiende und alles Werdende beleuchtet — also unter Auslassung einer von ihr als unabhängig vorgestellten „spirituellen Größe".

Nun ist es selbstverständlich legitim, den revolutionären Ansatz Marxens, Engelsens, Lenins und Trotzkis abzulehnen und bei der Erfüllung der *Humanistischen Mission* eine andere Vorgehensweise zu bevorzugen. Allerdings muß man dann eine Antwort auf die grundlegende Frage geben:

Wie ist es zu bewerkstelligen, einer Machtelite das Heft aus der Hand zu nehmen, die nicht einmal Neigung zeigt, Reichtum und damit Macht zu teilen?

Da es aber legitim ist, einen anderen politischen Ansatz zur Erfüllung der *Humanistischen Mission* zu wählen, hat man genauso selbstverständlich zur Kenntnis zu nehmen, daß eine Revolution am besten zu vermeiden ist. Allerdings ist ebenso zur Kenntnis zu nehmen, daß man mit folgendem Faktum konfrontiert bleiben wird:

Daß nämlich, angesichts einer Machtelite, die lieber einen Ersten Weltkrieg vom Zaun brach, als daß sie bereit gewesen wäre, die Macht zu teilen — und damit den Reichtum zu teilen

(__*was übrigens auch volkswirtschaftlich gesehen sinniger gewesen wäre*__),

eine Revolution nicht nur damals unausweichlich war, sondern auch in Zukunft unausweichlich bleiben wird.

Nun, das weiß die „Elite" der „Weltelitestaaten" durchaus — und so haben Ausspähprogramme à la NSA schon ihren eigenen Sinn[73],

denn diese Haltung besteht bei der heutigen Machtelite ungebrochen fort.

Wie dem auch sei, die hier so gern verdrängte,

aktuelle Ausgangslage für eine solche *Humanistische Mission*,

nämlich die Befreiung des Menschengeschlechtes von

„hausgemachter"

Knechtung und Unfreiheit der Masse der Menschen, ist Ende der 2000er Jahre in der nachfolgenden Aussage von einem Freund auf den Punkt gebracht

[73] Zur „Weltelite", ihren Staaten und ihrer zwar variieren mögenden, aber tendenziell gleichbleibenden Strategie, siehe Kapitel 18. (__NSA steht übrigens für *National Security Agency*, also für die 1952 gegründete „Nationale [__*primär auslandsgeheimdienstliche*__] Sicherheitsbehörde der USA".__)

worden, als dieser auf folgende, üblicherweise gegebene Bemerkung hin:

„Ich will sagen, bei aller gerechtfertigten Kritik jammern wir auf ... allerhöchstem Niveau. Und so ganz können die Regierungen der letzten gut 60 Jahre nicht alles falsch gemacht haben. Also ich sehe da nichts 'zugrundereformiert'!"

... mit der gebotenen Schärfe erwiderte:

Widerspruch! [...] *Klar geht es uns besser als z.B. den armen Griechen, die von der größten Volkswirtschaft Europas in einen sorgenvolleren Alltag gezwungen werden. Die Selbstmordquote hat dort seit 2008 statistisch klar zugenommen. Und so kommen etliche hierher. Und es kommen logischerweise noch viel mehr Ausländer* [...] *ins vermeintlich „gelobte" Land. Meines Erachtens nur aus wirtschaftlicher Not, um der Perspektivlosigkeit zu entkommen oder die Familie zu Hause zu ernähren und zu unterstützen. Welchen Druck, welche Not muß ein Mensch haben, seine Heimat, seine Lieben, sein soziales Umfeld aus Angst und Sorge zu verlassen!* [...]

Um die aufkommende Frage nach der Bezahlung im Keim zu erstikken: Ich bezahle das. Die Reichen und Mächtigen und deren Funktionseliten, die „effizienten Leistungsträger" und „Karrenzieher", die alternativlos raffgierigen Banken, die Wohlhabenden und Besserverdienenden haben schließlich das Geld nicht dazu. Diese, so die Behauptung, bedürfen der steuerlichen Belastung — zur „Schaffung von Arbeitsplätzen".

Ein weiterer Skandal ist, daß die Migranten aus Not die letzte Arbeit für einen Hungerlohn annehmen. Rumänen, die für 3 Euro und 50 und weniger, Erdbeeren im Akkord und mit Rückenschmerzen pflücken. Spargelstecher, Demenzrentnersitter, Kesselreiniger, Kirmeskloputzer — viele begehrte Ausländerjobs. Darüber muß ich jammern und klagen.

Auch will ich jammern, daß die Wochenarbeitszeit nicht weniger wird. John Maynard Keynes hat sich schon in den 1930er vorstellen können, daß sich die Arbeitszeit in 100 Jahren auf unter 10 Stunden pro

Woche reduziert — auf Grund der gestiegenen Produktivität. Dies ist auch logisch, allerdings will hier den 0,01% Reichsten technischer Fortschritt als Grundlage für verbesserte Arbeits- und Lebensbedingungen für die Masse der Menschheit nicht sinnvoll erscheinen.

Peer Steinbrück[74] *gibt zum besten, daß das Arbeitsvolumen leider nicht zugenommen habe. Daher muß es in Form von Teilzeitjobs, Minijobs, Nebenjobs auf ganz viele verteilt werden. Hauptsache Arbeit — was'n Käse! Befristete Verträge oder noch schlimmer, Werkverträge (__als Scheinselbständige__), Zeitarbeit, Niedriglohn — auch das prangere ich an.*[75]

Die „Lebenshilfe" (__Sozialmafia__) hat ein junges Mädchen über ein Jahr ohne Entlohnung beschäftigt (__kein „Bufdi"[76]*__): Wäsche waschen, Reinigungstätigkeiten. Noch nicht einmal Fahrgeld für die 18 km zur Arbeit. Sie wurde von den Eltern unterstützt, immer in der Hoffnung auf'n Job. Supermentalität.*

Unter 3,5 Millionen offizielle Arbeitslose, aber über 5 Millionen, die irgendeine Form der Unterstützung durch die Arbeitsagentur bekommen. — Und rechnete man die hinzu, die als „stille Reserve" bezeichnet werden, jene also, die sich erst gar nicht arbeitslos melden, käme man für das Jahr 2008 auf weit über 6 Millionen Arbeitslose. Schön, ne?

In Dortmund gilt jeder vierte Haushalt als armutsgefährdet, in Hamburg jedes vierte Kind. Prima, du erfolgreichste Bundesregierung seit der Wiedervereinigung. Darüber will ich jammern.

Soziale Mobilität, d.h. der Wechsel in eine andere Gesellschaftsschicht, ist nicht mehr praktizierbar. Georg Schramm[77] *und Gerhard*

---

[74] Der 1947 geborene SPD-Politiker Peer Steinbrück war von 2005 bis 2009 Bundesfinanzminister.

[75] Vgl. auch in: Die *tri*_logische Sezierung [...], Band III: „Ich stimme nicht zu!", Teilband 1, Lesung 9: „Von Altersarmut und Niedriglöhnern".

[76] Der „Bundesfreiwilligendienst" existiert vor allem deshalb seit 2011, da mit der Aussetzung der Wehrpflicht im Jahre 2010 auch der Wehrersatzdienst auszusetzen war und sich seitdem die Situation in Altenheimen und anderen sozialen Einrichtungen (__*absehbar*__) dramatisch verschärft hat.

[77] Der 1949 geborene Georg Schramm ist diplomierter Psychologe und einer der besten gesellschaftskritischen Kabarettisten.

Schröder[78] (__richtig, der Leuchter der Armen mit seiner Agenda und dem Niedriglohn__) *kamen noch aus unteren Schichten, bzw. ärmeren Verhältnissen. Hingegen heute gilt: Bist du arm, dann bleibst du es gefälligst.*

Angriffskriege und Überwachung, mit dem Grundgesetz nicht vereinbar, aber, wie gewohnt, „sehr verantwortungsvolle" Innen-, Außen- und Verteidigungsminister. — Uns geht's wirklich zu gut.

Auch im kommerzialisierten Gesundheitswesen ist alles super, dort also, wo die Anzahl der künstlichen Hüften und der unnötigen Ausschabungen den Profit bringen. MVZ's (__„Medizinische Versorgungszentren"__) *— effizient in anspruchsvoller Wartezeit.*

Rente ab 67, Rentenniveau auf 43% des Nettolohns. Mein Bruder fängt jetzt bei einer Zeitarbeitsfirma als Lagerarbeiter an. War schon bei PIN[79] (__[__*ehemalige*__] Zusteller-Firma von Friede Springer, die Zumwinkel die Anklage auf Steuerhinterziehung eingebrockt hatte, da der für Mindestlohn war__) *und bei DPD als Subsubunternehmer usw. — ein moderner Arbeitnehmer eben, 8,19 EUR die Stunde, macht grob 1.200 EUR Bruttolohn. Nach Abzug der Sozialversicherung bleiben 1.000 EUR netto. Hält er die bis 67, bekommt er 430 EUR Rente. Kaputt gebrasselt, aber immerhin gerecht, denn effektiv selbst schuld: hatte sich zumindest für die Schröderschen Reformen vehement eingesetzt. — Darüber muß ich jammern und klagen. ...*

Ende dieser empörten Erwiderung auf eine oft
zu hörende „Kritik"
an der Kritik skandalöser gesellschaftlicher Verhältnisse.

---

[78] Der 1944 geborene Gerhard Schröder war von 1998 bis 2005 deutscher Bundeskanzler, mit seinem Namen verbindet sich vor allem die sogenannte Agenda 2010.

[79] Die PIN Mail AG ist eine der zahlreichen Briefzustellerfirmen, die, ähnlich den Paketdiensten, wegen der Privatisierung der Post erst anfangen konnten ihr politisch gewolltes Unwesen zu treiben, wozu u.a. gehört, daß die Arbeitsbedingungen in dieser-Branche traditionell schlecht sind.

These:

Neoliberale Politik trägt die Verantwortung dafür, daß das „Projekt Europa" auf die schiefe Bahn geraten ist[80].

Objektiv gesehen bedeutet das, daß die EU in ihrer bisherigen Form *anti*_europäisch ist, denn, wie im weiteren Verlauf dieser *Tri*_logischen Sezierung noch hinreichend deutlich werden wird, ist ihr eigentlicher Zweck die neoliberale Zurichtung der europäischen Gesellschaften ...

Daß dies im Verein mit den neoliberalen Regierungen der EU-Mitgliedstaaten geschieht, kann zumindest bei scheuklappenfreier Beobachtung deutlich werden.[81]

Selbstverständlich ist nicht zu verlangen, dieser These ohne weiteres zuzustimmen, da vorher wenigstens Klarheit über den Begriff „Neoliberalismus" bestehen muß, andernfalls urteilte man über etwas, oder akzeptierte gar etwas,

und sei es bloß stillschweigend, stimmte man dieser These tendenziell nicht zu,

das einem von seiner gesellschaftlichen (__*und damit kulturellen*__) Tragweite her gesehen offenbar gar nicht einsichtig wäre.

[80] Siehe hierzu auch: „Merkels Schuld am Rechtspopulismus" von Harald Schumann in: *Der Tagespiegel*, Online-Ausgabe vom 11. Januar '14. Die folgende Internet-Adresse wurde am 19. Januar '18 erneut geprüft: http://www.tagesspiegel.de/meinung/europas-krise-merkels-schuld-am-rechtspopulismus/9318970.html.

[81] Vgl. bspw. in: Die *tri*_logische Sezierung [...], Band III, Teilband 2, Anhang II: „Beleg für die Behauptung, daß die EU ein antidemokratisches Gebilde ist".

Denn bloß zu *meinen*, daß die Wortbildung aus Präfix „Neo", Adjektiv „liberal" und Suffix „ismus" bedeutete, daß es sich dabei um die

Lehre von einer neuen Freiheit für die Menschen

handele, ist durchaus mit jener „Tätigkeit" vergleichbar, die unter der Bezeichnung: „den Kopf in den Sand stecken" bekannt ist, anstatt eine drohend manifest werdende Gefahr beizeiten ins Visier zu nehmen — sie also rechtzeitig abzuwenden.

Immerhin verhält es sich so, daß Neoliberalismus und Demokratie

nicht

vereinbar sind.

Ist es den Hohepriestern dieser Ideologie doch darum zu tun, die menschliche Gesellschaft via Verordnungen und Gesetzen auf eine Art und Weise zuzurichten, daß aus der strukturellen Einführung eines künstlichen Prinzips _*zwangsläufig*_

(__quasi „*automatisch*"__)

marktkonformes Verhalten der Menschen resultiert, so daß sich der „Markt" ungehindert entfalten kann — auf das sich die Profitinteressen ungehindert entfalten mögen.

(__Ausschließlich _*dies*_ ist der tiefere Grund für die Einführung der „Agenda 2010" und ähnlicher „struktureller Reformwerke".__)

Denn der „Markt" darf weder „gestört" noch „geregelt"

werden, alle anderen menschlichen Lebensbereiche müssen es hingegen unbedingt. — Eine solche „Wettbewerbsgesellschaft" funktioniert dauerhaft jedoch weder sozial noch ökonomisch, immerhin ist „Wettbewerbsfähigkeit" kein absoluter, sondern ein relativer Begriff. (__Siehe weiter unten die Kapitel 10+11, aber auch in: Die *tri*_logische Sezierung [...], Band III, Teilband 1, Lesung 7: „Über die Glaubensvorstellung von der 'Effizienz der Märkte'".__)

Tauschen und Handeln scheinen in der Tat menschliche Bedürfnisse zu sein[82], nicht jedoch der Wettbewerb zwischen Menschen und Nationen, diesen mußte man künstlich einführen und zum Marktprinzip erheben, das weder „gestört" noch „geregelt" werden dürfe, damit kein Schaden entstehe — diesem „Prinzip"!

Und nein, nicht lediglich im landläufigen Sinne ist ein unternehmerischer Wettbewerb gemeint, wo seine Anwendung einzig sinnig ist:

Findet der unternehmerische Wettbewerb _*primär*_ über Innovationen und _*nicht*_ primär über Dumpinglöhne statt, kommt es für die Gesellschaft zur Wertschöpfung[83], und _*dies*_ ist erwünscht, da auf _*diese*_ Weise die soziale Entwicklung eines Gemeinwesens finanzierbar bleibt und diese Entwicklung problemlos über den Produktivitätszuwachs stets zu decken ist.

---

[82] Vgl. auf der Seite 83 die Anmerkung: „Das 'Tauschen' und 'Handeln' sind in der Tat ...".

[83] Vgl. die Anmerkung auf den Seiten 270-72, beginnend mit: „In der sogenannten Wertschöpfung ..."

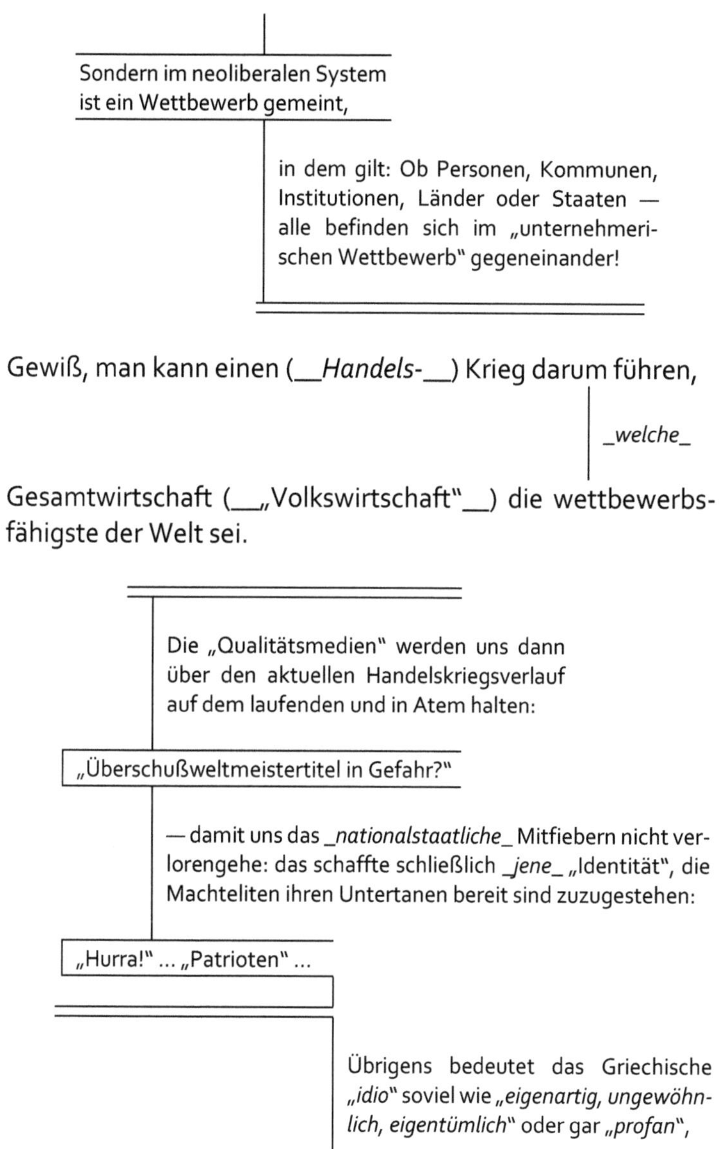

Sondern im neoliberalen System ist ein Wettbewerb gemeint,

in dem gilt: Ob Personen, Kommunen, Institutionen, Länder oder Staaten — alle befinden sich im „unternehmerischen Wettbewerb“ gegeneinander!

Gewiß, man kann einen (__*Handels-*__) Krieg darum führen,

*welche*

Gesamtwirtschaft (__„Volkswirtschaft“__) die wettbewerbsfähigste der Welt sei.

Die „Qualitätsmedien“ werden uns dann über den aktuellen Handelskriegsverlauf auf dem laufenden und in Atem halten:

„Überschußweltmeistertitel in Gefahr?“

— damit uns das _*nationalstaatliche*_ Mitfiebern nicht verlorengehe: das schaffte schließlich _*jene*_ „Identität“, die Machteliten ihren Untertanen bereit sind zuzugestehen:

„Hurra!“ ... „Patrioten“ ...

Übrigens bedeutet das Griechische *„idio“* soviel wie *„eigenartig, ungewöhnlich, eigentümlich“* oder gar *„profan“*, daraus wurde dann (__*die*__) „*idiotes*", d.h. soviel wie „*Eigentümlichkeit, Privatmann, Besonderheit, unkundiger Laie, Stümper*", und aus dieser *idiotes* wurde schließlich die uns bekannte *Idiotie* — wobei die Figur, die sie betreibt, landläufig als *Idiot* bekannt ist.

Allerdings läßt sich auf der „Basis" des

„Wettbewerbs der Nationen"

schließlich kein Handel mehr treiben, da dies aufs Niederkonkurrieren anderer Nationen hinausläuft, die immerhin zugleich die eigenen Kunden sind — will man ihnen nicht „Kredit" geben, damit sie einem die überschüssigen Waren „abkaufen", die man selbst nicht verbrauchen will:

Transferunion.

Wodurch das Absurde einer Ideologie offenbar wird, die die „Wettbewerbsfähigkeit" zum treibenden, alles umfassenden Prinzip erklärt hat.[84] Ganz abgesehen von den Schäden, die offenbar als _*Opferungen*_ zu akzeptieren und

— dem Goldenen Kalb unterwürfigst —

von einem künstlich gesetzten Prinzip verursacht sind, das unter _*keinen*_ Umständen weder „gestört" noch „geregelt" werden darf — da _*es*_ ansonsten Schaden erlitte, wie seine Ideo-

[84] Vgl. die Kapitel 8 und 9 dieser Untersuchung.

logen, die Hohepriester dieses Kalbes zu erzählen wissen.

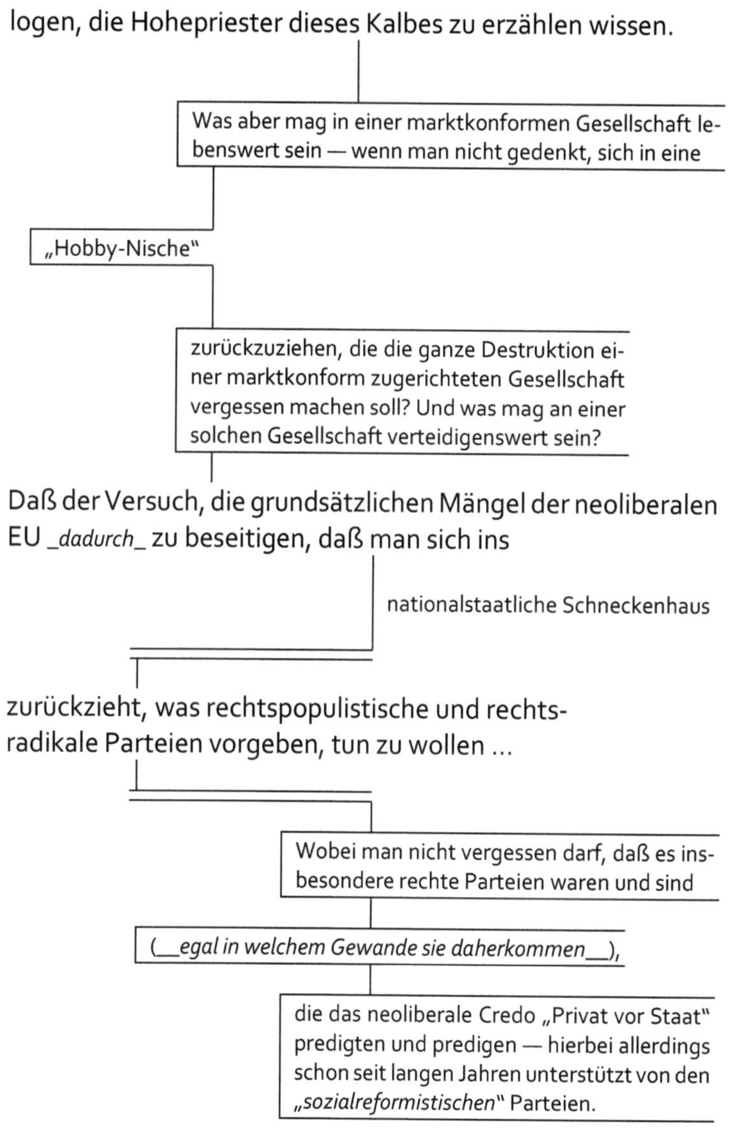

... Daß also dieser Versuch scheitern wird, ist bei Wahlen nicht entscheidend, sondern entscheidend ist, daß den frustrierten, da zu oft enttäuschten Wählern das egal wird. Auch wenn sie

(__*dann zu spät*__)

schnell merkten, daß das Ziel weiterhin darin bestände, die neoliberale Ideologie zu retten —

nur eben nationalistisch auf _*wieder*_ nationalstaatlicher Ebene dann.

Von dieser „nationalstaatlichen Ebene" aus riefe das Führungspersonal entsprechend wahlkrampferfolgreicher, rechtspolitischer Parteien „ihrer" jeweils nationalstaatlichen Bevölkerung zu:

Wir brauchen Strukturreformen — damit wir wettbewerbsfähig bleiben

(__oder — je nach Bedarf: „wieder werden"__),

und deshalb müssen wir einen zusätzlichen Teil der Produktivität den Unternehmen zugestehen, damit diese sie zur Schaffung neuer Arbeitsplätze ansparen, und deshalb laßt uns _gemeinsam_ auf Lohnsteigerung im Rahmen der Goldenen Lohnregel verzichten. Und überhaupt:

Der Masse einer jeden „Volksgemeinschaft" tut sparen gut, zumal es nun mal so ist, daß das Angebot sich seine Nachfrage selbst „sucht" — um jeden Preis!

Es versteht sich von selbst, daß eine solche Rede tatsächlich „schöner" und „professionell" orwellianisch verpackt sein wird. ...

Dabei böte eine anders strukturierte EU beste Möglichkeiten, das *„Projekt Europa"* nicht bloß manipulativ kosmetisch akzeptable

e r s c h e i n e n

zu lassen, sondern es tatsächlich emotional und wirtschaftspolitisch zum Erfolg zu führen.

Dies ist aber weder mit dem aktuellen politischen noch mit den in Thinktanks einsitzenden *spin*_doktorischen Wissenschaftlern noch mit den schreibenden Mitarbeitern der Medien_*Konzerne* noch mit jenen, die von sich selbst sagen, sie seien im „Kulturbetrieb" tätig, umsetzbar, verstehen die sich gerade als solche, die sich für das „europäische Gemeinwohl" einsetzen würden, sprechen die sich für die EU aus — obwohl die sich damit für eine gesellschaftspolitische Entität einsetzen, deren Repräsentanten schon X-fach belegt haben, daß sie „Gemeinwohl" ähnlich anders interpretieren wie den Begriff „Verantwortung".[85]

Nein, dazu bedürfte es einer Linken, die diesen Namen verdiente und die konzeptionell einen Plan hätte, wie man konstruktiv ein ökonomisches Rahmen- und Regelwerk setzte, so daß das Wirtschaften nicht zum Selbstzweck degenerierte, wie es im Neoliberalismus der Fall ist, sondern diese Setzung mit dem Ziel erfolgte, daß die tatsächliche Entfaltung eines

---

[85] Vgl. bspw. in: Die *tri*_logische Sezierung [...], Band III, Teilband 1, Lesung 1: „An die Adresse der schreibenden deutschen Mitarbeiter der Medien_*Konzerne*", Lesung 3: „Über den Mißbrauch der Freiheit der Meinung".

jeden einzelnen Menschen grundlegendes Prinzip würde und nicht Gewinnmaximierung Selbstzweck bliebe —

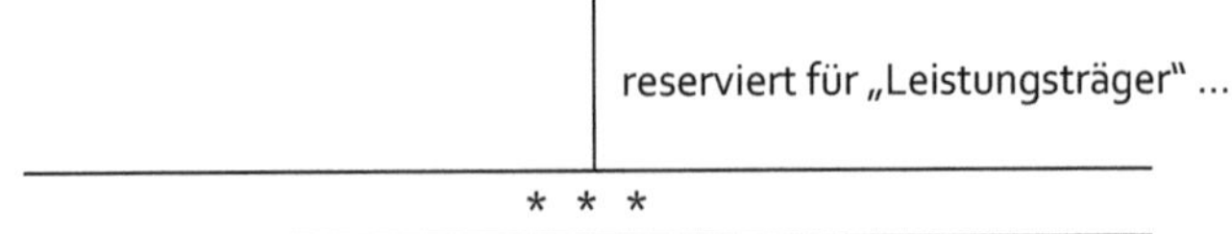

Was müßte demnach aus dem in den ersten Kapiteln dieser Untersuchung Erläuterten geschlußfolgert werden? Nun, an dieser Stelle sei lediglich die am Ende des zweiten Kapitels ausgedrückte Feststellung unterstrichen, daß mit leichten reformerischen Korrekturen dieser Ungeheuerlichkeit nicht beizukommen sein wird. Denn vor einer weitergehenden Schlußfolgerung, oder gar folgerichtiger Konsequenzziehung, sind in den nun folgenden beiden Teilbänden dieser Untersuchung erst noch die Auswirkungen neoliberaler Politik in den Blick zu nehmen.

Editorische Anmerkung:

Der originale Text der Kapitel dieses ersten Teils wurde erstmals im September des Jahres 2013 veröffentlicht. Weitere Ergänzungen folgten bis weit in das Jahr 2015 hinein. Nach dem Entschluß, den Inhalt dieses Textes als Kapitel für diese Untersuchung zu verwenden, erfolgte 2016 seine komplette Überarbeitung, aber auch seine Erweiterung. Für die Ihnen nun vorliegende zweite Auflage, wurden diese Kapitel dann komplett überarbeitet und hie und da erweitert.

Teilband 2

Die *inner*_staatlichen Auswirkungen der neoliberalen Doktrin

Viertes Kapitel

Eine Verfassung ist die Grundlage einer entsprechend grundgesetzlich verfaßten Gesellschaft

In einer demokratischen verfaßten Gesellschaft

*_binden_*

die Grundrechte den Staat an Recht und Gesetz, und zwar deshalb, da sie dem Schutz des einzelnen Menschen in einer

*_derartig_*

verfaßten Gesellschaft dienen. Demnach sind diese

*_keine_*

von seiten des Staates zu gewährende oder abzusprechende, sondern von seinen Organen zu *gewähr*_leistende Rechte.[86]

---

[86] Vgl. Joseph Foschepoth, *Überwachtes Deutschland – Post- und Telephonüberwachung in der alten Bundesrepublik*, 4., durchgesehene Auflage, Vandenhoeck & Ruprecht, Göttingen, 2014, Seite 10. Von diesem Buch gibt es eine Leseprobe als pdf-Datei, die über folgende, am 19. Januar '18 erneut geprüfte Internet-Adresse abgerufen werden kann: http://www.v-r.de/pdf/titel_inhalt_und_leseprobe/1007436/inhaltundleseprobe_978-3-525-30041-1.pdf.

Der Staat ist die Organisationsform einer differenzierten menschlichen Gesellschaft, nicht diese Gesellschaft selbst, denn zwar ist eine menschliche Gesellschaft ohne einen Staat denkbar, ein Staat ohne eine Gesellschaft hingegen nicht.

Da der Staat die Organisationsform einer Gesellschaft ist, muß seine Funktionsweise von der Verfassung, also dem *G r u n d*_Gesetz der Gesellschaft bestimmt sein.

Sinn einer Demokratie ist es, daß die Mitglieder einer Gesellschaft sicher sein können, daß die Organe des Staates sich der verfassungsmäßigen Grundlage konform verhalten. Denn in einer Demokratie geht vom Volke jene Gewalt aus, die seine Repräsentanten an seine Organisationsform übertragen haben, also an den Staat, bzw. an dessen Organe.

Ist die Grundlage einer Gesellschaft eine grundgesetzlich verfaßte Demokratie, muß auch die vom Volk an den Staat übertragene Gewalt von den Organen (__den Institutionen__) des Staates im Sinne dieser Verfassung ausgeübt werden. Demnach dient eine demokratische Verfassung zum einen dem demokratischen Verhalten der Menschen in einer Gesellschaft als Grundlage und zum anderen sind die Organe des demokratischen Staates an diese Grundlage gebunden — andernfalls wäre eine Demokratie eine Illusion.

Die Frage ist nun:

Hält sich der deutsche Staat an die für ihn geltende verfassungsrechtliche Grundlage?

_U n d_ wäre das überhaupt anzunehmen,

war die Macht des Volkes weder für die Existenz dieses Staates noch für die verfassungsrechtliche Grundlage bestimmend gewesen, ist also die Verfassung nicht von den Repräsentanten des Volkes selbst ausformuliert worden — nachdem das Volk selbstbewußt aktiv geworden wäre, sich eine demokratische Verfassung mit einem _*darauf*_ institutionell aufbauenden Staat zu schaffen?

Die von staatlicher Seite über die Jahrzehnte vorangetriebene Schaffung von Ausnahmeregelungen, was praktisch einer Abschaffung der Gültigkeit des Grundgesetzes gleichkommt

(__*wohlgemerkt eines Grundgesetzes, das zwar wunderbare Formelsätze enthält, das aber keineswegs vom Volk selbst ausgegangen, also von ihm nicht selbst erstritten worden, sondern ihm „gegeben" worden ist*__),

läßt diese Fragen insbesondere dann nicht bejahen, sieht man sich mit Beschwichtigungen, Verharmlosungen, fragwürdigen Aussagen und Verhaltensweisen von Repräsentanten dieses Staates (__*und vielfach von jenen der Medien*__) in Zusammenhängen konfrontiert, die allgemeingesellschaftlich wesentlich sind ...

„Repräsentanten dieses Staates" bedeutet übrigens: _*nicht*_ dieser Gesellschaft ... Denn gewählt werden immer nur Repräsentanten des Staates einer Gesellschaft.

Wenn sich nun aber, als Organisationsform einer Gesellschaft, der Staat zu ihr dadurch in Opposition setzt, daß er sich nicht an die verfassungsrechtliche Grundlage hält und die von der Gesellschaft gewählten Vertreter nicht jene dieser Gesellschaft, sondern _*tatsächlich*_ die des Staates sind?

Müßten da nicht _*zumindest*_ diese vom Volk gewählten Repräsentanten des Staates den Vertretern der vierten Gewalt Rede und Antwort stehen? — Was aber, werden entsprechende Fragen, bis zu ihrer klaren Beantwortung durch die politisch Verantwortlichen, nicht nur nicht scharf, sondern auch nicht insistierend von denjenigen gestellt, deren Aufgabe genau das zu sein hätte, wären sie tatsächliche Vertreter einer vierten Gewalt, handelte es sich bei ihnen folglich um der Öffentlichkeit verpflichtete Journalisten, sie über alle politischen Vorgänge zu informieren?

... Wie bspw. Beschwichtigungen, Verharmlosungen, fragwürdigen Aussagen und Verhaltensweisen von politischen Entscheidungsträgern:

Repräsentanten dieses Staates

— im Rahmen der durch Edward Snowden bekanntgemachten Bespitzelungsungeheuerlichkeiten,

die _*behaupteterweise*_ der Abwehr von „Terroristen" dienen, sich tatsächlich aber frontal gegen die eigene Bevölkerung richten — ob nun direkt ermöglicht durch Auswertungstechniken eigener Geheimdienste, oder indirekt durch Nutzung von Auswertungstechniken „befreundeter" Geheimdienste.

Der am 21. Juni 1983 geborene und ehemalige Agent des us-amerikanischen Geheimdienstes National Security Agency (__NSA__), Edward Joseph Snowden, versetzte mit seiner am 20. Mai 2013 erfolgten Flucht nach Hongkong und den mitgeführten geheimen Daten, im nachfolgenden Juni dann erstmals von befreundeten Journalisten publiziert, die weltweite Öffentlichkeit von quasi lückenlosen (__*weltumspannenden*__) Überwachungsmöglichkeiten in Kenntnis, die jedes Gerede von Demokratie und persönlichen Freiheitsrechten wie Hohn erscheinen lassen ...

Wer wollte dann noch davon sprechen, daß es sich tatsächlich um einen demokratischen Staat handelte, in dem solche Machenschaften möglich und zudem von den politisch Verantwortlichen sowie den sie eigentlich kontrollieren sollenden Vertretern einer vierten Gewalt verschleiert werden? Wäre es nicht folgerichtig, einen solchen Staat als einen mit einer gewissen „Demokratieoptik" ausgestatteten Staat zu bezeichnen — so wie bspw. Laminat auch „Holzoptik" zeigen kann?

Es stellt sich somit die Frage:

Wer bestimmt hier die staatliche Ausrichtung, dient das Grundgesetz tatsächlich nicht als Grundlage fürs Handeln der Organe des Staates —

was also stützt und legitimiert diesen Staat?

Nun, dieser Staat stützt sich auf die von den Lobbyisten der großen wirtschaftlichen Einzelinteressen gegebenen Vorgaben (__*die Grundlage für Verordnungen und Gesetze sind*__) und er legitimiert sich durch die von den (__*gewählten*__) Vertretern erlassenen Verordnungen und verabschiedeten Gesetze ...[87]

Damit ist klar, daß es sich bei der deutschen Gesellschaft um eine marktkonforme Gesellschaft handelt, die nicht einmal mehr eine marktkonforme Demokratie, sondern eine Lobbykratie ist — ignoriert man die Fassade und schaut _*direk*t_ auf die tatsächlichen Herrschaftsverhältnisse.

Alles andere ist Augenwischerei![88]

Allgemein läßt sich sagen, daß Geheimdienste _*niemals*_ Bevölkerungen von Nationalstaaten dienen, sondern stets den Interessen jener Gruppen, die die Ausrichtung dieser Staaten bestimmen —

über die von Lobbyisten dieser Interessengruppen ge-

[87] Vgl. in: Die *tri*_logische Sezierung [...], Band II, Zwischenruf 18: „Die zwiefache Staatsraison neoliberaler Staaten alten Typs", sowie in: a.a.O., Band III, Lesung 10: „Es bedarf schleunigst der Änderung des Grundgesetzes — zur Deckung der praktizierten Politik".

[88] Übrigens ist dies ein weltweit zu beobachtender „Trend". Es sei in diesem Zusammenhang nochmals auf das Feature des Deutschlandfunks verwiesen: „Der ökonomische Putsch oder: Was hinter den Finanzkrisen steckt". Zu den Abrufmöglichkeiten dieser Quelle siehe die Fußnote 55 auf der Seite 93.

setzten Vorgaben, so daß die vom Volk gewählten Abgeordneten der Parlamente „erleichtert" wissen, _welche_ Verordnungen und Gesetze sie zu verabschieden haben.

Also vertreten Nationalstaaten

nicht

die Interessen der jeweiligen Bevölkerung.[89] Das heißt auch, daß ein humanes Miteinander der Gesamtbevölkerung unserer Welt erst noch zu verwirklichen ist.

Nun, dies fürchten all jene, die bisher die Ausrichtung der Nationalstaaten bestimmen.

Insofern sind die grenzüberschreitenden, weltweit stattfindenden Ausspähungen der Bevölkerung unserer Welt ein Muß:

Sie dienen der Sicherung der bestehenden Machtverhältnisse.

Dazu gehen deren Vertreter _dann_ tatsächlich über Leichen, stehen diese Machtverhältnisse _ernsthaft_ in Frage.

Es ist aber die Politik der neoliberalen Doktrin selbst, die früher oder später diese Machtverhältnisse in Frage stellt, auf Grund der Unmöglichkeit der dauerhaften Ausrichtung der menschlichen Gesellschaften unserer Welt auf die heilige Kuh des „freien Wettbewerbs".

---

[89] Vgl. das Kapitel 13: „Die Welt als 'Hinterhof' der Machteliten oder Der Nationalstaat als grundlegendes Problem für Frieden".

(__Dies ein Wettbewerb, der, es sei wiederholt, auf einem künstlich gesetzten Prinzip basiert, also eben kein Naturgesetz, hingegen alternativlos für die neoliberale Doktrin selbst ist.[90]__)

Damit würden aber die Repräsentanten und Nutznießer der von dieser Doktrin verursachten Verhältnisse ihren eigenen Untergang besiegeln. Dies zu verhindern, ist rechtzeitiges Informiertsein über mögliche Widerstandsbewegungen gegen die praktischen Folgen dieser Doktrin ein Muß.

Auf Grund Massenwirksamkeit solcher Bewegungen, da früher oder später einhergehend mit den sich dann massenhaft befreien wollenden Menschen, somit wegen ihrer Gefährlichkeit für die neoliberalen Verhältnisse, ist für die Repräsentanten der bestehenden Verhältnisse das rechtzeitige Informiertsein über diese Bewegungen ein Muß — am besten schon im Vorfeld ihrer Bildung. — Und gemeint sind keineswegs Widerstandsbewegungen auf „Terrorbasis", denn diese legitimierten lediglich staatliche Repression

(__*die sich dabei dann stets auf die Gemütslage verunsicherter Bevölkerungsschichten stützen kann*__),

sondern solche sind gemeint, die den an persönlicher Freiheit interessierten Menschen die notwendige Aufklärung über die Gründe für die bestehenden Verhältnisse verschafften, was in der Folge erst bewußt gesteuerten Widerstand zu organisieren ermöglichte.

---

90 Vgl. hierzu bspw. auf den Seiten 69-74: „Der Homo oeconomicus novus".

Das heißt diese umfassende Überwachung ist ein Muß, will man die bestehenden Machtverhältnisse aufrechterhalten sehen — wovon auszugehen ist.[91]

[91] Editorische Notiz: Dieser Artikel wurde erstmals am 20. August '13 auf der WebSite *NetzKolumnist.com* veröffentlicht, dort am 25. August '14 aktualisiert, dann für die erste Auflage des Ihnen vorliegenden Buches am 22. Januar '16 komplett überarbeitet und ist im Rahmen der Vorbereitungen für die Ihnen vorliegende zweite Auflage am 20. Januar '18 komplett revidiert und erweitert worden.

Fünftes Kapitel

Eigentlich unfaßbar die gefährliche Borniertheit der Machtelite

Am 7. Juli 2015 war auf dem Online-Nachrichtenportal *Telepolis* von zwei Studien zu lesen, die etwas zu benennen versuchen, dessen schwerwiegende Bedeutung nur zu vermuten ist.[92] Nun, wie wäre es mit einer dritten Studie, die übrigens für diese beiden Studien die nachträglich bereitete Grundlage abgeben könnte? Denn die in einer dieser beiden Studien beispielhaft erwähnte Konzentration der europäischen chemischen Industrie hat Ursachen, die Gegenstand einer solchen Studie zu sein hätten. Immerhin geht diese Art und Weise von Konzentration mit *De*_Industrialisierung in anderen Regionen in der EWU einher. Eine solche Studie verdeutlichte zudem das komplexe Problem falsch praktizierter Wirtschaftspolitik in einer Währungsunion. Welche Auswirkungen sie nämlich zeitigt, geht ihr das Entscheidende einer jeden Politik ab:

> Der Blick auf das *G e s a m t e*.

[92] Siehe dazu den Artikel von Thomas Pany: „*Die griechischen Schulden sind Peanuts gegenüber den deutschen*", dessen folgende Internet-Adresse am 20. Januar '18 erneut geprüft worden ist: http://www.heise.de/tp/druck/mb/artikel/45/45373/1.html.

Wozu übrigens auch gehört, daß niemals die gezahlten Branchenlöhne allein herangezogen werden dürfen, will man realistische Vergleiche zwischen verschiedenen Gesamtwirtschaften anstellen. Denn einerseits spiegelt sich in den Lohnstückkosten die wirtschaftliche Produktivität einer Gesellschaft wider und andererseits wird der Preis für die von einem Exporteur produzierten Waren auch von _*den*_ gezahlten Löhnen bestimmt, die dieser für Waren und/oder Dienstleistungen zu bezahlen hat, die er im eigenen Land nachfragt. Und in diesem Zusammenhang macht es einen wesentlichen Unterschied aus, ob in solchen Branchen keine zureichenden Löhne bezahlt werden, die also über die Gesamtproduktivität der eigenen Gesamtwirtschaft an sich gedeckt wären.

Denn alle Löhne, deren jährliche _*Entwicklung*_ unter der

Goldenen Lohnregel,

sprich: erfahrungsmäßige Produktivitätsentwicklung + Inflationsziel (__für die Eurozone festgesetzt von der EZB__) bleiben, sind als Dumpinglöhne zu bezeichnen und verursachen tiefwirkende Probleme in einer Währungsunion, da mit der Einführung einer gemeinsamen Währung den Mitgliedsländern dieser Union das *„Ventil aufwertender / abwertender Währungen"* fehlt.[93]

[93] Vgl. die Seiten 272-78: „Die Goldene Lohnregel", aber auch die Weiterführung in: Die *tri*_logische Sezierung [...], Band III, Lesung 22.

Für eine solche Studie eignete sich jedenfalls folgender Arbeitstitel bestens:

> Welche Kosten verursacht der Export deutscher Arbeitslosigkeit in den Raum der Europäischen Währungsunion, der durch fortgesetztes Lohndumping von deutscher Seite verursacht wurde und verursacht wird, unter besonderer Berücksichtigung ihrer Folgen in den Mitgliedsländern dieser Union sowie im Land dieses multiplen Exporteurs selbst?

Nun, jener Jurist, der, im eigenen Land hochangesehen, leider erst im Herbst 2017 Neigung zeigte, das lange Jahre ausgeübte Amt des deutschen Finanzministers niederzulegen, und der deshalb in der Lage war die „Schwarze-Null-Doktrin" zu initiieren, als Ausdruck des nun für jeden ihm nachfolgenden Finanzminister verbindlichen „Schäubleismus'"[94] — nun jener Jurist würde wahrscheinlich darauf lediglich antworten:

> *Eine solche Studie ist nicht notwendig, denn es genügt, kehrt jeder vor der eigenen Haustüre.*

Worauf genauso platt zu erwidern wäre:

> *Nicht unbedingt ausreichend, kehrte man zwar frühmorgens, setzte dabei aber seinen Dreck vor den Türen anderer ab.*

Welchen Schaden _*keine*_ flächendeckend geltenden Lohnabschlüsse anrichten, und zwar selbst in dem Land, in dem eine

[94] Die Definition des „Schäubleismus'" findet sich in: Die *tri*_logische Sezierung des lobbykratischen Zeitalters, Band III, Teilband 2, Seiten 702 f.

solche allgemeinschädigende (__*und letztlich selbstschädigende*__) Sauerei politisch erlaubt ist, zeigt sich bei praktisch jedem Tarifabschluß, der von irgendeinem Verhandlungspersonal der deutschen Gewerkschaften ausgehandelt wird.

Lediglich als exemplarisches Beispiel

sei auf einen solchen von der Vereinigten Dienstleistungsgewerkschaft *ver.di* mit der Post AG Mitte des Jahres 2015 zum Abschluß gebrachten Tarif-Vertrag aufmerksam gemacht, d.h. auf eine von Friederike Spiecker daran geübte Kritik: „Verdi mit dem Rücken zur Wand".[95]

Wobei ich übrigens nicht die Sicht der von mir geschätzten Friederike Spiecker teile, daß Verdi hierbei mit dem „Rücken zur Wand" gestanden habe, entspricht dies schließlich der traditionellen Methode der Gewerkschaftsführung:

Hoffnungen bei ihren Mitgliedern wecken, um dann stiekum im Sinne der Arbeitgeberseite zu einem Abschluß zu kommen:

_Z u e r s t_

zum Schaden derjenigen, die die Gewerkschaften vertreten sollen,

[95] Erschienen am 7. Juli '15 auf *flassbeck-economics.de*, ist dieser, heute im Archiv von Makroskop.eu befindliche Artikel, unter folgender, am 20. Januar '18 erneut geprüften Adresse abrufbar: http://www.flassbeck-economics.de/verdi-mit-dem-ruecken-zur-wand/.

dann

zum Schaden aller, was von Heiner Flassbeck mit dem Artikel: „Der Abschluß in der IG Metall: Das Schweigekartell hat gehalten", beispielhaft unterstrichen wird.[96]

Diese gesellschaftliche Schädlichkeit

kann

(__wie die *dys*_funktionale Entwicklung der EWU zeigt__)

dann

zeitweise kaschiert werden, findet sie in einer Währungsunion mit falschen Regelungsmechanismen statt, bei gleichzeitiger Kreditvergabe, bspw. von seiten der Banken im Land eines solchen multiplen Exporteurs — geht nämlich diese Kreditvergabe an Konsumenten

(__*ob private Haushalte oder Unternehmerhaushalte*__)

in Mitgliedsländer der EWU damit diese die Produkte eines solchen Exporteurs kaufen, wodurch dieser Exporteur zwar zu einem Exportüberschußweltmeister wird —

was selbst „seine" Arbeitslosen mit Arbeitsgelegenheit

[96] Erschienen am 10. März '15 auf flassbeck-economics.de. Die folgende Internet-Adresse dieses Artikels ist am 20. Januar '18 erneut geprüft worden: http://www.flassbeck-economics.de/der-abschluss-in-der-ig-metall-das-schweigekartell-hat-gehalten/.

irgendwie stolz machen soll …

Denn zwar haben dann in dem Land einer solchen allgemeinschädigenden

(__*und letztlich selbstschädigenden*__)

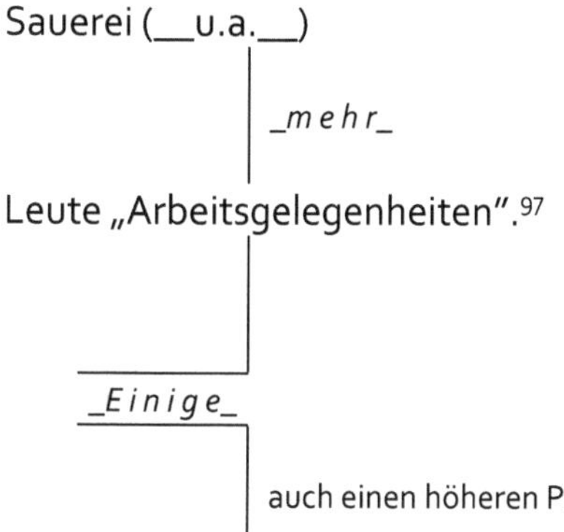

Sauerei (__u.a.__)

_*m e h r*_

Leute „Arbeitsgelegenheiten".[97]

_*E i n i g e*_

auch einen höheren Profit.

Was mitunter als Beleg dafür genommen wird, daß Reichtum für wenige, „Arbeitsgelegenheiten" für viele schaffe. Wodurch zwar solche Verhältnisse erst geschaffen werden, die sozialen Druck und unzureichende soziale Sicherung erzeugen, was die Menschen ins soziale Strampeln bringt, welches sich bei ihnen in aggressiven, resignativen oder suizidiven Verhaltensstörungen zeigen kann.

Es ist mir bekannt, daß es eigentlich „suizi_*dal*" zu heißen hat, mir erscheint in _*diesem*_ Zusammenhang aber eine davon *ab*_weichende Schreibweise passend …

---

[97] Siehe in: Die *tri*_logische Sezierung des lobbykratischen Zeitalters, Band III, Teilband 2, Anhang VII: „Überblick über die gegenläufige Entwicklung von Arbeitsvolumen und Erwerbsarbeit im Zeitraum von 1991 bis einschließlich 2016".

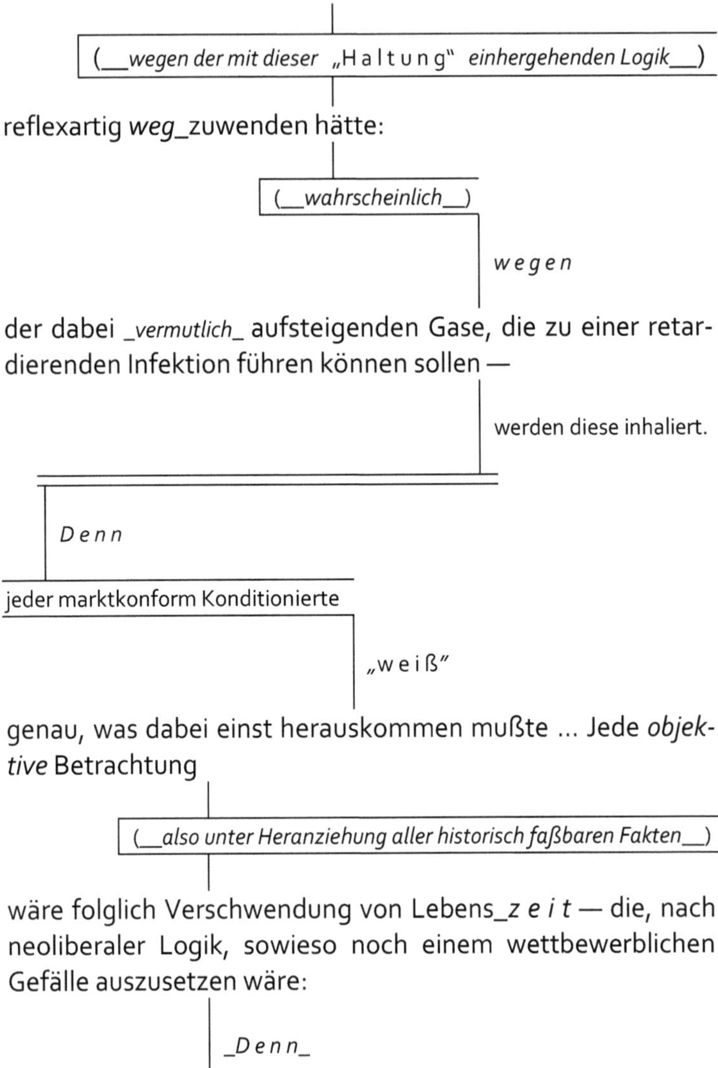

(__wegen der mit dieser „H a l t u n g" einhergehenden Logik__)

reflexartig *weg*_zuwenden hätte:

(__*wahrscheinlich*__)

w e g e n

der dabei _*vermutlich*_ aufsteigenden Gase, die zu einer retardierenden Infektion führen können sollen —

werden diese inhaliert.

D e n n

jeder marktkonform Konditionierte

„w e i ß"

genau, was dabei einst herauskommen mußte ... Jede *objektive* Betrachtung

(__*also unter Heranziehung aller historisch faßbaren Fakten*__)

wäre folglich Verschwendung von Lebens_*z e i t* — die, nach neoliberaler Logik, sowieso noch einem wettbewerblichen Gefälle auszusetzen wäre:

_*D e n n*_

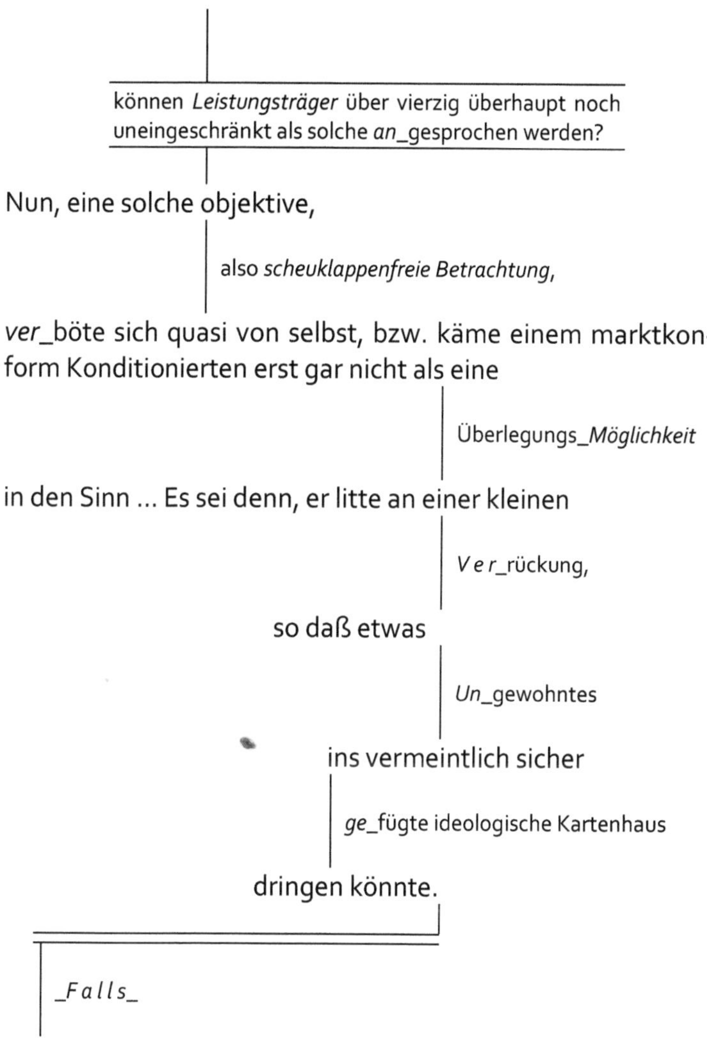

können *Leistungsträger* über vierzig überhaupt noch uneingeschränkt als solche *an*_gesprochen werden?

Nun, eine solche objektive,

also *scheuklappenfreie Betrachtung,*

*ver*_böte sich quasi von selbst, bzw. käme einem marktkonform Konditionierten erst gar nicht als eine

Überlegungs_*Möglichkeit*

in den Sinn ... Es sei denn, er litte an einer kleinen

*V e r*_rückung,

so daß etwas

*Un*_gewohntes

ins vermeintlich sicher

*ge*_fügte ideologische Kartenhaus

dringen könnte.

_*F a l l s*_

dies aber geschähe, drohte ihm möglicherweise eine kleinere Neurose, die dann seine ganz private wäre, denn damit könnte

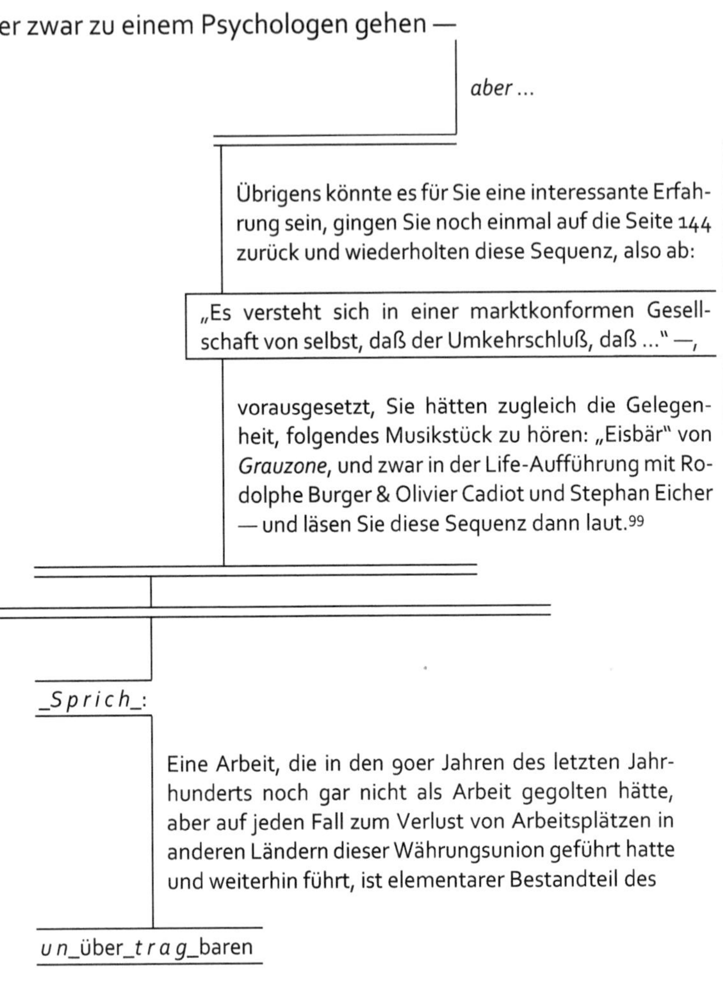

er zwar zu einem Psychologen gehen —

aber …

Übrigens könnte es für Sie eine interessante Erfahrung sein, gingen Sie noch einmal auf die Seite 144 zurück und wiederholten diese Sequenz, also ab:

„Es versteht sich in einer marktkonformen Gesellschaft von selbst, daß der Umkehrschluß, daß …" —,

vorausgesetzt, Sie hätten zugleich die Gelegenheit, folgendes Musikstück zu hören: „Eisbär" von *Grauzone*, und zwar in der Life-Aufführung mit Rodolphe Burger & Olivier Cadiot und Stephan Eicher — und läsen Sie diese Sequenz dann laut.[99]

_S p r i c h_:

Eine Arbeit, die in den 90er Jahren des letzten Jahrhunderts noch gar nicht als Arbeit gegolten hätte, aber auf jeden Fall zum Verlust von Arbeitsplätzen in anderen Ländern dieser Währungsunion geführt hatte und weiterhin führt, ist elementarer Bestandteil des

*u n*_über_*t r a g*_baren

---

[99] Verfügen Sie über einen Internet-Anschluß, so finden Sie diese Musik-Aufführung auf YouTube unter folgender, am 23. Januar '16 geprüften Internet-Anschrift:
https://www.youtube.com/watch?v=E2PRN14Toas&feature=youtu.be.

deutschen neoliberalen Modells.

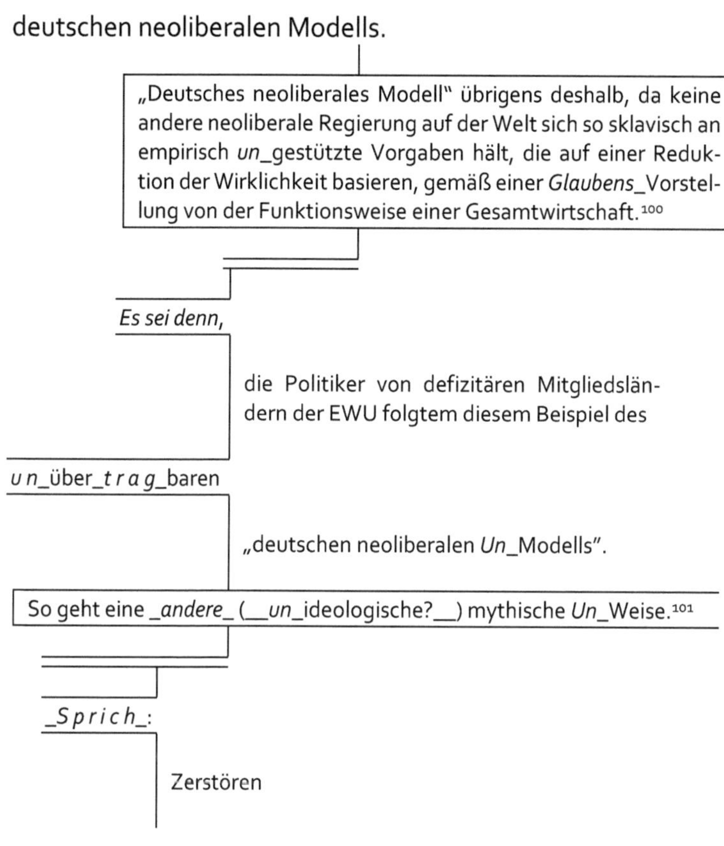
„Deutsches neoliberales Modell" übrigens deshalb, da keine andere neoliberale Regierung auf der Welt sich so sklavisch an empirisch *un*_gestützte Vorgaben hält, die auf einer Reduktion der Wirklichkeit basieren, gemäß einer *Glaubens*_Vorstellung von der Funktionsweise einer Gesamtwirtschaft.[100]

Es sei denn,

die Politiker von defizitären Mitgliedsländern der EWU folgtem diesem Beispiel des

*u n*_über_*t r a g*_baren

„deutschen neoliberalen *Un*_Modells".

So geht eine _*andere*_ (__*un*_ideologische?__) mythische *Un*_Weise.[101]

_*S p r i c h*_:

Zerstören

[100] Vgl. die Hinweise in: Die *tri*_logische Sezierung [...], Band III, Teilband 2, Lesung 17: „Die von der deutschen Politik induzierten Handelsbilanzüberschüsse stellen eine Verletzung des Völkerrechts dar oder Das Dadaistisch-Surreale ist verdammt real".

[101] Vgl. in: a.a.O., Teilband 1, Lesung 5: „Die nachträgliche Weitsichtigkeit neoliberaler *Spin*_Doktoren".

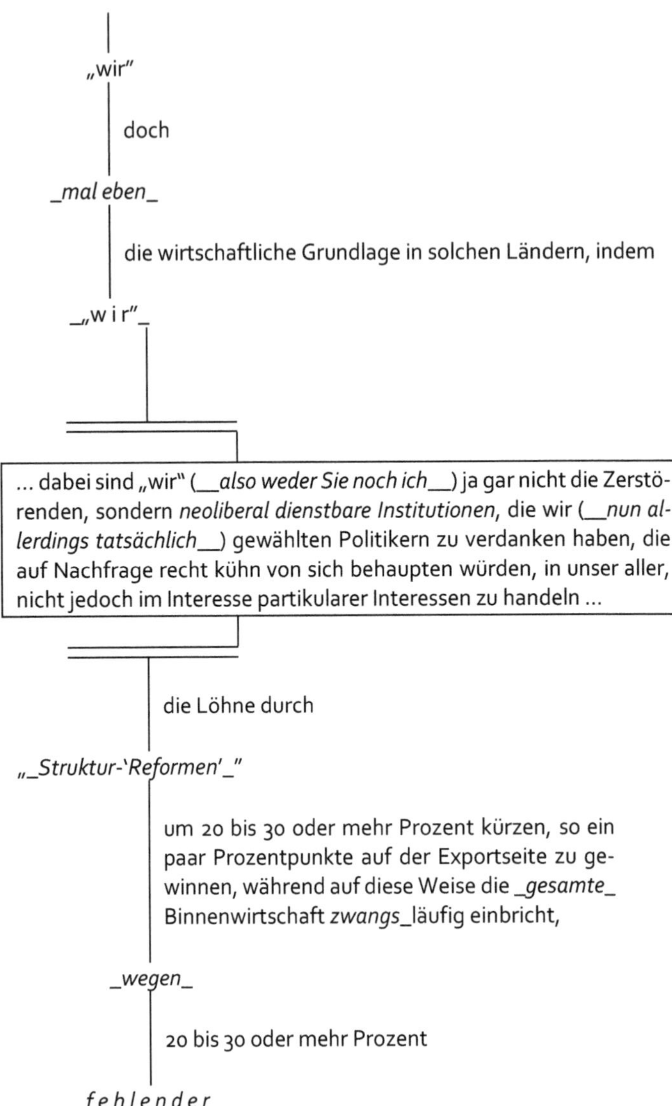
„wir"
doch
*mal eben*
die wirtschaftliche Grundlage in solchen Ländern, indem
_„w i r"_
... dabei sind „wir" (__*also weder Sie noch ich*__) ja gar nicht die Zerstörenden, sondern *neoliberal dienstbare Institutionen*, die wir (__*nun allerdings tatsächlich*__) gewählten Politikern zu verdanken haben, die auf Nachfrage recht kühn von sich behaupten würden, in unser aller, nicht jedoch im Interesse partikularer Interessen zu handeln ...
die Löhne durch
„_*Struktur-'Reformen'*_"
um 20 bis 30 oder mehr Prozent kürzen, so ein paar Prozentpunkte auf der Exportseite zu gewinnen, während auf diese Weise die _*gesamte*_ Binnenwirtschaft *zwangs*_läufig einbricht,
*wegen*
20 bis 30 oder mehr Prozent
_*f e h l e n d e r*_

Nachfrage im Bereich der _*eigenen*_ Binnenwirtschaft und damit der _*eigenen*_ Wirtschaft überhaupt. Immerhin macht diese binnenmarktorientierte Wirtschaft in fast jedem Mitgliedsland der Europäischen Währungsunion um die 70 bis 80 Prozent aus ...

(__*Übrigens war dieser Anteil an der Gesamtwirtschaft auch in Deutschland bis Ende der 90er Jahre kaum anders.*__)[102]

Das heißt wie töricht

_*m ü s s e n*_

politisch Verantwortliche sein, daß ihnen

a) die schädlichen Konsequenzen ihres betriebswirtschaftlichen Denkens nicht bewußt werden,

b) ihnen nicht bewußt ist, welche Bedingungen eine Währungsunion zu ihrem (__*tatsächlichen*__) Funktionieren benötigt, daß

c) ihnen gleichgültig sein konnte, daß Banken in Gläubigerländern an Konsumenten in chronisch defizitären Ländern weiterhin Kredite vergeben hatten, damit diese dann Waren aus den Gläubigerländern kaufen konnten

(__*wodurch sich deren Exportüberschüsse weiter erhöhten, bei spiegelbildlichem Anstieg der defizitären Lage in solchen Ländern*__),

[102] Siehe auch in: a.a.O., Teilband 2, Seiten 579-89: „Der fehlende Modell-Charakter einer exportbasierten Wirtschaftspolitik in einem relativ geschlossenen Wirtschaftsraum".

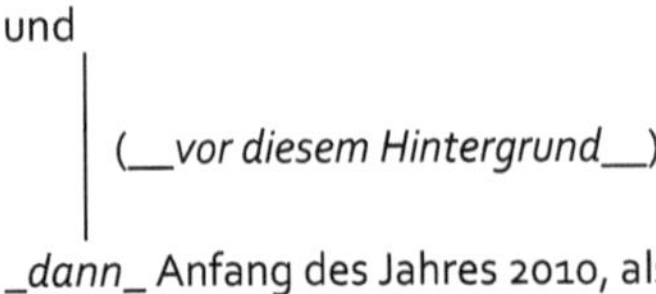

und

(__*vor diesem Hintergrund*__)

*dann* Anfang des Jahres 2010, als

d) die damalige griechische Regierung davon sprach, daß ihre Vorgängerregierung von dieser unhaltbaren Defizitsituation gewußt

(__*und deshalb anzunehmen ist, daß dies auch in den Gläubigerländern bekannt war, denn diese Figuren waren sich vertraut*__),

aber nicht gegengesteuert hatte, es jedenfalls Zahlungsprobleme geben würde,

sich Frau Merkel hinstellte und

*be*_tonte,

daß diese Schwierigkeiten eine griechische Angelegenheit seien — obwohl doch klar sein mußte, daß in einer Währungsunion die Angelegenheiten in einem Mitgliedland

_*d a n n*_

nicht mehr nur die Angelegenheit dieses einen Landes sind, tangieren diese die Funktionsweise der gemeinsamen Währungsunion?

Nun, es war

_*d i e s e*_

Ignoranz, die der Weckruf für die Masse der Währungsspekulanten war, nämlich darauf zu wetten, ob Griechenland von der EU gerettet würde oder nicht — und von der privaten Gläubigerseite

(__im wesentlichen *ab _diesem_* Zeitpunkt__)

massenhaft Risikoaufschläge auf griechische Staatsanleihen erhoben wurden, die dort die Verschuldung drastisch erhöhten.

> Über diese politische Unverantwortlichkeit, der auf _*diese*_ Weise verursachten Kosten, ist nicht zu sprechen?

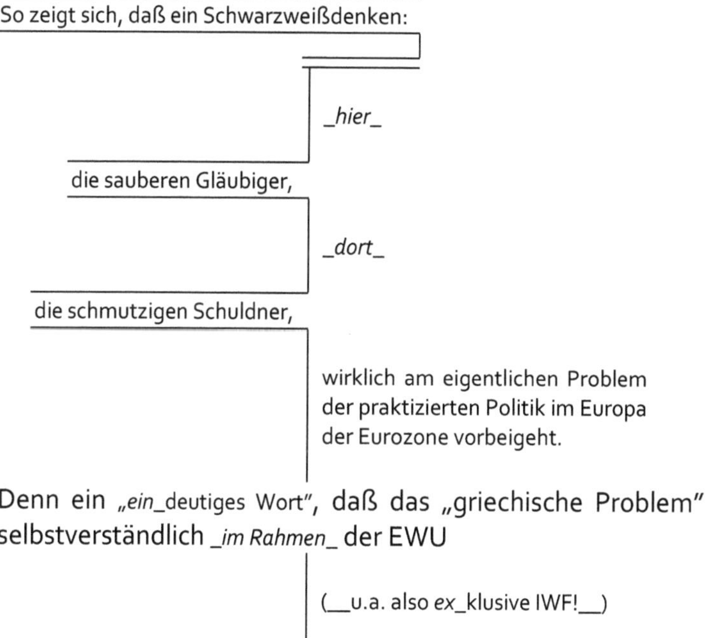

Denn ein „*ein*_deutiges Wort", daß das „griechische Problem" selbstverständlich _*im Rahmen*_ der EWU

(__u.a. also *ex*_klusive IWF!__)

zu regeln sei, hätte _*sofort*_ alle privaten Gläubiger davon überzeugt, daß die Kreditvergabe an griechische Konsumenten sowie an den griechischen Staat über die EZB

*be_*sichert sei

(__wie dies bis zu diesen unseligen Äußerungen, der im Jahre 2018 immer noch das Amt des Bundeskanzlers bekleidenden Figur, alle Gläubiger annehmen konnten__),

ist doch der Euro nun einmal die gemeinsame Währung aller Mitgliedsländer dieser EWU. Damit aber wäre die Luft aus der vom Neoliberalismus verursachten Krise gewesen — man hätte in der Tat die notwendige Zeit gehabt, die Konstruktionsfehler der Währungsunion mit der gebotenen Gelassenheit und dem gebotenen Überblick zu korrigieren, gepaart mit der vorhandenen Kompetenz

(__jenseits der neoliberalen Ideologen__).[103]

Nun, auf diese Weise wäre die Leiche Neoliberalismus „bereits" im Jahre 2010 als solche erkannt worden, so aber gilt sie selbst heute noch als lebend, bzw. soll sie momentan ihrer Auferstehung im Wege liegen — was gesellschaftliches Siechtum bedeutete ...

[103] Eine Kompetenz, die in diesem Zusammenhang ausschließlich gemeint sein kann, finden Sie im deutschsprachigen auf makroskop.eu, im englischsprachigen auf dem Blog von Bill Mitchell: http://bilbo.economicoutlook.net/blog/.

Daß nach diesen *un*_verantwortlichen Äußerungen einer solchen, wesentlich die Politik in Europa bestimmenden Figur

(__begleitet von ebenso *un*_verantwortlichen dummen Sprüchen anderer Politiker oder schreibender Mitarbeiter von Medienkonzernen__),

sowohl Gläubiger als auch Spekulanten realisierten, daß der Euro offenbar für alle Mitglieder eine Fremdwährung darstellt, führte *_erst dann_* zur *_je_* typischen Reaktion von Gläubigern und Spekulanten:

Die einen wollten ihr Geld zurück,
die anderen begannen zu wetten.

Also sind vor

*_d i e s e m_*

faktischen Hintergrund Schuldzuweisungen an Griechenland nicht nur unangemessen, sondern sie sind auch Ausdruck davon, daß man immer noch nicht verstanden hat, was eine Währungsunion ist, was sie zu ihrem Funktionieren benötigt und welche primären Aufgaben eine Zentralbank hat.

Was ist eine Währungsunion?

Eine Währungsunion ist der bewußte Zusammenschluß von Ländern zum Zwecke der Absicherung gegen Währungsspekulationen und der Ermöglichung einer flächendeckenden Prosperität, die in erster Linie über flächendeckende Lohnsteigerungen realisiert wird, die der *_j e_* typischen Produktivitätsentwicklung in jedem Land einer solchen Union entsprechen, während eine Zentralbank u.a. die wirtschaftliche und die preisliche Entwicklung im Auge zu behalten hat — und zwar stets zugunsten der wirtschaftlichen.

Nun, das ist so simple wie es für neoliberale *Ideo*_logen problematisch ist, da diese ein entsprechendes „Gefälle"[104] benötigen, damit ihr

G ö t z e „Wettbewerb"

wohl schlechte Arbeitsplätze bei gleichzeitig schlechter Bezahlung

„erschaffen"

kann, aber keine prosperierende Wirtschaft, bzw. keine prosperierende Gesellschaft als Ganzes, mit dem Ergebnis verfestigter Rezession in Europa. Und insbesondere ein Land kann lediglich deshalb *noch etwas an Wirtschaftswachstum* generieren, da es eine falsch konstruierte Währungsunion gibt. — Folglich ist die gefährliche Borniertheit der Machtelite ebenso unfaßbar wie die bornierte Witzlosigkeit[105] bürgerlicher Intellektueller, oder?

---

[104] Vgl. die Seiten 83-86, beginnend mit: „Im Unterschied zum Liberalismus des 18. und des ...".

[105] ... von der Heiner Flassbeck und Paul Steinhardt auf Makroskop.eu exemplarisch zu berichten wissen in dem Artikel: „Jürgen Habermas und der europäische Irrtum", dessen folgende Internet-Adresse am 21. Januar '18 erneut geprüft worden ist: http://www.flassbeck-economics.de/juergen-habermas-und-der-europaeische-irrtum/.

Oder anders gefragt:

Wie dumm und destruktiv folgenreich

dürfen

politisch Verantwortliche und ihre Taten eigentlich sein, bevor sie von der Bevölkerung zum Teufel jagt werden?

Sechstes Kapitel

Mehr Demokratie wagen in der real existierenden Lobbykratie?

ZITAT:

Wer Europa retten will, muß mehr Demokratie wagen.

ZITATENDE[106]

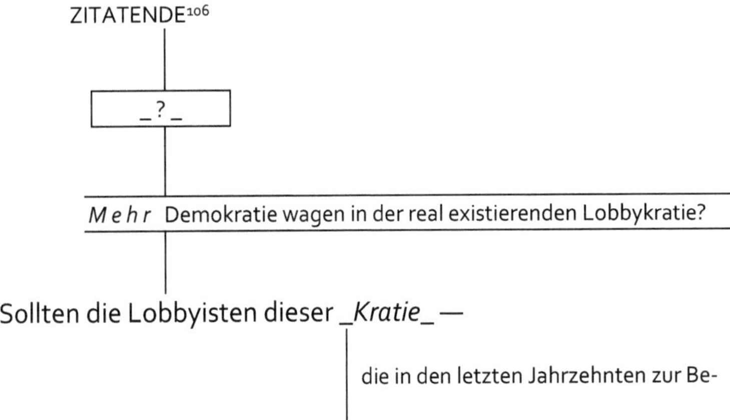

Sollten die Lobbyisten dieser _*Kratie*_ —

die in den letzten Jahrzehnten zur Be-

[106] Das zumindest schrieb am 23. Mai 2014 Jens Berger auf seinem, heute nicht mehr existierende Blog: „Der Spiegelfechter" in einem gut gehofften Artikel, der heute noch auf NachDenkSeiten.de nachgelesen werden kann und dessen folgender Internet-Pfad am 21. Januar '18 erneut geprüft worden ist: http://www.nachdenkseiten.de/wp-print.php?p=21813.

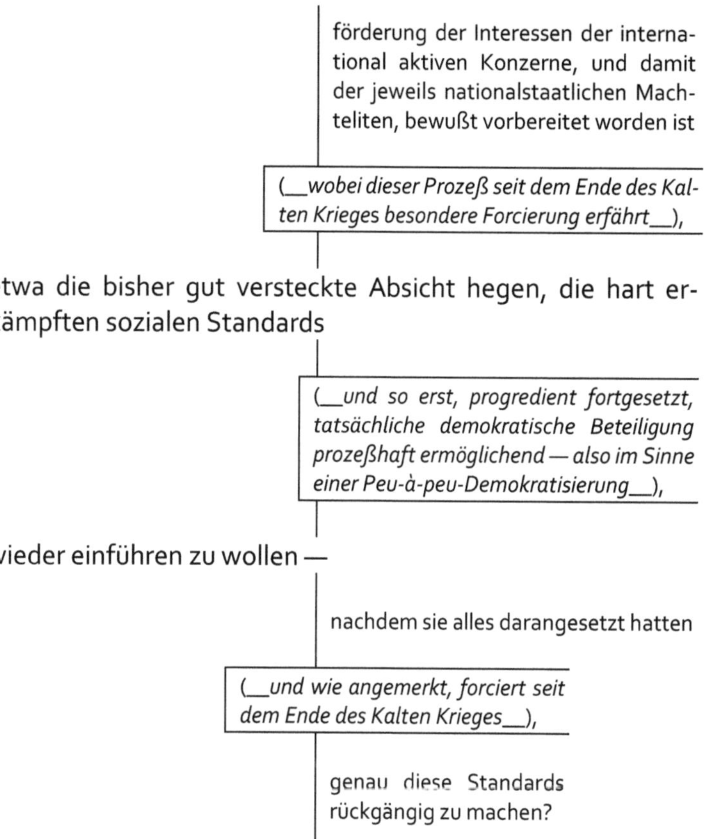
förderung der Interessen der international aktiven Konzerne, und damit der jeweils nationalstaatlichen Machteliten, bewußt vorbereitet worden ist

(__wobei dieser Prozeß seit dem Ende des Kalten Krieges besondere Forcierung erfährt__),

etwa die bisher gut versteckte Absicht hegen, die hart erkämpften sozialen Standards

(__und so erst, progredient fortgesetzt, tatsächliche demokratische Beteiligung prozeßhaft ermöglichend — also im Sinne einer Peu-à-peu-Demokratisierung__),

wieder einführen zu wollen —

nachdem sie alles darangesetzt hatten

(__und wie angemerkt, forciert seit dem Ende des Kalten Krieges__),

genau diese Standards rückgängig zu machen?

Nun, das ist nicht nur unwahrscheinlich, sondern unmöglich. Es sei denn, die neoliberalen Machteliten wollten ihre Macht _*freiwillig*_ abgeben. Es dürfte jedenfalls besser sein, weder darauf zu warten noch bei der tatsächlich praktizierten Politik ein solches Ansinnen zu vermuten — sei die nun *inner*_nationalstaatlich, *eu*-europäisch, transatlantisch orientiert oder, mit zunehmend militärischer Tendenz, gegen „Störenfriede" der (*__neoliberalen__*) „Staatengemeinschaft" gerichtet.

> „Internationale Staatengemeinschaft" hört sich jedenfalls „heimelig" an — da dürfen gewisse Taten und deren Auswirkungen durchaus *un*_heimelig sein — sind die nur von den „führenden" Vertretern dieser „internationalen Gemeinschaft „gedeckt".

Beispielsweise Europa, der Kontinent also, wo „die" Demokratie ihre Geburt erlebt haben soll, wäre demnach aufzufordern, mehr Demokratie zu wagen?

> ...Es schwelt, es riecht...

Irgend etwas stimmt hier nicht, denn entweder hatte man die Demokratie nach ihrer Geburt abgemurkst oder wir haben eine nun erwachsene. Dann müßten wir aber nicht „mehr davon"

> *wagen.*

Aus meiner Sicht sind das sowieso ziemlich abgedrehte Normvorstellungen, denn

> „mehr Demokratie *wagen*",

bedeutet, daß man das Ganze im Zaum halten können muß.

> Wer mag dann wohl die Zügel halten?

Das Volk jedenfalls nicht — es sei denn, es wäre sadomasochistisch: was zwar aufs Kleinbürgertum _*sicher*_ zutrifft. Jedenfalls bleibt unter den gegebenen Verhältnissen das Reden über „Demokratie" Augenwischerei, wollte man unter diesen gesellschaftlichen Bedingungen

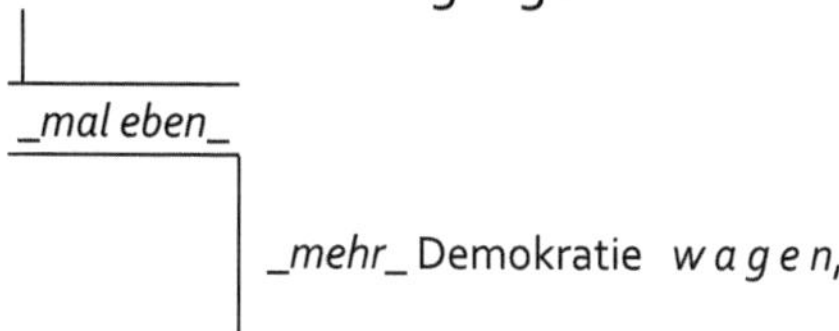

da dies, wie es für utopisches Hoffen üblich ist, erst zur Enttäuschung und nachfolgend zu resignativem Rückzug ins „Private" à la „Biedermeier" führte. Ist es doch wahr, daß Demokratie etwas mit persönlich *leb*_barer, *teil*_habender Souveränität zu tun hat, also tatsächlich am kulturellen und politischen Geschehen teilnehmen zu können und durchaus gesellschaftlich wirkkräftig zu sein, unabhängig von der persönlichen materiellen Ausstattung, und, selbstverständlich, das auch zu wollen. _*Hier*_ wäre eine der Aufgaben von Medien — demokratischen Medien versteht sich, nicht von _*primär*_ neoliberal mainstreamigen, die wir haben. — Das heißt Medienkonzerne gehörten zerlegt, meinte man es wenigstens jetzt mit Demokratie ernst, denn existierte Demokratie schon länger, hätte die demokratische Selbstreinigung längst dafür gesorgt, daß sich mediale, partikularen Interessen dienende Macht erst gar nicht konzentrieren könnte.

Das hat übrigens einer der ersten Schritte beim gesellschaftlichen Einführen dessen zu sein, das den Namen „Demokratie" verdient. Unter anderem ist dieser Punkt Thema im vierten Teil der vorliegenden Untersuchung.[107]

Nun, objektiv betrachtet sind die demokratischen Verhält-

---

[107] Vgl. in: Die *tri*_logische Sezierung [...], Band I, Teilband 4.

nisse in den neoliberalen Lobbykratien des „Westens“ so schlecht, daß es lediglich mittels Heuchelei oder wegen erfolgter Gehirnwäsche *_oder_* wegen tatsächlicher Unkenntnis möglich wäre, mit Überzeugung davon zu reden, daß im „Westen“ „Demokratie“ existiere — und diese deshalb vorzugsweise in jenen Ländern einzuführen sei, auf die die Machteliten der Lobbykratien ein Auge geworfen haben: aus vorzüglich anderen Beweggründen, als den offiziell propagierten.

Es käme in der Bevölkerung ja auch nicht so gut an, sagte man den Menschen offen, daß *_mal eben_* ein paar Länder zusätzlich neoliberal „globalisiert“ werden müßten — damit es mit dem Profit wieder stimmte ...

Irgendwo muß aber das Spekulationsgeld real angelegt werden. Im „Westen“ selbst lohnen Investitionen offenbar nicht zureichend, ist doch die Wirtschaftsentwicklung dort einfach zu schlecht — übrigens *w e g e n* der neoliberalen Doktrin, die, es mag in manchen Ohren als paradox klingen, einer tatsächlichen Marktwirtschaft alles andere als förderlich ist ...[108]

[108] ... daß das alles andere als paradox ist, wird sich Ihnen im Verlauf der *Tri*_logischen Sezierung des lobbykratischen Zeitalters erschließen, und was „Marktwirtschaft“ tatsächlich bedeutet, finden Sie angemerkt in: a.a.O., Band III, Teilband 1, Lesung 7: „Über die *Glaubens*_Vorstellung von der 'Effizienz der Märkte'“, dort die Seiten 188 f.: „Was ist eine 'Marktwirtschaft'“?“, und Lesung 10: „Es bedarf schleunigst der Änderung des Grundgesetzes — zur Deckung der praktizierten Politik“, dort die Seiten 244 f.: „'Marktwirtschaft' = 'Leistungsträgerwirtschaft'?“.

Nun, solche „Übernahmen", bzw. das Einführen von „Demokratie" in Ländern wie bspw. der Ukraine

(__*unter Beibehaltung der oligarchischen Machtverhältnisse*__),

dienen zum einen der Ablenkung der Menschen, daß ihnen das Scheitern der neoliberalen Politik nicht bewußt werde, zum anderen dienen Abkommen à la TTIP dem globalen Verankern der neoliberalen Machtverhältnisse, also dem Verfestigen des sozusagen auf Ewigkeit angelegten Profitsystems — und egal, daß genau solches Bestreben zur Degeneration des Menschengeschlechts führen wird.[109]

Immerhin gelten solche sogenannten Freihandelsabkommen für derartig neu übernommene Länder gleich mit: Da sollte dann eine Regierung solcher *neu*-neoliberalen Gesellschaften es einmal tatsächlich _*wagen*_, Politik nicht im Sinne von Profit-Investoren nur zu versuchen, oder _*wollten*_ sich Gewerkschaftsführer tatsächlich für Arbeitsrechte einsetzen, oder _*wollte*_ die tatsächliche Zivilgesellschaft als solche aufbegehren — gegen „Investitionen", die sowohl fürs Gemeinwesen als auch für die Umwelt schädlich wären.[110]

---

[109] Vgl. das Kapitel 14 des Ihnen vorliegenden Buches: „Die Politik bürgerlicher Nichtversteher"; sowie in: Die *tri*_logische Sezierung [...], Band II, Zwischenruf 18: „Die zwiefache Staatsraison neoliberaler Staaten alten Typs"; sowie in: a.a.O., Band III, Teilband 1, Lesung 10: „Es bedarf schleunigst der Änderung des Grundgesetzes — zur Deckung der praktizierten Politik"; sowie in: a.a.O., Teilband 2, Anhang II: „Beleg für die Behauptung, daß die EU ein antidemokratisches Gebilde ist".

[110] „Tatsächliche Zivilgesellschaft" steht im Gegensatz zur neoliberal kreierten „Zivilgesellschaft", von der ebenda auf den Seiten 882 f. unter: „Zivilgesellschaftliches Forum" die Rede ist.

Nun, in der Tat, die wirklichen Gründe könnte man den normalen Menschen der *alt*_neoliberalen Gesellschaften nicht

anvertrauen,

immerhin brächte das Schaden —

den Machteliten und ihren Satelliten, also den politischen, „wissenschaftlichen" und journalistischen Propagandisten der neoliberalen Ideologie.

Tatsächlich ist es so, daß die Parlamente, die als Ausweis für Demokratie genommen werden, dies objektiv dann wären, gäbe es

keinen Fraktionszwang,

keine Sperrklausel,

keine dominante gesellschaftliche Schichtenvertretung,

würde

Transparenz inhaltlich verstanden und praktiziert

(__*obwohl es ein Fremdwort ist*__),

und hätten

Lobbyisten keinen direkten Zugriff auf die Abgeordneten,

sondern könnten diese in einem separat eingerichteten

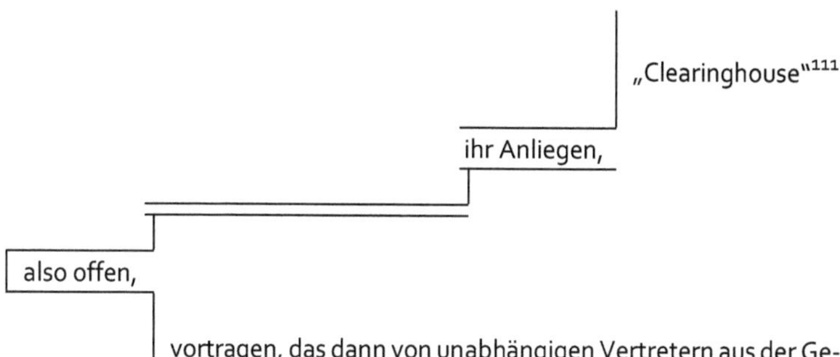

vortragen, das dann von unabhängigen Vertretern aus der Gesellschaft auf seine Verträglichkeit mit dem Gemeinwohl abgeklopft würde — und in der Folge solche unabhängigen Vertreter das Ergebnis im Plenum sowohl mit den Abgeordneten als auch mit der Regierung debattierten — was also vorzuschlagen sei und wie und ob die gemeinwohlorientierten mit den privaten Interessen in Einklang zu bringen seien.

Verhielte es sich mit den gesellschaftlichen Verhältnissen also derartig — nun, ich will realistisch bleiben:

verhielte es sich _*tendenziell*_ derartig,

wäre ich _*möglicherweise*_ bereit, und zwar deshalb „*möglicherweise*", da ich die Pappenheimer der anderen kenne, den Spruch zu akzeptieren:

„Mehr Demokratie wagen".

Auf der Basis der tatsächlichen Verhältnisse in den neoliberal zugerichteten Gesellschaften klänge es jedenfalls wie Hohn,

---

[111] Vgl. in Teilband 4 dieser Untersuchung die Erläuterungen auf den Seiten 118 ff.

käme dieser Spruch aus dem Munde einer politisch _*relevant*_ aktiven Person. Denn bei der Faktenlage:

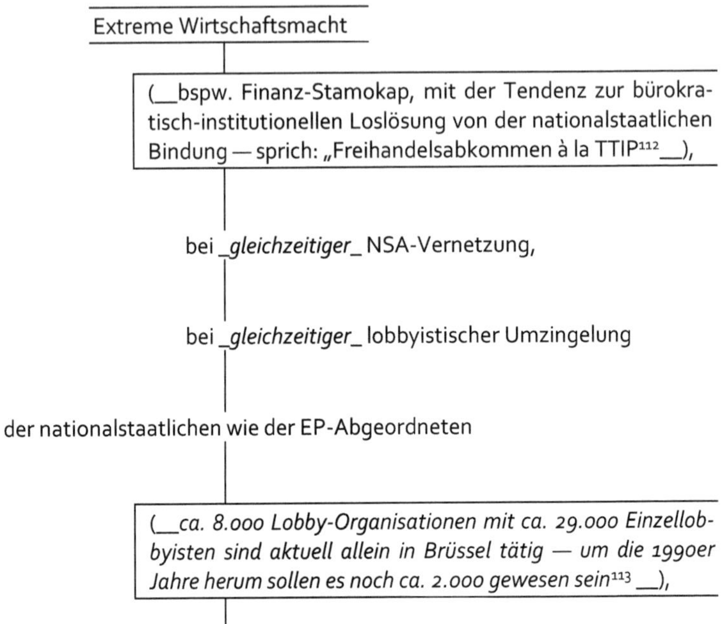

---

[112] Siehe hierzu auch: „TTIP: Internationale Megakonzerne verhindern die soziale und ökologische Gestaltung der Globalisierung". Die folgende, am 21. Januar '18 erneut geprüfte Internet-Anschrift ist folgende: http://www.nachdenkseiten.de/wp-print.php?p=20685.

(__Zum Begriff „Stamokap", siehe in Teilband 4 dieser Untersuchung die „Exkursion" auf den Seiten 92-97.__)

[113] Vgl. auch Cerstin Gammelin, Raimund Löw, *Europas Strippenzieher: Wer in Brüssel wirklich regiert*, Econ, 2014, insbesondere die Seiten 178-229.

läßt sich objektiv, und will man nicht gefühlsduseln, lediglich noch von

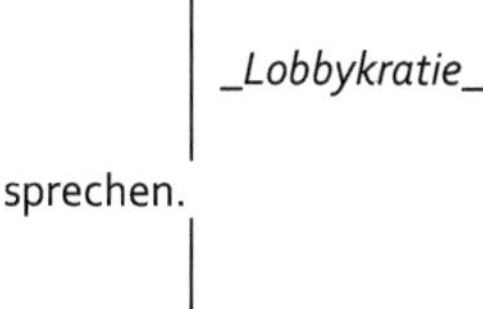

Bei einer solchen Machtverteilung davon zu hören, daß sich jemand, so er denn gewählt würde, sich dafür einsetzen wollte, daß

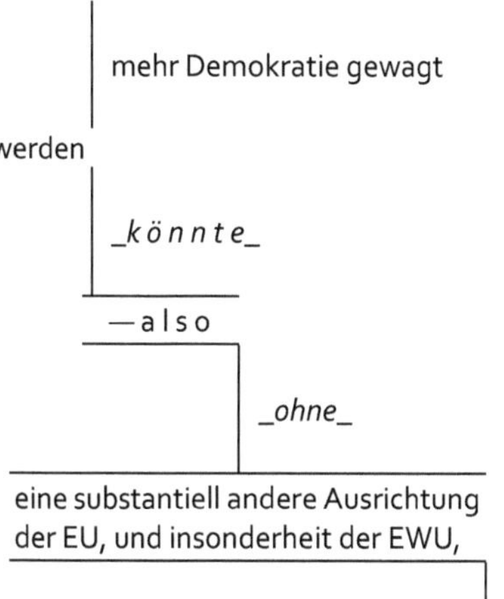

müßte dann bei den Personen dieses zugemuteten Gehörten die Erwiderung provozieren:

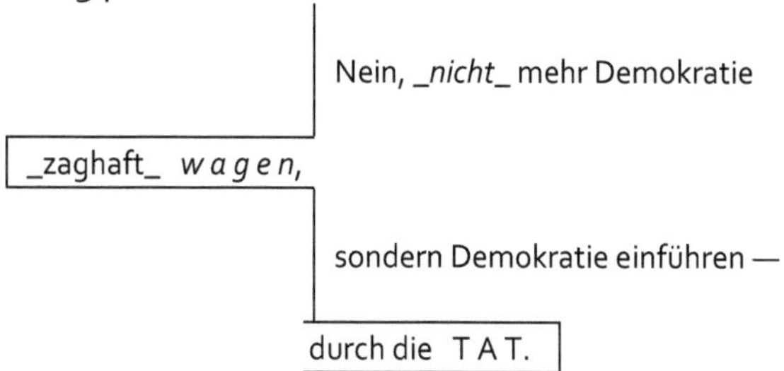

Wie sagte doch sinngemäß der Industriemanager Emil Kirdorf im Jahre 1912:

> *Entweder haben wir in drei Jahren Revolution oder Krieg ...*

Womit er übrigens lediglich jenes wiedergab, welches damals in den europäischen machtelitären Kreisen

> *ge*_dacht

wurde, und das

> *be*_dacht

werden muß, will man nicht bloß um die Ursachen für den ersten Teil des großen Krieges im 20. Jh. wissen — immerhin ist diese Aussage symptomatisch für die Mentalität und das Handeln von Machteliten und ihrer Satelliten überhaupt. — Nun, darauf ist in einem späteren Kapitel zurückzukommen.[114]

---

[114] Editorische Notiz: Der Text dieses Kapitels ist erstmals am 31. August '14 auf der WebSite *NetzKolumnist.de* veröffentlicht und im Rahmen dieser Untersuchung im Jahre 2016 vollständig überarbeitet worden. Anläßlich der zweiten Auflage dieser Untersuchung erfolgte im Januar '18 eine Revision dieses überarbeiteten Textes.

Siebtes Kapitel

Überlegungen zum « Wirtschaftsunterricht » an allgemeinbildenden Schulen

Selbstverständlich müssen die jungen Leute und die wirtschaftspolitisch Verantwortlichen einer Gesellschaft darüber informiert sein, wie Wirtschaft funktioniert. Überhaupt sollten möglichst alle davon Kenntnis haben, damit erst eine Begriffsbildung möglich wird, die nicht mehr die fundamentalen Bedingungen fürs Funktionieren einer „Marktwirtschaft" zum bloßen

Meinen

verkommen zu lassen erlaubte, so daß, wenn es bspw. in einer Diskussion um die entscheidende Frage ginge, wie denn sparen möglich sein soll, gäbe es zugleich niemanden, der sich verschulden wollte, einer der Diskutanten nicht mehr *mal eben*

meinen

könnte

(__*so er sich nicht lächerlich machen wollte*__),

daß es ihn nicht interessierte, ob sich jemand verschulden wollte

(__*denn er sei ein toleranter Mensch*__),

er würde es jedenfalls richtig finden, wenn alle anderen, so wie er, zugleich sparen wollten, hielte es allerdings schon für eine abgekartete Sache, ja, um es offen zu sagen: für eine Sauerei, gäbe es dann aufs Sparen keine Verzinsung mehr ...

Gewiß, zwar ist der vor einigen Jahren eingeschlagene Weg, das Fach „Wirtschaft" an allgemeinbildenden Schulen im Sinne der neoliberalen Ideologie zu unterrichten, durchaus folgerichtig,

*hegt*

man die Absicht, das *Prinzip des Neoliberalismus'* nun

_*e n d l i c h*_

in der Gesellschaft fest zu verankern.

Leider aber ist dieser Weg fatal,

da der nicht „bloß" falsch, sondern sogar gefährlich sein muß, denn die ihm zugrundeliegende Doktrin selbst ist so falsch wie gefährlich.

Belegt wird das durch diese Doktrin möglich gewordene, eindeutig *anti*_demokratische Auftreten von neoliberalen Institutionen der EU, das _nicht nur_

gegenüber Griechenland deutlich sichtbar geworden ist[115], und dieser „Weg" folglich genau nicht dem eingangs dieses Kapitels angesprochenen Ziele dienlich sein kann. — Denn auf diese Weise erfahren Jugendliche weder etwas von gesamtwirtschaftlichen Zusammenhängen noch wie eine Gesamtwirtschaft (__*Makro-Wirtschaft*__) funktioniert, bzw. wovon es abhängig ist, daß sie nachhaltig, also

*im Sinne der Menschen*

funktionieren kann. Sondern sie erfahren dann lediglich davon, wie Betriebswirtschaft (__*Mikro-Wirtschaft*__), d.h. wie einzelne Unternehmen (__*rational*__) funktionieren.

Das Fatale an einem sich an der einzelwirtschaftlichen Perspektive orientierenden Unterricht liegt nun darin, daß er genau auf jener Ebene erfolgt, die auch die eines jeden Menschen ist:

Die Beurteilung der „Welt" ausschließlich von der eigenen Perspektive aus,

wird versäumt,

ihm _*beizeiten*_ die Augen zu öffnen.

Das heißt ein sich an der einzelwirtschaftlichen Perspektive

[115] Siehe bspw. weiter unten das Kapitel 19; im Teilband 4 das „Nachwort"; im Band II dieser *Tri*_logischen Sezierung [...] die Zwischenrufe 6+7 sowie die Seiten 171-77; im Band III, Teilband 2, den Anhang II.

orientierender „makro"-ökonomischer Unterricht führt

nicht

zur Horizonterweiterung, sondern zur Bestätigung von Annahmen, die auf der mikroökonomischen Ebene gelten, auf der tatsächlich makroökonomischer Ebene aber zu

(__unbrauchbaren__)

Prämissen werden müssen, von denen aus sich eine

(__falsche__)

Begründung für

(__falsches__)

wirtschaftspolitisches Handeln herleitet. — Denn ein sich an der einzelwirtschaftlichen Perspektive orientierender, also *pseudo*_makroökonomischer Unterricht kann ausschließlich die Kenntnis von einem

*Aus*_schnitt

eines größeren gesellschaftlichen Zusammenhangs vermitteln, der sich eben _*nicht*_ dadurch erschließt, daß man Abläufe auf einer

untergeordneten Ebene als „erklärendes Muster" fürs Ganze nimmt.

Mehr noch, setzt man einen solchen Ausschnitt absolut, nimmt also ein einzelnes Unternehmen als Bestimmungsgröße fürs Funktionieren einer *Gesamt*_Wirtschaft, erscheint die daraus resultierende Aufforderung an die Politik zwar einfach:

Politisches Eingreifen in die „Wirtschaft" führt zu ihrer Störung.

Auf diese Weise wird jedoch eine

(__*b e d i n g t_!*__)

richtige Aussage: *„Politisches Eingreifen in die 'Mikro_Wirtschaft' führt zu ihrer Störung"* , in eine

(__*g r u n d s ä t z l i c h_!*__)

falsche verwandelt, da eine Aussage übertragen wird, die auf der *einzel*_wirtschaftlichen

(__also der betriebswirtschaftlichen bzw. der mikro-wirtschaftlichen__)

Ebene lediglich unter

*_d e r_*

Bedingung gilt, daß es keine Marktmacht gibt.

Gibt es diese Marktmacht nämlich, muß sehr wohl eingegriffen werden

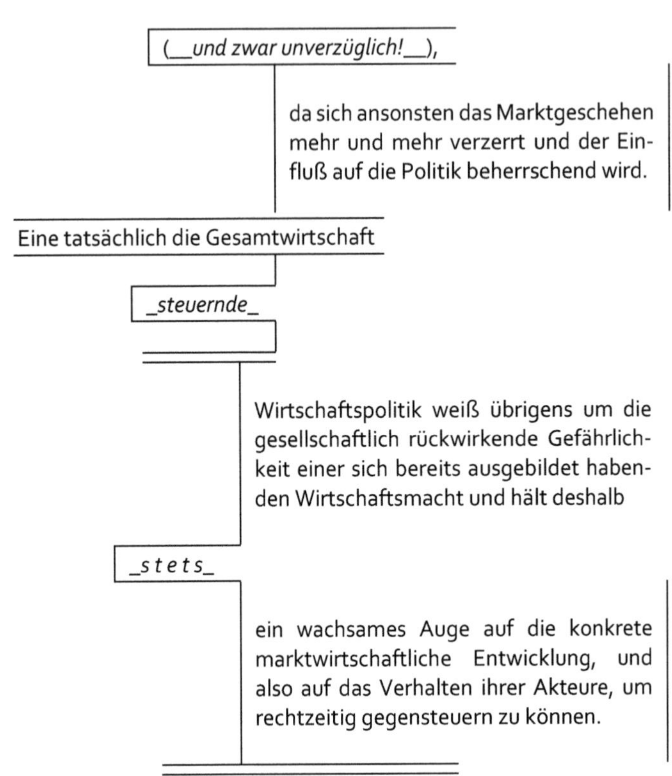

Überträgt man eine im *einzel*_wirtschaftlichen Zusammenhang geltende Aussage

(__soweit die Balance der Einflußmöglichkeiten der Akteure des marktwirtschaftlichen Geschehens nicht gestört wird, also keine Marktmacht einzelner Produzenten [__*Konzerne*__] oder Anbieter von Dienstleistungen [__*Finanzsektor*__] vorliegt__) auf die Ebene, auf der all jene zu Gruppen zusammengefaßten Akteure einer Wirtschaft aktiv (__*oder auch passiv*__) wirken, die das Verhalten ihrer einzelnen Elemente

(__die man sich als privat und / oder öffentlich organisierte „Haushalte" vorstellen kann__)

wechselseitig beeinflussen, führt das zu einer von der einzelwirtschaftlichen Perspektive bestimmten Rahmensetzung, die verhindert, daß sich ein übergeordneter Gesamtblick entwickelt, der aber auf _*dieser*_ Ebene gefordert ist: Diese Ebene ist die *Gesamt*_Wirtschaft (__*Makro*_Ökonomie oder Volkswirtschaft__) einer Gesellschaft. Da aber die einzelnen Faktoren

(__nämlich die drei [__*plus eins*__] großen Akteure__)

einer Gesamtwirtschaft das Verhalten auf der

*einzel*_wirtschaftlichen

Ebene bestimmen, ist es sogar im Gegenteil zur oben behaupteten Aussage:

Politisches Eingreifen in die „Wirtschaft" führe zu ihrer Störung,

e n t s c h e i d e n d,

daß die Wirtschafts_*Politik* einer Gesellschaft als von einzelwirtschaftlichen Interessen un_abhängiges

Steuerungs_*Element* verstanden wird.

> „Unabhängig" bedeutet im übrigen in diesem Zusammenhang, daß keine Einflußnahme durch lobbyistische Vertreter von Partikularinteressen zugelassen wird.[116]

Es dürfte einleuchten, daß hierzu ein *„gereiftes* Verständnis" von *_d e m_* Voraussetzung ist, welches das Verhalten auf der wirtschaftlichen *M i k r o*_Ebene bestimmt. Demnach kann es nicht ausreichend sein, betrachtet man das konkrete Verhalten eines Elementes auf der *mikro*_wirtschaftlichen Ebene —

*_ohne_*

in die Betrachtung sowohl dieses Element

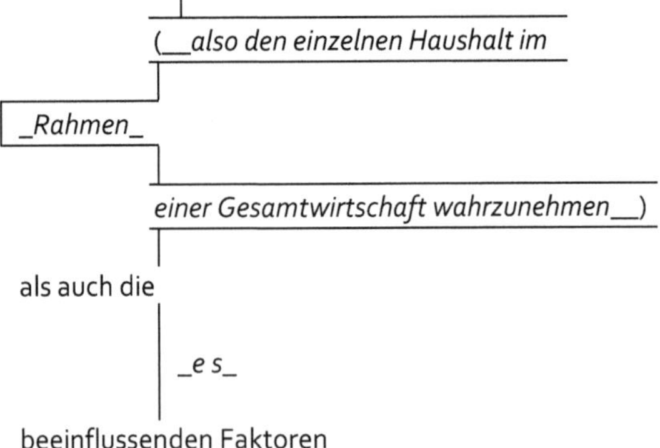

[116] Siehe hierzu die Kapitel 21 bis 25.

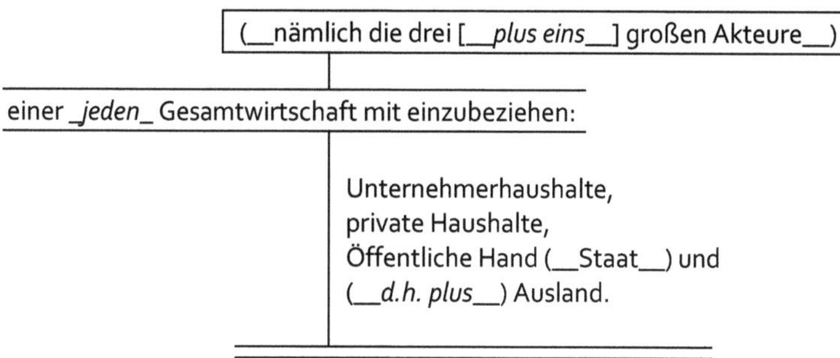

Während nämlich das aus dem einzelwirtschaftlichen Blick resultierende wirtschaftspolitische Handeln in die Irre führt, ermöglicht ein aus einem *_gesamtwirtschaftlichen Blick_* resultierendes politisches Handeln *_deshalb_* eine tendenziell erfolgreiche Steuerung der gesamten Wirtschaft[117], da erst auf diese Weise alle Beeinflussungsfaktoren

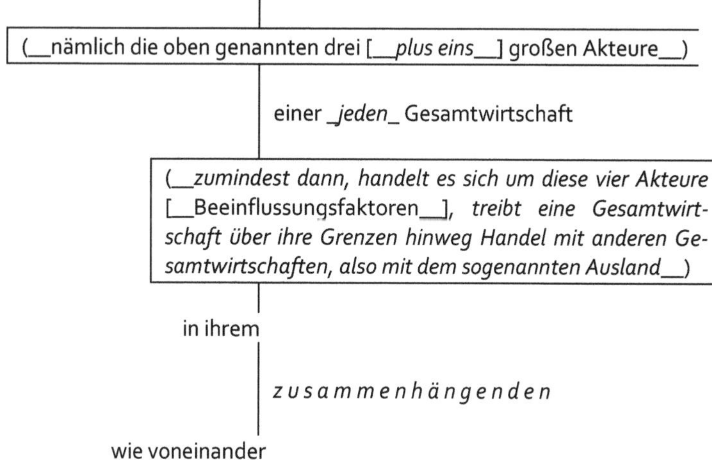

[117] … die sich also aus den ersten drei oben genannten Akteursgruppen zusammensetzt …

a b h ä n g i g e n,

wechselseitigen Wirken erkannt werden.

Über das oben Ausgedrückte könnte deutlich geworden sein, daß ein fundiertes Wissen von *gesamt*_wirtschaftlichen Zusammenhängen absolute Bedingung für praktizierte Wirtschaftspolitik ist. Denn es besteht nun einmal das unveränderbare Faktum, daß jeder Mensch immer in einem *Teil*_Bereich einer Gesellschaft lebt

(__nämlich im direkten sozialen Umfeld__)

und erwerbsmäßig aktiv ist

(__im direkten Arbeitsbereich, wozu der ganze Betrieb dann gehört, ist der überschaubar groß und bleibt der Produktionszusammenhang seiner Teilbereiche erkennbar__),

niemals aber in allen ihren Bereichen zugleich.

Es sei denn, die Arbeit geschähe im direkten sozialen Umfeld, dann aber hätten wir es mit einer für eine Marktwirtschaft nicht spezifischen Arbeits- und Lebensweise zu tun, die nicht repräsentativ für eine solche Wirtschaftsgesellschaft wäre, zumal in diesem Fall noch ein besonderes Problem entstehen kann:

Jenes der geistigen Abkapselung, die, handelte es sich hierbei um ein Massenphänomen, einen zusammenhängenden Wirtschaftsraum mentalitätsmäßig zusätzlich fragmentierte, was früher oder später zu seiner Zerstörung führen würde, denn ein zusammenhängender Wirtschaftsraum bedarf eines zwar arbeitsteiligen, aber dennoch zusammenhängenden (__*wenn auch meist unbewußt bleibend*__) Wirtschaftens seiner Bewohner.

Ein großer zusammenhängender Wirtschaftsraum ist grundsätzlich von Vorteil — wichtig ist dann aber, wer die Richtung vorgibt (__davon ist im vierten Teil dieser Untersuchung die Rede__).

Dies führt in der Konsequenz dazu, daß das Vorstellungsvermögen eines Menschen primär von diesem (__*seinem*__) Teilbereich geprägt ist —

den der einzelne Mensch aber als Ganzes wahrnimmt.

Gelingt es also nicht, sich von diesem Vorstellungshorizont

(__der sich aus der Perspektive des Teilbereichs eines Ganzen ergibt, so daß der daraus resultierende „Horizont" davon lediglich ein entsprechender Ausschnitts sein kann, wenn dieser auch vom einzelnen Menschen als Ganzes wahrgenommen wird__)

zu lösen, läßt sich zwar jedem anderen von den eigenen Vorurteilen über das Funktionieren einer Gesamtwirtschaft plausible erzählen, denn jeder andere lebt schließlich ebenso in einem gesellschaftlichen Teilbereich und verfügt folglich über eine Perspektive, die _seinem_ Lebensbereich entspricht, und deshalb jene „Argumentation"

(__*die, es sei wegen der Bedeutung wiederholt, tatsächlich aber lediglich eine von unzureichenden Annahmen bestimmte Meinung über eine Gesamtheit ist, die man zudem i.d.R. selbst lediglich aus einem Teilbereich dieser Gesamtheit erlebt und i.d.R. lediglich teilbereichsmäßig interpretiert, dabei vergessend, daß die Gesamtheit von Teilbereichen mehr ist als ihre Anteile*__),

sofort „versteht" (__*so er ähnlich sozialisiert worden ist*__), die solche „Teilbereichsperspektive" zur Grundlage hat. Auf diese Weise lassen sich Vorurteile über die Funktionsweise einer Gesamtheit zwar einvernehmlich austauschen

(__aus diesem Umstand resultiert übrigens die weite Akzeptanz der neoliberalen Doktrin__),

aber sie führen nicht zu ihrer Klärung und erlauben dementsprechend nicht, diese Funktionsweise zu

*er*_klären.

Ein auf einer solchen „Basis" erfolgender Unterricht ist demnach als schädlich anzusehen, da seine Wissensvermittlung untauglich ist, komplexe Zusammenhänge zu erkennen, und deshalb politisch richtige Schlußfolgerungen _*nicht*_ zu ziehen sind — da sie _*nicht*_ auf zusammenhängenden Folgerungen, sondern lediglich auf der Absolutsetzung _*eines*_ Teils einer Ganzheit basieren.

Folglich ist das Lehren von Zusammenhängen und vom wechselseitigen Wirken bzw. vom wechselseitig sich Beeinflussen seiner Elemente die Grundbedingung dafür, daß sich Denken in Zusammenhängen erst entwickeln und sich nachfolgend Verständnis von gesamtwirtschaftlichen Zusammenhängen

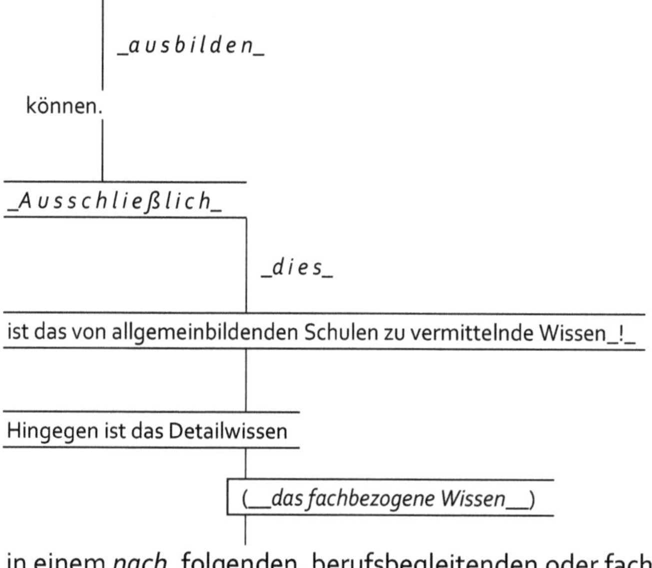

in einem *nach*_folgenden, berufsbegleitenden oder fachschulischen Unterricht

oder

an einer *Fach*_Hochschule zu vermitteln. Stets aber ist auch dort das Fachspezifische *_universal_* bezogen zu lehren.

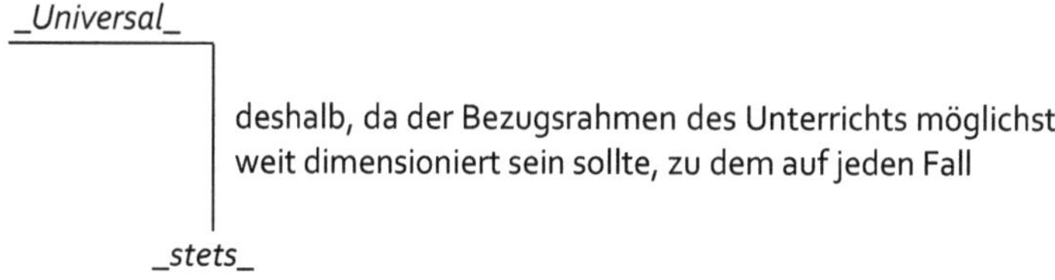

mindestens eine _*musische*_ Komponente _*sowie*_ ein handwerklicher

(__*tatsächlich praktisch ausgeübter!*__)

Lehr_*Gang*

*sowie*

ein philosophischer Studien_*Gang* zu gehören haben — und in diesem Studiengang tatsächlich die

« *Sophia* » weste.[118]

Es ist aber dieser *philosophische Gang* der alle Einzelstudiengänge verbindet und der auf diese Weise erst erlaubt, ihre Inhalte als zusammenhängend wahrzunehmen — dank der in ihm wesenden « *Sophia* ».

Folglich hat selbst eine Detail-Wissensvermittlung

(__*bspw. auf betriebswirtschaftlicher Ebene*__)

*stets* vor dem Hintergrund gesamtwirtschaftlicher Zusammenhänge zu erfolgen.

* * *

[118] Zur „Sophia" siehe in: Die *tri*_logische Sezierung […], Band III, Teilband 1, die Seite 373. Bezüglich der „Philosophie" siehe in: a.a.O., Teilband 2, Anhang I: „Exkursion zu dem in der markt_*konformen* Gesellschaft bedeutungslos gewordenen, _*begrifflichen*_ Inhalt des „Humanismus"".

Aus dem oben Erläuterten könnte deutlich geworden sein, daß in allgemeinbildenden Schulen alles _s t e t s_ in Zusammenhängen zu lehren ist — und selbst in fachspezifischen Ausbildungsgängen das

Verknüpftsein mit dem Gesamten

aufzudecken ist.

Dementsprechend bedeutet das auf das Unterrichtsfach „Wirtschaft" bezogen:

- *Makroökonomische Zusammenhänge sind zu erklären.*
- *Das Zusammenwirken der großen Akteure*

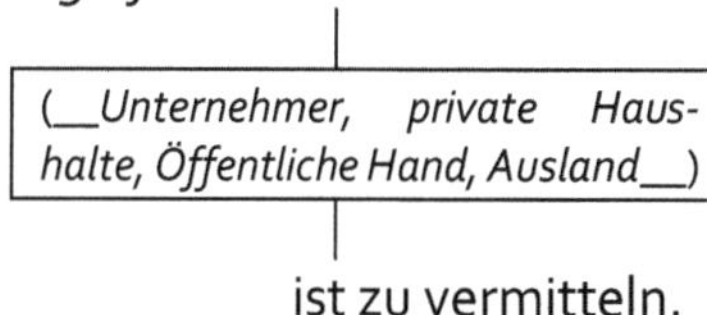

(__Unternehmer, private Haushalte, Öffentliche Hand, Ausland__)

ist zu vermitteln.

Denn lediglich auf diese Weise lernen die jungen Leute zu verstehen, wie schädlich die aktuelle deutsche Wirtschaftspolitik tatsächlich ist.

Eine Wirtschaftspolitik übrigens, die ohne eine falsch konstruierte Währungsunion gar nicht möglich wäre — was ein Denken in Zusammenhängen sofort offenbaren würde. Da diese Schädlichkeit sich in dem Land, dessen Exportwirtschaft das Verhalten eines Junkies zeigt, der Masse der Lehrenden nicht offenbart — und in der Konsequenz folglich weder den Lernenden _*noch*_ der Masse der Menschen, kann daraus geschlossen werden, daß den Menschen in diesem Land _*zumindest*_ das Denken in wirtschaftspolitischen Zusammenhängen fehlt.

Die Phrase: „das Verhalten eines Junkies", will ausdrücken, daß diese Wirtschaft _*dauerhaft*_ auf die exzessive Verschuldung des Auslandes angewiesen ist, da ansonsten kaum noch Wirtschaftswachstum erfolgte, denn die sogenannte Schuldenbremse fordert unbedingt, daß, wie die *privaten Haushalte*, auch die *Öffentliche Hand* zu sparen habe (__*was sie zwar nicht kann, wie im nächsten Kapitel noch zu erläutern ist*__), und wie es selbst die _*Unternehmeraushalte*_ dieses exportüberschüssigen Junkies praktizieren, da (__auf _*dieser*_ Basis__) ihr Wirtschaftsanteil nun fast 50 Prozent der Gesamtwirtschaft beträgt, dieser Teil der *Gesamt*_Wirtschaft demnach schrumpfen müßte (__*wodurch der gesamtwirtschaftliche Binnenanteil zunähme*__), um wieder Teil einer normalen Wirtschaft zu werden, in der es zudem _*einen*_ großen Schuldner gäbe — nämlich die eigenen _*investierenden*_ Unternehmen selbst.

Überdies muß vermutet werden, daß dieses Denken ebenso bei den meisten politischen Entscheidungsträgern nicht entwickelt ist. Allerdings sollte durchaus die Möglichkeit in Rechnung gestellt werden, daß sich einige von diesen dessen durchaus bewußt sind, es aber aus niederen Beweggründen nicht verlauten lassen.

Ein Ausdruck dieser Misere ist jenes, das als „Schäubleismus" bezeichnet worden ist.[119]

Mit anderen Worten:

[119] Zum „Schäubleismus" siehe in: Die *tri*_logische Sezierung [...], Band III, Teilband 2, Seiten 702 f.: „Anmerkung zum 'Schäubleismus'".

Schulunterricht darf nicht Lobbyisten machtvoller Wirtschaftsinteressen überlassen werden!

Wer das tut, liefert die Jugend neoliberalen Ideologen aus.

Auf jeden Fall zeigt das, wie *un*_begriffen das Scheitern der *Privat-vor-Staat-Ideologie* ist.

Dieses Nichtbegreifen hängt nun genau damit zusammen, daß (__*allgemein*__) kein Verständnis dafür vorhanden ist, woraus bspw. sich die Unterschiede zwischen einem privaten Haushalt und einem öffentlichen Haushalt ergeben, oder welche

_*u n a u f l ö s l i c h e*_

Beziehung zwischen Schuldnern und Sparern besteht etc.

Also findet durch einen betriebswirtschaftlich bestimmten Unterricht in

*allgemeinbildenden*

Schulen eine

_*P r ä g u n g*_

statt, die das Denken in gesamtwirtschaftlichen Zusammenhängen sowie das Wahrnehmen und das Fühlen schwer schädigt und aus diesem Grunde ein solcher Unterricht gesellschaftlich schädlich ist. Da diese Schädlichkeit aber bereits ge-

eigenen Verhältnisse lebt. Erleichtert mag dies werden, steht diesem Haushalt die legendäre,

und von neoliberalen Ideologen aufs Schändlichste mißbrauchte,

Schwäbische Hausfrau vor

(__*die ich allerdings nicht als Mutter gehabt haben wollte, denn solche „Hausfrauen" erziehen ihre Kinder* [__psychologisch gesehen__] *anal*__),

gesamtwirtschaftlich müßte diese neoliberale Galionsfigur allerdings kläglich scheitern!

Aber schon ein privates Unternehmen

kann das nicht so ohne weiteres, will es nicht völlig dadurch ins Hintertreffen geraten, daß es abwartete, bis genügend Kapital angespart worden wäre, um bspw. produktivitätssteigernde Maschinen anzuschaffen, da es dann nämlich entweder gar nicht oder bloß unzureichend am nächsten Wirtschaftsaufschwung teilnähme, hingegen jene Konkurrenten über es hinweggingen, die ihre Produktivität dadurch verbessert hatten, daß sie ihren Kapitalstock

(__*d.h. zu Produktionszwecken verwendetes Kapital, z.B. in Form von Maschinen oder kompletten Produktionsanlagen*__)

frühzeitig kreditfinanziert ausweiteten oder/und modernisierten ...

Hinzu kommt, daß zu viel Kapital gebunden würde, und auf diese Weise die Liquidität abnähme, verwendete ein Unternehmer Mittel aus den eigenen Rücklagen, ein investives

Vorhaben zu finanzieren. Deshalb ist es entschieden besser, investiert ein Unternehmen über eine zinsgünstige Kreditaufnahme.

(__Die Gewährung zinsgünstiger Kredite ist übrigens eine wichtige Aufgabe einer _*Öffentlichen Bank*_ zur Kreditvergabe an Unternehmen.__)

Zwar kann auch eine Volkswirtschaft *p a s s i v* sparen

(__*also durch Haushaltskürzungen*__),

aber in diesem Fall ist das weniger bis gar nicht effektiv.

(__*Insbesondere dann, wird die Einnahmenseite nicht durch eine höhere Besteuerung der finanziell Leistungsfähigen unterstützt.*__)

Besser ist es hingegen,

investiert sie in die Zukunft —

bspw. in Bildung, Wissenschaft, Infrastruktur und Umweltschutz.

Denn auf diese Weise werden Werte geschaffen — wodurch in der Folge ein Mehr an Produktivität entsteht: dies erst erlaubt dann eine bequeme Bedienung der laufenden Ausgaben.

Zumal dieses öffentliche Investieren für jene attraktiv ist, die tatsächlich als Investoren zu bezeichnen sind, da sich für diese die langfristige Anlage ihres Kapitals in eine auf diese Weise stabil gewordene Gesellschaft lohnt.

Das aber heißt nichts anderes, als daß einem

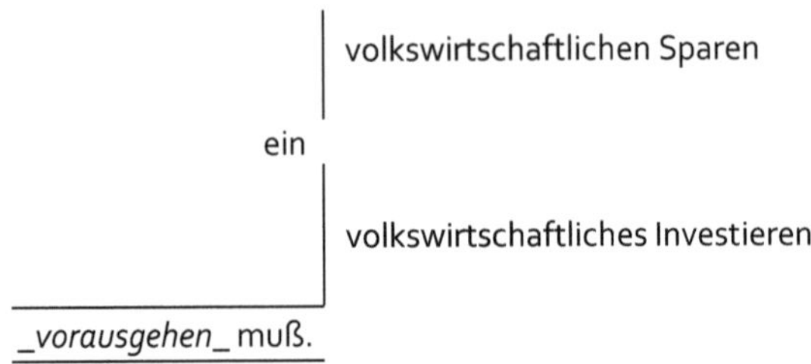

Genau aus diesem Grund ist nichts gewonnen, erfolgt die Beurteilung einer Verschuldungssituation der Öffentlichen Hand aus einer betriebswirtschaftlichen Perspektive heraus, die von dem

(__*wenn auch verständlichen*__)

Reflex gefolgt wird:

Sparen durch Ausgabenkürzung.

Denn dieser Reflex, der auf einzelwirtschaftlicher

(__*oder betriebswirtschaftlicher, bzw. privatwirtschaftlicher*__)

Ebene richtig und notwendig sein

k a n n,

führt gesamtwirtschaftlich in die genau entgegengesetzte Richtung, nämlich zu mehr Verschuldung.

Das hängt damit zusammen, daß die Einnahmenseite der Öffentlichen Hand

direkt (__„negativ"__)

von ihrer Ausgabenseite abhängt. So daß durch den Versuch der Verringerung der öffentlichen Ausgaben:

bspw. Einsparungen im Kulturbereich (__*inkl. Bildung und Wissenschaft*__), in der Infrastruktur (__*z.B. Unterhalt und Neubau von Straßen und Brücken*__), im Umweltschutz etc.,

nicht nur die Investitionen in diesen Bereichen abnehmen, sondern, da mit solchen Einsparungen immer eine Abnahme an Aufträgen für entsprechende Unternehmen verbunden ist, verringern sich die Steuereinnahmen und die Sozialausgaben erhöhen sich, denn wegen der Abnahme der Auftragsvergabe reduzieren sich die geleisteten Arbeitsstunden von Arbeitnehmern — im Extremfall auf Null.

Durch einen auf diese Weise bedingten Einbruch der Steuereinnahmen und der Erhöhung der Sozialausgaben, verschlechtert sich die Einnahmenseite der Öffentlichen Hand und damit erhöhen sich die Schulden.

Und zwar sowohl die öffentlichen als auch die privaten (__*nicht-investiven*__) Schulden, denn es sind i.d.R. private Unternehmen, die von einer Auftragsvergabe durch die Öffentliche Hand profitieren und dementsprechend verschlechtert sich deren betriebswirtschaftliche Lage insbesondere dann, hatten diese mit einer solchen Vergabe kalkuliert.

Fazit:

Die Verwendung des einzelwirtschaftlichen Rezeptes führt auf gesamtwirtschaftlicher Ebene zum genauen Gegenteil von dem, was beabsichtigt ist: Schuldenaufbau, anstatt Schuldenabbau.

So haben wir es auf der gesamtwirtschaftlichen Ebene mit dem augenscheinlichen Paradoxon zu tun, daß nämlich dem Sparen das Investieren *vor*_ausgeht oder:

Ohne *vor*_ausgehendes öffentliches Investieren kein *nach*_folgendes Sparen von seiten der Öffentlichen Hand.

Die gesamtwirtschaftliche Anwendung des einzelwirtschaftlichen Rezeptes zum Schuldenabbau durch Ausgabenkürzung, ein Rezept, dessen Anwendung auf

_*s e i n e r*_

Ebene völlig richtig sein

kann,

führt demnach in die Irre, wird es auf die gesamtwirtschaftliche Ebene übertragen.

Die Kenntnis von diesem gesamtwirtschaftlichen

(__*augenscheinlichen*__)

Paradoxon ist demnach eine Voraussetzung für eine erfolgreiche wirtschaftspolitische Praxis.

Daß diese Kenntnis einem Juristen fehlt ist genauso wenig überraschend wie ihr Fehlen bei einem Deutsch, Politik oder Soziologie unterrichtenden Lehrer — oder hat jemand Physik oder Theologie studiert. Es ist aber mehr als nur persönliches Unglück, fehlen derartig gebildeten Personen diese Kenntnisse, sind diese politisch verantwortlich tätig, bspw. als

Finanzminister, Wirtschaftsminister, Kanzler oder als Präsident des wichtigsten Landes der EU.

> Bis zur ersten Drucklegung dieser Untersuchung traf dieses Kuriosum auf die Bundesrepublik Deutschland genau zu. Wobei „Kuriosum" lediglich dann als solches wahrgenommen werden dürfte, betrachtete man nicht ausschließlich die politisch Verantwortlichen in Deutschland, denn dort ist das nicht nur kein Kuriosum, also gängige Praxis, sondern von beratender Seite wird dieses Manko seit den neoliberalen Zeiten nicht mehr ausgeglichen — hingegen geradezu dadurch befördert, daß die „Beratenden" i.d.R. selbst von einzelwirtschaftlichem Denken geprägt, bzw. neoliberale Ideologen sind.

> Dieser schwerwiegende Mangel fällt wohl deshalb nicht weiter auf, da nach landläufiger Glaubensvorstellung in diesem wichtigsten EU-Land gilt: „'Wirtschaft' kann jeder" — vorausgesetzt, er oder sie hält's mit der Schwäbischen Hausfrau.

So sehr dramatisch müßte dies übrigens nicht sein, wären solche Entscheidungsträger einerseits lernfähig und hätten sie andererseits gute Beratung. Da beides aber fehlt, ist dieser Umstand deshalb so dramatisch, da die politisch Verantwortlichen zudem von Lobbyisten einzelwirtschaftlicher Interessen und von Vertretern ideologischer Wirtschafts-„Wissenschaft" sowie von Medienkonzernen umgeben sind, die weder diese Kenntnisnahme noch die daraus zu ziehenden Konsequenzen öffentlichkeitswirksam zulassen würden, da sie alle ihren entsprechenden „Schnitt" lediglich unter der Bedingung machen können, solange ihr _*Glaubenssystem*_ des Neoliberalismus' nicht auf den Prüfstand der tatsächlichen Bedingungen des Lebendigen gestellt wird — sind doch diese realen Bedingungen letztlich nicht vereinbar mit den künstlich gesetzten ihres Systems.

Ein Glaubenssystem, dessen Maßstab die

sogenannte „*lange Frist*" ist,

muß in einer Wirklichkeit scheitern, in der stets und

ausschließlich „*kurze Fristen*"

wirken, deren Abläufe und Entwicklungen grundsätzlich mit Unsicherheit behaftet sind — und in lebendigen Prozessen nicht anders behaftet sein könnten.

In der Wirklichkeit hat man es immer mit einer Summe von unsicher verlaufenden Faktoren *kurzer Fristen* zu tun,

die _*nachträglich*_ zwar im Zusammenhang zu betrachten sind — und übrigens aus diesem Grund erst analysierbar werden. Da dies aber nicht vorausschauend möglich ist, sondern höchstens im Sinne des Versuchs einer Abschätzung, bleiben diese Faktoren in ihrer Sichtbarwerdung unsicher, so daß auch ihre Entwicklung eine lediglich zu vermutende ist.

Im übrigen führt dieser einzelwirtschaftliche Reflex:

Sparen durch Ausgabenkürzung,

auf der gesamtwirtschaftlichen Ebene zu einem Massen-

Phänomen, ist das wirtschaftspolitische „*Handeln*" ideologisch (__*also neoliberal*__) geprägt

(__*in diesem Fall also Versuch des Sparens durch Kürzung der öffentlichen Ausgaben*__)

und wird die Erwartungshaltung der privaten wie der unternehmerischen Haushalte gewohnheitsmäßig von der

(__*stets realistischen!*__) Erwartung

einer

*un*_klaren

wirtschaftlichen Entwicklung bestimmt, deren Tendenz

_*d a n n*_

als „*unsicher*" eingeschätzt wird, setzen die politisch Verantwortlichen die wirtschaftspolitischen Signale neoliberal dogmatisch,

nämlich SPAREN als Reflex,

so daß die normalen Menschen und die normalen Unternehmer, also jene, die in der realen Wirtschaft arbeiten, erst einmal

*ab*_warten,

wie die wirtschaftliche Entwicklung „*möglicherweise*" zu erwarten sein „*könnte*". Das „*drückt*" dann die Erwartungshaltung und in der Folge bleiben Investitionen aus. Als einzige „Hilfe“ bliebe dann lediglich noch jene, daß wenigstens im Ausland dieser Glaubenslehre nicht auch dogmatisch (__*tatsächlich*__) gefrönt würde.

> Ein Wirtschaftsmodell, das sich auf eine solche Hoffnung verlassen muß, darf aus meiner Sicht weder als „Modell“ noch als erstrebenswert erachtet werden, sondern ist durch eines zu ersetzen, in dem gilt, daß unbedingt ein „Wettbewerb der Nationen“ vermieden werden muß, da dieser letztlich in den Ruin führt — und letztlich _*jenes*_ Land in den Ruin führen muß, das diesen Wettbewerb auf eine Weise betreibt, als handle es sich bei „Wirtschaft“ und „Handel“ mit anderen Nationen um ein Fußballspiel ...

Auf *gesamt*_wirtschaftlicher Ebene wäre es demnach ein fataler Trugschluß, wollte man (__aus _*diesem*_ Glauben heraus__) zuerst sparen, da das behaupteterweise nachträglich zu einem Mehr an Investitionen führte.

> Haben Sie aber schon einmal einen Unternehmer gesehen, der investierte, kaufte kaum jemand etwas, da alle sparen wollten, um „später“ dann „richtig“ zu investieren?

Ein Unternehmer investiert

(__*richtigerweise!*__)

unter der Bedingung, daß er sich davon ein Umsatzplus versprechen *kann*. Sparen aber alle, also die privaten Haushalte, die Unternehmerhaushalte _und_

die Öffentliche Hand, wird ein Umsatzplus nicht Gegenstand seiner Träume sein, sondern er wird von abnehmenden Umsätzen und Pleiten dominierte Alpträume haben ...

Und die einzige Hoffnung, die dann noch für eine Volkswirtschaft bleibt, ist die, daß wenigstens die ausländischen Gesamtwirtschaften und deren Bewohner und Unternehmen, nicht auch sparen, sondern sich

verschulden,

damit die eigene Binnenmarktschwäche über eine Erhöhung der Exporte in diese Gesamtwirtschaften ausgeglichen werde.

Das heißt durch ein Mehr an nicht selbst verbrauchten produzierten Gütern, die also „erspart" worden sind, da die eigene neoliberale Wirtschaftspolitik verlangt, daß die Löhne nicht angemessen steigen sollen, sich auf diese Weise aber die „Wettbewerbsfähigkeit" insbesondere auf Kosten jener Gesellschaften erhöht, die sich mit einem solchen Nationalstaat in einer Währungsunion befinden, da diese Nationalstaaten dann nicht mehr über eine eigene Währung verfügen, andernfalls könnten sie solche Lohndumpingversuche leicht dadurch konterkarieren, daß sie ihre eigene Währung abwerteten. — Genau hier liegt übrigens einer der dicken Hunde der Fehlkonstruktion der Europäischen Währungsunion (__EWU__) begraben.

Diese „Hoffnung" führt dann zu sogenannten Exportüberschüssen und damit zur Wegnahme von Marktanteilen anderer Gesamtwirtschaften in der EWU, die auf diese Weise spiegelbildliche Exportdefizite aufweisen, einhergehend mit einer *De*_Industralisierung: _*primär*_ bedingt durch die Ausnutzung der Fehlkonstruktion der EWU, d.h. auf Grund des organisiert praktizierten Lohndumpings durch die politisch Verantwortlichen im deutschen Nationalstaat.

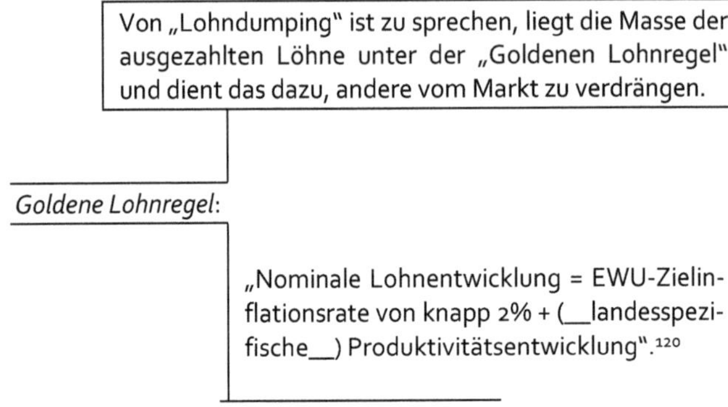

Und primär eben nicht auf Grund einer besseren Produktivitätsentwicklung, wie sich am Vergleich der deutschen mit der französischen Gesamtwirtschaft bequem erkennen läßt: Beide Produktivitätsentwicklungen sind relativ gleich. Allerdings entsprach die Gesamtlohnentwicklung bisher lediglich in Frankreich der „Goldenen Lohnregel", also ganz im Gegensatz zur deutschen Gesamtlohnentwicklung, dort bleibt diese

[120] Zur „Goldenen Lohnregel" siehe die Kapitel 10-12, insbesondere: auf den Seiten 272-78: „Die Goldene Lohnregel", bzw. in: Die *tri*_logische Sezierung […], Band III, Lesung 22. Zum Dumpinglohn siehe in: a.a.O., Seiten 576-79: „Anmerkungen zum deutschen Dumpinglohn-Regime".

Entwicklung nämlich seit etwa Mitte der 1990er Jahre unterhalb dieser Regel. *(__Mit fatalen Folgen für die meisten Mitglieder der EWU sowie für den Binnenanteil der deutschen Wirtschaft.__)*

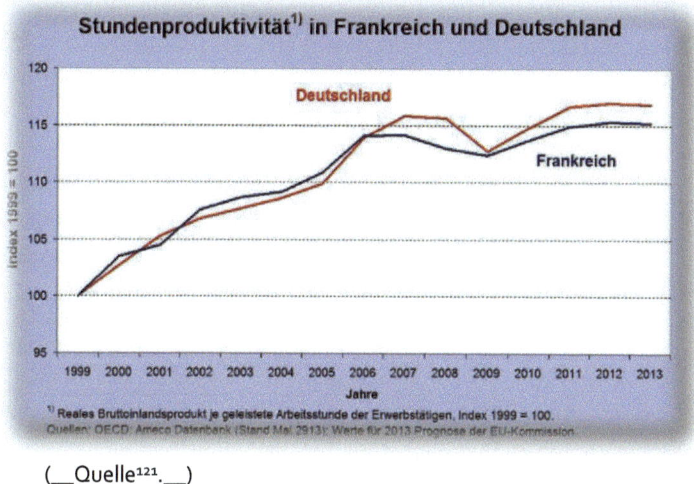

(__Quelle[121].__)

Doch davon will kaum jemand etwas in einem Land hören, in dem die Leute per se davon überzeugt ist, man sei allen anderen grundsätzlich überlegen ...

---

[121] Vgl. den anschaulich die ganze vom „deutschen Modell" (*__selbstschädigend__*) verursachte Misere nachweisenden Artikel von Friederike Spiecker: „Uns geht es doch gut! Wirklich?". Die hier mit freundlicher Genehmigung der Makroskop-Redaktion abgebildete Abbildung 8 dieses Artikels, zeigt die Entwicklung der Stundenproduktivitätsentwicklung in beiden Ländern zwischen 1999 und 2013. Dieser Artikel ist als PDF-Datei abrufbar auf Makroskop.eu. Der entsprechende Internet-Pfad ist am 22. Januar '18 erneut geprüft worden: https://makroskop.eu/2013/10/uns-geht-es-doch-gut-wirklich/?print=pdf.

Nun, unabweisbar ist jedenfalls, daß auf diese Weise weder die Gesellschaften der in eine solche fehlkonstruierte Währungsunion eingebundenen Staaten prosperieren können noch daß diese Union Zukunftschancen haben kann, lassen sich doch unter solchen Bedingungen, diesen Namen verdienende Wirtschaftsbeziehungen nicht aufrechterhalten, da diese entweder zu einer Transfer-Union führen oder die EWU zerstört wird — wenn nicht gar die EU gleich mit.

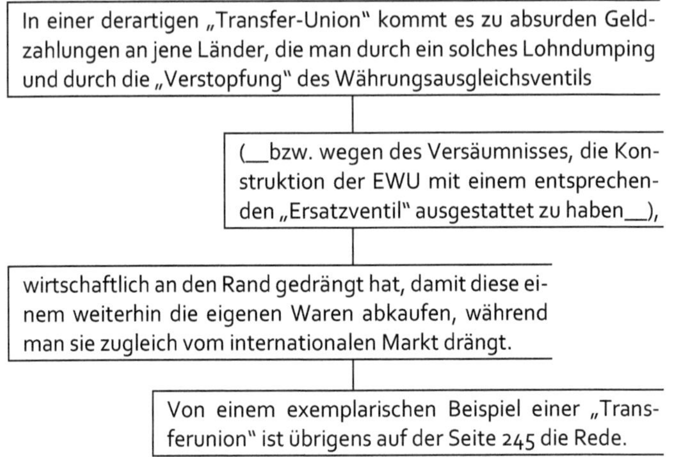

In einer derartigen „Transfer-Union" kommt es zu absurden Geldzahlungen an jene Länder, die man durch ein solches Lohndumping und durch die „Verstopfung" des Währungsausgleichsventils

(__bzw. wegen des Versäumnisses, die Konstruktion der EWU mit einem entsprechenden „Ersatzventil" ausgestattet zu haben__),

wirtschaftlich an den Rand gedrängt hat, damit diese einem weiterhin die eigenen Waren abkaufen, während man sie zugleich vom internationalen Markt drängt.

Von einem exemplarischen Beispiel einer „Transferunion" ist übrigens auf der Seite 245 die Rede.

Mit dem Sparen ist es nämlich so eine Sache — volkswirtschaftlich gesehen.[122]

[122] Editorische Notiz: Dieser Text wurde erstmals im Oktober '11 veröffentlich und dann am 5. September '14 aktualisiert. Für die erste Drucklegung dieser Untersuchung im Jahre 2016 erfolgte eine Überarbeitung des Textes. Dann, anläßlich dieser Ihnen, in der zweiten Auflage vorliegenden Untersuchung, wurde der Text komplett revidiert und auch erweitert.

Neuntes Kapitel

Wodurch wird volkswirtschaftliches Sparen möglich?

Ein Gespräch

> (__*das übrigens abgelauscht wurde, als die Menschen noch nicht die Gewohnheit hatten, ein warenunspezifisches Zahlungsmittel* [__also „Geld“__] *zu benutzen, und das in den Archiven der* Geschwisterschaft des Menschengeschlechts *ruht, denn einst wurde es von einem frühen Mitglied dieser Geschwisterschaft dort abgelegt*__)

aus einer fernen Vergangenheit des Menschengeschlechts zwischen einem Menschen, der „Schuldner“ werden und einem anderen Menschen, der „Sparer“ werden wollte:

> — *Du, hör' mal, ich will jetzt sparen*, sagte der eine Akteur zum anderen Akteur auf dem *d i r e k t e n* Tauschmarkt.
>
> — *Ist in Ordnung*, sagte der andere. *Damit du das aber kannst, muß bspw. ich bereit sein, dir von deinem Ersparten etwas abzunehmen ... Du hast Glück, denn ich will zur Zeit mehr verbrauchen als ich selbst produzieren kann — ich möchte nämlich investieren!*

— *Das trifft sich ja bestens,* sagte der Sparwillige. *Also produziere ich jetzt mehr als ich selbst verbrauchen will und gebe dir dieses Mehr. Was bietest du mir dafür?*

— *Gut,* sagte der Verschuldungswillige, *nachdem ich von deinen ersparten Gütern in der Zeit meiner Investitionsarbeiten leben konnte, spätestens aber, ist der Mond zum sechsten Mal voll, bekommst du einen gleichwertigen Teil von meinen produzierten Gütern zurück und noch ein besonderes Gut zusätzlich.*

— *Top!* sagte der Sparwillige ...

Von dem weiteren Hergang findet sich in den Archiven der Geschwisterschaft des Menschengeschlechts noch ein diesem ruhenden Gespräch beigesellter Hinweis, daß nach dieser direkten Absprache der Sparwillige sofort darangegangen sei, mehr zu produzieren als er selbst verbrauchen wollte (__oder konnte__), *und in der Tat beabsichtigt habe, dem Verschuldungswilligen, also vereinbarungsgemäß, davon etwas auf „Güterkredit" zu überlassen, der damals ohne weiteres auf dem Markt eintauschfähig war ...*

Nun, in einer monetären, also mit einem warenunspezifischen (*__allgemein anerkannten und akzeptierten__*) Zahlungs- und Wertaufbewahrungsmittel (*__„Geld"__*) ausgestatteten, arbeitsteiligen Wirtschaft, einer sogenannten *Marktwirtschaft,* werden solche Absprachen nicht mehr direkt getroffen. Statt dessen gibt es Signale, die Verbrauchs- bzw. Verschuldungswilligen

(*__die gleichzeitig Investitionswillige sein können__*)

indirekt mitteilen, daß andere sparwillig sind.

Auf der volkswirtschaftlichen Ebene zeichnet sich ein *Sparwilliger* nämlich dadurch aus, daß er mehr produziert als er selbst verbrauchen will. Das heißt er produziert Waren erst auf konkrete Nachfrage anderer hin oder er hat von seinen Produkten welche auf Lager, geht er davon aus, daß andere in Kürze diese nachfragen werden.

Solange sie auf Lager bleiben verdient er damit kein Geld. Bleiben diese Güter zu lange auf Lager, verlieren sie u.U. ihren Neuwert und können lediglich noch preisreduziert oder gar nicht mehr abgesetzt werden.

Erst wenn

jemand tatsächlich bereit ist, dem Sparwilligen seine Produkte abzukaufen

(__*dieser also diese Produkte n a c h f r a g t*__),

hat der Sparwillige tatsächlich etwas

*e r*_spart.

Das heißt ein Sparwilliger wird erst zu einem tatsächlichen Sparer, hat er jemanden gefunden, der ihm seine ersparten Güter abkauft ...

Wo mag also die Ursache liegen, verzinsen sich Spareinlagen schlecht?

Das auf diese Weise Erlöste (__*also das Ersparte*__) kann er bspw. zu einer Bank tragen, wodurch es sich aber nicht von selbst vermehrt.

Stopft jemand einen Teil seines ersparten Geldes in einen alten Strickstrumpf, ist es offensichtlich, daß es sich nicht vermehren (__*verzinsen*__) wird. Allerdings tut es das auf einem Bankkonto erst einmal genausowenig. Es sei denn, es findet sich jemand, der bspw. in etwas Produktives (__*also volkswirtschaftlich Wertsteigerndes*__) investieren wollte. Dann erst kann es sich vermehren

(__und wird zu Kapital: durch jene Verzinsung, die sich aus einer erfolgreichen Investition ergibt__)

und _*bringt*_ dem Sparwilligen tatsächlich eine Ersparung. Das heißt der

Sparwillige

wird tatsächlich _*erst dann*_ zu einem Sparer mit Ersparnissen, wenn es auf der anderen Seite einen

Verschuldungswilligen

gibt, der sich also tatsächlich verschuldet ...

Man sieht,

es kann so schmerzhaft wie ausgesprochen selbstschädigen sein, will jemand

(__*volkswirtschaftlich gesehen*__)

partout sparen, also mehr produzieren als er selbst verbrauchen kann oder will, und _*zugleich*_ von anderen verlangt, daß die das auch tun, also ebenfalls mehr zu produzieren als diese selbst verbrauchen wollten ...

Poch! Poch! Poch! —

n i c h t „wollen", sondern *s o l l e n!* —stellt aus seinem Winkelblick der abgestandene Austeritätspolitiker so_*fort* klar.

Finden aber Sparwillige keine Verschuldungswilligen,

*fehlt*

auf dem Gütermarkt genau jener

Sparbetrag

der Sparwilligen als

Nachfragebetrag.

Wird dies zum allgemeinen Phänomen, gerät eine Volkswirtschaft schließlich in die Situation einer

*De*_flation.

Die Vermehrung

(__die *Verzinsung*__)

des Geldes des Sparwilligen beginnt also erst unter der Bedingung, daß ein anderer

(__*möglicherweise genau derjenige, der bei ihm etwas kaufen will*__)

zur Bank geht, Geld nachzufragen — bspw. zum Kauf einer

Maschine, damit in seinem Unternehmen die Produktivität zunähme, oder er sich etwas Schönes kaufen wollte ...

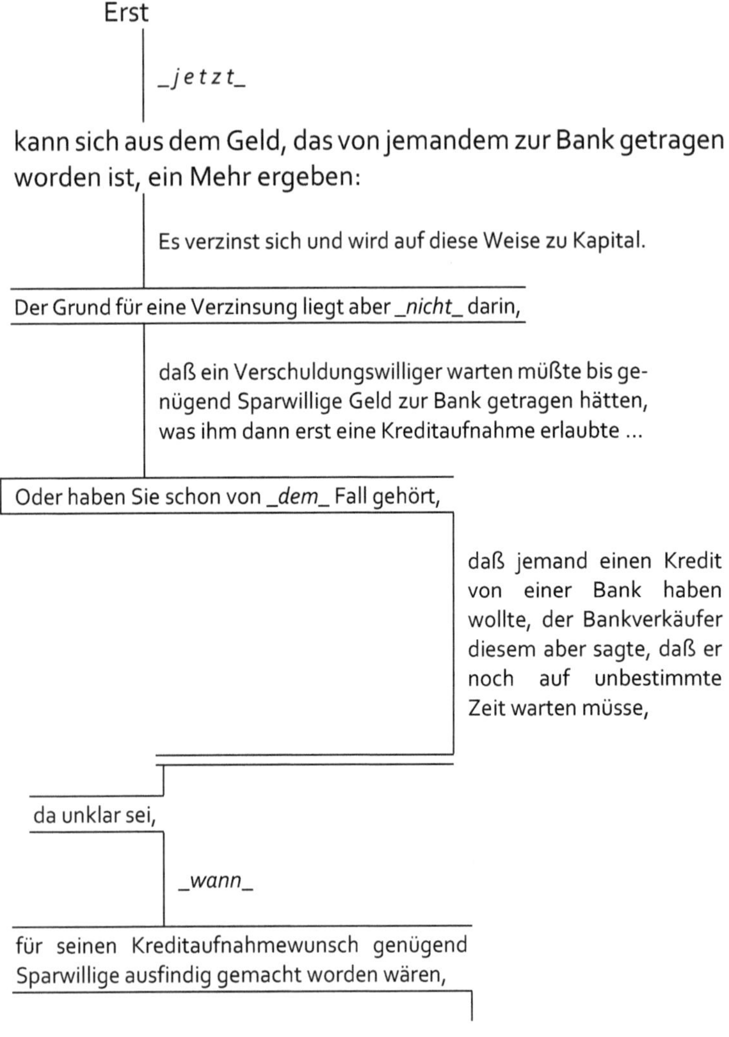

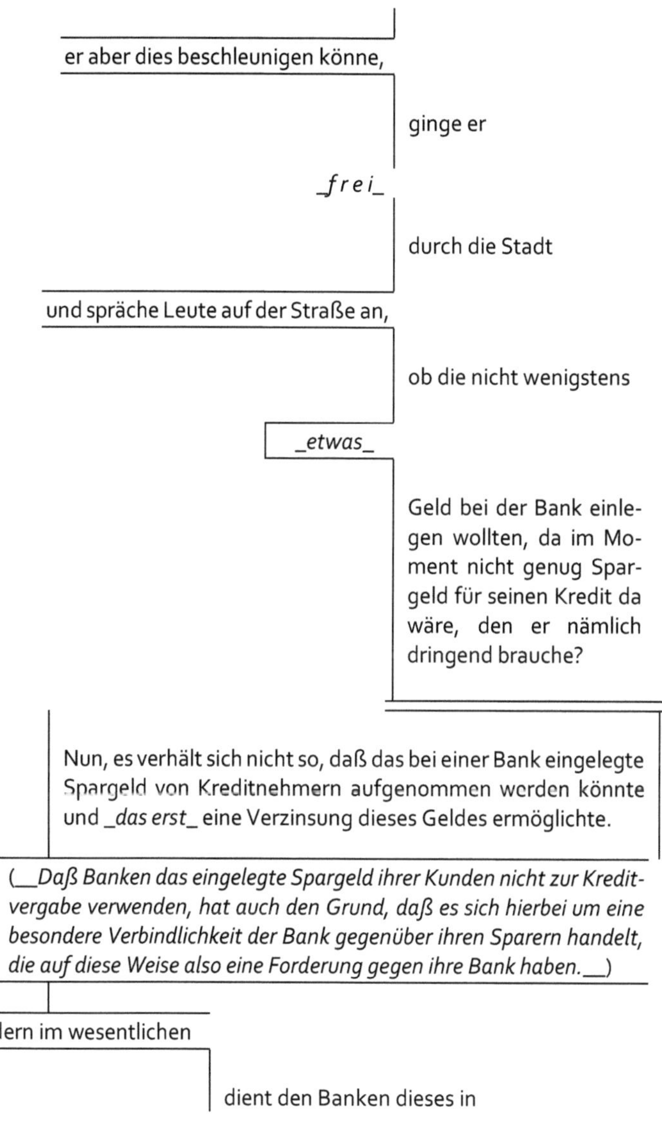

er aber dies beschleunigen könne,

ginge er

_f r e i_

durch die Stadt

und spräche Leute auf der Straße an,

ob die nicht wenigstens

etwas

Geld bei der Bank einlegen wollten, da im Moment nicht genug Spargeld für seinen Kredit da wäre, den er nämlich dringend brauche?

Nun, es verhält sich nicht so, daß das bei einer Bank eingelegte Spargeld von Kreditnehmern aufgenommen werden könnte und *_das erst_* eine Verzinsung dieses Geldes ermöglichte.

(__*Daß Banken das eingelegte Spargeld ihrer Kunden nicht zur Kreditvergabe verwenden, hat auch den Grund, daß es sich hierbei um eine besondere Verbindlichkeit der Bank gegenüber ihren Sparern handelt, die auf diese Weise also eine Forderung gegen ihre Bank haben.*__)

Sondern im wesentlichen

dient den Banken dieses in

Form von Bargeld eingezahlte und als Spareinlage vorgesehene Geld der Kunden dazu, es als

Reserve bei der Zentralbank

einzulegen, vor allem zur Verrechnung von Geschäftsvorgängen mit anderen Banken, oder zur Barauszahlung am Schalter, bzw. Geldautomaten.

Die Höhe der Verzinsung auf Spareinlagen

ergibt sich also vor allem deshalb, daß einer Bank auf diese Weise

mehr Geschäftsvorgänge

mit _anderen_ Banken möglich werden. Geschäftsvorgänge dieser Art ergeben sich folglich erst, fragt jemand Geld bei einer Bank nach, das er bspw. für den Kauf eines Produktes verwenden will, das von einem Anbieter stammt, der bei einer anderen Bank sein Konto hat.

Da es nachvollziehbar ist, daß solche Geschäftsvorgänge im Rahmen einer sich verschlechternden Wirtschaftsentwicklung kontinuierlich abnehmen, nimmt von seiten der Banken gleicherweise _jene_ Neigung ab, ihren Sparern eine Verzinsung aufs Spargeld zu zahlen, da es im Prozeß einer Wirtschaftskrise für solche Vorgänge kaum benötigt wird.

Demnach ist die Vergabe von Krediten _nicht_ von der Gesamthöhe der Spareinlagen bei einer Bank abhängig, sondern ausschließlich von der

Bonität eines Kreditnehmers.

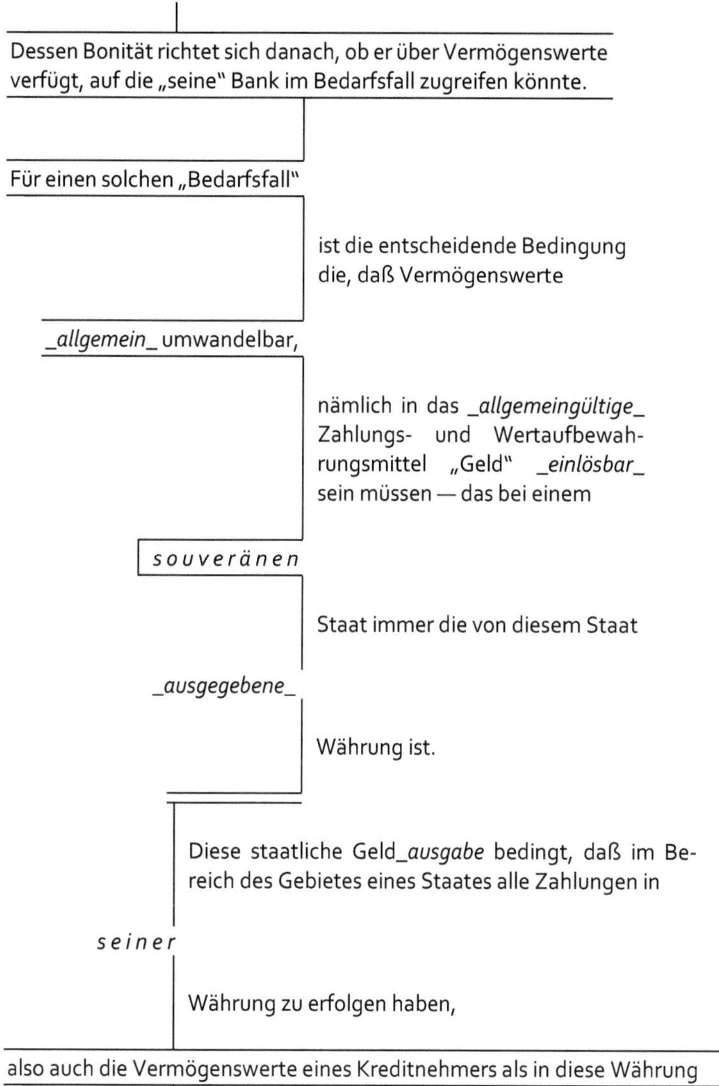

Dessen Bonität richtet sich danach, ob er über Vermögenswerte verfügt, auf die „seine" Bank im Bedarfsfall zugreifen könnte.

Für einen solchen „Bedarfsfall"

ist die entscheidende Bedingung die, daß Vermögenswerte

allgemein umwandelbar,

nämlich in das _allgemeingültige_ Zahlungs- und Wertaufbewahrungsmittel „Geld" _einlösbar_ sein müssen — das bei einem

souveränen

Staat immer die von diesem Staat

ausgegebene

Währung ist.

Diese staatliche Geld_ausgabe_ bedingt, daß im Bereich des Gebietes eines Staates alle Zahlungen in

seiner

Währung zu erfolgen haben,

also auch die Vermögenswerte eines Kreditnehmers als in diese Währung

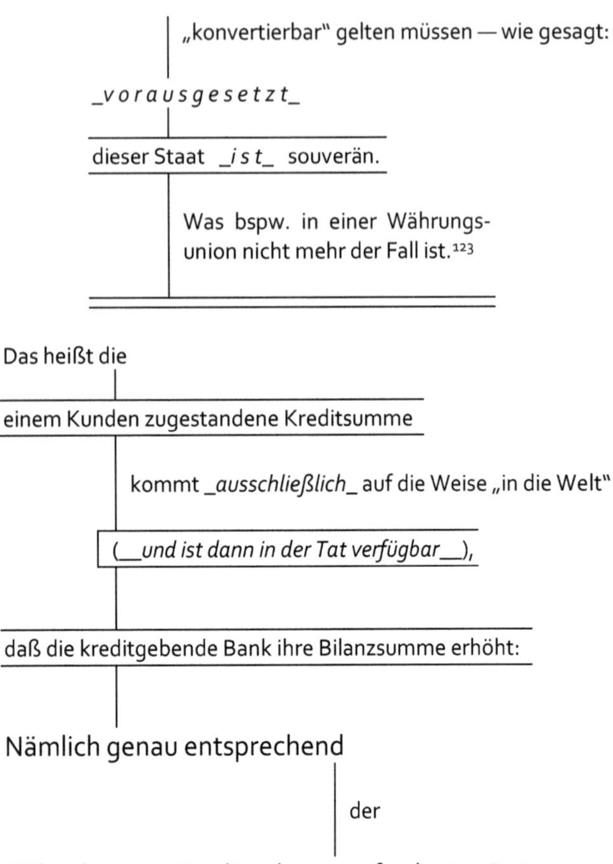

Nämlich genau entsprechend

der

Höhe des vom Kreditnehmer geforderten Betrags.

Durch diese Bilanzsummenerhöhung verfügt die Bank nach

[123] Siehe hierzu das Kapitel 12: „Währungsunion und Wirtschaftsregierung: zwei Seiten einer Medaille".

der Kreditvergabe nicht über weniger Geld als vor der Kreditvergabe.

Dies

ist übrigens das große Privileg einer Bank:

Im Gegensatz zu einem persönlichen Geldverleiher,

muß sie nämlich nichts von ihrem eigenen Vermögen nehmen oder von den Bankeinlagen ihrer Kunden (__*was sie ja sowieso nicht dürfte*__) oder vom vorgehaltenen Bargeld in ihren Filialen,

sondern

durch eine solche Bilanzsummenerhöhung

schafft

sie einen Posten, der zusätzlich in ihre Bilanz geschrieben wird und zwar sowohl auf der *Aktiv*-Seite als auch auf der *Passiv*-Seite, so daß auf der *Aktiv*-Seite

(__*wo also die Art der Verwendung von allgemein akzeptierten Werten aufgeführt ist*__)

der Betrag des Kreditnehmers und auf der *Passiv*-Seite diese Betragshöhe _*zugleich*_ eingetragen wird

(__wo also die „Herkunft" dieses Betrags aufgeführt ist — in diesem Fall das Girokonto des Kreditnehmers__).

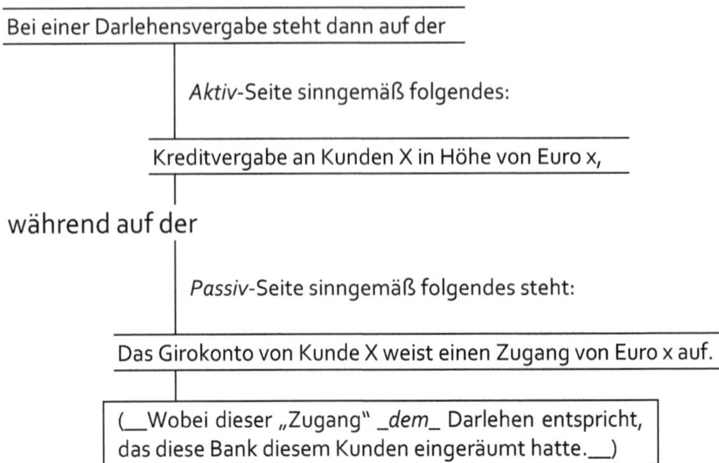

Wie oben schon kurz angemerkt, kann die Einlage von Sparbeträgen bei einer Bank von dieser allein aus dem Grunde nicht an Kreditnehmer ausgegeben werden, da solche Einlagen Verbindlichkeiten sind, die also eine Bank ihren Kunden schuldet, diese demzufolge eine Forderung solcher Kunden gegen die Bank darstellen.

(__*Es ist in diesem Zusammenhang nicht uninteressant, daß das bei einer Bank auf dem Girokonto eines ihrer Kunden liegende Geld erst dann von einer anderen Bank akzeptiert wird, ist es bei ihr als Bargeld konkret eingezahlt worden oder war es vorher als Reserve bei der entsprechenden Zentralbank deponiert und wurde dem Zentralbankkonto dieser anderen Bank gutgeschrieben, denn erst dann gelangt es auf das Konto eines Kreditnehmers.*__)

Das Offensichtlichwerden der Finanzkrise 2007/2008 hat gezeigt, daß das einmalige Privileg der Geldschöpfung durch Banken der strengen Kontrolle von seiten einer (__*staatlichen*__)

Zentralbank bedarf, hingegen nicht der „Kontrolle" von seiten privater, mit dem Finanzmarkt mittelbar und undurchsichtig verbundener Rating-Agenturen.

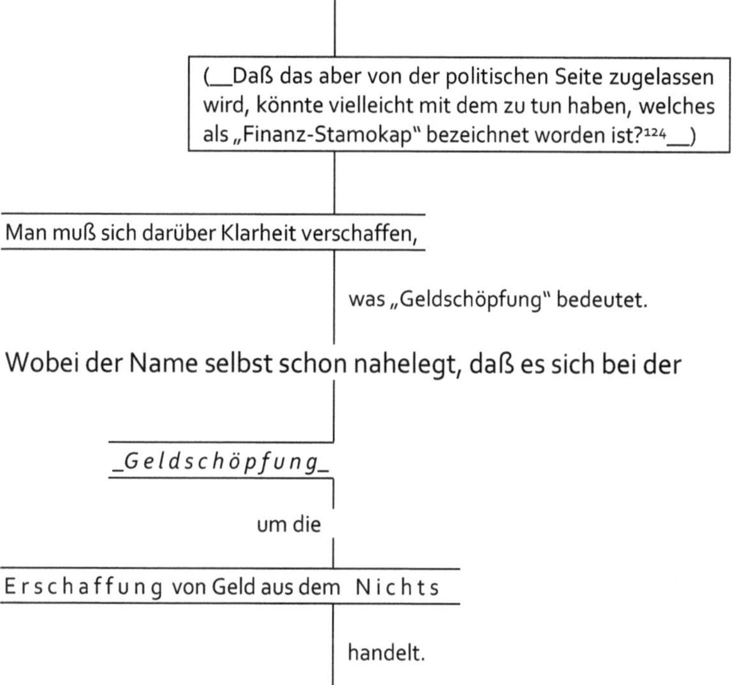

Wie weiter oben schon erläutert, handelt es sich hierbei darum, daß auf dem Girokonto eines Bankkunden die Gutschrift eines Geldbetrags als neuer Posten in die Bilanz einer Bank eingeht, ist dieser Betrag als Kredit von diesem Kunden nachgefragt worden und dieser nach Prüfung seiner Bonität

[124] Vgl. im vierten Teilband dieser Untersuchung die Exkursion auf den Seiten 92-97.

diesen auch als Giralgeld erhalten hat —

als Geld also, das erstmals lediglich als Buchungsgröße auf dem Girokonto erscheint.

Daß es sich bei der Übertragung dieser elementaren Kontrolle der Finanzbranche an private, mittelbar und undurchsichtig mit dem Finanzmarkt verbundener Agenturen um eine seltsame Ideologie-Blüte handelt,

wird übrigens an der neoliberalen Glaubensvorstellung deutlich,

daß der Kapitalmarkt ein gutes Korrelativ für die Begrenzung öffentlicher Schulden sei, der Staat sich demzufolge am Kapitalmarkt, also über Banken finanzieren müsse, wenn es doch tatsächlich so ist,

daß _*keine*_ Bank Buchgeld von einer anderen Bank akzeptiert,

sondern ausschließlich das bei der entsprechenden

(__*und letztlich staatlichen*__)

Zentralbank eingelegte Geld _*oder*_ Bargeld akzeptiert, also die staatliche Seite für alle von Banken untereinander getätigten Geschäfte

per se als „Anker"

dient.

Nun, die neoliberale Ideologie verlangt ihren Anhängern offenbar eine besondere Glaubensfähigkeit ab ...

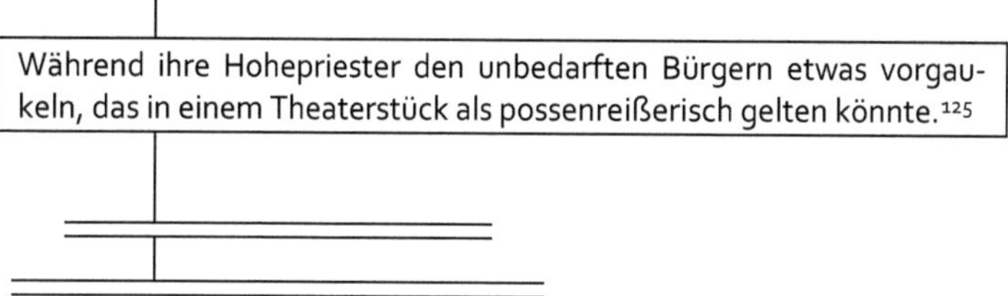

Um auf die unauflösliche Beziehung von Sparen und Schuldern zurückzukommen.[126]

Erst jetzt lohnt es sich für die Banken, Sparwilligen eine Verzinsung für ihre Geldeinlage zu gewähren.

Eben genau dadurch, daß Verschuldungswillige sich für einen Kredit tatsächlich interessieren. Das heißt eine Bank räumt

[125] Als Quelle der Eckdaten dieser Passage wurde der zweiteilige und mit einem Nachtrag versehene Artikel von Günther Grunert und Paul Steinhardt verwendet: „Die unverstandene Welt der Banken", der sich im Archiv von Makroskop.eu findet und über folgenden, am 22. Januar '18 erneut geprüften Internet-Pfad abrufbar ist:

https://makroskop.eu/2015/03/die-unverstandene-welt-der-banken-teil-1/;

https://makroskop.eu/2015/03/die-unverstandene-welt-der-banken-teil-2/;

https://makroskop.eu/2015/03/nachtrag-zu-unserem-beitrag-die-unverstandene-welt-der-banken-teil-1-und-teil-2-vom-18-und-19-maerz-2015/.

[126] Siehe weiter oben die Seiten 203 ff., beginnend mit: „Das auf diese Weise Erlöste ...".

einem Verschuldungswilligen einen Kredit gegen eine entsprechende Verzinsung ein, während eine andere Bank vergleichbar mit der Geldeinlage eines Sparwilligen verfährt, und beide Banken verlangen ein Entgelt für die Führung des jeweiligen Kontos — oder sie rechnen ein solches Entgelt stillschweigend ein.

> Es sei wiederholt, daß eine Bank unter gewissen Bedingungen gar nicht daran interessiert ist, Sparern auf ihre Einlagen eine angemessene Verzinsung einzuräumen. Ebenso sei wiederholt, daß eine Bank bei der Kreditvergabe selbst nicht auf die Spareinlagen von Kunden angewiesen ist, sondern die Höhe der Spareinlagen bestimmt die Höhe und die Anzahl der Geschäftsvorgänge mit anderen Banken. — Das heißt die Spareinlagen selbst werden i.d.R. nicht verliehen. [127]

Durch diesen Prozeß sind aus Sparwilligen tatsächliche Sparer und aus Verschuldungswilligen tatsächliche Schuldner geworden. Mit anderen Worten:

> Ohne Schuldner keine Sparer.

Zwar läßt sich sagen:

> Nun gut, aber es sollte eben alles im Rahmen bleiben ... mit der Verschuldung.

---

[127] Siehe die Seiten 206–16, beginnend mit: „Der Grund für eine Verzinsung liegt ...".

*Richtig!*

Hängt allerdings das eine mit dem anderen unauflöslich zusammen, gilt das Umgekehrte genauso!

Daraus folgt, daß sich das als persönliche Tugend angesehene Sparen auf *gesamt*_wirtschaftlicher (__volkswirtschaftlicher__) Ebene zu einem veritablen Problem auswachsen kann, denn diese unauflösliche Beziehung zwischen Schuldnern und Sparern gilt auf dieser Ebene genauso. Je mehr also von seiten einer einzelnen Gesamtwirtschaft gespart, bzw. produziert wird und je weniger von dem Produzierten in dieser Gesellschaft selbst verbraucht wird, ohne in vergleichbarer Höhe Güter von anderen Volkswirtschaften zu importieren, je höher müssen sich andere Volkswirtschaften verschulden:

Wer sollte ansonsten diese (__*bezogen auf den eigenen Verbrauch*__) überzähligen Produkte kaufen? Sie wären dann sozusagen „auf Halde produziert" worden und verlören ihren Wert ...

Man sieht an diesem Beispiel auch, daß in *diesem* Fall das Bankgeschäft problemlos ist, da es sie um eine *Dienst*_Leistung für die *Real*_Wirtschaft handelt. Es ist ausschließlich die *Real*_Wirtschaft,

die zur gesamtgesellschaftlichen Wertschöpfung beiträgt. Das unterscheidet sie grundsätzlich von der *Spekulationswirtschaft*.

Übrigens wurde beim obigen Beispiel der spekulative Aspekt der Kreditaufnahme bewußt nicht berücksichtigt. Und es sei an dieser Stelle einer der Aspekte des auf den Seiten 206 – 16 Erläuterten wiederholt, daß nämlich nicht die tatsächliche Menge an Spareinlagen bestimmt, ob und wieviel Kredit vergeben wird. Diese beiden Aspekte sollen in diesem Kapitel aber keine gesonderte Rolle spielen, denn es geht um die Verdeutlichung des Beziehungsgeflechts „Sparer-Schuldner", wobei dieser grundsätzliche Zusammenhang dennoch erhalten bliebe, bezöge man eine spekulative Kreditvergabe mit ins Beispiel ein ...

Ein weiterer Unterschied zwischen Realwirtschaft und Spekulationswirtschaft besteht darin, daß sowohl _*Inflation*_ als auch _*Deflation*_ lediglich über *real*_wirtschaftliche Prozesse ausgelöst werden können.

*Inflation*

entsteht durch Lohnsteigerungen, die prozentual höher ausfallen als die Produktivitätsentwicklung und das volkswirtschaftlich festgesetzte Inflationsziel. Und dies ist ein Ausdruck dafür, daß der im _*realen*_ Wirtschaftsleben befindlichen

Geldmenge kein nachfragefähiges Güterangebot in gleicher Höhe entspricht, also der nominalen Kaufkraft keine ausreichende Gütermenge gegenübersteht. Folglich verhindert man eine problematische Inflation dadurch, daß sich die *realen* Lohnabschlüsse (*_d.h. abzüglich der Inflationsrate_*) an der erfahrungsmäßigen Produktivitätsentwicklung orientieren. Damit diese realen Lohnabschlüsse aber der Produktivitätsentwicklung entsprechen, müssen die Löhne *nominal* steigen:

Produktivitätsentwicklung + Inflationszielmarke
=
Lohnsteigerung

In der EWU beträgt das Inflationsziel knapp 2%.

Auf dieses Inflationsmaß hatte man sich vor Einführung des Euro geeinigt.[128] Das heißt diese Inflation könnte als

*_gute Inflation_*

bezeichnet werden, da durch diese geringe Geldentwertung das Manifestieren des weit gefährlicheren Phänomens einer Deflation verhindert werden kann.

(_Das hängt damit zusammen, daß die Geldentwertung statistisch zu messen ist, so daß erst *_nachträglich_* bestimmt werden kann, wie hoch, bezogen auf einen bestimmten zurückliegenden Zeitraum, die Inflation tatsächlich war. Daraus ergibt sich die Konsequenz verspäteten Gegensteuerns._)

[128] Vgl. die Erläuterung auf den Seiten 248-58: „Exkursion: Die Inflationszielrate der EZB".

Deutschland blieb quasi ständig unter diesem vereinbarten Inflationsziel — obwohl die Einhaltung dieses Ziels ein wesentlicher Faktor für eine tatsächliche Preisstabilität ist.[129]

(__Und „Ziel" bedeutet übrigens nicht allein, nicht darüber zu liegen, sondern genauso nicht darunter, folglich es möglichst genau zu treffen — und zwar in *jedem* Mitgliedsland und eben *nicht* lediglich im gemessenen Durchschnitt.__)

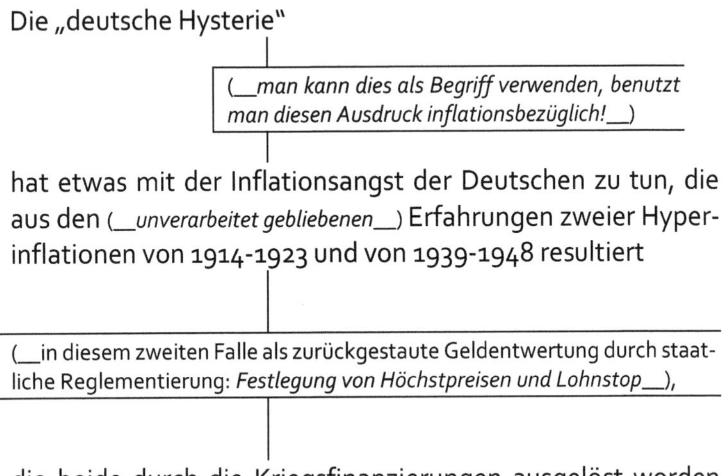

Die „deutsche Hysterie"

(__*man kann dies als Begriff verwenden, benutzt man diesen Ausdruck inflationsbezüglich!*__)

hat etwas mit der Inflationsangst der Deutschen zu tun, die aus den (__*unverarbeitet gebliebenen*__) Erfahrungen zweier Hyperinflationen von 1914-1923 und von 1939-1948 resultiert

(__in diesem zweiten Falle als zurückgestaute Geldentwertung durch staatliche Reglementierung: *Festlegung von Höchstpreisen und Lohnstop*__),

die beide durch die Kriegsfinanzierungen ausgelöst worden waren und jeweils zu Währungsreformen geführt hatten (__1923 und 1948__). Es ist bezeichnend und insbesondere übel, reden neoliberale Politiker einerseits davon, daß Inflation eine besonders perfide Form sei, die Menschen ihres Reichtums zu berauben

[129] Vgl. die Pressemitteilung der EZB vom 13. Oktober 1998, siehe hierzu die Angaben in Fußnote 142, Seite 255.

(__wie an irgendeiner Stelle in der „Süddeutschen Zeitung" vom 24. Juli 2008 eine deutsche Politikerin absonderte, der sehr viele Deutsche als Kanzlerin sehr viel zutrauen[130]__)

oder gar die „größte soziale Sauerei" sei

(__*so ein bundesdeutscher Ex-Wirtschaftsminister im September 2011*__),

andererseits aber die viel größere Ungehörigkeit der seit ca. Mitte der 90er Jahre (__*gesamtwirtschaftlich gesehen*__) real nicht mehr steigenden Löhne (__*bewußt!*__) nicht zur Kenntnis nehmen wollen.

Wird doch eine Inflation, ob nun unproblematisch, wie bei der zweiprozentigen Zielvorgabe durch die EZB, oder problematisch, liegt sie dauerhaft weit über diesem Ziel, erst dann zu einer tatsächlichen (__*und politisch offensichtlich gewollten!*__) Sauerei, steigen die Löhne nicht im gleichen Maße wie die Preise!

(__*Die Löhne müßten nämlich bei bspw. 3% Inflation um nominal 4,5% steigen, rechnete man mit einem erfahrungsmäßigen Produktivitätszuwachs von 1,5%, was dann zu einer realen Lohnsteigerung von 1,5% führte und damit die Produktivitäts-Preis-Lohn-Entwicklung ausgeglichen wäre.*__)

---

[130] Siehe in: Die *tri*_logische Sezierung [...], Band III, Teilband 2, Seiten 791-800: „Das Merkeleske am Merkelesken ist stets ...". Leider werden Sie erkennen müssen, daß sich das Merkeleske längst in die deutsche politische Mentalität geschlichen hat, also nicht lediglich personengebunden zu verwenden ist. Vergleichbares gilt für den „Schäubleismus" (__siehe u.a. ebenda__).

Deflation

entsteht durch einen allgemeinen staatlichen Sparwillen,

wodurch Aufträge an private Firmen ausbleiben,

und durch flächendeckend unzureichende Lohnsteigerung,

die mit Kaufzurückhaltung der Masse der Bevölkerung einhergeht,

die schließlich zu Kaufkraftverlust der Masse der Bevölkerung führt, da es über die Abnahme der Nachfrage zur Schrumpfung der *Real*_Wirtschaft kommt, einhergehend mit Entlassungen, Preisverfall und Realzinssteigerung:

Das heißt die von einer moderaten Inflation ausgeübte Wirkung auf die Zinshöhe bleibt aus, da ja in der Deflation eine Geldentwertung nicht stattfindet.

Dies alles bewirkt wiederum, daß praktisch keine Investitionen mehr getätigt werden

(__*wegen des Rückgangs der Nachfrage*__)

und (__*damit einhergehend*__) eine nennenswerte Kreditaufnahme

(__*zur Finanzierung von Investitionen*__)

nicht mehr stattfindet — und somit auch keine Verzinsung von Geld.

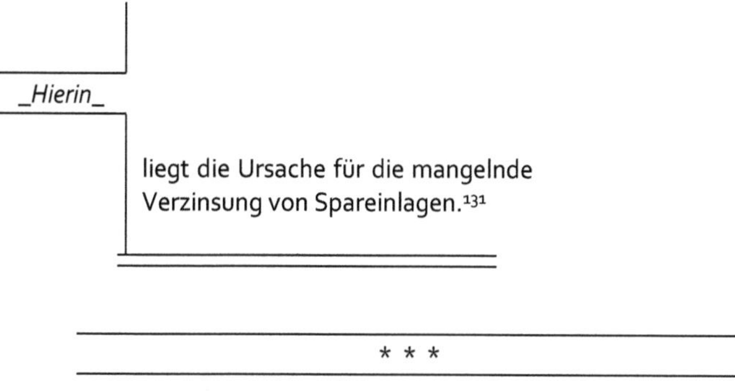

* * *

Durch seine Sparwilligkeit schöpft der Sparwillige seine Möglichkeit also nicht aus, seinen Verhältnissen gemäß zu leben: folglich lebt er

_u n t e r_

seinen Verhältnissen.

Erhebt dieser Sparwillige das zum volkswirtschaftliches Prinzip, nämlich grundsätzlich mehr zu produzieren als seine Gesellschaft tatsächlich

s e l b s t

verbrauchen kann,

_m u ß_

[131] Siehe die Seiten 206–16, beginnend mit: „Der Grund für eine Verzinsung liegt …".

er dauerhaft andere finden, die über ihre Verhältnisse leben, sich also dauerhaft verschulden wollen.

Da ein solches prinzipielles Sparverhalten insbesondere von volkswirtschaftlich wesentlicher Bedeutung ist, sei es wiederholt:

Das Ersparte des einen ist die Verschuldung des anderen.

Was auf der einen Seite an Mehr da ist

(__*Ersparnis*__),

*muß*

auf der anderen Seite an Weniger da sein

(__*Verschuldung*__).

Nimmt die allgemeine Verschuldungsneigung ab und die allgemeine Sparneigung zu, kommt es zu einem Rückgang der allgemeinen Nachfrage.

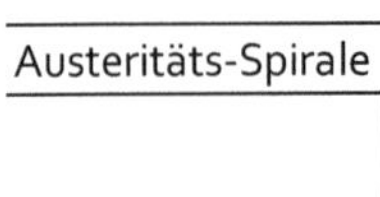

Da es für den Markt einer *Real*_Wirtschaft typisch ist, daß auf ihm Unternehmer tätig sind, nehmen diese das Signal des Rückgangs der Nachfrage auf und drosseln ihre Produktion. Auf diese Weise verringern sich die privaten Einnahmen für viele und die Steuereinnahmen sinken. Durch die Drosselung der Produktion werden in der Folge viele Arbeitsplätze gefährdet (__*möglicherweise Versuch der Abfederung durch „Kurzarbeit"*__) — und ohne wirtschaftspolitisches Gegensteuern schließlich viele Mitarbeiter entlassen. Eine

auf _*diese*_ Weise

in Gang gesetzte Austeritäts-Spirale führt zu einer weiteren Verringerung der Steuereinnahmen, so daß sich in dieser Phase die bisherigen Ausgaben der Öffentlichen Hand dadurch weiter erhöhen, daß jetzt Betriebe gestützt werden müssen, oder, falls das abgelehnt wird, an die vielen entlassenen Arbeitnehmer Arbeitslosengeld auszuzahlen ist, und zugleich die abnehmenden Steuereinnahmen die staatlichen Ausgaben nicht mehr (__*bzw. noch schlechter*__) decken, mit der Folge weiter steigender Schulden der Öffentlichen Hand ...

Die in betriebswirtschaftlichem Denken befangenen und von neoliberalen Ideologen „beratenen" Politiker mögen dann den Versuch unternehmen, die anwachsenden öffentlichen Schulden durch weitere Ausgabenkürzungen zu reduzieren, was letztlich aber kontraproduktiv bleiben muß, da in der Folge (__*wegen der mit solchem Versuchen einhergehenden massenwirksamen Abnahme der Kaufkraft*__) die Nachfrage beschleunigt sinkt.

Die von einer dominierend gewordenen, die ganze Gesellschaft erfaßt habenden Sparneigung ausgelöste Austeritäts-Spirale beschleunigt sich in dieser Phase eigendynamisch, so daß (__*wegen der weiteren allgemeinen Abnahme der Kaufkraft und dem damit verbundenen Rückgang der Aufträge*__) immer mehr Unternehmen Verluste erleiden, was zu Massenentlassungen und früher oder später zu staatlicher Unregierbarkeit führt.

Ende der Bemerkung zur „Austeritäts-Spirale"

Da also die Summe der Signale einer allgemein abnehmenden Nachfrage die allgemeine Investitionsneigung der Unternehmer sinken läßt, bedeutet das, daß eine vorhandene

Spar_*Willigkeit*

eine bloße

Spar_*Absicht*

bleibt, denn in einer solchen Phase des Wirtschaftsprozesses findet sich kaum jemand, der verschuldungswillig wäre. Erst ein Verschuldungswilliger — bspw. ein

Spekulant …

„Spekulant" bedeutet in _*diesem*_ Zusammenhang übrigens nicht, nach *nicht*_investiven Spekulationswerten Ausschau zu halten — vom eigenen „Wartturm" aus.

(__Denn zwar ist es so, daß ein in Sachwerte Investierender letztlich auch ein Spekulant ist, kommt dieser Begriff schließlich vom lat. Begriff *speculari* „Ausschau halten, spähen, belauern", zu lat. *specula* „Spiegel", aber auch u.a. „Wartturm oder Wachtturm" bedeutend.__)

Aber genau dadurch, daß _*dieser*_ in Sachwerte investiert, trägt er als _*investiver*_ Spekulant zu einer volkswirtschaftlichen Wertschöpfung bei, während der _*nicht*_investive Spekulant keine Werte schafft, sondern höchstens ein Mehr an Buchgeld in eine Bilanz zu schreiben erlaubt, dem kein realer Gegenwert entspricht und zu jenem führt, das auf dem Finanzmarkt als BLASE bezeichnet wird.

Es ist _d i e s e_ *nicht*_investive Art der Spekulation, die das Potential der Initiierung einer investitionsgestützten, wertschöpfenden Wirtschaftsentwicklung auf Grund von _*Geldschöpfung aus dem Nichts*_ zerstört.[132]

Denn erst wenn ein Verschuldungswilliger, also ein

*investiver*

Spekulant sein Geld in Sachwerte anlegt und zu diesem Zweck einen Kredit tatsächlich aufnimmt,

den er allerdings lediglich unter der Bedingung aufnähme, wäre mit steigender Nachfrage (__oder Verzinsung__) zumindest

(__*spekulativ*__)

zu rechnen

(__*bspw. mit einem solchen Kredit in Sachwerte zu investieren, damit sich die Produktivität seines Betriebs verbesserte — wäre er zugleich Unternehmer*__),

und auf diese Weise eine Bank erst Neigung zeigen kann, das

[132] Die „Geldschöpfung aus dem Nichts" betreffend, siehe weiter oben die Erläuterung auf den Seiten 213 ff., beginnend mit: „was 'Geldschöpfung' bedeutet".

bei ihr deponierte Geld eines Sparers zu verzinsen, da sie es als Reserve bei der Zentralbank insbesondere für solche Zwecke zur Verrechnung vorhält — so eine andere Bank bei diesem Kreditgeschäft einbezogen wäre

(__*soll das Geld eines Kreditnehmers also an jemanden überwiesen werden, der sein Konto bei einer anderen Bank hält*__),

oder zur Barauszahlung nutzen kann, spart der Sparwillige tatsächlich und wird auf _*diese*_ Weise zum tatsächlichen Sparer der also erst _*hierdurch*_ Ersparnisse tatsächlich ansammeln kann. Aber auch der Verschuldungswillige (__*als Investitionswilliger in die reale Wirtschaft investierend!*__) spart schließlich ...

Nämlich dadurch, daß sich

(__*durch die Produktivitätsverbesserung* — so die Investition erfolgreich war!__)

sein Warenabsatz verbessert, wodurch sich nachfolgend sein Gewinn verbessert und er nun die Kreditraten bequem bedienen kann, es _*hierdurch*_ zu einer Verschiebung des Verhältnisses von Soll und Haben zugunsten der Habenseite kommt — und ein Gewinn bleibt, der aufs Konto gelegt werden *k ö n n t e* ... also _*privat*_ gespart würde, verschuldete sich _*nun*_ bspw der bisherige (__*oben erwähnte*__) Sparwillige ... u.U. gar zu Investitionszwecken — zur Bedienung einer steigenden Nachfrage (__*die möglicherweise genau von _jenem_ Verschuldungswilligen ausgelöst worden war*__) ...

… Aber der Verschuldungswille spart nicht nur, sondern er trägt auch zur gesamtwirtschaftlichen Wertschöpfung bei

(__*die also im Sinne einer Erhöhung der Produktivität zu verstehen ist, die eine betriebliche Leistungssteigerung darstellt und deshalb zu einer Erhöhung des Gesamteinkommens in einer Gesellschaft führt*__),

die erst durch seine Verschuldungswilligkeit befördert worden ist.

Was in diesem Kapitel bisher beschrieben worden ist,

bezeichnet man als *Saldenmechanik*:

Das auf der einen Seite vorhandene mehr an Geld (__„Ersparnis"__), muß auf der anderen Seite weniger vorhanden sein („Schulden").

Das heißt insgesamt ist es gar nicht möglich, daß alle über ihre Verhältnisse leben.

Der michelige Satz:

„Wir haben über unsere Verhältnisse gelebt" …

Dies übrigens ein Satz, den gewisse als seriös, kompetent und als „solide" geltende deutsche Politiker so gern daherreden … Und der offenbar ein Muß ist, will jemand im „Herrschaftsgebiet des 'deutschen Modells'" politische Karriere machen, also im EU-Europa.

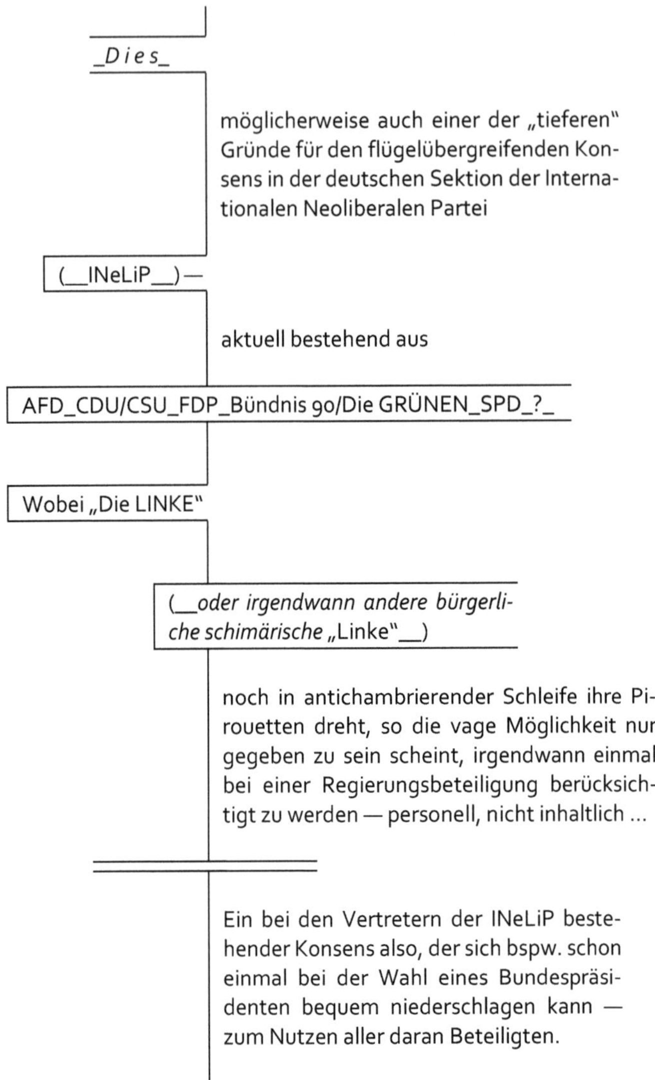

_*D i e s*_

möglicherweise auch einer der „tieferen" Gründe für den flügelübergreifenden Konsens in der deutschen Sektion der Internationalen Neoliberalen Partei

(__INeLiP__) —

aktuell bestehend aus

AFD_CDU/CSU_FDP_Bündnis 90/Die GRÜNEN_SPD_?_

Wobei „Die LINKE"

(__*oder irgendwann andere bürgerliche schimärische* „Linke"__)

noch in antichambrierender Schleife ihre Pirouetten dreht, so die vage Möglichkeit nur gegeben zu sein scheint, irgendwann einmal bei einer Regierungsbeteiligung berücksichtigt zu werden — personell, nicht inhaltlich ...

Ein bei den Vertretern der INeLiP bestehender Konsens also, der sich bspw. schon einmal bei der Wahl eines Bundespräsidenten bequem niederschlagen kann — zum Nutzen aller daran Beteiligten.

Auch sprechen diese „Seriösen" diesen Satz dem deutschen Michel und der deutschen Michela so stets wie variantenreich ins Ohr — neben dem bei dieser Gelegenheit gern gleich mit abgesonderten Hinweis, daß militärische „Normalität" immer wichtiger würde —

*_o h n e_*

allerdings hinzuzufügen, daß genau das

*_ausschließlich_*

für jenes „System" wichtig sei, das solche Einflüsterer vertreten — und

*_o h n e_*

sie darüber aufzuklären, daß genau dies für Michelige nicht von Vorteil sein kann.

Wie gut es sich da für solche Einflüsterer trifft, daß diese Micheligen so leidensverständig sind —

*_vorausgesetzt_*

sie können sich an den neuesten Exportüberschußzahlen erfreuen, daran sich mitunter im Winter gar erwärmen? —

*_vorausgesetzt_*

ihr geheimer Frust ist bei „Schuldensündern" abladbar.

Nun, dieser Satz:

„Wir haben über unsere Verhältnisse gelebt",

kann immer lediglich für einige gelten, aber niemals für alle. Denn in diesem Fall muß es stets welche geben, die _*unter*_ ihren Verhältnissen gelebt hatten. Einfach deshalb, da es nicht möglich ist, etwas zu verbrauchen, das noch gar nicht hergestellt worden ist, denn insgesamt kann immer lediglich jenes verbraucht werden, das bereits produziert worden ist. Ob nun von jenen, die es produziert haben oder von denen, die es „bloß" verbrauchen.

Will man also

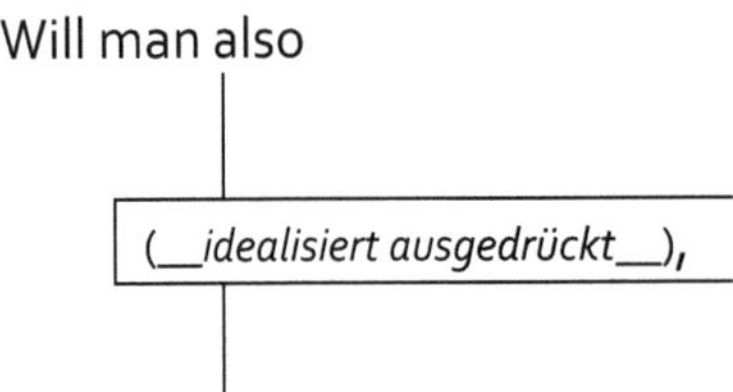

daß Akteure in anderen Gesamtwirtschaften keine zusätzlichen Schulden mehr machen, müssen diese in der Lage sein, in ihrer jeweiligen Wirtschaft so viel zu produzieren wie sie selbst verbrauchen können. Im Gegenzug dürfen die bisherigen gesamtwirtschaftlichen Sparer

(__die man übrigens als _*Exportüberschüßler*_ bezeichnen kann__)

nicht mehr produzieren als sie wiederum selbst verbrauchen können (__*oder wollen*__).

In diesem Fall lebten alle ihren Verhältnissen gemäß.

Will man aber,

und schwätzt nicht so unverantwortlich und dumm, wie es leider seit langem viele politische Entscheidungsträger, *spin_*doktorische Wissenschaftler und schreibende Mitarbeiter von Medienkonzernen *_insbesondere_* in Deutschland tun,

daß diese Schuldner ihre Schulden abbauen, so müssen diese in der Lage sein, *_mehr_* zu produzieren, als sie selbst verbrauchen können (*__oder wollen__*). Und im Gegenzug müssen diese bisherigen Sparer *_weniger_* produzieren, nämlich so viel produzieren, wie sie selbst verbrauchen können (*__bzw. bisher selbst nicht verbrauchen wollten__*):

also müssen diese ihre Ersparnisse abbauen,

sprich: sie *_müssen_* ihre Exportüberschüsse abbauen.

Das fordert die Saldenmechanik.

Nun, insbesondere für eine Währungsunion ist es entscheidend, daß Volkswirtschaften untereinander zu einem

vernünftigen Spar- und Verschuldungsmaß kommen.

Anders funktioniert ein gedeihlicher Welthandel nicht:

Einmal verschulden sich die einen mehr und dafür sparen die anderen mehr, ein anderes Mal umgekehrt. Insbesondere in einer Währungsunion bedarf es hierzu einer *Wirtschaftsregierung*.[133]

Besteht aber tatsächlich die Absicht, daß es bei den volkswirtschaftlichen Schuldnern in der EWU zu einer Abnahme ihrer Schulden kommt, muß man dafür sorgen, daß sie einerseits mit einer moderaten und konstant bleibenden Verzinsung ihrer Schulden rechnen können

(__*was durch eine Entkopplung der Kreditaufnahme vom privaten Kapitalmarkt möglich ist, und zwar durch Ausgabe von Gemeinschaftsanleihen der EU mit einer festen Verzinsung von bspw. 2%, die über das Wirtschaftswachstum* [__bezogen auf den gesamten EWU-Raum__] *realistisch zu decken wäre — adäquate Wirtschaftspolitik vorausgesetzt*__),

und andererseits, daß sie mehr produzieren als sie selbst verbrauchen.

Es sei darauf aufmerksam gemacht, daß sie auf diese Weise die Gruppe der volkswirtschaftlichen Sparer tendenziell vergrößern, denn gleichzeitig nehmen sie zwangsläufig weniger Produkte von den aktuellen volkswirtschaftlichen Sparern der EWU ab, wodurch die Einnahmen dieser bisherigen Sparer sinken: Abnahme des exportgestützten Wirtschaftswachstums, bei _*dadurch*_ bedingtem, persistierend schwachem Wachstum der eigenen Binnenwirtschaft. Hier gilt es dann wirtschaftspolitisch gegenzusteuern, indem entschieden wird, daß sich bspw. die Löhne _*flächendeckend*_ an der

[133] Vgl. diesbezüglich das Kapitel 12.

erfahrungsmäßigen Produktivitätsentwicklung orientieren, also jährlich im Sinne der *Goldenen Lohnregel* steigen müssen[134], damit im Gegenzug die volkswirtschaftliche Binnennachfrage kompensatorisch angeregt werden kann.

Das heißt nun sind es die traditionellen volkswirtschaftlichen Sparer der EWU, die ihre Ersparnisse verringern müssen, um auf diese Weise die Abnahme der Nachfrage aus den aktuellen Schuldnervolkswirtschaften auszugleichen (*__d.h. die eigene Binnennachfrage zu erhöhen__*).

Geschieht ein solches wirtschaftspolitisches Gegensteuern nicht, werden schließlich alle zu volkswirtschaftlichen EWU-Sparern, bzw. eigentlich verharren sie auf diese Weise lediglich im Status der Sparwilligkeit, denn ohne ein entsprechendes Gegensteuern sinken bei allen die Einnahmen (*__das tatsächliches gesamtwirtschaftliches Sparen ausschließt__*) und schließlich haben dann alle Deflation.

Ist das nicht lustig?[135]

---

[134] Vgl. die Seiten 272-78: „Die Goldene Lohnregel".

[135] Editorische Notiz: Der Inhalt dieses Kapitels wurde erstmals im Oktober '11 auf NetzKolumnist.com veröffentlicht, dann am 4. September '14 aktualisiert, anläßlich der ersten Drucklegung dieser Untersuchung in der ersten Hälfte des Jahres 2016 völlig überarbeitet und im Rahmen der zweiten, Ihnen vorliegenden Auflage revidiert.

Als Literaturhinweis sei insbesondere auf die erhellende Schrift von Heiner Flassbeck und Friederike Spiecker aufmerksam gemacht: „Der Staat als Schuldner — Quadratur des Bösen?", die übers Internet als PDF-Datei abrufbar ist.

Teilband 3

Die *inter*_staatlichen Auswirkungen

Zehntes Kapitel

Zwischen Nationen kann es keinen Wettbewerb geben, der dem zwischen Unternehmen vergleichbar ist

Teil 1

Ist ein Unternehmen von einem anderen niederkonkurriert worden, wird es von diesem übernommen oder ist „platt". Wird eine Volkswirtschaft von einer anderen niederkonkurriert, wird sie zerstört — aber die Menschen bleiben. Ab dann werden Transferzahlungen von der „siegreichen" Volkswirtschaft zu den Menschen des zerstörten Wirtschaftsraumes fällig. Die „siegreiche" Volkswirtschaft gewinnt dadurch nichts, denn neben den Transferleistungen bleibt sie auf ihren Forderungen sitzen, die sie gegenüber der niederkonkurrierten Volkswirtschaft hatte. ... Selbstverständlich könnte man auf jede der gelieferten Waren einen Kuckuck kleben, aber das wäre wenig elegantes absurdes Theater.

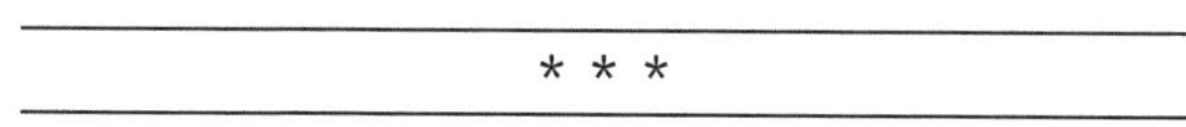

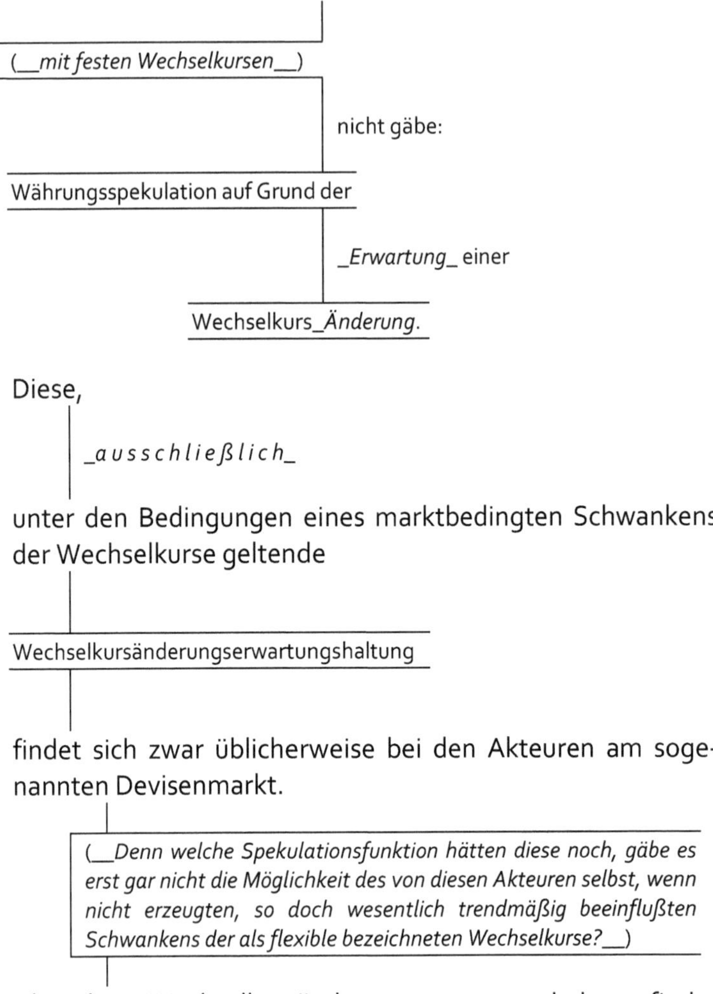

(__*mit festen Wechselkursen*__)

nicht gäbe:

Währungsspekulation auf Grund der

*Erwartung* einer

Wechselkurs_*Änderung*.

Diese,

*ausschließlich*

unter den Bedingungen eines marktbedingten Schwankens der Wechselkurse geltende

Wechselkursänderungserwartungshaltung

findet sich zwar üblicherweise bei den Akteuren am sogenannten Devisenmarkt.

(__*Denn welche Spekulationsfunktion hätten diese noch, gäbe es erst gar nicht die Möglichkeit des von diesen Akteuren selbst, wenn nicht erzeugten, so doch wesentlich trendmäßig beeinflußten Schwankens der als flexible bezeichneten Wechselkurse?*__)

Aber diese Wechselkursänderungserwartungshaltung findet sich nicht weniger auf seiten der Akteure in der Realwirtschaft selbst, denn sie sind es schließlich, die dann die Preise für ihre

Produkte anders kalkulieren — die einen müssen dies (_*bei einer Aufwertungserwartung der eigenen Währung*_), die anderen können dies (_*bei einer spiegelbildlichen Abwertungserwartung ihrer Währung*_).

Das heißt sogenannte flexible Wechselkurse erhöhen den Unsicherheitsfaktor _*ohne*_ zu einer „marktgesteuerten", „richtigen" Preisfindung beizutragen.[137]

Die Souveränität eines Staates also vorausgesetzt, ist über die Jahre gesehen an der Höhe des Kurses seiner Währung die Kaufkraft und die Produktivitätsentwicklung seiner Volkswirtschaft (_*im Verhältnis zu anderen Volkswirtschaften*_) ablesbar. Unter den oben aufgeführten Bedingungen,

daß eine Volkswirtschaft nämlich souverän über ihre Währung verfügen kann, ist sie also weder Mitglied in einer Währungsunion noch ihr Zahlungs- und Wertaufbewahrungsmittel „Geld" einem Spekulationsdruck ausgesetzt,

spiegelt sich im Wechselkurs einer Währung demnach folgendes:

Ist der Wechselkurs relativ hoch, sind die Produktionskosten relativ niedrig.

---

[137] Vgl. Heiner Flassbeck, *Preis, Zins und Wechselkurs — Zur Theorie der offenen Volkswirtschaft bei flexiblen Wechselkursen*, J.C.B. Mohr (_Paul Siebeck_), Tübingen, 1988; in diesem Kontext insbesondere die Seiten 141 ff.

Wegen des hohen Kapitalstocks (__*also des die Form von Produktionsstätten und –anlagen angenommen habenden Kapitals*__) und hoher Arbeitsproduktivität werden pro Arbeitsstunde mehr international handelbare Waren produziert als in anderen Volkswirtschaften, d.h. die Lohnstückkosten sind relativ niedrig.

Ist hingegen der Wechselkurs niedrig, sind die Produktionskosten hoch.

Wegen eines relativ geringen oder veralteten Kapitalstocks und vergleichsweise geringer Arbeitsproduktivität werden pro Arbeitsstunde weniger international handelbare Waren produziert als in anderen Volkswirtschaften, d.h. die Lohnstückkosten sind relativ hoch.

Demnach ist der Wechselkurs eine Art Ventil, über das Wettbewerbsungleichgewichte ausgeglichen werden können:

Abwertung bzw. Aufwertung einer Währung im Verhältnis zu anderen Währungen.

In einer Währungsunion (__WU__) entfällt das „Wechselkursventil"

(__über das die internationale Wettbewerbsanpassung marktwirtschaftlicher Gesellschaften gesteuert wird__),

da es dann lediglich eine Währung für alle Mitglieder einer solchen Union gibt.

Dennoch ist es möglich,

daß unterschiedlich wettbewerbsfähige Volkswirtschaften in einer Währungsunion vereinigt sind.

Sie erinnern sich noch an jene Währungsunion, die einst zwischen der Bundesrepublik Deutschland und der DDR vereinbart worden ist? Es ist übrigens gerade wegen dieser Erfahrung wenig verständlich

(__und für mein Verständnis nur aus einem Grund erklärbar[138]__),

daß Deutschland nicht von vornherein auf eine Abstimmung der Lohnstückkostenentwicklung in der damals noch erst zu konstruierenden EWU gedrungen hatte, denn bei der Währungsunion zwischen BRD und DDR handelte es sich genau aus diesem Grund tatsächlich um eine Transferunion.

---

[138] Welche Mentalität der deutschen Politik weiterhin zugrunde liegt, sich zeigend im Ergebnis des Tuns ihrer Repräsentanten, d.h. welches Destruktionspotential ihr innewohnt, wenn auch in dem Ihnen vorliegenden Band schon erkennbar werdend, wird insbesondere deutlich in: Die *tri*_logische Sezierung [...], Band III, Teilband 2, Lesung 19: „Die Zerstörung des europäischen Einigungsprozesses durch Neoliberalismus und *Neo*_Wilhelminismus", dort insbesondere auf den Seiten 622-39: „Exkursion: Exemplarische Beispiele kontraproduktiver Konsequenzen deutscher Machtpolitik".

Damit sich aber

unterschiedlich wettbewerbsfähige Volkswirtschaften in einer Währungsunion prosperierend vereinen können,

(__daß also ein, in einen _*konstruktiven*_ Vereinigungsprozeß und eben _*nicht*_ in einen auf praxisuntaugliche Kopfgeburten zurückgehenden Homogenisierungsprozeß[139] mündendes Vorhaben möglich wird__),

ist dafür eine grundsätzliche Bedingung die Voraussetzung:

Die je nationalen Inflationsraten der Mitgliedsländer einer _*jeden*_ Währungsunion müssen übereinstimmen — und auf diese Weise die Lohnstückkostenentwicklung in den Ländern einer _*jeden*_ Währungsunion.

„Lohnstückkosten" sind übrigens die „Summe Lohn (__*inklusive* der Lohnnebenkosten__), die bei der Herstellung eines 'Stücks' gezahlt werden muß".[140]

---

[139] Auf welche Art von „Kopfgeburten" ich anspiele, ist erläutert in: a.a.O., Seiten 593 f.: „Die politisch folgenreiche *Ideen*_Setzung: 'Völker sind Gedanken Gottes'".

[140] Vgl. Heiner Flassbeck und Friederike Spiecker, *Das Ende der Massenarbeitslosigkeit*, Westend Verlag, Frankfurt/Main, 2007, Seite 68; Hervorhebung von mir. — Zu der orwellianischen Begriffsbildung „Lohnnebenkosten" findet sich eine, die Absurdität dieses Begriffes belegende Passage in: Die *tri*_logische Sezierung [...], Band III, Teilband 1, Seite 185: „Lohnnebenkosten".

Folglich ist die Bedingung für das richtige Funktionieren einer Währungsunion die, daß die in den Mitgliedsländern je praktizierte Lohnpolitik *ab*_gestimmt erfolgt.

Für diese notwendige Lohnkoordination ist das aktuelle Konzept der EZB nicht brauchbar. Dieses Konzept basiert auf der Grundüberzeugung der Deutschen Bundesbank.

Diese Grundüberzeugung besagt, daß es ausschließlich die Geldpolitik sei, die die Inflationsrate steuere.

Auf nationaler Ebene kann man dieses Prinzip anwenden ...

(__Zwingend ist das zwar auch nicht, denn stetig gute Wachstumsraten, bei relativer Vollbeschäftigung und landesweiter Prosperität, gewährleistet diese Grundüberzeugung nicht, da der Blick einseitig auf Preisniveaustabilität gerichtet bleibt, egal wie die Entwicklung am sogenannten Arbeitsmarkt sich darstellt, wodurch bspw. die Gefahr besteht, daß ein Wirtschaftsaufschwung abgewürgt wird — lediglich wegen einer _*mäßig*_ beschleunigten Preisentwicklung.__)

Aber auf einer Ebene, wo sich mehrere Nationen zu einer Währungsunion zusammengeschlossen haben, funktioniert es zwingend nicht mehr.

(__Und damit ist das Scheitern einer WU vorprogrammiert — lediglich der Zeitpunkt ist offen. Also ist nicht das Scheitern der EWU eine Frage, sondern der Zeitpunkt.__)

Denn es ist nicht möglich, daß eine Zentralbank auf die Preisentwicklung in den einzelnen Ländern direkt Einfluß nehmen kann, sondern sie kann es lediglich bezogen auf die

*_durchschnittliche_*

Inflationsentwicklung in einer Währungsunion als Ganzes. Dieser aber notwendige, direkte Einfluß ist lediglich in den einzelnen Ländern über die Lohnpolitik möglich.

Exkursion: Die Inflationszielrate der EZB

Zwar stimmt es nicht, daß in dem am 1. November 1993 in Kraft gesetzten *Vertrag von Maastricht* (__dem *Vertrag über die Europäische Union*, kurz als EUV oder EU-Vertrag bezeichnet__) ausdrücklich etwas davon steht, daß im Raum der Gültigkeit des Euros die jährliche Inflationszielrate bei knapp unter 2% zu liegen habe. Auch steht davon ausdrücklich nichts im anderen Gründungsvertrag der Europäischen Union, dem *Vertrag über die Arbeitsweise der Europäischen Union* (__dessen offizielle Abkürzung in der deutschen Fassung AEUV oder AEU-Vertrag ist__), und der damit die aktuelle und inhaltlich veränderte Bezeichnung des *Vertrags zur Gründung der Europäischen Gemeinschaft* (__dessen Abkürzungen EGV, EG-Vertrag oder einfach EG sind__) darstellt, dessen ursprüngliche Bezeichnung wiederum *Vertrag zur Gründung der Europäischen Wirtschaftsgemeinschaft* (__abgekürzt EWG-Vertrag__) war, dann aber durch den oben schon bezeichneten *EU-Vertrag* (__den „Vertrag von Maastricht"__) inhaltlich verändert und in den oben ebenfalls schon bezeichneten *EG-Vertrag* umbenannt wurde, der also der Vorläufer des heutigen *Vertrags über die Arbeitsweise der Europäischen Union* (__des AEU-Vertrags__) ist. In *_diesem_*, am 1. Dezember 2009 gleichzeitig mit dem *Lissabon-Vertrag* in Kraft getretenen *AEU-Vertrag*, steht aber in der Tat etwas über „Preisstabilität":

ZITAT

[...] *Das ESZB* [__also das Europäische System der Zentralbanken__] *wird von den Beschlußorganen der Europäischen Zentralbank geleitet. Sein vorrangiges Ziel ist es, die Preisstabilität zu gewährleisten.* [...]

ZITATENDE[141]

Was bedeutet das?

Etwa, daß unter allen Umständen (*__eine so verstandene__*) „Preisstabilität" zu wahren sei — egal wie sich die tatsächliche wirtschaftliche Entwicklung auch zeigte?

Nein. Hingegen ist im direkt folgenden Satz des 2. Absatzes dieses Artikels 282 folgendes zu lesen:

ZITAT

[...] *Unbeschadet dieses Zieles* [der 'Preisstabilität'] unterstützt es [d.h. das ESZB] *die allgemeine Wirtschaftspolitik in der Union, um zur Verwirklichung ihrer Ziele* [dieser Union] *beizutragen.* [...]

ZITATENDE

[141] Vgl. Abschnitt 6 des AEU-Vertrags: „Die Europäische Zentralbank", Artikel 282, Absatz 2.

Man könnte also sagen, es wird anerkannt, daß der starre Blick auf die sogenannte „Preisstabilität" unzureichend sein kann, ist die wirtschaftliche Entwicklung allgemein schlecht im Raum des Geltungsbereichs des Euros.

Bedeutet aber „Preisstabilität" etwas,

das mit einer Inflationsrate von null gewährleistet sei?

Nein, denn „Preisstabilität", die mit einer Null-Inflation einhergeht, ist tödlich für eine Realwirtschaft, in der die für eine prosperierende Wirtschaft entscheidende Produktion von Sachgütern erfolgt

(__bspw. Produktionsmaschinen, längerlebige Konsumgüter wie Möbel oder Autos__)

sowie deren Erwerb

(__wozu dann als „Sachgüter" auch Grundstücke oder Immobilien gehören würden__),

lediglich unter der Bedingung auch erfolgen wird, können die in solche Sachgüter Investierenden damit rechnen, daß sich ihre Produktionskosten in höheren Preisen niederschlagen.

Müssen diese Investoren aber damit rechnen, daß sie keine höheren Preise erzielen werden als sie selbst zur

Produktion von solchen Gütern bezahlt hatten, oder sogar nicht einmal kostendeckende Preise erlösen würden, werden sie keine diesbezüglichen Investitionen tätigen. Daß das unmittelbare Auswirkungen auf die Arbeitsplätze hätte, dürfte sofort einleuchten. Auf diese Weise wird das Horten von Geld interessanter als es (__*nachhaltig*__) in die _*reale*_ Wirtschaft zu investieren.

Demnach trägt eine geringe Geldentwertung einerseits zur „Preisstabilität" bei und andererseits fördert sie Investitionen, die die Bedingung dafür sind, daß eine Realwirtschaft überhaupt erst prosperieren kann.

Folglich ist „Preisstabilität" über den paradox erscheinenden Fakt einer _*mäßigen*_ Geldentwertung zu gewährleisten, die demnach als „gute Inflation" zu bezeichnen wäre.

Zumal das geldpolitische Instrumentarium einer Zentralbank sicherstellt, daß durch Leitzinserhöhung eine sich über einen längeren Zeitraum deutlich beschleunigende Inflation zu kupieren ist, hingegen ist im Falle einer Deflation

(__*mit ausbleibenden Investitionen in die Realwirtschaft*__)

diese geldpolitische Möglichkeit nicht mehr gegeben und ist aus diesem Grunde unbedingt zu vermeiden. Dies ist aber lediglich möglich, kalkuliert man bewußt mit einer Zielinflationsrate, die bspw. bei 2%, allerdings auch bewußt darüber liegen kann, und in der aktuellen Situation in Deutschland über einen langen Zeitraum um ca. 3% liegen müßte, damit der schwerwiegende Fehler des Zulassens von wirtschaftlichen Ungleichgewichten im Euroraum _*konstruktiv*_ geheilt werden könnte.

Da also eine _*Deflation*_ unbedingt zu vermeiden ist,

ist es sogar zwingend, daß es ein solches Inflationsziel (__*von bspw. 2-3 Prozent*__) gibt. Denn die Messung einer Inflation ist nie aktuell möglich.

Die Grundlage zur Messung einer Inflation

kann einmal ein sogenannter Warenkorb zur Berechnung des Verbraucherpreisindexes sein, der zur statistischen Ermittlung der Entwicklung der Lebenshaltungskosten dient — diese Meßmethode ist ausreichend genau.

Eine _*genaue*_ Messung der Preisentwicklung

ist hingegen über den sogenannten

BIP-Deflator

möglich, dessen Berechnungsgrundlage kein über mehrere Jahre mit gleichem Inhalt bewerteter Warenkorb ist, sondern in den zur Berechnung

_*a l l e*_

innerhalb eines Jahres sich ergebenen Preisveränderungen in einer Volkswirtschaft einfließen, wodurch dann _*deshalb*_ sehr genau die Preisentwicklung zu messen ist, da der auf diese Weise ermittelte Wert des nominalen Bruttoinlandsprodukts (__*nominales BIP*__)

(__*also der laufenden Entwicklung der Preise, bezogen auf das aktuell untersuchte Jahr*__) mit dem realen BIP ins Verhältnis gesetzt wird, welches das „Basisjahr" (_*bei Drucklegung dieses Buches das Jahr 2005*_) dieser Berechnung darstellt. Dieses „Basisjahr" wird zu 100 gesetzt, so daß das zu untersuchende Jahr davon dann positiv (_„Inflation"_) oder negativ (_„Deflation"_) abweicht.

Begrifflich bedeutet „BIP-Deflator" das Anzeigen des BIPs mit „implizitem" Preisindex. Die Formel lautet dementsprechend:

BIP-Deflator = (nominales BIP / reales BIP) x 100.

Der Begriff „Inflation"

geht übrigens auf das lateinische Substantiv *inflatio* zurück, das ursprünglich lediglich im medizinischen Bereich in der Bedeutung von „Aufblähen" verwendet wurde und seinen eigentlichen Ursprung wahrscheinlich im lat. *flatio* findet, das, u.a., in der Bedeutung von „Blähung" ebenfalls in der medizinischen Diagnostik bedeutsam ist. Dementsprechend soll der Begriff „Deflation" das Gegenteil benennen, also eine „Entblähung".

Nun könnte man zwar annehmen,

daß, wie im medizinischen Bereich dann zu vermuten wäre, durch eine solche „Entblähung" ein Normalzustand zu erreichen sei.

Das ist aber ein Trugschluß,

denn weder eine Inflation noch eine Deflation sind im wirtschaftlichen Bereich als eine Wegführung _*von*_ einem, noch als eine Hinführung _*zu*_ einem Normalzustand anzusehen — es, es sei denn, man sähe darin einen wirtschaftlichen Zustand substantieller Fülle, der allerdings ausschließlich über ein Wirtschaftssystem zu verwirklichen wäre, in dem es keine Spekulation gäbe.

Eine solche substantielle Fülle wäre dann übrigens mit dem lateinischen Begriff *plenitudo* deshalb richtig bezeichnet, da dieser Begriff nicht nur „Fülle", sondern u.a. auch „Vollständigkeit" bedeutet.

Nun, spekuliert wird aber gerade _*wegen*_ eines „Mangels", bzw. _*wegen*_ der Möglichkeit einer Veränderung — *wegen* des Unvollständigwerdens eines Ist-Zustands – worin ja ein wesentlicher Grund für jede *gesellschaftliche Entwicklung* liegt ...

Das heißt ein statistisch ermittelter Inflationswert bildet die Preisentwicklung in der Vergangenheit ab.

Zeigt sich aber am ermittelten Wert, daß sich eine Tendenz hin zu einer Deflation abzeichnet, ließe sich noch rechtzeitig gegensteuern, z.B. durch flächendeckende Lohnerhöhungen, die also sich flächendeckend (__*über alle Branchen und alle Winkel eines Landes hinweg*__) erstreckten.

Wie wichtig dieser Punkt selbst von seiten neoliberal denkender Ökonomen oder Institutionen genommen wird, zeigt sich bspw. in der

Definition von „Preisstabilität",

die von den Verantwortlichen in der EZB selbst stammt:

[...] Price stability shall be defined as a year-on-year increase in the Harmonised Index of Consumer Prices (HICP) for the euro area of below 2%. [...][142]

„HICP" ist der HVPI, der „Harmonisierte Verbraucherpreisindex", bei dem es sich um einen Inflationsindex handelt, der die Inflationsentwicklung in der gesamten EU abbilden soll.

In einer weiteren, die Geldpolitik der EZB betreffenden Mitteilung, die mit: *Benefits of price stability* betitelt ist, in der es also um die „Vorteile von Preisstabilität" geht, kommt deutlich zum Ausdruck, daß sowohl Inflation als auch Deflation zu vermeiden seien:

price stability [...] implies avoiding both prolonged inflation and deflation.

(__*In dieser ganzen Stellungnahme ist übrigens immer von zu vermeidender Inflation* _und_ *von zu vermeidender Deflation die Rede — niemals aber lediglich von zu vermeidender Inflation.*__)

Dennoch kommt zum Ausdruck, daß Preisstabilität am besten über eine jährliche, moderate Preissteigerung zu erreichen sei:

[142] Quelle: Diese Definition von „Preisstabilität" entstammt der EZB-Pressemitteilung vom 13. Oktober 1998, die den Titel trägt: *A stability-oriented monetary policy strategy for the ESCB*, und findet sich dort unter dem Punkt 2, abrufbar über folgende, am 29.Januar '16 geprüfte Internet-Anschrift:
http://www.ecb.europa.eu/press/pr/date/1998/html/pr981013_1.en.html.

Preisstabilität versteht sich als eine jährliche Steigerung des Harmonisierten Verbraucherpreisindex (HVPI) von unter 2 Prozent in der Eurozone" (__vgl. das obige Zitat__).

Überdies wird in dieser Erklärung anerkannt, daß es

keine klare Definition gäbe,

was unter „Preisstabilität" zu verstehen sei, der AEU-Vertrag (__*siehe eingangs dieser Exkursion*__) dies nämlich offenlasse.

Wie dem auch sei,

der EZB-Rat verweist in dieser Stellungnahme dann auf die oben schon erwähnte Definition von Preisstabilität.[143]

Ein weiteres schlagendes Beispiel für die

Kopplung von „Preisstabilität" an eine moderate Inflation findet sich in der diesbezüglichen, aus dem Jahre 2003 stammenden, im Auftrag der EZB von Otmar Issing et al. verfaßten Schrift: *Background studies for the ECB's Evaluation of its Monetary Policy Strategy*, wenn es dort u.a. auf der Seite 6 heißt:

---

143 Vgl. *Benefits of price stability*, eine Stellungnahme der EZB, die unter der folgenden, am 24. Januar '18 erneut geprüften Internet-Anschrift abrufbar ist:

http://www.ecb.europa.eu/mopo/intro/benefits/html/index.en.html.

ZITAT

> [...] Im Streben nach Preisstabilität, stellt der EZB-Rat klar, daß er darauf abzielt, die Inflationsrate niedrig, allerdings mittelfristig nahe bei 2% zu erhalten. Es gibt mehrere wohlbegründete Argumente, eine geringe Inflationsrate zu dulden und nicht auf eine Null-Inflation abzuzielen. Entscheidend ist einzig die Notwendigkeit eines Sicherheitsabstands gegen das potentielle Deflationsrisiko. Im Zusammenhang mit einer hartnäckigen Deflation kann die Geldpolitik weniger wirkungsvoll werden, wird die Lenkung des Leitzinses durch eine „Liquiditätsfalle" [__eine allgemeine Zahlungsunfähigkeit__] beschränkt oder ein „Null-Prozent-Leitzins-Problem". Untersuchungen der EZB (__die ihren Niederschlag in einigen der in diesem Buch erfolgten Untersuchungen gefunden haben__) zeigen, daß solche Beschränkungen keine erhebliche Gefahr darstellen, sofern die Inflation hinreichend über null bleibt. Eine Inflationsrate von unter, aber nahe bei 2%, bietet diesbezüglich einen [__hinreichenden__] Schutz und berücksichtig zugleich sowohl die potentielle Möglichkeit von Meßfehlern im HVPI als auch die Konsequenzen strukturell bedingter Inflationsunterschiede in der Eurozone.

ZITATENDE[144]

Im Zusammenhang mit dieser Exkursion ist der Hinweis auf einen Artikel von Stefan Dudey wichtig, da er die hier be-

---

[144] Quelle: *Background Studies for the ECB's Evaluation of its Monetary Policy Strategy*, hg. von Otmar Issing in Zusammenarbeit mit Ignazio Angeloni, Vítor Gaspar, Hans-Joachim Klöckers, Klaus Masuch, Sergio Nicoletti-Altimari, Massimo Rostagno und Frank Smets, European Central Bank, November '03, Seite 6. (__Eigene Übersetzung.__) Die folgende Internet-Adresse dieser als pdf-Datei zu downloadenden Schrift, ist am 24. Januar 2018 erneut geprüft worden:

https://www.ecb.europa.eu/pub/pdf/other/monetarypolicystrategyreview_backgrounden.pdf.

schriebenen Zusammenhänge erhellend verdeutlicht:

„Prof. Hans-Werner Sinn und die Inflation".[145]

Ende der Exkursion: Die Inflationszielrate der EZB

Wer also die EWU wirklich retten will, der muß sich klarmachen, daß das u.a. lediglich mittels einer _*reformierten*_ EZB funktionieren kann, die sowohl auf eine _*mäßige*_ Preissteigerung

(__entsprechend der Inflationszielvorgabe von knapp 2%, aber _*nicht*_ im Durchschnitt, sondern in allen EWU-Ländern!__)

als auch auf die wirtschaftliche und damit die Arbeitsmarktentwicklung achtet.

Wobei diese Inflationszielrate in der aktuellen Situation, also nachdem diese Leistungsbilanzungleichgewichte über lange Jahre manifest geworden und auf ein selbstzerstörerisches Maß angewachsen sind, nun wohl differenziert zu handhaben ist, nämlich bei den bisherigen Defizitländern herunter auf 1% und bei den Überschußländern (__insbesondere Deutschland, wegen seines volkswirtschaftlichen Gewichtes__) *herauf auf 3 Prozent Inflation, d.h. ein jährlicher nominaler Lohnanstieg von 4,5 Prozent — legt man für Deutschland eine*

[145] Siehe makroskop.eu; der zugehörige Internet-Pfad ist am 24. Januar '18 erneut geprüft worden:

http://www.flassbeck-economics.de/prof-hans-werner-sinn-und-die-inflation/.

(__erfahrungsmäßige!__) *gesamtwirtschaftliche Produktivitätsrate von 1,5 bis 2 Prozent zugrunde.*[146]

Und diese EZB-Reform hat mit einer koordinierten Wirtschaftspolitik einherzugehen, insbesondere mit einer abgestimmten Lohnpolitik der Mitgliedsländer, um eine konsequent _*abgestimmte*_ Lohnstückkostenentwicklung in allen den Mitgliedsländern sicherzustellen.

Genau hier liegt der Konstruktionsfehler der EWU.

Und insbesondere von deutscher Seite wurde es abgelehnt, die eigene Wirtschaftspolitik mit jener in den anderen Mitgliedsländern in Einklang zu bringen.

Diese Koordination hatte schon 1989 Jacques Delors als Vorsitzender des sogenannten „Delors-Ausschusses" gefordert.[147] Vor der tatsächlichen Einführung der Währungsunion wurde diese Forderung noch einmal wiederholt, nun explizit bezogen auf die Koordination der Lohnstückkostenentwick-

---

146 Siehe hierzu die Anmerkung in: Die *tri*_logische Sezierung [...], Band III, Teilband 2, Seiten 725 f.: „Die Entwicklung der Arbeitsproduktivität".

147 Vgl. FAZ.NET vom 26. September '11: „Im Gespräch: Jacques Delors 'Wir stehen am Abgrund'"; die am 24. Januar '18 erneut geprüfte Internet-Anschrift ist folgende:

http://www.faz.net/aktuell/wirtschaft/eurokrise/im-gespraech-jacques-delors-wir-stehen-am-abgrund-11369116.html?printPagedArticle=true#pageIndex_2.

lung.[148] Wieder war insbesondere von deutscher Seite keine Bereitschaft erkennbar, dieses Grundproblem einer _*jeden*_ Währungsunion anzugehen.

Nun, das läßt die Vermutung zu, daß man von deutscher Seite von Anfang an die Absicht hegte, mittels einer Währungsunion ausschließlich das Wechselkursventil zu verstopfen, um auf diese Weise nicht nur die eigenen Wettbewerbsvorteile zu konservieren, sondern sie auf Kosten der anderen Mitgliedsländer auszubauen.[149] Denn ohne die Möglichkeit, Wettbewerbsnachteile der anderen Mitgliedsländer durch Abwertung ihrer Währungen auszugleichen, konnten die deutschen Wettbewerbsvorteile nur steigen, würde die EWU-Konstruktion mit keinem anderen „Ventil" ausgestattet, diese Vorteile wieder auszugleichen. In der Tat ist seit Einführung der EWU die auf _*dieser*_ Basis möglich gewordene Wettbewerbsfähigkeit immer weiter angestiegen.

> *(__Zu dieser „Basis" gehören insbesondere die seit Anfang der 2000er Jahre politisch gewollten „Jahrhundertsteuer-'Reformen'" sowie die Implementierung der „Agenda 2010" zwischen 2003 und 2005.__)*

Dieser immer größer werdende Wettbewerbsvorteil führte allerdings einen genauso großen Nachteil mit sich. Diesen Nachteil hat man von deutscher Seite möglicherweise nicht erkannt oder nicht erkennen wollen ...

---

[148] Vgl. Flassbeck, „Makroökonomischer Dialog".

[149] Vgl. die Anmerkung auf den Seiten 197, beginnend mit: „Das heißt durch ein Mehr an [...] produzierten Gütern ...", sowie die hinweisende Bemerkung in der Fußnote 138 auf der Seite 245: „Welche Mentalität der deutschen Politik weiterhin zugrunde liegt ...".

Elftes Kapitel

Zwischen Nationen kann es keinen Wettbewerb geben, der dem zwischen Unternehmen vergleichbar wäre

Teil 2

Auf jeden Fall ist es so, daß durch das Fehlen eines Wettbewerbsausgleichventils[150] im System der EWU Spannungen entstanden sind, die es sprengen werden, wird nicht konsequent gegengesteuert. Konsequentes Tun ist m.E. aber lediglich dann sinnvoll, hat man begriffen, worum es geht und was tatsächlich zu tun ist, ansonsten läßt sich zwar auch konsequent irgend etwas tun, z.B. gegen eine Wand fahren.[151] Denn eine Währungsunion ohne koordinierte Wirtschaftspolitik[152] ist nicht funktionsfähig. Es sei denn, die Überschußländer (*__insbesondere Deutschland__*) akzeptierten,

---

[150] Vgl. das zurückliegende Kapitel 10 sowie in: Die *tri*_logische Sezierung [...], Band III, Teilband 2, Lesung 22.

[151] Siehe hierzu bspw. auch: „*Der Kapitän am falschen Steuerknüppel — ratlos*" von Heiner Flassbeck; als pdf-Datei aufzurufen über die folgende, am 24. Januar '18 erneut geprüfte Internet-Anschrift:

http://www.flassbeck.de/pdf/2011/August2011/DerKapitaen.pdf.

[152] ... insbesondere mittels abgestimmter Lohnpolitik, Stichwort: „Goldene Lohnregel".

daß sie dann ersatzweise

*_dauerhaft_*

Ausgleichszahlungen an die wettbewerbsschwächeren Länder zu zahlen hätten.

(__*Das aber ist weder realistisch noch erstrebenswert.*__)

Dies wäre allerdings eine Transferunion.[153] Und faktisch haben wir die nun ...

Wer also über diese Transferunion meckert

(__wie es so manche neoliberale Spitzenideologen in *spin_*doktorischer Wissenschaft, Medien und „Kultur-" bzw. „Politbetrieb" tun__)

und keine Neigung zeigt, über die Notwendigkeit zu reden, daß einerseits die Löhne zu steigen haben, entsprechend der *_jeweiligen_* erfahrungsmäßigen Arbeitsproduktivität in den einzelnen Mitgliedsländern sowie der EWU-Inflationszielrate von knapp 2 Prozent, und andererseits das Abweichen von dieser *Goldenen Lohnregel,*

die im Gegensatz zur „Schuldenbremse" ein so konstruktives wie unbedingt notwendiges wirtschaftspolitisches Steuerungsmittel für eine Währungsunion ist — und übrigens das Mittel Wahl wäre,

[153] Vgl. die Seite 245, beginnend mit: „Sie erinnern sich noch ...".

wollte man tatsächlich konstruktiv Welthandel betreiben[154],

daß also das von dieser Regel Abweichen — ob nach oben oder nach unten, *gleicherweise* geahndet werden muß, versteht weder den Sinn einer Währungsunion noch ist er befähigt, die

(__*primär durch das absurde deutsche Wirtschaftsmodell*__)

entstandenen Leistungsbilanzungleichgewichte _*kontrolliert*_ zum Ausgleich zu bringen.

„Unkontrolliert" geht zwar auch, bedeutete dann aber, daß ein solcher Ausgleich quasi über Nacht erfolgte. Ein Ereignis, aus dem dann ein wirtschaftlicher Crash resultierte, der sich insbesondere in _*jener*_ Gesamtwirtschaft manifestierte, die quasi über Nacht eine Aufwertung erlebte, die der über lange Jahre existenten, aber _*zurückgestauten*_ Aufwertung entspräche

(__mit einer darüber noch hinausschießenden ersten Reaktion__).

Dies eine Aufwertungsrückstauung, die lediglich _*wegen*_ des fehlenden Ersatzventils für das in der EWU nicht mehr existierende Währungsausgleichventil möglich war.

Nun, eine abgestimmte Wirtschaftspolitik in der EWU ist m.E. ohne eine „Wirtschaftsregierung" nicht möglich. Allerdings kann diese keine nach _*nationalstaatlichem Gutdünken*_ sein,

[154] Vgl. die Seiten 272-78: „Die Goldene Lohnregel".

wie sie von einer, seit langen Jahren in sogenannter Verantwortung stehenden, das Merkeleske in die sonderbare Welt der deutschen Politik gebracht habenden deutschen Politikerin und einem entsprechenden französischen Politiker praktiziert worden sein soll.

> Im Sommer des Jahres 2011 muß es wohl gewesen sein, daß Frau Merkel und Herr Sarkozy vor laufender Kamera behaupteten, *mal eben* eine „Wirtschaftsregierung" vereinbart zu haben. Daß diese Regierungschefs also vereinbart hätten, sich alle paar Monate zum Meinungsaustausch treffen zu wollen, nach dem Motto:

> *Wie geht's? Antwort: Selbst auch?*[155]

Nein, eine Wirtschaftsregierung muß schon richtig konstruiert und konstituiert sein, so wie auch eine Währungsunion einer angemessenen Konstruktion bedarf.[156] — Und ist in diesem Sinne die EZB reformiert, ist also ihr Augenmerk sowohl auf mäßige Preissteigerung (__*entsprechend der Inflationszielvorgabe von 2%, aber nicht im Durchschnitt, sondern in allen EWU-Ländern*__), als auch auf die wirtschaftliche und damit die Arbeitsmarktentwicklung gerichtet, und ist in diesem Sinne eine Wirtschaftsregierung eingerichtet,

> die konsequent für eine _*abgestimmte*_ Wirtschaftspolitik

[155] Zum „Merkelesken" siehe in: Die *tri*_logische Sezierung [...], Band III, Teilband 2, Seiten 791-800: „Das Merkeleske am Merkelesken ist stets ...".

[156] Siehe hierzu das folgende Kapitel.

sorgt — insbesondere in Form koordinierter Lohnpolitik,

so kann die gemeinsame Währung erst ihr eigentliches Potential entfalten. Denn

*_nun erst_*

wird der gesamte EWU-Wirtschaftsraum für die Geldpolitik wirklich nutzbar, denn

*_nun erst_*[157]

braucht sich die EZB in ihrer Geldpolitik nicht mehr bloß an der Kapazität der größten Volkswirtschaft dieses Wirtschaftsraumes zu orientieren, sondern kann den ganzen Wirtschaftsraum zur Grundlage ihrer Zinsentscheidungen nehmen. Da durch die oben erwähnte strikte Angleichung der Inflationsraten aller EWU-Mitgliedsländer an die EZB-Inflationszielvorgabe von knapp 2%[158], entstehen solche

inneren und äußeren Währungsverhältnisse,

die man deshalb als wirklich

*_stabile Verhältnisse_*

bezeichnen kann.

---

[157] ... durch die oben angerissene Koordination der Lohnpolitik (__vgl. auch die Seiten 248-58: „Exkursion: Die Inflationszielrate der EZB" und das nachfolgende Kapitel__).

[158] Vgl. die Pressemitteilung der EZB vom 13. Oktober 1998, siehe hierzu den Hinweis in Fußnote 142 auf der Seite 255.

Nämlich „stabile Verhältnisse" _wegen_ der nicht mehr lediglich durchschnittlichen Zielinflationsrate bezogen auf den ganzen EWU-Raum, wie bisher, sondern tatsächlich bezogen auf alle Mitgliedsländer.

Erst auf diese Weise wird eine moderne Geldpolitik möglich, wodurch die EZB, in Verbindung also mit den erwähnten

(__und eben nicht mehr nur optischen!__)

stabilen Währungsverhältnissen, effizient

(__und damit konjunkturfördernd__)

Zinspolitik betreiben kann — bezogen auf den ganzen EWU-Wirtschaftsraum.

- Dies zieht Sachinvestitionen im gesamten EWU-Raum nach sich.
- Dies führt zu einer guten Verstetigung einer nachhaltigen, den gesamten Wirtschaftsraum umfassenden Wirtschaftsentwicklung.

*_Diese_*

Möglichkeiten sind es, die der EWU erst Sinn und Zukunft geben.

Alle anderen Begründungen für die Notwendigkeit der Existenz des Euros sind sekundär.

Erst dann könnte man von einem Wirtschaftsmodell sprechen, das diesen Namen verdiente und anderen Wirtschaftsräumen ein Vorbild sein könnte.

Das heißt solange insbesondere die deutschen neoliberalen Entscheidungsträger auf ihrem absurden Wirtschaftsmodell beharren

(__*möglichst hohe Außenhandelsüberschüsse anzuhäufen, die aber letztlich nichts anderes als Forderungen gegen andere Volkswirtschaften sind, die dadurch zwangsläufig spiegelbildliche Defizite haben müssen*__),

ist das Prosperitätspotential der EWU nicht nur nicht realisierbar, sondern

*daran*

wird die EWU scheitern.

Und so spielen dabei heute „die Griechen" und morgen überhaupt „die anderen" lediglich die Sündenböcke in diesem so alten wie bösen Spiel.

* * *

Lassen Sie mich kapitelabschließend noch aus einem, auf das Jahr 2000 datierenden Text von Heiner Flassbeck zitieren:

ZITAT

[...] Wettbewerb der Nationen ist immer ein Abwertungswettlauf mit anderen Mitteln. Das ist eine Lektion, die für die Europäische Währungsunion von besonderer Bedeutung sein wird. Wenn das Mittel der Abwertung, also die Ausnutzung dieser spezifischen Form der Geldillusion nicht mehr greift, brauchen die beteiligten Staaten den Konsens darüber, daß andere Formen kompetitiver Abwertung ausgeschlossen sind, um deflationäre Entwicklungen bzw. eine massive geldpolitische Störung zu vermeiden. Solange die Nation der Raum ist, in dem die gesellschaftlichen und kulturellen Bedingungen definiert werden, die letztlich das Gesamtergebnis des wirtschaftlichen Prozesses, das Realeinkommen und die Produktivität nämlich, bestimmen, solange müssen die Nationen dafür sorgen, daß die Früchte ihrer Anstrengungen auch im Inland anfallen und konsumiert werden und nicht als Mittel einer verdeckten Abwertung im Kampf der Nationen dienen. Das heißt konkret, daß die unterschiedlichen Produktivitätszuwächse der Staaten der europäischen Währungsunion für inländische Lohnzuwächse verwendet werden sollten, so daß die Lohnstückkosten in inländischer wie in europäischer Währung lediglich im Gleichschritt mit dem Inflationsziel der Europäischen Zentralbank steigen. Staaten dürfen nicht bewußt auf die Nutzung dieser Einkommenspotentiale verzichten, wenn sie nicht andere zwingen wollen, Transfers von den „Siegern" zu verlangen oder in einen deflatorischen Lohnsenkungswettbewerb einzutreten. [...]

ZITATENDE[159]

---

* * *[160]

---

[159] Auszug aus: Heiner Flassbeck, „*Gesamtwirtschaftliche Paradoxa und moderne Wirtschaftspolitik — Wolfgang Stützels Beitrag zu einer rationalen Ökonomie*", erschienen im Herbst des Jahres 2000 als Teil eines Sammelbandes zum 75. Geburtstag von Wolfgang Stützel. Das Zitat findet sich auf der Seite 12 dieser Denkschrift, die im Internet unter der nachfolgenden, am 24. Januar '18 erneut geprüften Internet-Anschrift als pdf-Datei abrufbar ist: http://flassbeck.de/pdf/2000/gesamtwi.pdf. Der Abdruck erfolgt mit freundlicher Genehmigung.

[160] Editorische Notiz: Der Text dieser beiden Kapitel 10 und 11 wurde erstmals im Oktober '11 auf der heute nicht mehr existierenden WebSite „webbouquiniste.com" veröffentlicht. Ursache dieses Textes war u.a. der erhellende Aufsatz von Heiner Flassbeck und Friederike Spiecker: „Monetarismus und 'Wettbewerb der Nationen' sind die Totengräber des Euro". Dieser Aufsatz ist im Jahre 2011 in der 6. Ausgabe der monatlich erscheinenden Zeitschrift „Wirtschaftsdienst — Zeitschrift für Wirtschaftspolitik" erschienen, und zwar im Rahmen des „Zeitgesprächs": „Wohin entwickelt sich die Europäische Union", das im Internet als pdf-Datei abrufbar ist.

Zwölftes Kapitel

Währungsunion und Wirtschaftsregierung: zwei Seiten einer Medaille

Die Wirtschaftsregierung einer Währungsunion hat eine *erste* zentrale Aufgabe. Diese entscheidende Aufgabe besteht in der Kontrolle zweier „Kopplungen", die in

*_jedem_*

Mitgliedsland der EWU erfolgen müssen, damit diese Union für alle Beteiligten dauerhaft nutzbringend ist (*__und damit ist in erster Linie die Masse der Menschen gemeint__*):

- Die Lohnstückkostenentwicklung ist in jedem Land

  *_flächendeckend_*

  an die (*__jeweils landestypische__*) Produktivitätsentwicklung zu koppeln.

> Die realen Löhne steigen dann flächendeckend im jeweiligen Mitgliedsland entsprechend der je erfahrungsmäßigen Produktivitätsentwicklung.

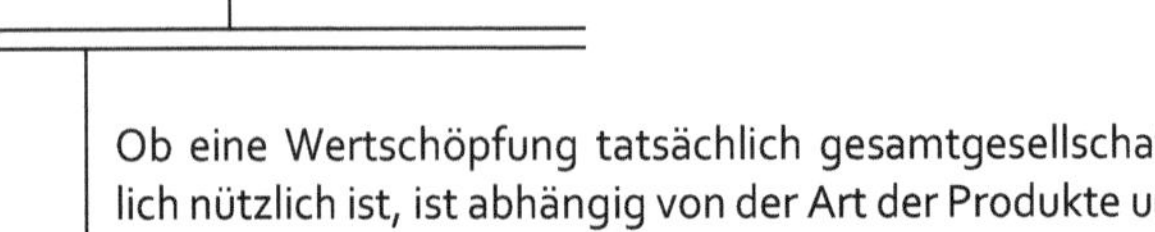

Ob eine Wertschöpfung tatsächlich gesamtgesellschaftlich nützlich ist, ist abhängig von der Art der Produkte und unter welchen Bedingungen sie hergestellt werden.[162]

Durch diese beiden wirkmäßigen „Kopplungen" entwickeln sich in jedem Mitgliedsland die nominalen Löhne entsprechend den jeweiligen Verhältnissen richtig, da auf diese Weise die Löhne um genau die Zunahme der Produktivitätsentwicklung in der Volkswirtschaft des jeweiligen Mitgliedslandes real steigen, also gemäß der *„Goldenen Lohnregel*".

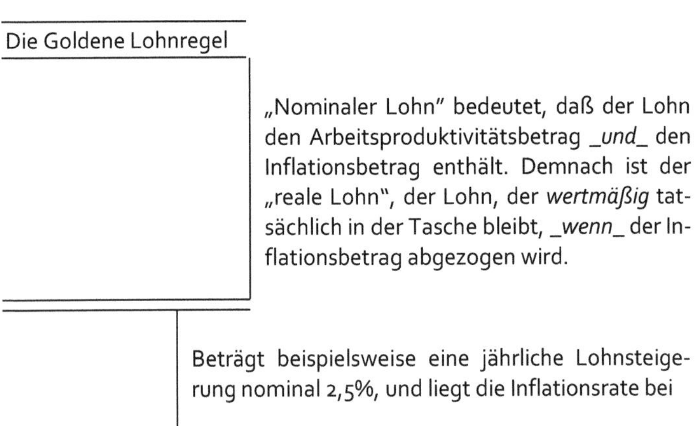

Die Goldene Lohnregel

„Nominaler Lohn" bedeutet, daß der Lohn den Arbeitsproduktivitätsbetrag _*und*_ den Inflationsbetrag enthält. Demnach ist der „reale Lohn", der Lohn, der *wertmäßig* tatsächlich in der Tasche bleibt, _*wenn*_ der Inflationsbetrag abgezogen wird.

Beträgt beispielsweise eine jährliche Lohnsteigerung nominal 2,5%, und liegt die Inflationsrate bei

[162] Siehe diesbezüglich in: Die *tri*_logische Sezierung [...], Band III, Teilband 1, Lesung 7: „Über die *Glaubens*_Vorstellung von der 'Effizienz der Märkte'"; und siehe auch in: a.a.O., Teilband 2, die Seiten 729-32: „Investitionen bedingen die Höhe der *gesamt*_wirtschaftlichen Wertschöpfung".

2%, dann beträgt die reale (__*die wirkliche*__) Lohnsteigerung 0,5%. In diesem Fall läge die Zunahme der Kaufkraft unter der Arbeitsproduktivitätsentwicklung, denn diese liegt im Durchschnitt bei 1,5%.

Dieser Wert von 1,5 Prozent gilt für die deutsche Gesamtwirtschaft. Dieser Wert ist z.Z. tatsächlich geringer, aber es geht bei dieser Überlegung um den Durchschnittswert über einen langen Zeitraum: von 2001-2008 lag dieser Wert bei 1,5 Prozent.

Geht man bis auf das Jahr 1980 zurück und recht bis zum Jahr 2007, so ergibt sich sogar eine jährliche Steigerung von 2 Prozent.[163]

Daß dieser Wert von 2008-2014 lediglich bei 0,4 Prozent lag, ist aber dem seit langem zu geringen, d.h. unterdurchschnittlichen Lohnzuwachs geschuldet, denn gerade hierdurch ist die Investitionsneigung von Unternehmen gering. Investitionen sind jedoch die Bedingung für ein Mehr an Produktivität. Das heißt unterhalb der *Goldenen Lohnregel* liegende Lohnsteigerungen hemmen die Investitionsneigung und damit die Produktivitätsentwicklung — denn geringere Massenkaufkraft läßt die Produktionskapazität unausgelastet. — Vgl. zu den angegebenen Prozentwerten den Monatsbericht der Deutschen Bundesbank vom Mai 2015.

Das heißt eine solche reale Lohnsteigerung von 0,5 Prozent wäre nicht nur sittenwidrig, sondern sie wäre auch volkswirtschaftlich kontraproduktiv und

[163] Vgl. in: Die *tri*_logische Sezierung [...], Band III, Teilband 2, die Seiten 725-26: „Die Entwicklung der Arbeitsproduktivität".

schädlich für die gedeihliche Entwicklung der europäischen Währungsunion. Das heißt genauso schädlich wie reale Lohnsteigerungen, die über der tatsächlichen Produktivitätssteigerung liegen!

Da bei Lohnabschlüssen die Beachtung der Balance von Produktionsentwicklung und gesamtgesellschaftlicher Kaufkraftentwicklung elementar ist, kann diese Orientierung als *Goldene Lohnregel* bezeichnet werden. Mit anderen Worten:

In der *Goldenen Lohnregel* drückt sich die

*_ausbalancierte_*

Beziehung von Nominallöhnen, (*__landesspezifischer__*) Produktivitätsentwicklung und (*__von einer Zentralbank festgesetzter__*) Ziel-Inflationsrate aus.

Die im Falle der EWU von der EZB definierte

(*__auf dem sogenannten „harmonisierten Verbraucherpreisindex" beruhende__*)

Ziel-Inflationsrate liegt bei knapp 2 Prozent. Die Ermittlung der davon abweichenden Inflationsentwicklung erfolgt auf der Basis dieses „harmonisierten Verbraucherpreisindex (__HVPI__)", der übrigens deshalb „harmonisiert" heißt, da für dieses „Verzeichnis der Verbraucherpreise", alle in den Mitgliedsländern der EWU sowie in denen der EU und bezogen auf die gesamte EU zu bezahlenden Preise auf eine Weise ermittelt werden, daß die für jedes Land spezifischen Lebenshaltungskosten in den Hintergrund treten, so daß eine ausreichende statistische Vergleichbarkeit der Inflationsentwicklung in den Mitgliedstaaten der EU möglich wird. In die Berechnung der Lebenshaltungskosten fließen die Preise für Waren

(__wie Nahrungsmittel, Energie und Industrieerzeugnisse__)

zu zwei Dritteln, die für Dienstleistungen

(__*bspw. Haarschnitt, Steuerberatung, PC-Wartung*__)

zu etwa einem Drittel ein.

Das gewünschte Ergebnis einer ausbalancierten Beziehung von Nominallöhnen, *der landesspezifischen* Produktivitätsentwicklung und *der von einer Zentralbank festgesetzten* Ziel-Inflationsrate, zeigte sich dann _*real*_ in einer gut verteilten Kaufkraft, deren Entwicklung somit im Gleichschritt mit der *je landesspezifischen* Produktivität erfolgte:

Dies ist die Grundbedingung für eine allgemein prosperierende Marktgesellschaft.

Demzufolge besagt der Begriff „Goldene Lohnregel", daß es einer Balance zwischen dem Produktivitätswachstum und dem Anstieg der Löhne bedarf.

Mit dem Mehr an Produktion in gleichbleibender Zeit geht also die reale Lohnentwicklung

(__wie Sie wissen: ausbezahlte Löhne minus Ziel-Inflationsrate__)

im Gleichschritt einher.

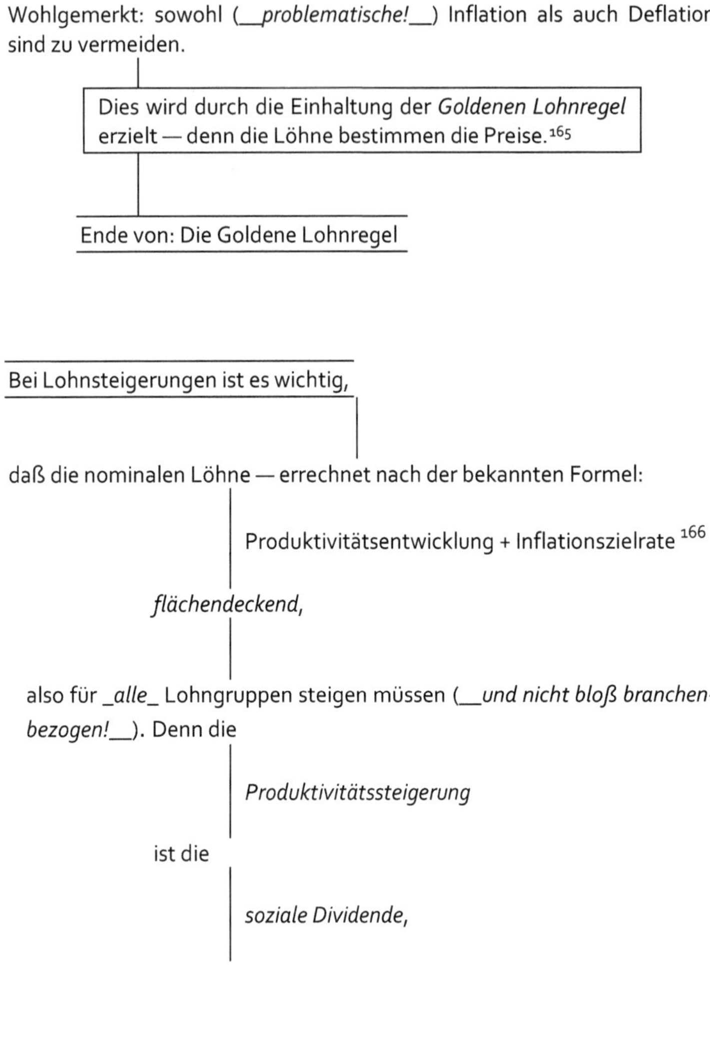

Wohlgemerkt: sowohl (__*problematische!*__) Inflation als auch Deflation sind zu vermeiden.

Dies wird durch die Einhaltung der *Goldenen Lohnregel* erzielt — denn die Löhne bestimmen die Preise.[165]

Ende von: Die Goldene Lohnregel

Bei Lohnsteigerungen ist es wichtig,

daß die nominalen Löhne — errechnet nach der bekannten Formel:

Produktivitätsentwicklung + Inflationszielrate [166]

flächendeckend,

also für _*alle*_ Lohngruppen steigen müssen (__*und nicht bloß branchen-bezogen!*__). Denn die

Produktivitätssteigerung

ist die

soziale Dividende,

[165] Vgl. die Seiten 248-58: „Exkursion: Die Inflationszielrate der EZB".

[166] Vgl. den Hinweis in der obigen Fußnote.

|

die sowohl an alle Lohnabhängigen als auch an alle Exlohnabhängigen (__*also Rentner*__) auszuschütten ist — denn in einer „Marktwirtschaft", d.h. in einer arbeitsteiligen Wirtschaft, waren _*alle*_ am gesamtwirtschaftlichen Erfolg beteiligt: ansonsten hätten wir nämlich keine Marktwirtschaft:

> Leben wir in einer „Marktwirtschaft", gibt es lediglich wenige „Leistungsträger" — wie erzählt wird? Oder haben wir es etwa mit einer „Leistungsträgerwirtschaft" zu tun?[167]

Auf diese Weise steigt die Kaufkraft flächendeckend, aber im Rahmen der Produktivitätsentwicklung in einem jeden Mitgliedsland und der Inflationszielvorgabe der EZB. Es sei wiederholt: man lebt dann seinen Verhältnissen entsprechend, so daß sich der eigene Binnenmarkt angepaßt entwickelt und der Handelsaustausch (__Export/Import__) mit den anderen Volkswirtschaften der EWU ausgeglichen erfolgt,

| _*so sich*_

die Partnerländer ebenso verhalten.

Aufgabe der Wirtschaftsregierung ist es nun, die Einhaltung dieser Vorgabe zu beobachten und bei Verstößen konsequent zu ahnden. Weicht eines der Partnerländer von dieser Vorgabe regelmäßig ab, ob nun nach oben (__*im Sinne von über*

[167] Was „Marktwirtschaft" tatsächlich bedeutet, finden Sie angemerkt in: a.a.O., Band III, Teilband 1, Lesung 7: „Über die *Glaubens*_Vorstellung von der 'Effizienz der Märkte'", dort die Seiten 188 f.: „Was ist eine 'Marktwirtschaft'"?".

seine Verhältnisse leben__) oder nach unten (*__im Sinne von unter seinen Verhältnissen leben__*), sind Sanktionen fällig.

Im ersten Fall derartig, daß Strafzinsen auf (*__fest verzinsliche__*) EWU-Gemeinschaftsanleihen fällig werden. Diese werden als sogenannte

„red bonds"

ausgegeben. Deren Verzinsungshöhe richtet sich danach, wie groß die Abweichung (*__von der vereinbarten Vorgabe__*) nach oben ausfällt.

Diese erhobenen Strafzinsen werden einem Investitionsfonds zugeführt, der in Kultur / Bildung und / oder Infrastruktur der mit Strafzinsen belegten Volkswirtschaften geht, um auf diese Weise die dortige Produktivität zu steigern und hierdurch schneller wieder in den EWU-Normbereich zu gelangen, denn es macht keinen Sinn, höhere Zinszahlungen zu fordern,

*_o h n e_*

die Produktivität in diesen Volkswirtschaften zu verbessern, ansonsten erhöhte sich der öffentliche Schuldenstand lediglich dauerhaft. (*__Man sieht, ich halte platte Strafaktionen für kontraproduktiv.__*)

Im zweiten Fall

(__wenn nämlich die Masse der Menschen eines Mitgliedslandes unter den Verhältnissen lebt, die eigentlich über die Produktivität ihrer Gesamtwirtschaft gedeckt wären, für die Masse der Menschen die ausbezahlten Löhne in diesem Mitgliedsland also unterhalb der *Goldenen Lohnregel* liegen__)

sind die Sanktionen derartig, daß an

*alle*

anderen Mitgliedsländer Transferleistungen zu zahlen sind, deren prozentuale Höhe sich nach der Abweichung

(__*von der vereinbarten Vorgabe*__)

nach unten richtet.

Im Gegensatz zu den „red bonds"

(__die also „Ausgleichsbonds" sind__)

gibt es

„blue bonds",

die als zinsniedrigste EWU-Gemeinschaftsanleihen

(__*mit einem festen Zinsfuß von 2%*__)

von Anlegern erworben werden können und die von _*jenen*_ Mitgliedsländern ausgegeben werden, die sich im Normbereich (__*der vereinbarten Vorgabe*__) bewegen —

deren Volkswirtschaften sich also gemeinwohlorientiert

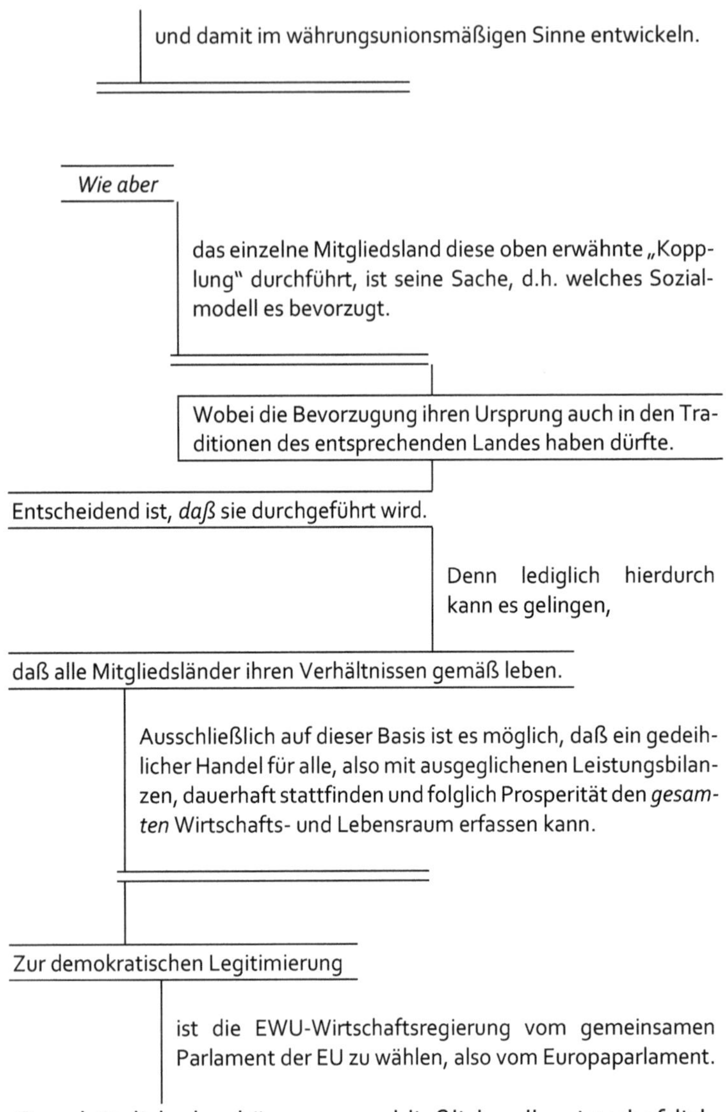

und damit im währungsunionsmäßigen Sinne entwickeln.

Wie aber

das einzelne Mitgliedsland diese oben erwähnte „Kopplung" durchführt, ist seine Sache, d.h. welches Sozialmodell es bevorzugt.

Wobei die Bevorzugung ihren Ursprung auch in den Traditionen des entsprechenden Landes haben dürfte.

Entscheidend ist, *daß* sie durchgeführt wird.

Denn lediglich hierdurch kann es gelingen,

daß alle Mitgliedsländer ihren Verhältnissen gemäß leben.

Ausschließlich auf dieser Basis ist es möglich, daß ein gedeihlicher Handel für alle, also mit ausgeglichenen Leistungsbilanzen, dauerhaft stattfinden und folglich Prosperität den *gesamten* Wirtschafts- und Lebensraum erfassen kann.

Zur demokratischen Legitimierung

ist die EWU-Wirtschaftsregierung vom gemeinsamen Parlament der EU zu wählen, also vom Europaparlament.

Grundsätzlich aber können ausschließlich volkswirtschaftlich versierte Politiker Mitglieder der Wirtschaftsregierung sein. Allerdings wiederum lediglich solche Politiker

(__*die im übrigen auch selbst Volkswirte sein können*__),

die unabhängig sind und die bewiesen haben, die

Bedeutung der wechselwirkenden Beziehungen zwischen

- Wachstum
- Beschäftigung
- Preisniveau / Lohnniveau und
- Export / Import

zu erkennen sowie um die Schädlichkeit der Kreditvergabe zu Spekulationszwecken

(__*wie bspw. spekulativer Aktien-, Währungs-, Immobilien- oder Rohstoffkauf*__)

wissen, die sich also bereits

*überzeugend*

für eine Finanzmarktregulierung eingesetzt haben. Damit ist nun eine weitere wesentliche Aufgabe einer Wirtschaftsregierung benannt, denn

„Finanzmarktregulierung“

bedeutet vor allem:

Rückführung des Finanzwesens auf seine Dienstleistungsaufgabe für die reale Wirtschaft.[168]

Übrigens käme dem Europaparlament (__EP__)

bei der Besetzung einer Wirtschaftsregierung die Aufgabe zu, sicherzustellen, daß wirklich lediglich solche unabhängigen Politiker für diese Art der Regierung vorgeschlagen werden könnten, die über jene oben angerissenen Befähigungsmerkmale verfügen.

Dementsprechend ist eine Wirtschaftsregierung dem EP tatsächlich verantwortlich.

Gewählt, kontrolliert und entlassen werden

(__*oder einzelne Mitglieder dieser Wirtschaftsregierung*__)

kann eine Wirtschaftsregierung aber nur von *jenen* Abgeordneten der Unionsstaaten, deren Länder zur EWU gehören.

In diesem Zusammenhang ist es notwendig,

daß _*alle*_ Lobbyisten

[168] Näheres hierzu siehe in: a.a.O., Band I, Teilband 4, Kapitel 24, dort auf den Seiten 105 ff. beginnend mit: „Eine kleine Ausführung zur Finanzmarktregulierung im Rahmen ...".

wirtschaftlicher Einzelinteressen sowie Lobbyisten anderer Einzelinteressen, die die Nähe der gewählten Abgeordneten suchen oder gar selbst welche sind (__!__), zukünftig _*keinen*_ Zutritt mehr zum Parlament und seinen Anhängen bekommen:

> Für das Wohlergehen aller ist nämlich die Entwicklung der Gesamtwirtschaft zu wichtig, als daß man diese Entwicklung machtvollen Einzelinteressen überlassen darf.

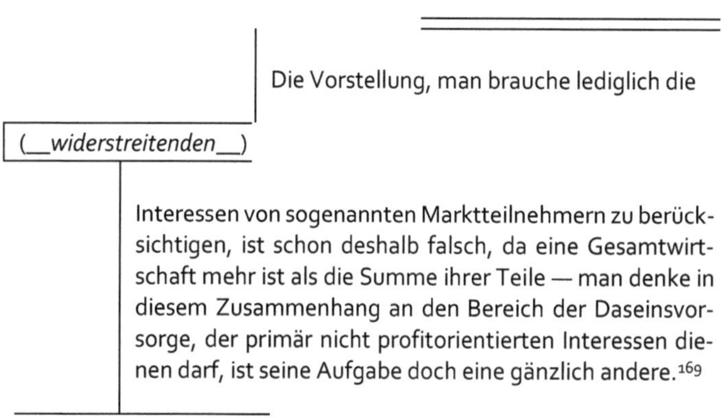

Die Vorstellung, man brauche lediglich die (__*widerstreitenden*__) Interessen von sogenannten Marktteilnehmern zu berücksichtigen, ist schon deshalb falsch, da eine Gesamtwirtschaft mehr ist als die Summe ihrer Teile — man denke in diesem Zusammenhang an den Bereich der Daseinsvorsorge, der primär nicht profitorientierten Interessen dienen darf, ist seine Aufgabe doch eine gänzlich andere.[169]

Denn was dabei herauskommt, werden solche Interessen dominant, ist also Marktmacht manifest geworden, zeigt sich an den Auswirkungen der Dominanz des Finanzsektors. Diese Dominanz wäre allerdings ohne neoliberalpolitische Vor- und Mitarbeit nicht möglich gewesen.

---

[169] Siehe in Teilband 4 dieser Untersuchung die Anmerkung auf den Seiten 103 f., beginnend mit: „Komplex der Daseinsvorsorge ...".

„Neoliberalpolitische Vorarbeit" bedeutet aber „Deregulierung"

von Wirtschaftsbereichen, die _*wegen*_ ihrer systemischen Relevanz reguliert bleiben müssen, und

„neoliberale Mitarbeit"

bedeutet einerseits, den Vertretern solcher Bereiche zu ermöglichen, alle weiteren Richtlinien, Gesetze und Rettungsaktionen selbst auszuformulieren, und andererseits den Wählern und Abgeordneten der Parlamente diese Art des politischen Vorgehens

(__*wegen der systemischen Relevanz, bspw. des Finanzsektors!*__)

als alternativlos darzustellen.

Welche Parteien waren es aber, deren Politiker sich insbesondere einer solchen, seit dem Ende des Kalten Krieges beschleunigt erfolgenden Vor- und Mitarbeit verschrieben haben? ...

Nun, beantworteten Sie sich diese Frage richtig, erkennten Sie die Crux des Problems der heutigen „Politik":

Mangelnde eigene Kompetenz der politisch Verantwortlichen, ihre „wissenschaftliche", tatsächlich aber ideologische Beratung sowie schädliche Einflußnahme von einzelwirtschaftlichen Interessen auf die praktizierte Politik, propagandistisch unterstützt von schreibenden Figuren im Dienste von Medienkonzernen — und auf diese Weise marktkonforme Zurichtung ganzer, in Nationalstaaten organisierten Gesellschaften, woraus marktkonformes Verhalten der Masse der in solchen Staaten einsitzenden Menschen und ihr, im Sinne von international aktiven Konzernen Funktionieren resultieren.[170]

Mir ist schleierhaft, was an solchen marktkonform zugerichteten Gesellschaften „liberal", geschweige „sozial" _*und*_ „demokratisch" sein kann.[171]

[170] Siehe diesbezüglich auch in: Die *tri*_logische Sezierung [...], Band III, Teilband 1, Teil 1: „Von *Pen*_Pushern und *Spin*_Doktoren".

[171] Editorische Notiz: Dieser Artikel wurde erstmals im Oktober '11 veröffentlich und am 9. September '14 aktualisiert. Im Rahmen der 1. Auflage der vorliegenden Untersuchung wurde er im Januar '16 überarbeitet und für die 2. Auflage am 25. Januar '18 revidiert.

Dreizehntes Kapitel

Die Welt als „Hinterhof" der Machteliten oder Der Nationalstaat als grundlegendes Problem für Frieden — dokumentiert am Beispiel der „Sicherheitspolitik" der USA seit dem Ende des Kalten Krieges

Die „Frage nationaler Bewegungen" hat stets die Frage nach den _*bisher*_ verwirklichten Rechten des einzelnen Menschen (__*also die Menschenrechte*__)

| _*in*_

einer Nationalität mit einzuschließen, wenn es um die Klärung der Frage geht,

| _*wem*_

die erstrebte Unabhängigkeit einer Nationalität (__*eines Volkes*__) tatsächlich nützlich ist.[172] Entscheidend ist nämlich folgendes:

| _*Wer*_ gibt nach der Befreiung einer Nationalität die

---

[172] Diese Zitierung findet sich Eingangs des Kapitel 15.

Richtung vor und auf wessen Kosten geschieht das?

Oder sollte es lediglich darum gehen, daß eine Nation

sogenannt

souverän geworden sei? Und wie souverän könnte diese dann tatsächlich sein, sind ihre Wirtschaft und ihre gesellschaftlichen Strukturen von den Vertretern anderer nationalstaatlicher Entitäten völlig abhängig —

die eine Nation sozusagen in die Freiheit entlassen hätten?

Oder hatte sich eine Nation gar ihr Recht auf Unabhängigkeit erkämpft, indem sie revolutionär das alte Regime beseitigte? Wer kämpfte in dem Fall tatsächlich —

und wer bestimmte danach (__wieder__)?

ZITAT:

[...] Die Ergebnisse der bürgerlichen Revolutionen wurden ab dem Punkt fragwürdig, und die ganze nationalstaatliche Politik in der Folge widersprüchlich, als eine bürgerliche Klasse begann sich einerseits Privilegien auf Kosten der lohnabhängigen Klasse zuzuschanzen und diese Klasse andererseits, nämlich das Großbürgertum, mit den militaristischen Kräften des untergegangenen Feudalstaates zur Durchsetzung beider Interessen paktierte, und auf _diese_ Weise die lohnabhängige Klasse bewußt unterdrükkend — also diese unterdrückte Klasse auch bewußt von der Einflußnahme auf die Organisation des sich _nun_ ausbildenden (__bürgerlichen__) Nationalstaates und der damit einhergehenden, sich _nun_ formierenden nationalstaatlichen Machtverhältnisse abhielt.

Nachdem diese Unterdrückung im Inneren der bürgerlichen Staaten (__diese _s i n d_ also die Nationalstaaten__) gesetzlich verankert war, begann (__im Rahmen der Etablierung der bürgerlichen Herrschaftsbasis, bekannt unter der Bezeichnung „Industrialisierung"__) die nationalstaatliche Expansion [...], d.h. die imperialistische Sprengung der nationalstaatlichen Grenzen, einhergehend mit der Ausweitung der eigenen Exporte auf Kosten anderer Nationalstaaten sowie einem als Kolonialismus bezeichneten Prozeß, der gewiß auch der Ableitung von machtbedrohenden sozialen Spannungen wie Streiks und Aufständen diente, deren Ursache gerade diese Art innerstaatlicher Unterdrückung war.

Nun, es waren die für die Macht bedrohlich werdenden Folgen dieser *inner*_staatlichen Unterdrückung _*und*_ dieser Kampf unter den Machteliten um die über den einzelnen Nationalstaat hinausgehenden Einflußsphären, die schließlich den ersten großen imperialistischen Krieg auslösten, den wir gewohnt sind als Ersten Weltkrieg zu bezeichnen, der aber lediglich den ersten Teil dieses zerstörerischen Kampfes darstellte — denn nichts hatte dieser Krieg gelöst, sondern die dominante Macht der Welt wechselte bloß. [...]

*Diese*

Art nationalstaatlicher Politik ist zum einen als reaktionär zu bezeichnen, da sie im wesentlichen einer gesellschaftlichen Klasse dient — im Inneren eines Nationalstaates.

(__*Insofern sind die Nationalstaaten in der Tat nichts anderes als „Spielwiesen" der jeweiligen Machteliten.*__)

Zum anderen deshalb, da diese Politik nach außen hin bestrebt ist

(__*also ausschließlich im Dienste dieser Klasse —* _*nicht*_ der Nation als Ganzes__),

die Herrschaft über andere Nationalstaaten und Nationen zu erringen.

(__Unter Umständen in Kooperation mit _*deren*_ Machteliten.__)

Zum Erhalt sowie zur weiteren Ausdehnung ihrer Macht ist diese „Elite" zu allem bereit: bis hin zum Krieg. Als Beleg für diese Behauptung können die beiden großen imperialistischen Kriege des 20. Jahrhunderts exemplarisch genommen werden. [...] Und daß sich an _dieser_ „Haltung" dieser „Eliten", also der Machteliten der Nationalstaaten, nichts geändert hat wird über die seit dem Ende des Kalten Krieges verfolgte Politik bestätigt. [...]

ZITATENDE[173]

Daß es sich bei der Aussage:

> Und an dieser „Haltung" dieser „Eliten", also der Machteliten der Nationalstaaten, hat sich bis heute nichts geändert,

keineswegs um eine Übertreibung handelt, wird zwar schon an nachfolgendem, aus dem Jahre 1977 stammenden und hier sinngemäß wiedergegebenen Zitat exemplarisch deutlich, ist m.E. aber im weiteren als regelrechte,

> absolute Priorität habende nationalstaatliche Strategie kenntlich zu machen,

will man sich nicht (__*unkenntlichmachenderweise*__) damit begnügen, solche prozeßhaften, eigendynamisch sich entfaltenden Entwicklungen „nationalstaatlicher Machtspiele" als in etwas „Hineinschlittern" zu bezeichnen.

ZITAT

Keineswegs bedeutete es das Ende der Menschheit, setzen wir und die Russen sämtliche unserer Atomwaffen ein. Etwa zehn Prozent der Menschen kämen wohl um, was gewiß eine Katastrophe wäre,

---

[173] Diese zitierte Passage findet sich auf den Seiten 371-75 des Ihnen vorliegenden Buches.

aber bei nüchterner Analyse ist festzustellen: das Ende der Menschheit wäre das nicht.[174]

Gewiß, dieses sinngemäße Zitat vom für solche Aussagen bekannten, am 26. Mai 2017 verstorbenen Herrn Zbigniew Brzezinski, könnte als Meinungsäußerung eines, keinen sonderlichen Einfluß ausübenden Hardliners abgetan werden.

Daß dies selbstverständlich nicht so ist, zeigt der Einfluß, den sein Denken auf die us-amerikanische Sicherheitspolitik ausgeübt hat und läßt sich gut belegen, greift man zu einem seiner Bücher: *The Grand Chessboard – American Primacy and Its Geostrategic Imperatives*, Basic Books, New York, 1997. — Immerhin wird in diesem Buch schon klar ausgedrückt, was us-amerikanische Strategie ist, bzw. sein muß, wollen die USA die spätestens seit dem Ende des Kalten Krieges innehabende, weltdominante Macht weiterhin ausüben.

Das heißt von Brzezinski erfolgt die Betrachtung und die Konsequenzziehung machtpolitischer Fragen aus einer nationalstaatlichen Perspektive.

Die daraus resultierenden Konsequenzen zu verdeutlichen, sei folgendes aus dem genannten Buch zitiert:

---

[174] Zbigniew Brzezinski in der *Washington Post* vom 19. September 1977. Quelle dieser sinngemäßen Zitierung: „Wofür Raketenabwehr da ist" von Wolfgang Schwarz in der Internet-Zeitschrift: *Das Blättchen – Zweiwochenschrift für Politik, Kunst und Wirtschaft*, Ausgabe vom 31. März '14. Die am 25. Januar '18 erneut geprüfte Internet-Anschrift dieser Quelle ist folgende:

http://das-blaettchen.de/2014/03/wofuer-raketenabwehr-da-ist-28570.html.

- Verhinderung der Etablierung einer, den eurasischen Raum dominierenden Macht, da das auch die USA bedrohen würde.[175]

- Es gibt in der Geschichte deshalb keinen belegbaren Fall dafür, daß eine vom Volk bestimmte Herrschaft internationale Hegemonie erlangt hätte, da das Machtstreben kein die allgemeinen Leidenschaften der Menschen bestimmendes Ziel ist — abgesehen von Situationen plötzlicher Bedrohung. Die (__*zur Bereitstellung der Mittel für höhere Militärausgaben*__) für ein solches Streben erforderlichen Bedingungen, wie wirtschaftliches Gürtel-enger-schnallen und Menschenopfer, sind mit dem demokratischen Streben nicht in Einklang zu bringen.[176]

- Solange Rußland die Kontrolle über die Ukraine ausüben kann, könnte es bestrebt sein, die Rolle eines selbstbewußten eurasischen Reiches zu spielen und die Herrschaft auch über die im Süden und Südosten der ehemaligen Sowjetunion lebenden Nicht-Slawen auszuüben. Im Streben nach einer solchen hegemonialen Position, und ohne die 52 Millionen Mitslawen in der Ukraine, bliebe Moskau beim Führen langwieriger Auseinandersetzungen mit diesen nicht-slawischen Bevölkerungen auf sich selbst gestellt, wovon der bei Drucklegung des oben genannten Buches gerade zu Ende gegangene Tschetschenienkrieg (__1994-1996__) lediglich ein erstes Beispiel gewesen wäre. (__*Der zweite, von beiden Seiten äußert brutal geführte Tschetschenienkrieg dauerte übrigens von 1999 bis 2009.*__)

[175] Vgl. a.a.O., Seite 14 des Vorworts.

[176] Vgl. a.a.O., Seiten 35 f.

John Maynard Keynes wohl vorgeschwebt hatte, im Zusammenhang mit der Rahmensetzung des 1944 begründeten Bretton-Woods-Systems, dessen Teil beide Institutionen eigentlich sein sollten.

Wie dem auch sei,

in dem Antwortschreiben Kennans, das in Form eines Telegramms an George Marshall adressiert war

(__*dessen Name die Bezeichnung für das im Jahre 1948 gestartete und bis Ende 1951 geltende Wiederaufbauprogramm für Europa wurde*__),

erläuterte er seine Einschätzung der Politik der stalinistischen Sowjetunion und wie von us-amerikanischer Seite aus damit umzugehen sei.

Wegen seiner Länge ist dieses, am 22. Februar 1946 gesendete Telegramm unter der Bezeichnung

Long Telegram

berühmt geworden. Der Inhalt dieses Telegramm bildete die Grundlage für den von Kennan im Juli des Jahres 1947 unter dem

Pseudonym „X"

in der US-Zeitschrift *Foreign Affairs* veröffentlichten Artikel „X", dessen ursprüngliche Bezeichnung: *The Sources of Soviet Conduct* (__„Die Ursachen für das Verhalten der Sowjets"__) war. Die in diesem Artikel entwickelten Gedanken dienten der für die

Öffentlichkeit gedachten Darstellung

einer dann als

Containment bezeichneten Politik,

deren Ziel die „Eindämmung" der vermeintlich expandierenden stalinistischen Sowjetunion war.

(__*Aus stalinistischer Perspektive handelte es sich hingegen um die Sicherung des Ergebnisses des zweiten Teils des Großen Krieges.*__)

Diese Politik fand erstmals ihren Ausdruck in der am 12. März 1947 begründeten

Truman-Doktrin.

(__Diese Doktrin bestimmte, welche Völker als freie zu gelten hätten und deshalb militärisch zu unterstützen seien, sich aus dem Einflußbereich des stalinistischen Systems zu lösen und sich nachfolgend dem westlichen System anzuschließen.__)

Tatsächlich fand diese Doktrin ihr Grund darin, daß insbesondere in vielen Gegenden Europas die Ursachen für den _*ersten*_ Teil dieses Krieges auch durch seinen _*zweiten*_ Teil nicht behoben worden waren.

Übrigens wurde eine politische Lösung insbesondere durch den falschen Umgang mit der *Oktoberrevolution* durch die politisch fortschrittlichen Kreise in den entwickelten Staaten und den daraus sich normalerweise ergebenen Konsequenzen verhindert.

Wäre es in Deutschland nicht zum Verrat an der sozialdemokratischen Revolution[178] gekommen, in der übrigens lediglich die Staatsgewalt vom Proletariat ausgehen, nicht aber die Produktionsmittel in dessen Hand sein sollten,

wäre die Stalinisierung der UdSSR nicht erfolgt und hätte es den zweiten Teil des Großen Krieges nicht gegeben.

Erst auf der Basis _*dieser*_ sozusagen erzeugten Faktenlage,

konnte sich die Welt in zwei systemisch widerstreitende politische Lager aufteilen.

Diese an sich chaotische und facettenreiche Faktenlage kann als Ursache für den

Beginn des Kalten Krieges gelten[179],

der zwar im Jahre 1991 mit der Implosion des stalinistischen Ostblocks und dem Zusammenbruch der stalinistischen Sowjetunion selbst schließlich sein Ende gefunden hatte, wodurch aber erst wieder alle

---

[178] Vgl. Sebastian Haffner, *Der Verrat*, 2. korrigierte und aktualisierte Auflage, Kindler Verlag, April 1994.

[179] Siehe auch in: Die *tri*_logische Sezierung [...], Band III, Teilband 1, die Seiten 385 f.: „Anmerkung zum Begriff „Kalter Krieg".

*_ungelösten_*

nationalen wie wirtschaftspolitischen Fragen in den Fokus des Geschichtsprozesses treten konnten.

Diese Fragen nehmen heute bereits wieder bedrohliche Formen an, wie an den Krisen innerhalb der EU selbst, in Nordafrika, im Nahen Osten, in der Ukraine oder in Afghanistan deutlich werden kann.

(*__Im weiteren Verlauf dieser Untersuchung ist von diesen Ursachen noch zu sprechen.__*)

Nun, welche Begründung es für die Ende des zweiten Teils des großen Krieges des 20.Jh. einsetzende, vom „Westen" praktizierte

„Containment-Politik" auch gegeben haben mag,

die Verfolgung dieser Politik hätte zumindest nach dem Kalten Krieg beendet werden müssen.

Da dies aber ganz im Gegenteil nicht der Fall war, ist die Annahme nicht von der Hand zu weisen, daß jener Artikel Georges F. Kennans in der Zeitschrift *Foreign Affairs*, nicht die eigentlichen Absichten der USA widerspiegelte.

Denn wurde der Inhalt dieser Schrift für die Politik der USA nach dem Ende des Großen Krieges grundlegend, muß man von einer

sich immer wieder neu den politischen Verhältnissen anpassenden Doktrin

ausgehen, die sich in je gewandelten Strategiepapieren ausdrückt, aber grundsätzlich die Richtung beibehält:

Bewahrung und Ausbau der globalen Dominanz des westlichen Systems.[180]

Dies ist aber mit wirklicher Demokratie nicht vereinbar und zwar weder innenpolitisch noch außenpolitisch.

Ende der Anmerkung: Ihren Ursprung findet diese Strategie

Einschneidende Bedeutung gewann ein solches Strategiepapier nach dem Ende des Kalten Krieges in der Regierungszeit von George W. Bush. Diesem, auch als „Bush-Doktrin" bezeichneten Strategiepapier aus dem Jahre 2002 ging aber ein „geheimer Entwurf" aus dem Jahre 1992 voraus, der unter der Federführung von Paul Wolfowitz[181] verfaßt worden war und in dem u.a. unverblümt davon die Rede ist, daß

die erste Zielsetzung us-amerikanischer Politik

darin bestehen müsse,

den Aufstieg eines Gegners auf der Weltbühne zu verhindern,

und daß die USA ebenso bestrebt sein müßten zu vereiteln,

[180] Vgl. auf den Seiten 292-94 die mit: „Daß dies selbstverständlich nicht so ist ..." beginnende Passage.

[181] Geboren 1943, war er _der_ strategische Berater des 43. Präsidenten der USA, also von George W. Bush, der diese Rolle von 2001 bis 2009 spielte, und, u.a., der stellvertretende Verteidigungsminister von Donald Rumsfeld.

daß irgendeine feindliche Macht Zugriff auf eine Region bekäme, die ihr, hätte sie erst einmal ihre Macht dort etabliert, die Ressourcen böte, sich global zu entfalten.

(__„Feindliche Macht" ist selbstverständlich relativ: die EU wird von der deutschen Politik dominiert: Dem wohnt kein Feindschafts-Potential inne?__)

Diese Regionen seien das politische Westeuropa (__d.h. die _*heutige*_ EU__), das geographische Europa bis zum Ural, Ostasien, die weiten Gebiete der früheren Sowjetunion und China umfassend, sowie Südwestasien, wozu hauptsächlich Indien zu zählen sei. Bei der Verfolgung dieser Strategie seien deshalb insbesondere drei Gesichtspunkte entscheidend:

Erstens

sei die Führung der USA notwendig zur Errichtung und zum Schutze einer neuen Weltordnung, so daß jeder mögliche Konkurrent von vornherein abgehalten würde, nach einer größeren Rolle zu streben oder eine aggressivere Haltung zur Verfolgung seiner (__*an sich als berechtigt anerkannten*__) Belange einzunehmen.

Zweitens

seien in den Bereichen, die nicht der Verteidigung zuzurechnen sind, die Interessen der entwickelten Nationalstaaten ausreichend zu berücksichtigen, so daß sie davon abgehalten würden, die Herrschaft der USA in Frage zu stellen oder danach zu streben, die bestehende politische und wirtschaftliche Ordnung zu beseitigen.

Meine Vermutung, daß (__*im Rahmen solcher „Sicherheitsstrategien"*__) mit sogenannten „Freihandelsabkommen" à la TTIP ein globales Mittel geschaffen werden soll (__wird__) zur direkten Einflußnahme auf die Volkswirtschaften, die sich im Geltungsbereich solcher Abkommen befinden, müßte erst widerlegt werden, bevor ich mich vom Gegenteil überzeugen lassen könnte, daß diese tatsächlich der Förderung von „Freihandel" dienten, denn die Inhalte solcher Abkommen werden von Interessenvertretern der global agierenden Konzerne (__*und damit letztlich der Machteliten*__) ausformuliert, nicht von unabhängigen Fachleuten (__*mit dem in solchen Zusammenhängen notwendigen Gesamtblick*__), und können somit ausschließlich dem Schutz der Interessen der global agierenden Konzerne dienen, hingegen nicht dem Schutz, bzw. der Entwicklung menschenwürdiger Gesellschaften.[182]

Drittens,

also folglich, müßten die USA den Abschreckungsmechanismus aufrechterhalten, und daß potentielle Konkurrenten selbst davon abzuhalten seien, überhaupt eine größere regionale Rolle zu spielen, da sich daraus die potentielle Gefahr konkurrierender Machtentfaltung auf weltweiter Ebene ergeben könnte.

[182] Vgl. auch in: Die *tri*_logische Sezierung [...], Band III, Teilband 2, Anhang II.

Ein weiterer Punkt sei

die Verteidigung us-amerikanischer Interessen und die Beförderung amerikanischer Werte und zwar derartig, daß die Achtung vor internationalem Recht zunähme, internationale Gewalttätigkeiten eingedämmt und die Ausbreitung demokratischer Regierungsformen und offener Wirtschaftssysteme befördert würden.

Überdies umreißt dieser Entwurf mehrere Szenarien,

auf welche Weise us-amerikanische Interessen durch regionale Konflikte bedroht sein könnten.

- _*Blockierung*_ des Zugriffs auf unverzichtbare Rohstoffe, insbesondere der Ölquellen am Persischen Golf.
- _*Verbreitung*_ von Massenvernichtungs- und ballistischen Waffen.
- _*Bedrohung*_ von US-Bürgern durch Terrorismus oder wegen regionaler oder lokaler Konflikte.
- _*Bedrohung*_ der Gesellschaft der USA durch Drogenhandel.
- Zudem müßten die USA vorbereitet sein, im Alleingang zu handeln.

Das heißt in diesem „geheimen Entwurf" aus dem Jahre 1992 ist keine Rede davon, daß bei irgendeiner als notwendig erachteten Vorgehensweise zur Umsetzung von oben geschilderten Forderungen oder zur Aufrechterhaltung des us-amerikanisch dominierten Status quo, dies grundsätzlich unter Führung der UNO zu geschehen habe.

Zwar seien zur Beförderung gemeinsam durchzuführender Maßnahmen Bündnisse wünschenswert, aber die USA sollten in Zukunft eher auf Bündnisse bauen, die in *ad hoc* einberufenen UN-Versammlungen lediglich zu dem Zweck geschlossen würden, eine bestimmte Krise zu bewältigen, und die nach erfolgreicher Lösung keinen weiteren Bestand hätten.

Ein „Entwurf", der offenbar paranoide Züge aufweist, sind diese auch quasi zwangsläufiger Ausdruck der Konsequenz solcher nationalstaatlichen Politik. Immerhin ist die Ausübung von derartiger Macht letztlich davon abhängig, daß zu ihrer Perpetuierung bei den sie Ausübenden eine gewisse Sensibilität entwickelt ist, die schon weit im Vorfeld wahrnimmt, ob sich potentiell innergesellschaftliche und internationale Veränderungen anbahnen, die den aktuellen Macht-Status ansatzweise berühren könnten.

Nun, in diesem geheimen Entwurf zur Formulierung einer neuen *nationalen Sicherheitsstrategie der USA* wird schließlich auf die

> Unverzichtbarkeit der us-amerikanischen Stärke zur Aufrechterhaltung einer us-amerikanisch dominierten Weltordnung hingewiesen,

was dann quasi notwendig unabhängiges Handeln impliziert, falls mit anderen Staaten keine Übereinkunft für gemeinsames Vorgehen zu erzielen wäre oder eine Krisenentwicklung ein schnelles Eingreifen erfordere.[183]

Dieser geheime Entwurf wurde durch eine

Indiskretion

öffentlich, so daß er erst einmal zurückgezogen wurde und bei der Gelegenheit eine Neubearbeitung erfahren sollte.

Tatsächlich aber findet er sich in der sogenannten Bush-Doktrin wieder.

Diese Doktrin wurde erst am 20. September des Jahres 2002 veröffentlicht, obwohl sie schon Monate vorher angekündigt worden und erst *_nachdem_* eine Vorlage des US-Präsidenten dem Kongreß zur Beschlußfassung vorgelegt worden war, in der die Kongreßabgeordneten aufgefordert wurden, ihm die notwendigen Kompetenzen zu übertragen, daß zur Wiederherstellung des *„internationalen Friedens und der Sicherheit in der Region"* mit „allen Mitteln" gegen den Irak gekämpft werden könne. Und prompt einen Tag später erklärte der aus Sicht der USA für die Golfregion zuständige US-General Tommy Franks: *Wir sind zu allen Einsätzen und Aktionen bereit, die unsere Nation von uns verlangt.*[184]

---

[183] Die Eckdaten dieser Aussagen lassen sich über die folgende, am 25. Januar '18 erneut geprüfte Internet-Anschrift abrufen:

http://www.pbs.org/wgbh/pages/frontline/shows/iraq/etc/wolf.html.

[184] Davon war damals in den Tageszeitungen und deren Internetportalen zu lesen, so bspw. in der *Neuen Züricher Zeitung*, bzw. auf deren WebSite. Der zugehörige Internet-Pfad ist am 25. Januar '18 erneut geprüfte Internet-Anschrift folgende ist:

http://www.nzz.ch/aktuell/startseite/article8EVS3-1.425904.

Die [__Nationale Sicherheitsstrategie der Vereinigten Staaten__] ist [...] nicht mehr und nicht weniger als die Anleitung für eine praktische Umsetzung der US-Hegemonie und der hierfür erforderlichen rigorosen Wahrung von US-Interessen.[188]

Von den praktischen Konsequenzen her gesehen bedeutet das allerdings, daß die Machtelite der USA nicht „lediglich" den Rest der Welt als ihren „Hinterhof" betrachtet, sondern auch die Bevölkerung der USA selbst als potentielle Bedrohung für ihre Bestrebungen ansieht, wodurch der Eindruck entstehen könnte, daß das *Konstrukt des Nationalstaates* gar keine Rolle mehr spiele.[189]

Im eigentlichen machtausübenden, bzw. im *machtregulierenden* Sinne wird der Nationalstaat seine frühere Rolle nicht mehr spielen — wenn's nach der Planung der neoliberalen Damen und Herren des Universums geht.

Abkommen à la TTIP sind das Wetterleuchten der Machtübergabe an die global agierenden Konzerne, d.h. an deren Besitzer, wozu selbstverständlich auch Medienkonzernbesitzer gehören.

... *welchem Zweck mögen Massenmedien blues dienen?* ...[190]

---

[188] Vgl. die über den folgenden, am 25. Januar '18 erneut geprüften Link zu erreichenden Aussagen:

http://www.ag-friedensforschung.de/regionen/USA/doktrin-wagner.html.

[189] Vgl. das Kapitel 15: „Menschenrechte, Völkerrecht und das Konstrukt des Nationalstaates".

[190] Siehe in Die *tri*_logische Sezierung [...], Band III, Teilband 1, Teil 1.

Nun, für Machteliten stellten und stellen Nationalstaaten per se lediglich „Spielwiesen" zur Verwirklichung ihrer eigenen Interessen dar, und zwar insofern, daß sie allein diese niemals verwirklichen könnten — mangels Masse, denn diese „Masse" liegt in der Bevölkerung eines Nationalstaates begründet, die

(__aus Sicht _*jeder*_ nationalstaatlichen Machtelite__)

zu der „Erkenntnis" gebracht werden muß, daß ihr Daseinssinn vorrangig darin bestehe, die Interessen der entsprechenden Machtelite tatkräftig zu _*befürworten*_ ...

In diesem Sinne sagte eine als bedeutend geltende Frau, in ihrer Funktion als eine Hauptmagd der deutschen Machtelite:

„*W i r* haben über unsere Verhältnisse gelebt."

Wenn nämlich Europa heute sieben Prozent der Weltbevölkerung ausmache, hingegen lediglich 25 Prozent des globalen Bruttoinlandsprodukts erwirtschafte, aber damit etwa 50 Prozent der weltweiten Sozialkosten finanzieren müsse, dann, so erzählte diese wichtige Miene weiter, sei es nicht zu leugnen, daß die Menschen in diesem [__„deutschsprechenden"__] Europa mehr und härter arbeiten müßten, wollten sie für sich den bisherigen materiellen Wohlstand erhalten —

w o l l t e n

sie sich also auch einmal etwas „gönnen". Denn es könne einfach nicht sein, daß jedes Jahr mehr ausgegeben werde als eingenommen ... Schluß also mit dem ständigen über seine eigenen Verhältnisse leben.

Nun, es wird zwar stimmen,

daß derartige Sprüche beim ersten Hören einleuchten mögen, dennoch bleiben sie ein Beispiel dafür, daß es manchmal gut sein kann, in entscheidenden Angelegenheiten den Mund zu halten, was allerdings nicht geht, handelt es sich um die Klappe eines allgemein als bedeutend geltenden Menschen. Wobei das massenwirksame Absondern solcher Sprüche lediglich deshalb möglich ist, da ein derartiges Daherreden als völlig angemessen aufgefaßt wird von quasi allen Meinungsmachenden und folglich auch von der Masse der Bevölkerung, deren Mitglieder sowieso wissen, daß sie auf Dauer nicht über ihre Verhältnisse leben können —

persönlich.

Auf diese Weise geschieht es aber tatsächlich, daß man sich als kenntnislos outen kann, _*ohne*_ daß es andere großartig merken — geschweige denn man selbst.

Glücklicherweise gibt es aber bereits eine richtige Antwort auf die oben sinngemäß zitierte „Aussage", die ich Ihnen nicht vorenthalten möchte:

ZITAT

[...] Die 50 Prozent der weltweiten Sozialkosten, deren Reduktion Frau Merkel in Europa anmahnt und die Herr Weimer[191] eine Rundumversorgung nennt, sind natürlich durch die europäische Produktivität gedeckt und kein wirkliches Problem, aber sie eignen sich hervorragend als Auftakt zu einer neuen Runde der allgemeinen

[191] Wolfram Weimer, Verleger und Publizist, u.a. gründete er 2004 das „Magazin Cicero für politische Kultur".

Kürzungen von Löhnen und Sozialleistungen in Europa. Mit ähnlich schwachen Argumenten war einst auch Gerhard Schröder vor das deutsche Volk getreten, hat die chinesische Gefahr und die Alterung beschworen und hat mit diesen Argumenten zuerst die Lohnnebenkosten und dann die Lohnkosten selbst in die Zange genommen. Was Schröder für Deutschland gemacht hat, versucht Frau Merkel jetzt für ganz Europa. [...]

ZITATENDE[192]

Das heißt die Masse der Menschen geneigt machen sollende „Aussagen" des politischen und des meinungsmachenden Gesindes der Machteliten sind *neoliberales Neusprech* à la Orwell:

> Wohltaten sind von Übel! Wenn es uns gutgeht,
> geht es uns schlecht! Grausamkeiten sind ein Segen!
> Wenn es uns schlechtgeht, geht es uns gut! ...[193]

Dementsprechend spielte der Nationalstaat für die Bevölkerung schon immer die Rolle einer

> „Heimat-Hülle".

---

[192] Quelle: „Vom Merkantilismus zum Merkelantismus", dessen folgende Internet-Anschrift am 26. Januar '18 erneut geprüft worden ist:

https://makroskop.eu/2013/07/abo-artikel-vom-merkantilismus-zum-merkelantismus/. _

Die Zitierung erfolgt mit freundlicher Genehmigung. der Makroskop-Redaktion.

[193] Zitiert nach Jens Jürgen Korff in: „Kritik windiger Rentenprognosen und Familienrechnungen", im Internet auf NachDenkSeiten.de unter der folgenden, ebenso am 26. Januar '18 erneut geprüften Adresse zu finden:

http://www.nachdenkseiten.de/wp-print.php?p=19990.

In gewissem Maße ebenso für die Machtelite selbst, die aber niemals zögern würde, ihre

*_nationalstaatliche Spielwiese_*

besetzen zu lassen,

so dies von einer anderen nationalstaatlichen Machtelite veranlaßt wäre, nicht aber von der eigenen Bevölkerung — denn das wäre „Hochverrat.

Diese „andere" Machtelite ließe dann mittels ihrer Massenmedien „ihrer" Bevölkerung etwas von „robusten Einsätzen" vorlügen, die durchzuführen wären, daß „Demokratie" exportiert werden könne in ein Land, in dem die Bevölkerung die dortige Machtelite

*_unterdrücke_*

(__*was allerdings in den Massenmedien nicht so formuliert zu lesen wäre* — wozu mag es demnach Massenmedien geben? — etwa zu *_dem_* Zwecke, daß über sie der Masse der Menschen zu verdeutlichen sei, wo ihre eigenen Interessen *_tatsächlich_* lägen?__).

*_Dies_*

ließ eine Machtelite dann zu, drohte eine, ihre eigenen Ziele durchkreuzende, von „ihrer" Bevölkerung ausgehende Revolution — die dem tatsächlichen Zwecke der Beendigung der machtelitären Herrschaft diente.

Das heißt beim

*_Konstrukt des Nationalstaates_*

handelt es sich sozusagen um ein

*_aktualisiertes Instrument der Herrschaft_*

über die Bevölkerung eines von einer entsprechenden Macht-Elite beanspruchten („Staats-") Gebietes. — Also gilt es zu erkennen, daß

Nationalstaat

und

Volk

zwei verschiedene Paar Schuhe sind, denn im Nationalstaat wird ein Volk organisiert

— im Sinne der nationalstaatlichen Machtelite —

ist aber dieser Nationalstaat selbst nicht. Oder anders ausgedrückt:

Nationalstaaten sind auf bürgerliches Niveau gebrachte Instrumente zur Herrschaft über die Masse der Menschen (*__das Volk__*) eines bestimmten Landes.

Nun, diesen

*_nationalstaatlichen Prozeß_*

kann man als

*_Aktualisierung der alten Herrschaftsmethode_*

verstehen, die, als die Machtelite des feudal-aristokratischen Systems die Zeichen der Zeit nicht mehr zu deuten in der Lage war, notwendig wurde, was überdies zur Folge hatte, daß ihre Vertreter mit der Einführung dieser (*__verbürgerlichten__*) „Aktualisierung der Herrschaft" über die Masse der Menschen (*__das Volk__*) (*__erst einmal aus der ersten Reihe__*) entfernt wurden. Und insofern zog diese Aktualisierung der aus den alten Reichen überkommenen Herrschaft so etwas wie eine

*_nationalstaatliche Kleingartenanlage_*

nach sich, die heutzutage durch *nation modelling* ständig erweitert wird.

„Nation-Modelling" wird übrigens von großen Ex-Straßenkämpfern und anderen neoliberalen Politikern, vielfach

fälschlicherweise als „Nation-Building" bezeichnet.

Denn es geht ja gerade nicht um die Förderung eines langwierigen Prozesses, daß die Menschen einer Region sich als ein „Volk" erkennen mögen, sondern um das Organisieren von Menschen in einer bestimmten Region, ihnen also eine Staatlichkeit überzustülpen — und eben *_nicht_*

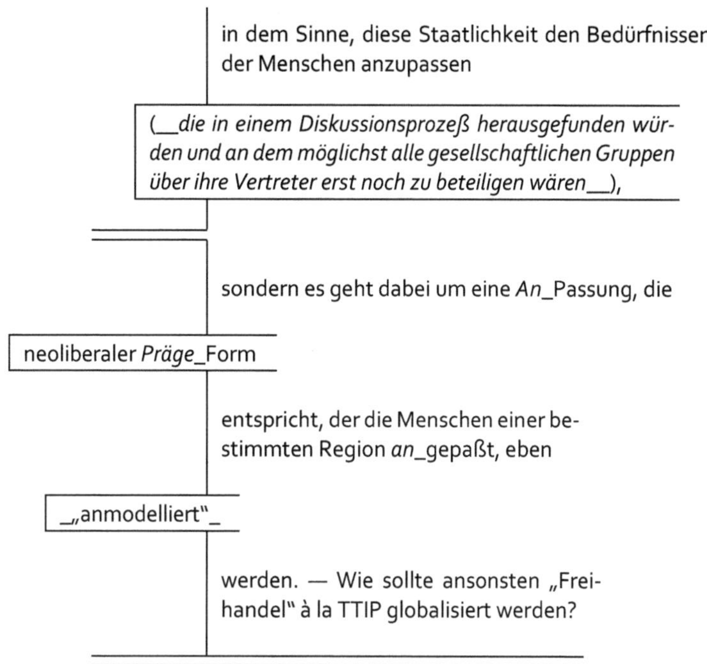

in dem Sinne, diese Staatlichkeit den Bedürfnissen der Menschen anzupassen

(__die in einem Diskussionsprozeß herausgefunden würden und an dem möglichst alle gesellschaftlichen Gruppen über ihre Vertreter erst noch zu beteiligen wären__),

sondern es geht dabei um eine *An*_Passung, die

neoliberaler *Präge*_Form

entspricht, der die Menschen einer bestimmten Region *an*_gepaßt, eben

„anmodelliert"

werden. — Wie sollte ansonsten „Freihandel" à la TTIP globalisiert werden?

Zu Machteliten und deren „Verbundenheit" mit den Insassen ihrer Nationalstaaten

(__für die sie wohl Fahne und Hymne bereithalten — sowie den Tod, wenn's brenzlig wird — für _*diese*_ Elite und ihre Interessen__),

sei an dieser Stelle lediglich soviel noch randständig erwähnt, daß diese

*_Aktualisierung des Herrschaftsinstruments_*

über die bürgerlichen Revolutionen herbeigeführt worden ist.

Exemplarischen Charakter weist hierbei insbesondere die deutsche Revolution von 1848 auf. Das heißt in dieser

*_abgebrochenen_*

bürgerlichen Revolution kam das eigentlich revolutionäre Element nur unzureichend zum Tragen, den das alte Regime wurde nicht beseitigt, da sich das große deutsche Bürgertum lieber gleich mit dem Junkertum verband, das sozusagen den militärischen Arm des Preußentums darstellte, das aber diesen Pakt mit dem großen deutschen Bürgertum lediglich deshalb einging, da dieses der Forderung der Junker nachgab, diese militärische Führung auch weiterhin innezuhaben, was dieses große Bürgertum willig akzeptierte, denn es konnte sicher sein, daß bei der Durchsetzung beider Interessen das deutsche Junkertum die notwendige Brutalität an den Tag legen würde, die ihm von jeher eigen war — andernfalls hätte es sich nämlich mit jeder anderen Macht verbunden, die ihm nur die Berücksichtigung der Interessen seiner Junker garantiert hätte.[194]

Daß die *Nationale Sicherheitsstrategie der Vereinigten Staaten*:

„[…] nicht mehr und nicht weniger als die Anleitung für eine praktische Umsetzung der US-Hegemonie und der hierfür erforderlichen rigorosen Wahrung von US-Interessen […]" ist[195],

---

[194] Siehe in diesem Zusammenhang in: Die *tri_*logische Sezierung […], Band III, Teilband 2, Seiten 591-93: „Das Herrühren des Begriffs 'Wilhelminismus'".

[195] Vgl. die Zitierung auf der Seite 308 oben.

und nicht „bloß“ ungebrochen gilt, sondern höchst bedenklich weiter ausformuliert und den sich verändert habenden Gegebenheiten (__*mit unveränderter Zielrichtung*__) angepaßt wird, beweist das, anläßlich der vom 13. bis 15. Oktober '14 stattgefunden habenden Konferenz der *Association of the United States Army* (AUSA)[196] offiziell vorgestellte *U.S. Army Operating Concept* (AOC) 2020-2040[197], das eigentlich keine Fragen mehr offen läßt, will man verstehen, was und mit welcher Zielsetzung aktuell an

nationalstaats_terroristischer Gewalt

unter Führung der USA praktiziert wird und weiter praktiziert werden wird.

Eine Zielsetzung, die übrigens genauso von den anderen neoliberalen Machteliten der westlichen Länder gefordert wird, wenn dies auch in dem eu-europäischen Strategiepapier für die Zeit bis 2020 weniger deutlich formuliert ist[198] — und damit in völliger Übereinstimmung mit der deutschen Machtelite stehend.

Wie könnte dies auch anders sein, die beiden Teile des großen imperialistischen Krieges des 20. Jh. sollten schließlich (__aus Sicht der deutschen Machtelite__) *doch noch einen „Sinn“ gehabt haben ...*

---

[196] Siehe zu dieser Association die Angaben, die über die folgende, am 26. Januar '18 erneut geprüfte Adresse abrufbar sind:
http://www.ausa.org/AM/Pages/Home.aspx.

[197] Die Angaben dazu sind über die folgende, ebenfalls am 26. Januar 2018 erneut geprüfte Adresse abrufbar:
http://www.tradoc.army.mil/tpubs/pams/TP525-3-1.pdf.

[198] Siehe das 18. Kapitel.

aber, daß die Vertreter der Machtelite der USA den Eindruck haben, sich bereits im Krieg zu befinden —

allerdings _nicht_ gegen selbst erzeugten und für die eigenen Zwecke benutzten Terrorismus!

Denn der

„Einsatz aller Bereiche der nationalen Kräfte"

bedeutet nichts anderes als eine

Vorbereitung

auf die

Potenzierung und Perpetuierung von Krieg,

also die Etablierung des

permanenten Krieges —

zur Konservierung der schon bestehenden Hegemonie, bzw. zur Realisierung tatsächlich globaler

(__*neoliberaler*__)

Herrschaft.

Diesen *permanenten Krieg* gedenken die USA (__*und ihre Verbündeten*__) differenziert zu führen, zur Erreichung ihres Ziels: den Sieg davon zu tragen in einer — *vielschichtig verflochtenen Welt* (__*win in a complex world*__), in der praktisch alles unklar ist: die Gegend, in der gekämpft wird, der Gegner, gegen den gekämpft wird, die Koalitionen, die sich auf Grund solcher Kämpfe ergeben.

Also wird die ganze Welt zum möglichen Schauplatz von Kämpfen, die der Sicherung, dem Erhalt und der Erweiterung der weltweiten Dominanz der USA dienen — *einschließlich* der USA selbst:

Genau zu diesem Zweck ist bereits am 1. Oktober 2008

(__*und zwar erstmals in der Geschichte der USA!*__)

eine Armee-Kampfeinheit in den USA stationiert worden, die explizit dem Kampf im Inneren dient und sich aus Einheiten zusammensetzt, die insbesondere über Erfahrungen im Häuserkampf verfügen, die sie im Irak in mehrjährigen Einsätzen gesammelt hatten.

Zwar gab es schon solche Einsätze im Inneren der USA, so in New Orleans, als dort nach dem *Hurrikan Katrina* (__im August des Jahres 2005__) das Kriegsrecht herrschte.

Nun aber ist eine dem *Northern Command* (__NorthCom__) des Pentagons _*dauerhaft*_ unterstellte Armee-Einheit[204] mit einem die US-Bevölkerung _*direkt*_ betreffenden Auftrag ver-

[204] 1st Armored Brigade Combat Team of the 34th Infantry Division. _*Unzureichende*_ Angaben lassen sich über folgende, am 26. Januar '18 erneut geprüfte Internet-Anschrift abrufen:

http://en.wikipedia.org/wiki/1st_Armored_Brigade_Combat_Team,_34th_Infantry_Division.

sehen worden, in dem die USA selbst nicht als „Verteidigungszone", sondern als „Kampfzone" bezeichnet werden.

Genau hierauf spielt die auf der Seite 307 erwähnte Bemerkung an, daß in der unter der Regierung Obama am 27. Mai des Jahres 2010 veröffentlichten *Nationalen Sicherheitsstrategie der Vereinigten Staaten*, u.a. davon die Rede ist, daß von seiten sich radikalisierender Teile der us-amerikanischen Bevölkerung eine Bedrohung für die Sicherheit des etablierten neoliberalen Systems entstehen könne. — Dies ist eine Aussage, die bis zu diesem Zeitpunkt öffentlich so nicht ausgedrückt worden ist.

NorthCom

wurde im Anschluß an den 11. September des Jahres 2001 mit der Zielsetzung der Verteidigung des Staatsgebietes der USA geschaffen.

Das hört sich erst einmal nach „Verteidigung gegen Terrorismus" an. Ist der internationale Terrorismus aber eine dem Ziel dienende Inszenierung, *jederzeit* Krieg *präventiv* gegen regionale, die USA bei der Verfolgung ihrer Interessen störende Staaten führen zu können,

oder gegen unliebsam gewordene wie den Irak im Jahre 2003, als die ganze Welt angelogen worden ist, daß Saddam Hussein in einer Koalition mit Al-Qaida wäre und Massenvernichtungswaffen im Irak lagern würden,

oder gegen Staaten, die in absehbarer Zeit zu einem Konkurrenten für die us-amerikanische Hegemonie werden könnten (__hier befinden sich aktuell natürlich China und Rußland im Visier der us-amerikanischen Politik, die, insbesondere bezogen auf Rußland, noch zusätzlich den Vorteil hat, daß sie hilft einen Keil zwischen die in der EU vereinigten westeuropäischen Staaten und den osteuropäischen Staaten und Rußland zu treiben.__),

nun, dann ist davon auszugehen, daß die USA dabei sind, sich die ganze Welt ihren Zwecken und den Interessen ihrer Macht-Elite zu unterwerfen.

---

* * *

Erstmals ausgedrückt in dem oben schon erwähnten,

*_geheimen Entwurf_*

aus dem Jahre 1992, wenn auch zuerst überarbeitet, wurden dessen Ausformulierungen im wesentlichen Grundlage für die neue *nationale Sicherheitsstrategie der Vereinigten Staaten von Amerika* des Jahres 2002 zur Zeit der US-Regierung unter George W. Bush.

Daß dieser „Entwurf" erst Anfang der 2000er Jahre

us-amerikanische Doktrin werden konnte, liegt einerseits an den Ereignissen im ersten Jahrzehnt nach dem Ende des Kalten Krieges und an dem Anschlag vom 11. September des Jahres 2001 in New York.

In den 90er Jahren wäre eine solche politische Ausrichtung auf zu große nationale wie internationale Widerstände gestoßen und hätte die ganze

Ost-Erweiterung

der NATO auf Kosten Rußlands gefährdet. — Aus Sicht der USA gab es folglich gute Gründe, dieses geheime Strategiepapier in den 90er Jahren noch nicht zur offiziell verkündeten *nationalen Sicherheitsstrategie der Vereinigten Staaten von Amerika* zu erheben.

Und so blieb es bei mehr inoffiziellen „Strategiepapieren" wie *The Grand Chessboard* von Z. Brzezinski[205] aus dem Jahre 1997, das die seit dem Ende des Kalten Krieges die US-Politik leitenden und weiterhin gültigen Elemente bereits deutlich ausgedrückt enthält.

Nun, das *U.S. Army Operating Concept* (__AOC__) 2020-2040[206], ist nichts anderes als eine Präzisierung und Aktualisierung dieses „geheimen Entwurfs" aus dem Jahre 1992, in dem u.a. davon die Rede ist, daß

die _*erste*_ Zielsetzung us-amerikanischer Politik

darin bestehen müsse, nicht nur den Aufstieg eines Gegners auf der Weltbühne zu verhindern, sondern durch auch zu verhindern sei, daß irgendeine andere Macht Zugriff auf eine Region bekäme, die,

[205] Vgl. die Seite 292.

[206] Vgl. die Fußnote 197 auf der Seite 317.

hätte sie erst einmal ihre Macht dort etabliert, dieser Macht die Ressourcen böte, sich konkurrierend global zu entfalten ...[207]

Unter diesem Aspekt sind auch die Auseinandersetzungen mit der US-Administration zu verstehen, die schon mit der Amtseinführung Barack Obamas erkennbar wurden und wofür die (__*im übrigen berechtigte*__) anhaltend scharfe Kritik an den deutschen Handelsüberschüssen (__*die immerhin auf Kosten anderer gehen*__) exemplarisch ist.[208]

* * *

Nun, da es sich offensichtlich so verhält, daß die anderen neoliberalen Machteliten und ihre jeweiligen Satelliten

(__*selbstredend inklusive der deutschen Machtelite und deren Satelliten*__)

[207] Vgl. die Seiten 300-8, beginnend mit: „Einschneidende Bedeutung gewann ein solches Strategiepapier ...".

[208] Siehe bspw.: „Wir müssen wieder Zuversicht geben" Helmut Kohl über eine Außenpolitik, der es an Verläßlichkeit mangelt"; als PDF-Datei abrufbar über „IP-Die Zeitschrift", der am 26. Januar '18 erneut geprüfte Internet-Pfad ist folgender:

https://zeitschrift-ip.dgap.org/sites/default/files/article_downloads/IP_05-2011_Interview-Kohl.pdf. — Bezüglich der so berechtigten wie scharfen Kritik an den deutschen Handelsbilanzüberschüssen, siehe in: Die *tri*_logische Sezierung [...], Band III, Teilband 2, Lesung 17.

im Sinne dieser Strategie aktiv sind, ist es nicht nur berechtigt diese als die *Strategie des Neoliberalismus'* zu bezeichnen —

sondern es ist ebenso offensichtlich, daß ein halbherziges dagegen Anreformieren keinen Erfolg zeitigen kann, will man die Vollendung dieser Entwicklung noch stoppen.

Satelliten einer nationalstaatlichen Machtelite sind übrigens *spin_*doktorische Wissenschaftler, die also ihr

(__*meist über in von den Steuerzahlern bezahlten Studiengängen erworbenes*__),

Wissen in den Dienst solcher Machenschaften stellen; sogenannte *Journalisten,* die im Sinne solcher Machenschaften „Meinung machen", und die ich deshalb als

*schreibende Mitarbeiter* von Medienkonzernen

bezeichne; sogenannte *Politiker,* die im Sinne solcher Machenschaften

„demokratie_*optische* Politik"

betreiben; Gewerkschaftsführer, die so tun, als ständen sie auf der Seite jener, deren Interessen sie vertreten sollen — und, last but not least, diverse im „Kulturbetrieb" Aktive, die ihre neoliberal-ideologischen Kenntniserwerbungen über offenbar nicht verstandene wirtschaftliche Zusammenhänge — also im Sinne der Schwäbischen Hausfrau redend, dem gutgläubigen Publikum

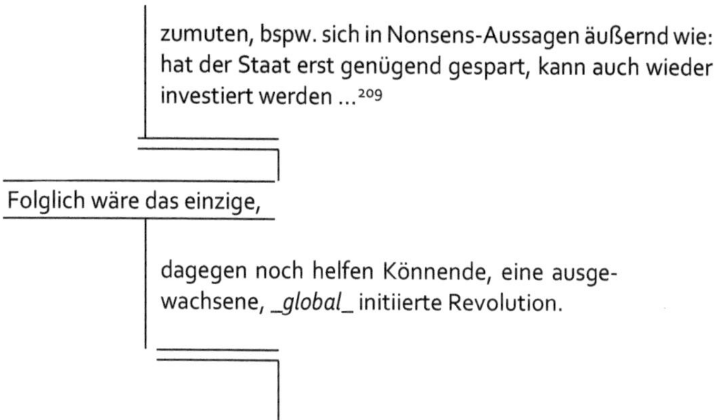

zumuten, bspw. sich in Nonsens-Aussagen äußernd wie: hat der Staat erst genügend gespart, kann auch wieder investiert werden …[209]

Folglich wäre das einzige,

dagegen noch helfen Könnende, eine ausgewachsene, _*global*_ initiierte Revolution.

Da aber hierzu weder das Bewußtsein in der Bevölkerung noch die von ihr anerkannten Revolutionäre vorhanden sind, bliebe als einziges, „realistisches" Projekt …

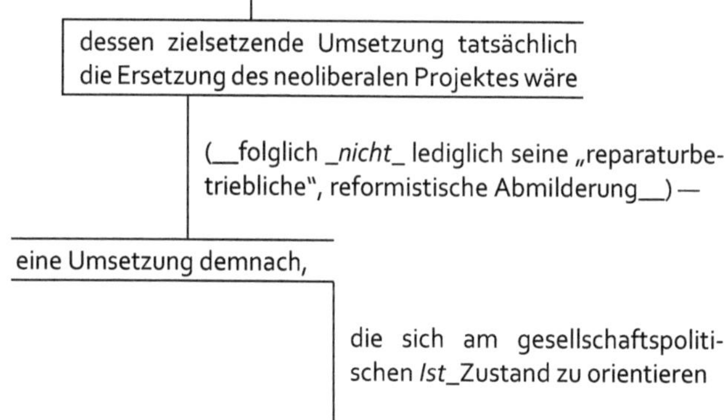

dessen zielsetzende Umsetzung tatsächlich die Ersetzung des neoliberalen Projektes wäre

(__folglich _*nicht*_ lediglich seine „reparaturbetriebliche", reformistische Abmilderung__) —

eine Umsetzung demnach,

die sich am gesellschaftspolitischen *Ist*_Zustand zu orientieren

[209] Nun, zwar stimmt es, daß die drei Bände der *Tri*_logischen Sezierung […] ihre Existenz solchen „Satelliten der Macht" (__*und den daraus resultierenden, so real-satirischen wie dadaistisch-surrealen Konsequenzen*__) verdanken; Anlaß, solchen Figuren dafür dankbar zu sein, habe ich allerdings keinen, hingegen ist das die drängende Aufforderung, zu diesen größtmögliche Distanz zu wahren.

hätte und über konsequentes Reformieren zu realisieren wäre ...

Also bliebe als einziges, „realistisches" Projekt jenes des

Sozialen Rechtsstaates,

von dem im vierten Teil dieser Untersuchung die Rede ist.

Und scheint selbst das nicht umsetzbar zu sein ...

erscheint selbst die Realisierung des Reformprojektes zur Etablierung des _*nicht*_ mit dem bürgerlichen Sozialstaat zu verwechselnden *Sozialen Rechtsstaates* nicht umsetzbar ...

... Es ist nämlich nicht so, daß ich tatsächlich ein Utopist wäre, da ich meinen

(__*utopisch erscheinenden*__)

Überlegungen schriftlichen Ausdruck verleihe — denn tatsächlich sind es die neoliberal dominierten und induzierten gesellschaftlichen Verhältnisse, die diese Überlegungen in einem solchen Licht erscheinen lassen.

Nein, ganz im Gegenteil: ich bin Realist.

Dazu gehört allerdings auch, daß mir das neoliberale Projekt von seiner ganzen Anlage her suspekt ist, da es sich nicht an der (__*stets!*__) unsicheren Realität, sondern an einem (__*Sicherheit vorgaukelnden*__) Modell „orientiert", das die Abbildung von „Realität" suggeriert, die tatsächlich lediglich eine ideologisch ökonomisiert reduzierte Vorstellung von Realität ist.

„Realist zu sein" bedeutet jedoch nicht, Opportunist zu sein!

N u n,

scheint selbst das nicht umsetzbar zu sein,
wo mag dann in diesem Zusammenhang
das Problem versteckt liegen?

ZITAT

[...] _*Nicht*_ darin jedenfalls, daß die Menschen gar nicht anders wollten, und deshalb bräuchte gar nicht angefangen zu werden, denn die machten das sowieso nicht mit. Doch, doch, die machten das auf jeden Fall mit, davon bin ich überzeugt (__*habe es schon oft von ganz „normalen Leuten" gesagt bekommen*__).

Nein, „*wenn es nicht geht*", und „*wir*" also solche Entwicklungen, wie in der Ukraine, Syrien oder durch vom „Westen" initiierte Terrororganisationen à la „IS", begleitet von ekelerregender Heuchelei[210], demnächst als „*normal*" erleben werden

(__*alles eine Frage der Abhärtung offenbar*__),

dann hängst es ursächlich eben _*nicht*_ mit dem „strukturellen Egoismus" der Menschen zusammen!

[210] Siehe insbesondere das nachfolgende Kapitel: „Die Politik bürgerlicher Nichtversteher".

Folglich würde jenes,

welches die us-amerikanische Machtelite den anderen Machteliten vorreitend betreibt, von diesen

genauso, ähnlich oder gar noch schlimmer

ausgeübt — auch das lehren übrigens die beiden großen imperialistischen Kriege des 20. Jahrhunderts.

Die Ersetzung

der einen neoliberalen Machtelite durch eine andere neoliberale Machtelite kann somit _*nicht*_ die Lösung der großen menschengeschlechtlichen Fragen bringen,

sondern _*mindestens*_

einerseits eine Ersetzung der aktuellen neoliberalen Macht-Elite durch eine solche, die notwendig strenger

demokratischer Kontrolle,

also den *Regularien des Sozialen Rechtsstaates* unterliegt —

und die eine solche Kontrolle als Selbstverständlichkeit begreift.[214]

---

[214] Editorische Notiz: Der Text dieses Kapitels ist erstmals am 23. Oktober '14 auf *NetzKolumnist.com* erschienen und ist im Rahmen der vorliegenden Untersuchung völlig überarbeitet und anläßlich dieser Ihnen vorliegenden, 2.Auflage revidiert worden.

Vierzehntes Kapitel

Die Politik bürgerlicher Nichtversteher

Mit dem Angriffskrieg gegen Serbien begann das Zeitalter der „Menschenrechtskriege".

Als die serbische Bevölkerung

anläßlich der Trauerfeierlichkeiten im Jahre 2014 auch der 15. Jährung des vom 24. März bis zum 10. Juni des Jahres 1999 gewährt habenden Angriffskriegs der NATO gegen ihr Land gedachten,

dem viele Kinder, Frauen und Männer durch über 2.300, vom sogenannten Verteidigungsbündnis des „Westens" geflogenen Luftangriffen zum Opfer gefallen waren, oder durch den Einsatz von über 1.300 Marschflugkörpern oder durch den Abwurf von mehr als 37.000 Streubomben, wodurch zudem Brücken, Krankenhäuser, Schulen, Wohnhäuser, Kraftwerke und Industrieanlagen zerstört wurden,

war von dieser Trauer „zufälligerweise" in den westlichen Massenmedien nichts zu lesen und zu hören.

Denn wie hätte das zum Reden über das Ende

europäischer „Friedenskultur" durch den behaupteten Bruch des Völkerrechts der Russen gepaßt, als diese dem am 16. März 2014 immerhin stattgefunden habenden Referendum auf der Krim Folge leisteten und wahrscheinlich sogar ein Blutbad verhinderten, als sie vorher die dort bereits stationierten (__*russischen*__) Truppen die ukrainischen Kasernen umstellen ließen, damit überhaupt erst dieses Referendum ungestört stattfinden konnte, zu dem übrigens westliche Beobachter eingeladen worden waren?

(__*Zu meinen, daß ein solches Beobachten nicht legitim gewesen, da dieses Referendum „völkerrechtswidrig" gewesen sei*[215]__),

ist allein deshalb fragwürdig, da zu jener Zeit vom Westen ein Regime in Kiew an die Macht gebracht worden ist, das man als alles mögliche bezeichnen kann, nur nicht als demokratisch legitimiert.

Und wie zwei Untersuchungen zeigen,

ist die Ukraine im Jahre 2016 in jeder Hinsicht ein zerrissenes Land.

(__*Wie es für alle Länder gilt, wo die Verantwortlichen der neoliberalen „Elite"-Staaten ihr marktkonformes Gesellschaftsmodell installiert sehen wollen.*__)

Die eine dieser beiden Untersuchungen stammt vom *Center for Insights in Survey Research*, das der „Linkslastigkeit" nicht verdächtig ist.[216] Die andere Untersuchung stammt vom Gallup Meinungsforschungsinstitut.[217]

---

215 Siehe hierzu in Teilband 4 den Anhang I.

216 Die folgende Internet-Anschrift dieser als pdf-Datei abrufbaren Untersuchung, ist am 26. Januar '18 erneut geprüft worden:
http://www.iri.org/sites/default/files/wysiwyg/2015_11_national_oversample_en_combined_natl_and_donbas_v3.pdf.

217 Das Ergebnis dieser Untersuchung ist über folgende, gleichfalls am 26. Januar '18 erneut geprüfte Internet-Anschrift abrufbar:
http://www.gallup.com/poll/187931/ukrainians-disillusioned-leadership.aspx?version=print.

Nicht einmal eine Entschuldigung war bspw. von solchen Figuren zu hören, die heute genau wissen, daß es in Deutschland seit neuestem eine „Willkommenskultur" geben soll.

„Willkommenskultur" ist übrigens ein Ausdruck, der von Leuten zu stammen scheint, die „Kultur" in Sparten aufteilen. Sie ist auch völlig unglaubwürdig, denn zuerst kommt die falsche Politik, die Menschen massenhaft flüchten läßt. Wer daran aber nichts ändern will, oder nicht einmal weiß, daß es primär westliche Politik war und ist, die Nordafrika, Syrien, Afghanistan oder die Ukraine zur Beute von mehr oder weniger verschleierten Warlords gemacht hat, kann mir gestohlen bleiben mit einer „Willkommenskultur", die m.E. fürs Fenster und fürs Ausland „demonstriert" wird, denn ich bin davon überzeugt, daß dieser Begriff lediglich dazu taugt, tatsächlich praktizierte _*eigene*_ Unkultur zu verschleiern — immerhin wird das über das politische Tun belegt.

Selbstverständlich sind mit dieser Kritik nicht jene gemeint, die Flüchtlingen zu helfen sich ehrlich bemühten, denn es sind jene, die lediglich mißbraucht werden, wird fürs Fenster von „Willkommenskultur" geredet.

Damit aber ein solcher, als „robuster humanitärer Einsatz" bezeichneter Angriffskrieg tatsächlich geführt werden konnte, war nicht nur für die NATO ein neues Gewand notwendig, sondern insbesondere auch für die deutsche Außenpolitik. Damit also eine solche Politik

*ohne*

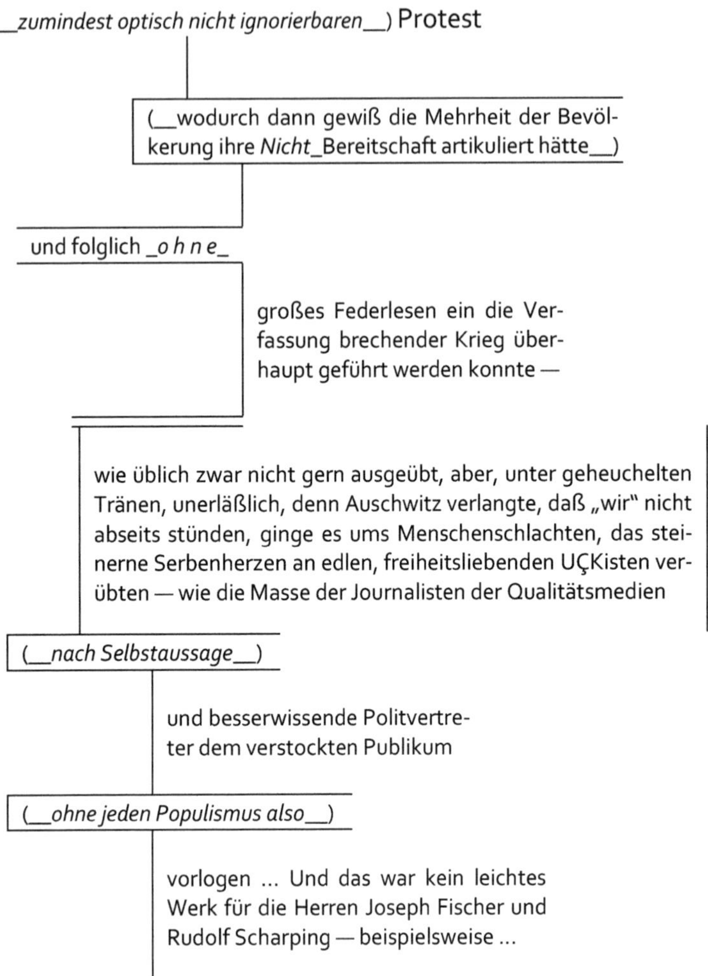

(__*zumindest optisch nicht ignorierbaren*__) Protest

(__wodurch dann gewiß die Mehrheit der Bevölkerung ihre *Nicht*_Bereitschaft artikuliert hätte__)

und folglich _*o h n e*_

großes Federlesen ein die Verfassung brechender Krieg überhaupt geführt werden konnte —

wie üblich zwar nicht gern ausgeübt, aber, unter geheuchelten Tränen, unerläßlich, denn Auschwitz verlangte, daß „wir" nicht abseits stünden, ginge es ums Menschenschlachten, das steinerne Serbenherzen an edlen, freiheitsliebenden UÇKisten verübten — wie die Masse der Journalisten der Qualitätsmedien

(__*nach Selbstaussage*__)

und besserwissende Politvertreter dem verstockten Publikum

(__*ohne jeden Populismus also*__)

vorlogen ... Und das war kein leichtes Werk für die Herren Joseph Fischer und Rudolf Scharping — beispielsweise ...

Damit also dem sprachlos bleibenden Publikum ein Angriffskrieg als „robuster humanitärer Einsatz" verkauft werden konnte, so daß ihn zu führen erst reibungsarm möglich würde, bekam ein solches Gewand auch jene Partei, von der alle sicher zu wissen

g l a u b t e n,

sie stehe für die Friedensbewegung:

Die Grünen.

Auf diese Weise fiel es erst einmal nicht auf, daß Lügengeschichten herhalten mußten — und daß

_*w e g e n*_

Auschwitz einfach nicht mehr zugesehen werden konnte, nachdem diese Lügengeschichten dem staunenden Publikum weisgemacht hatten, daß die Serben Greueltaten begingen, die albanische UÇK sich aber dem Freiheitskampf geweiht habe, und deshalb

(__*o h n e* UN-Mandat__)

die NATO, d.h. der

„militärische Arm von amnesty international",

wie es ein Herr Ulrich Beck so

exemplarisch bedenklich
zynisch ausdrückte,

und hierdurch das Eigentliche des „friedfertigen Westens" offenbarte, nämlich das greuliche Denken seiner Repräsentanten — _*bevor*_ diese zur greulichen Tat im, stets in _*ihrem*_ Sinne ausgelegten (__„Völkerrechts"-__)*Auftrag* schreiten ._*lassen*_ —,

die NATO also einen Angriffskrieg gegen Serbien führen mußte:

_*w e g e n*_ Auschwitz,

_*w e g e n*_ der Menschenrechte,

_*w e g e n*_ des Völkerrechts.

Deshalb sei an dieser Stelle beispielhaft auf folgenden, über das Online-Nachrichtenportal *Telepolis* abrufbaren Artikel von Reinhard Jellen verwiesen, denn das _*darin*_ zum Ausdruck kommende, in völligem Widerspruch zu dieser ekelerregenden Heuchelei stehende Faktische, gilt nicht „bloß" für diesen Krieg:

„Der Kosovo, die UÇK und Psychedelia à la Rudolf Scharping"[218].

Nicht anders verhält es sich im Falle der Ukraine, wenn journalistische, „wissenschaftliche" und politische Elendsgestalten dem Publikum das _*Wieso*_ und das daraus zu folgernde

[218] Die zugehörige Internet-Anschrift ist am 26. Januar '18 erneut geprüft worden: http://www.heise.de/tp/artikel/7/7855/1.html.

*ver*_klären!

Auch hier wieder in vorderster, ekelerregender Linie, die Grünen, die weit von dem entfernt sind, das man ihnen einmal per se unterstellt hat.

Und ob es Heinrich Böll gutheißen könnte, daß sein Name die Polit-Stiftung der Grünen noch ziert, für deren Vertreter die vom Westen in den Sattel gehobenen ukrainischen Rechtsextremen vernachlässigbare Größen sind, die offenbar aus deren Sicht den vom Westen ausgelösten „Demokratisierungsprozeß" in der Ukraine stützen sollen, obwohl die Fakten eine gegenteilige Sprache sprechen?

Seltsam auch deren Verständnis von Meinungsfreiheit, was diese Partei geradezu zu einer Politgroteske macht.

So hätte ein gewisser Herr Gerhard Schröder Redeverbot im Europa-Parlament bekommen, wäre es nach den Grünen gegangen, da der sich jenes erlaubt hatte, das jeder in Verantwortung stehende Politiker bedenken sollte, wollte der _*erfolgreich*_ politisch aktiv sein:

Die Sicht und Befindlichkeit der anderen Seite mit in seine Überlegungen einzubeziehen, in diesem Fall die russische.

Der geneigte Leser möge mir verzeihen, daß ich mich an *dieser* Stelle nicht weiter mit solchen Polit-Stilblüten beschäftigen und deshalb lieber auf einen guten, im Internet abrufbaren Artikel verweisen möchte, der klar benennt, was von dieser po-

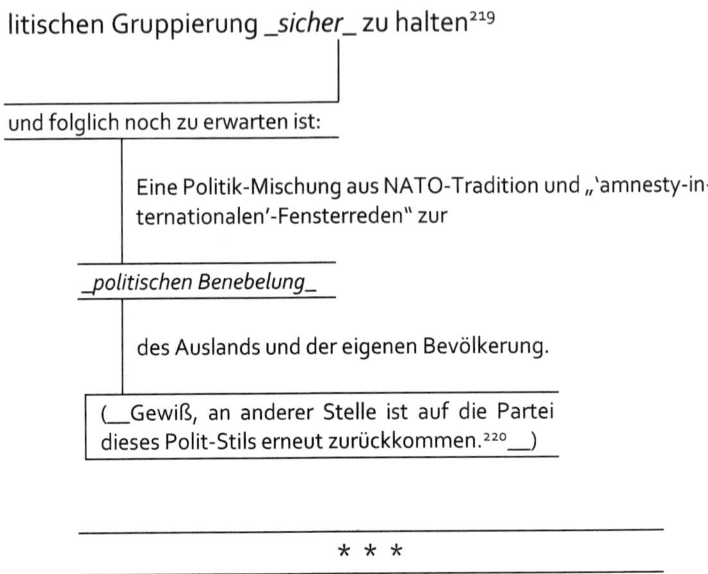

litischen Gruppierung _*sicher*_ zu halten[219]

und folglich noch zu erwarten ist:

Eine Politik-Mischung aus NATO-Tradition und „'amnesty-internationalen'-Fensterreden" zur

*politischen Benebelung*

des Auslands und der eigenen Bevölkerung.

(__Gewiß, an anderer Stelle ist auf die Partei dieses Polit-Stils erneut zurückkommen.[220]__)

* * *

Noch am 21. März des Jahres 2014 „erklärte" der unrechtmäßig eingesetzte ukrainische Generalstaatsanwalt Oleg Machnizki[221], daß die Identität derjenigen festgestellt sei, die am 20. Februar 2014 von der Institutskaja-Straße aus auf die im

---

[219] „Grüne Kriegstreiber" von Richard Zietz, in: *der Freitag*, Online-Ausgabe vom 3. April '14. Die folgende, diesbezügliche Internet-Anschrift ist am 26. Januar '18 erneut geprüft worden:

https://www.freitag.de/autoren/maennlicherlinker/gruene-kriegstreiber.

[220] Siehe bspw. in: Die *tri*_logische Sezierung [...], Band II, Zwischenruf 16: „Die Bedeutung der Null für das politische Tun und das gesellschaftliche Leben".

[221] Mitglied der rechtsextremen Partei Swoboda, hatte vom 24. Februar bis zum 18. Juni '14 dieses Amt inne.

Zentrum Kiews demonstrierenden Menschen (*__bewußt sie zu töten__*) geschossen hatten, deren Namen er aber nicht nennen könne, wenn sie auch bekannt seien.[222]

(__Anläßlich der Demonstrationen gegen die immerhin demokratisch gewählte Regierung unter Viktor Janukowitsch, kamen im Zentrum Kiews in der Zeit vom 18. bis zum 21. Februar 2014 mehr als einhundert Menschen zu Tode, davon sollen am 20. Februar über vierzig von Scharfschützen getötet worden sein.__)

Und noch am 31. März ließ der unrechtmäßig eingesetzte ukrainische Innenminister Arsen Awakow „erklären":

> „Sowohl Mitglieder krimineller Banden als auch Sicherheitsbeamte [__waren__] an Todesschüssen beteiligt".[223]

Am 3. April war der Fall dann aber (*__vermeintlich__*) eindeutig klar, als nämlich die Nachricht kursierte, daß jener, der unrechtmäßigen ukrainischen Regierung unterstellte Geheimdienst, zwölf Figuren der als „Berkut" bezeichneten (*__und soviel wie „Steinadler" bedeutenden__*) Sonderpolizei festgenommen habe, die für die Schüsse vom 20. Februar verantwortlich seien.[224]

---

[222] Vgl. die Nachricht, die über folgende, am 26. Januar '18 erneut geprüfte Internet-Anschrift abrufbar ist:

http://de.ria.ru/post_soviet_space/20140321/268083993.html.

[223] Vgl. die Nachricht, die über folgende, ebenfalls am 26. Januar '18 geprüfte Internet-Anschrift abrufbar ist:

http://derstandard.at/1395363801335/Ukraine-nimmt-mutmassliche-Maidan-Killer-fest.

[224] Vgl. die Nachricht, die über folgende, am 27. Januar '18 erneut geprüfte Internet-Anschrift komplett abrufbar ist — sofern man über ein entsprechendes Internet-Abo verfügt:

http://www.jungewelt.de/2014/04-04/038.php?print=1

Könnten die, rhetorisch gefragt, vielleicht eine Folge so bewußter wie falscher Politik des Westens sein?

Und die „Terroristen", ob die wohl aus dem Boden jener Länder wachsen, wo geheime Akteure so westlicher wie neoliberaler Politik — „wirken"?

Die vielen Nachfolgestaaten der spätestens in der zweiten Hälfte der 1920er Jahre stalinistisch gewordenen Sowjetunion, aber auch die des ehemaligen Jugoslawiens, sind hierfür exemplarisch.

Wobei die Jahre des Terrors in den dreißiger Jahren in der Sowjetunion, selbst _*demjenigen*_ deutlich zeigen _*könnten*_

(__daß es sich eben nicht so „automatisiert" ereignend verhielt__),

der zu wissen glaubt, es habe weder eine nennenswerte linke Opposition gegen die Stalinisierung noch eine Alternative dazu in der Sowjetunion gegeben, zumal es eine konstruktive Alternative zu Stalin gar nicht habe geben können, da alles sowieso einem Irrtum entsprungen sei und sich die weitere Entwicklung aus einem daraus resultierenden Automatismus ergeben habe.

(__Nun, das konnte eine Annahme sein, aber seitdem die Archive offen sind, ist diese Annahme wissenschaftlich nicht mehr haltbar. Seltsam ist aber, daß sich dafür kaum noch ein Wissenschaftler interessiert. Ob das, rhetorisch gefragt, etwa etwas mit Opportunismus zu tun haben könnte? — Und ab wann wäre dann eigentlich jemand ein Wissenschaftler? Oder, sozusagen als rhetorische Karrierefrage: ab wann wäre der ein „anerkannter"?__)

Belegen doch schon allein diese Jahre des Terrors,

daß es in der UdSSR diese nennenswerte linke Opposition tatsächlich gegeben haben muß

(__und vom Jahre 1923 an realiter gegeben hatte__):

Nun, *ihre Vertreter* sind in dieser Zeit *abgeschlachtet* worden, und das mit Wissen, und _*ohne*_ öffentliche Kritik daran zu üben, von seiten *westlicher Intellektueller* à la Bloch, Horkheimer oder Adorno.

Was läßt sich, vor diesem Hintergrund _*konkreten*_ Versagens, von der praktischen Relevanz der Schriften solcher bürgerlichen Intellektuellen halten — genauso viel, wie ohne dieses Wissen?

Noch nicht ansatzweise hat man hier die Tragik dieses stalinistischen Terrors verstanden, weiß aber genau, daß es keine Alternative zum Stalinismus gegeben haben konnte. — Aus Sicht der bürgerlichen Machteliten und ihren politischen wie journalistischen Satelliten ist diese Sicht verständlich, aber sie darf es nicht für Vertreter der lohnabhängigen Bevölkerung sein.

Es ist an dieser Stelle noch einmal auf das Kosovo zurückzukommen,

da daran exemplarisch das Fatale der, von nationalstaatlich denkenden, also im Dienste von entsprechenden Machteliten stehenden Politikern praktizierten Politik deutlich wird: Durch das Herausbrechen des Kosovos aus dem Verbund mit Serbien ist etwas entstanden, das man als „Mafiastaat" bezeichnen kann.

So drückte sich bspw. der damalige außenpolitische Sprecher der SPD-Bundestagsfraktion Gert Weißkirchen aus, in Reaktion auf die Anerkennung des Kosovos durch die deutsche Bundesregierung am 20. Februar des Jahres 2008. Auch fragte sich der „SPD-Balkanexperte" Johannes Jung, es sei ihm völlig schleierhaft wie aus dem Kosovo „je ein lebensfähiger Staat" werde könne.[228]

Es sei nun auch kurz darauf hingewiesen, daß durch die einseitige Anerkennung der Unabhängigkeit des Kosovos im Jahre 2008 ein Präzedenzfall geschaffen worden ist, auf den in der Folge andere Völker mit gutem Recht sich zu berufen,

von _*jenen*_ objektiv _*nicht*_ bestritten werden kann,
die dieses Recht den Kosovo-Albanern zugesprochen,

und auf diese Weise gegen die UN-Sicherheitsratsresolution „1244"[229] aus dem Jahre 1999 glatt verstoßen hatten, und sie eben

_*n i c h t*_

lediglich einseitig auslegten, wie Georg Nolte, Professor für Öffentliches Recht, Völkerrecht und Europarecht an der Ludwig-Maximilians-Universität in München, u.a. in einem Gastbeitrag auf FAZ.NET vom 13. Februar des Jahres 2008 an-

---

[228] Vgl. die im Internet über folgende, am 27. Januar '18 erneut geprüfte Anschrift abrufbare Nachricht:

http://www.spiegel.de/spiegel/vorab/a-537278.html.

[229] Wenn Sie in den Browser Ihres Internet-Anschlusses nachfolgende, am 12. Februar '16 geprüfte Anschrift eingeben, rufen Sie eine pdf-Datei auf, die Ihnen ab der Seite 35 diesbezügliche Informationen bietet, so in „Anlage I" der „Punkt" (__Querstrich__) 6 und in der „Anlage II" der Punkt 8, die Sie beide dort auf den Seiten 39 f. finden:

http://www.un.org/depts/german/sr/sr_99/sr1244.pdf

merkte, daß „einseitige Auslegungen von Sicherheitsratsresolutionen" Präzedenzfallcharakter gewinnen würden, was sich in anderen Zusammenhängen gegen den „Westen" richten könne. Dies wiege deutlich schwerer, als die durch eine solche Auslegung erreichte, „kurzfristige Linderung einer regionalen Spannungslage". Als mögliches Beispiel führte er dann Georgien an.[230]

Für die *Unabhängigkeitserklärung der Krim* dürfte das Herbeizitieren eines solchen „Präzedenzfalls" allerdings gar nicht notwendig sein, denn die *Sezession*, das *Referendum* und der (__*von Rußland dann akzeptierte*__) *Beitritt* der Krim waren eben keine „Annexion", da können die Heuchler ihre „Empörung" zur Schau tragen wie sie wollen.[231]

Vergleichbar mit dem oben erwähnten, vom Westen geschaffenen Präzedenzfall

könnte aber eine Separierung der Ostukraine sein, sollte sich die russische Bevölkerung in der Ukraine bedroht fühlen, falls die vom „Westen" mit in den Sattel gehobenen rechtsextremen Kräfte ihre Vorstellungen von einer ethnisch „reinen" Ukraine ausleben wollten.

[230] Vgl. auf FAZ.Net vom 13. Februar '08 den Artikel: „Kein Recht auf Abspaltung", dessen folgende Internet-Anschrift am 27. Januar '18 erneut geprüft worden ist:

http://www.faz.net/aktuell/politik/ausland/f-a-z-gastbeitrag-kein-recht-auf-abspaltung-1515789-p2.html?printPagedArticle=true.

[231] Vgl. im Anhang den Artikel von Reinhard Merkel: „Die Krim und das Völkerrecht: Kühle Ironie der Geschichte", erschienen erstmals auf FAZ.NET am 7. April '14.

Beides liegt im Bereich des Möglichen, entwickelte sich die Situation in der Ukraine weiterhin prekär[232], und so auch möglicherweise schließlich in Rußland selbst — wofür dann die Scharfmacher im „Westen", insbesondere auch das Führungspersonal der Grünen, die historische *Mit*_Verantwortung zu tragen haben werden.

Die im Jahre 2015 von weit vorlaufend praktizierter falscher westlicher Politik _*ausgelösten*_ Flüchtlingsströme, erscheinen wie das „Wetterleuchten" eines weltweit fortschreitenden Prozesses politischer Chaotisierung.

Vertritt Georg Nolte aber die Ansicht, daß die besagte UN-Resolution von den Vertretern des „Westens" einseitig ausgelegt worden sei, entspricht das keineswegs den Tatsachen, denn diese Resolution ist absichtlich _*falsch*_ ausgelegt worden.

Immerhin geht es in dieser Resolution ausschließlich um das Finden einer „politischen Lösung" für die „Kosovo-Krise", und zwar über ein „Interims-Rahmenabkommen", so daß einerseits eine „substantielle Selbstregierung für Kosovo" möglich wird,

_*a b e r*_

[232] Vgl. den Hinweis auf der Seite 334, beginnend mit: „Wie zwei Untersuchungen zeigen ...".

lediglich im Rahmen und unter Wahrung der „Prinzipien der Souveränität und der territorialen Integrität der Bundesrepublik Jugoslawien". (__Vgl. den Hinweis in der Fußnote 229 auf der Seite 346.__)

Das heißt diese Anerkennung der Unabhängigkeit des Kosovos ist ein glatter Verstoß gegen diese Resolution des UN-Sicherheitsrates. Denn zwar existierte die Bundesrepublik Jugoslawien 2008 nicht mehr, aber der Kosovo war Teil des staatlichen Territoriums seines Nachfolgestaates Serbien.

Sich also über die Abspaltung der Krim aufzuregen ist typisch westliche Heuchelei. Wobei die Abspaltung der Krim historisch zu begründen ist, also selbst ohne den Präzedenzfall Kosovo heranzuziehen.

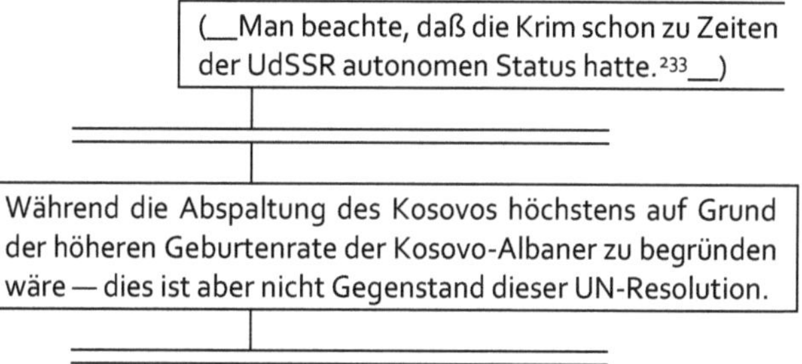

Bevor ich zu dem komme, was (__*als Konsequenz aus der zunehmend ideologisch geprägten Politik des „Westen" resultierend*__) seit dem Ende des zweiten Teils des Großen Krieges praktiziert wird, und mit dem Begriff „Neoliberalismus"[234]

---

[233] Siehe die Anmerkung auf den Seiten 360, beginnend mit: „Seit dem 18. Oktober 1918 ...".

[234] Der diese Benennung immerhin schon Ende der 1930er Jahre von seinen Propagandisten selbst erhielt (__vgl. die Anmerkung auf der Seite 63, beginnend mit: „Für die Bündelung der auf die 20er Jahre des ..."__).

durchaus richtig umschrieben ist, vielleicht noch kleiner Hinweis darauf, daß es in den 1930er Jahren um die Beantwortung der Frage ging, _wie_ das Überleben des Liberalismus' zu sichern sei, immerhin war der erste Teil des großen imperialistischen Krieges durch dessen widersprüchliche Praxis verursacht, nämlich dem zwangsläufigen Paktieren mit dem Militarismus der alten Elite in den bürgerlichen Nationalstaaten ...

Einerseits in Nationalstaaten organisierte, als Industriebetriebe bezeichnete, zentralisierte Wirtschaftseinheiten, andererseits immer weiter über diesen staatlichen Rahmen hinaus erfolgendes Expandieren dieser bürgerlichen Industriebetriebe, was früher oder später zum zwangsläufigen Kollidieren der als im Wettbewerb stehend begriffenen Nationalstaaten [235] und ihrer jeweiligen Industrien führen mußte

(__*führen muß und führen wird*__),

wodurch die Nationalstaaten zugleich zum Hindernis solcher, über den ursprünglichen Rahmen hinaus expandierenden Industrien wurden.

In der Praxis handelt es sich hierbei um jenes Phänomen, das man Imperialismus nennt — und das heute genauso präsent ist wie vor dem ersten Teil des großen imperialistischen Krieges.

Und in diesem Sinne sind geheim beratene, sogenannte Freihandelsabkommen à la TTIP zwischen EU und USA oder zwischen solchen Blöcken und Ländern in anderen

[235] Vgl. die Kapitel 10 und 11.

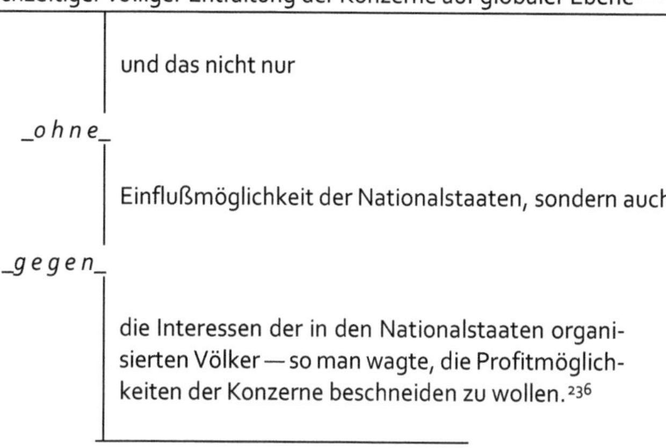

Bevor ich also zu den Konsequenzen komme, die sich aus der Politik des Neoliberalismus' ergeben, und den daraus zu ziehenden Schlüssen[237], möchte ich noch einen Blick auf Herrn Schäuble und im Anschluß daran einen weiteren auf einen gewissen Herrn Joseph Fischer werfen.

Ende März des Jahres 2014 erzählte Herr Schäuble Schülern von Dingen, die er (__*wie in solchen Kreisen üblich*__) nachträglich gar nicht erzählt haben will:

[236] Siehe in: Die *tri*_logische Sezierung [...], Band III, Anhang II: „Beleg für die Behauptung, daß die EU ein antidemokratisches Gebilde ist" (__in diesem Anhang ist das CETA zwischen der EU und Kanada das Thema.__)

[237] Siehe Teilband 4 dieser Untersuchung.

— „Das kennen wir alles aus der Geschichte."

— „Wir müssen schauen, daß die Ukraine nicht völlig zahlungsunfähig wird."

— Denn, wenn die Regierung in Kiew die Polizei nicht mehr bezahlen könne, „dann nehmen natürlich irgendwelche bewaffnete Banden die Macht in die Hand."

Zu diesem Punkt ist anzumerken, daß schon jetzt grundsätzlich vom „Westen" geförderte politische Banden diese Macht haben.

— „Dann sagen die Russen, das geht gar nicht, jetzt haben wir irgendwelche Faschisten an der Regierung, die bedrohen unsere russische Bevölkerung."

Stimmt, das geht gar nicht, daß die Seite, die u.a. Herr Schäuble vertritt, nämlich die Machteliten des „Westens", „irgendwelchen Faschisten" in den Sattel geholfen hat — obwohl das nicht neu ist, also doch geht:

Für den „Westen" nichts Neues.

Aus dieser Formulierung des Herrn Schäubles könnte übrigens geschlossen werden, daß, und damit im Widerspruch zum normalerweise zu Lesenden und zu Hörenden stehend, es den Regierenden im Westen durchaus klar zu sein scheint, daß dieser Vorwurf nicht von der Hand zu weisen ist ...

Daraus schließt Herr Schäuble dann, daß „die Russen" sagen:

— „Jetzt müssen wir sie schützen, das nehmen wir zum Grund um einzumarschieren."

Nun, was erwartet man von seiten des „Westens"?

Daß die russische Bevölkerung (__*in Rußland*__) hätte abwarten müssen, bis die russische Bevölkerung (__*auf der Krim*__) in der Falle säße?

Oder daß die russische Bevölkerung (__*in Rußland*__) abzuwarten habe, bis die russische Bevölkerung (__*in der Ostukraine*__) von den faschistischen Kräften in der Ukraine tatsächlich bedroht würde?

Oder daß die Wasser- und Energieversorgung für die Bevölkerung auf der Krim nicht mehr gesichert wären?

Herr Schäuble beendete dann seinen „Geschichtsunterricht" vor Schülern, indem er feststellte:

— „Das kennen wir alles aus der Geschichte. Solche Methoden hat schon der Hitler im Sudeten-

„damalige Geschehen" in und um das Sudetenland, lediglich unzureichend bekannt ist, so daß es mehr als blanker Hohn ist, darf dieser Herr vor Schülern von dem quatschen, das er *_zumindest_* nicht zureichend versteht!

Zwar will ich gar nicht wissen, wo Herr Schäuble seine Unterhaltungs- und Haushaltselektronik kauft, auch würde ich nicht sagen, daß Herr Schäuble „blöd" wäre — der Ausdruck „hinterfotzig" erschiene mir hingegen angemessen. Was ich aber sagen will ist, daß ein solch dummes Geschwätz Veranlassung zum Rücktritt zu sein *_h a t_!*

> „[...] Bush will von seinen innenpolitischen Schwierigkeiten ablenken. Das ist eine beliebte Methode. Das hat auch Hitler schon gemacht. [...]" Diese Aussage führte dann im Oktober 2002 zum darauf indirekt erfolgenden Rücktritt der damaligen Ministerin für Justiz, Herta Däubler-Gmelin. [242]

Aber mit diesem „assoziativen Vergleich": Putin — Hitler, soll wohl zum Ausdruck kommen, daß die „Appeasement-Politik", für die insbesondere der Name des damaligen britischen Premierministers Neville Chamberlain steht, die eigentliche Verantwortung für Hitlers Zugriff aufs Sudetenland und die[243]

---

[242] Das Zitat findet sich in einer Nachricht auf FAZ.NET, die über die folgende, am 27. Januar '18 erneut geprüfte Internet-Anschrift abrufbar ist:
http://www.faz.net/aktuell/politik/angeblicher-hitler-vergleich-schroeder-schreibt-an-bush-ministerin-spricht-von-verleumdung-170755.html.

[243] ... durchs „Münchner Abkommen" vom 30. September 1938 ...

dann folgende „Zerschlagung der Rest-Tschechei"[244] habe — bis hin zum Beginn des zweiten Teils des Großen imperialistischen Krieges.

Die *Assoziation*:

„Einverleibung des Sudetenlandes"
— „Referendum auf der Krim"[245]

(__Zu diesem Referendum waren immerhin unabhängige Beobachter eingeladen worden, und wenn der „Westen" davon keinen Gebrauch machte, da die „offizielle" Regierung der Ukraine, keine Einladung dazu erteilt habe, ist das nicht nur sein Problem, sondern eine Frechheit zugleich, denn: was konnte an dieser unrechtmäßigen Regierung „offiziell" gewesen sein?__)

ist allein schon deshalb historisch falsch, da das Land um den Gebirgszug der Sudeten, vor dem Ende des ersten Teils des Großen imperialistischen Krieges, Teil Österreich-Ungarns war —

*ohne*

daß es einen Provinzcharakter o ä. gehabt hätte. Erst im Zuge des Ergebnisses dieses Krieges tauchte die Begriffsbildung

[244] 15./16. März 1939 besetzt: Proklamation des „Protektorats Böhmen und Mähren" am 16. März 1939.

[245] Vgl. auch die auf der Seite 334 genannten Untersuchungen, die die Unzufriedenheit der Bevölkerung mit der weiterhin oligarchisch bestimmten, vom „Westen" in den Sattel gehobenen Regierung der Ukraine belegen.

„Sudentenland" mit der Zielsetzung auf, bei den dann beginnenden Vertragsverhandlungen, deren Gegenstand die Auflösung des österreichischen Teils der österreichisch-ungarischen Doppelmonarchie war, den Anspruch auf Zugehörigkeit zu Deutschösterreich zu unterstreichen.

Diese Verhandlungen führten zum „Staatsvertrag von Saint-Germain-en-Laye", der von den beteiligten Mächten (__*den sogenannten* „Signatar-Mächten"__) am 10. September des Jahres 1919 unterzeichnet worden ist. Dieser Vertrag ist einer von einer ganzen Reihe von Verträgen, die die Ergebnisse dieses Krieges besiegelten, und die unter der Bezeichnung „Pariser Vorortverträge" zusammengefaßt werden. Das heißt auch der „Versailler Vertrag" vom 28. Juni des Jahres 1919 gehört zu dieser Reihe von Verträgen.

Die vertraglich abgesegnete Zuschlagung des mehrheitlich von Deutschen bewohnten *Sudetenlandes* an die Tschechoslowakei war gewiß einer der Fehler der Friedensverträge nach dem Ende des ersten großen imperialistischen Krieges.

Allerdings betraf dieser Fehler nicht nur die dort siedelnden Deutschen, sondern darin kam überhaupt die unzureichende Berücksichtigung der Nationalitätenfrage zum Ausdruck, die insbesondere auf der Balkanhalbinsel die Kronländer des untergegangenen Habsburgerreiches betreffen mußte.[246]

[246] Von der „Nationalitätenfrage" ist insbesondere in den Kapiteln 16 und 17 die Rede.

Deutschösterreich

war eine inoffizielle Bezeichnung in der österreichisch-ungarischen Doppelmonarchie für ihren mehrheitlich von Deutschen besiedelten österreichischen Teil — genauso inoffiziell übrigens wie die Bezeichnung

Zisleithanien,

also das jenseits des Flusses Leitha, nördlich und westlich gelegene Land Österreich-Ungarns. Taucht aber in einer landestypischen Benennung ein „Cis- bzw. Zis-" als Vorsilbe auf, muß es auch ein „Trans-" geben — und in der Tat, das Gegenstück zu *Zisleithanien* ist

Transleithanien,

nämlich die vorwiegend von Slawen bewohnten, östlichen Kronländer des Habsburgerreichs.

Die russisch-ukrainischen Verhältnisse sind aber völliq anderer Natur als die sudetendeutsch-tschechischen:

So ist Kiew beispielsweise die Mutter
des russischen Reiches überhaupt.

Und was die Krim anbelangt:

diese Halbinsel wurde, aus einer „Laune" heraus, oder aus welchen Überlegungen auch immer, der Ukraine zu einer Zeit „geschenkt", als diese eine der Republiken der Sowjetunion war.

Seit dem 18. Oktober 1918 war die Krim Teil der Russischen Sozialistischen Föderativen Sowjetrepublik (__RSFSR__), die zu _*jenen*_ Republiken gehörte, die am 30. Dezember 1922 die Union der Sozialistischen Sowjetrepubliken (__*also die Sowjetunion*__) gründeten. Folglich war die Krim, von Gründung der UdSSR an bis zu ihrer Auflösung am 21. Dezember 1991, Teil der UdSSR — und zwar stets als autonome Sowjetrepublik.

(__*Übrigens war nach dem Jahre 1991 nicht ohne Grund der Verbleib der Krim in der Ukraine lediglich über einen Status möglich, der der Krim größtmögliche Unabhängigkeit als Autonome Republik Krim einräumte, was einzigartig in der Ukraine war. Nur erheblicher politischer Druck verhinderte überhaupt, daß es damals kein [__offiziell anerkanntes__] Referendum auf der Krim zur Klärung der Frage nach einer Unabhängigkeit der Krim von der Ukraine gab.*__)

Überdies ist die Stadt *Sewastopol* seit ihrer Gründung im Jahre 1783, bzw. seit dem Jahre 1784 autonome Stadt, zumal schon ihr Name, „Majestätsstadt", auf ihre Stellung als Stadt des russischen Reiches hinweist.

Soweit und so viel zu dem bürgerlichen Nichtversteher Herrn Schäuble, der auch der Begründer des „Schäubleismus" ist.[247]

[247] Zum „Schäubleismus" siehe in: Die *tri*_logische Sezierung [...], Band III, Teilband 2, Seiten 702 f.

* * *

Herr Joseph Fischer ist ein weiteres Beispiel für einen politischen bürgerlichen Nichtversteher.[248] Die Entwicklung dieses Gesellen der Macht ist seltsam.

Herr Fischer setzte als Außenminister die Beteiligung der Bundesrepublik Deutschland am Kosovokrieg durch, der, wie eingangs dieses Kapitels schon erläutert, die Ära der Menschenrechtskriege mit einem Angriff auf Serbien einläutete, und dementsprechend meinte dieser Exstraßenkämpfer, daß *„das Verhalten der Bundesregierung im Libyen-Konflikt mit der Enthaltung im Uno-Sicherheitsrat ein einziges Debakel"* und daß das *„vielleicht das größte außenpolitische Debakel seit Gründung der Bundesrepublik"* sei.[249]

Nun, man könnte allerdings ohne jede Anstrengung die Ansicht vertreten, daß hingegen Herr Fischer und seine Grüne Führungsriege, wenn auch lediglich

ein

---

[248] Ein erhellendes Licht auf diese politische Figur wirft der Artikel von Reinhard Jellen: „The Rocky Horror Joschka Show", dessen nachfolgende Internet-Anschrift am 27. Januar '18 erneut geprüft (__und korrigiert__) worden ist:

https://www.heise.de/tp/features/The-Rocky-Horror-Joschka-Show-3503335.html.

[249] Vgl. „Fischer rechnet mit Nachfolger Westerwelle ab"; dieser am 27. August '11 auf Spiegel Online erschienene Artikel ist über die folgende, am 27. Januar '18 ebenfalls erneut geprüfte Internet-Anschrift abrufbar:

http://www.spiegel.de/politik/deutschland/libyen-politikfiasko-fischer-rechnet-mit-nachfolger-westerwelle-ab-a-782882-druck.html.

weiterer Ausdruck für den „Zusammenbruch humaner Kultur" seien.

Einem offiziellen Bericht der EU-Kommission zufolge, waren 2010 ca. 25 Prozent der Bewohner der EU von sozialer Ausgrenzung oder/und Armut bedroht. Das sind ca. 120 Millionen Menschen. Hauptursachen: Arbeitslosigkeit, Alter und niedrige Löhne. Die Zukunftsaussichten für große Teile der Jugend sind düster: Anfang 2014 waren mehr als 23% aller Jugendlichen in der EU ohne Arbeit.

(__Beispielsweise lag Ende des Jahres 2015 diese Quote in Griechenland bei knapp 49%, in Spanien bei knapp 46%, in Italien bei knapp 38%.[250] Die Abnahme seit 2017, bzw. in Griechenland, ist vermutlich mit auf den Wegzug vieler junger Griechen zurückzuführen, da sie sich keine Zukunftschancen mehr in ihrem Heimatland ausrechnen. Auch weiß man nicht genau, wie verläßlich diese statistischen Angaben sind.__)

Daß die Jugendarbeitslosigkeit in Deutschland, Österreich und den Niederlanden niedriger angegeben wird, liegt an der längeren Ausbildung und daran, daß arbeitslose Jugendliche in allen möglichen Maßnah-

[250] Die über die nachfolgende, am 27. Januar '18 erneut geprüfte Internet-Anschrift abrufbare Arbeitslosenquote der 15 bis 24jährigen jungen Leute gibt in _*monatlicher*_ Aktualisierung einen statistischen Eindruck vom Debakel neoliberaler Politik im „deutschsprechenden" EU-Europa:

http://www.dnet.at/elis/Tabellen/arbeitsmarkt/aminter_ALQJugendinter_Monat.pdf.

men „geparkt" werden, d.h. sie fristen ihr junges Leben im sogenannten Übergangsbereich.[251]

Aber das Anwachsen von Armut und sozialer Ausgrenzung ist nicht einfach ein Ergebnis der wirtschaftlichen Krise, sondern offenbar die Folge einer gezielten Politik der europäischen Regierungen und der Europäischen Union. Denn trotz der alarmierenden Zahlen fahren diese fort, Sozialausgaben zu streichen, das Rentenalter hinaufzusetzen, öffentliche Arbeitsplätze abzubauen und den Niedriglohnsektor auszuweiten — alles Maßnahmen, die die Armut ausdehnen und vertiefen.

Mit der Entscheidung, eine Schuldenbremse in den Verfassungen sämtlicher Mitgliedstaaten zu verankern, hat der EU-Gipfel im Dezember des Jahres 2012 den Regierungen praktisch jeden Spielraum genommen, die soziale Krise über Maßnahmen der Öffentlichen Hand zu lindern, denn die „private Hand" lindert sie offensichtlich nicht.

Und was hat Herr Fischer zu diesem Desaster zu sagen?

Nun, Herr Fischer begrüßte das offenbar am 2. Januar des Jahres 2012 in einem Gastbeitrag für die *Süddeutsche Zeitung*, daß, bezogen auf die „Verfaßtheit" der EU, „wir all diese europäischen Fortschritte" den „viel geschmähten Märkten" zu verdanken hätten, aber leider nicht der „Weisheit unserer Staats- und Regierungs-

[251] Vgl. die Studie des Bundesinstituts für Berufsbildung: „Viele junge Menschen münden in den Übergangsbereich — trotz guter Vorbildung", läßt sich als pdf-Datei über folgende, am 27. Januar '18 geprüfte Anschrift im Internet abrufen:

www.bibb.de/veroeffentlichungen/de/publication/download/id/7028.

chefs. Allerdings waren es nicht die oben beschriebenen, tatsächlichen Verhältnisse in weiten Teilen der EU, auf die sich dieser Herr in seinem Beitrag bezog, sondern auf das von ihm offenbar verinnerlichte neoliberale Phantasiegebilde prosperierender Gesellschaften, die sich, laut der mythischen Rede der Hohepriester des Neoliberalismus', immer dann ergeben sollen, läßt man die „Märkte" nur machen.[252]

---

[252] Vgl. „Gepriesen seien die Märkte", ein Gastbeitrag des Herrn Joseph Fischer in der Online-Ausgabe der Süddeutschen Zeitung vom 2. Januar '12, dessen folgende Internet-Anschrift am 27. Januar '18 erneut geprüft worden ist:

http://www.sueddeutsche.de/politik/2.220/politische-veraenderungen-in-der-euro-krise-gepriesen-seien-die-maerkte-1.1247550.

Fünfzehntes Kapitel

Menschenrechte, Völkerrecht und das Konstrukt des Nationalstaates

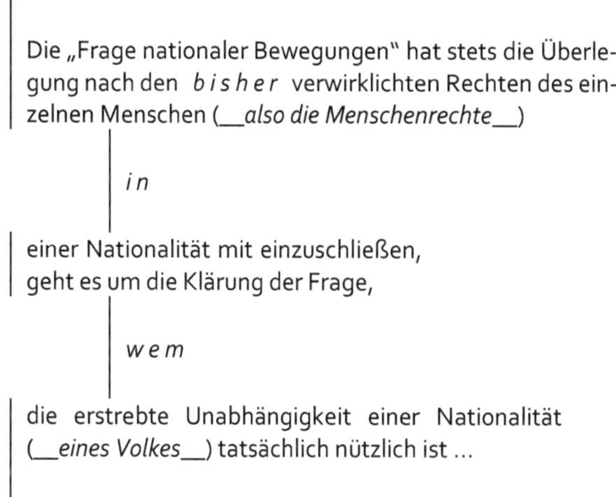

Die „Frage nationaler Bewegungen" hat stets die Überlegung nach den *bisher* verwirklichten Rechten des einzelnen Menschen (__*also die Menschenrechte*__)

in

einer Nationalität mit einzuschließen,
geht es um die Klärung der Frage,

wem

die erstrebte Unabhängigkeit einer Nationalität (__*eines Volkes*__) tatsächlich nützlich ist ...

In dem Buch *Europa im Krieg* läßt der sowohl von Stalinisten als auch von politischen Repräsentanten der „Elitestaaten des Westens" zur Unperson erklärte Leo Trotzki (__1879-1940__) in einem seiner, in diesem Buch versammelten Aufsätze (__„*Woher es kam*"__) einen jungen, über die Radikalisierung der Bevölkerung auf dem Balkan vor dem ersten Teil des großen Krieges des 20. Jahrhunderts berichten, den man gewohnterweise zwar als 1. Weltkrieg bezeichnet, der aber tat-

Nun, während sich sagen läßt, daß durch die über die bürgerlichen Revolutionen herbeigeführte Zerstörung des Feudalismus' insofern eine Befreiung der bis dahin an den Boden und als Untertanen

gebundenen

Menschen ermöglicht wurde, so daß sie nicht mehr als Eigentum der Feudalherrschaft gelten konnten, läßt sich hingegen wahrheitsliebenderweise

nicht

sagen, daß sie sich durch solche Revolutionen tatsächlich

persönlich

befreien — sich tatsächlich also von einer Herrschaft anderer über sie

entbinden

konnten.

Das heißt der notwendige Befreiungskampf einer jeden Nation wurde durch die bürgerlichen Revolutionen _nicht_ zu Ende geführt.

Das grundsätzlich der nationalen Befreiung Dienende, also das Fortschrittliche an den bürgerlichen Revolutionen, war die demokratische Umgestaltung des feudalen Staates zum Nationalstaat. Mit dieser Umgestaltung verbunden war beispielsweise die Agrarfrage, die, wird sie richtig gestellt, zur

Aufdeckung von

Strebungen

führt, die so grundlegend wie allgemeingültig für die widerstreitenden Interessen der verschiedenen Gruppen in einer menschlichen Gesellschaft sind:

ZITAT

[...] ... was uns am meisten noth thut [__bei der Erörterung der Agrarfrage, Anm.d.A.__] ..., das ist die ***Bloßlegung des rothen Fadens, der sich durch*** ... [__die__] ... ***mannigfaltigsten Tatsachen hindurchzieht***, das ist ***die Erforschung der Grundtendenzen, die unter der Oberfläche der Erscheinungen wirksam sind und diese bestimmen.*** Es handelt sich darum, die ***verschiedenen Einzelfragen*** der Agrarfrage, das Verhältnis zwischen Groß- und Kleinbetrieb, Verschuldung, Erbrecht, Arbeitermangel, überseeische Konkurrenz ..., ***die heute in der Regel jede für sich allein als gesonderte Erscheinung untersucht werden, als Theilerscheinungen eines Gesamtprozesses*** zu betrachten. [...]

ZITATENDE[254]

Die Hervorhebungen in diesem Zitat erfolgten übrigens deshalb, da es sich bei den agrarischen „Grundtendenzen"

[254] Vgl. Karl Kautsky, *Die Agrarfrage. Eine Übersicht über die Tendenzen der modernen Landwirtschaft und die Agrarpolitik der Sozialdemokratie*, Verlag J.H.W. Dietz Nachfolger, Stuttgart, 1902, Seiten VI f. (__Hervorhebungen vom Autor.__)

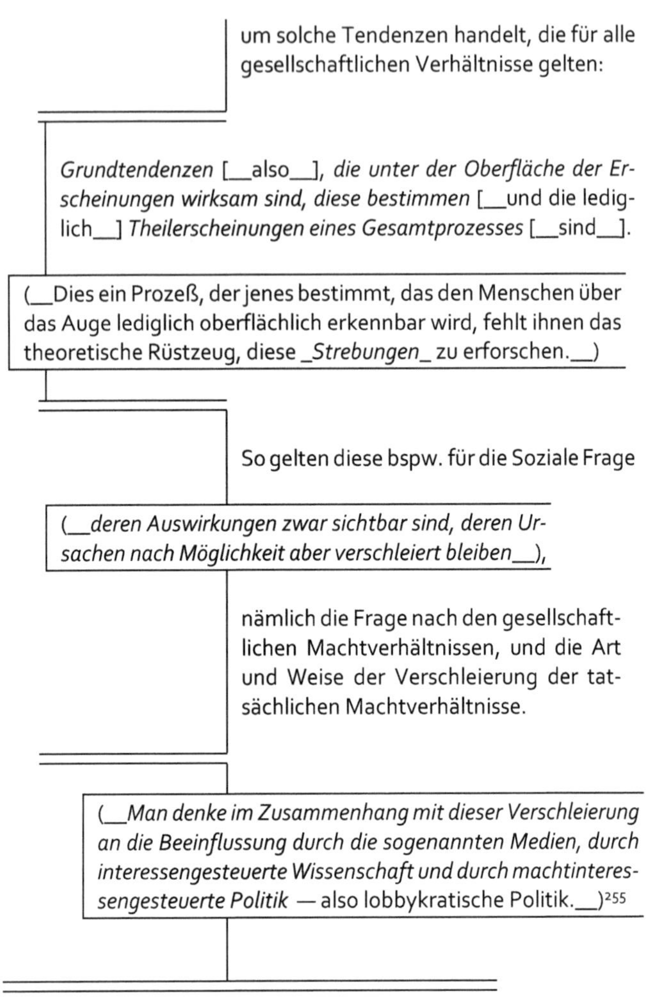

um solche Tendenzen handelt, die für alle gesellschaftlichen Verhältnisse gelten:

Grundtendenzen [__also__], *die unter der Oberfläche der Erscheinungen wirksam sind, diese bestimmen* [__und die lediglich__] *Theilerscheinungen eines Gesamtprozesses* [__sind__].

(__Dies ein Prozeß, der jenes bestimmt, das den Menschen über das Auge lediglich oberflächlich erkennbar wird, fehlt ihnen das theoretische Rüstzeug, diese _*Strebungen*_ zu erforschen.__)

So gelten diese bspw. für die Soziale Frage

(__*deren Auswirkungen zwar sichtbar sind, deren Ursachen nach Möglichkeit aber verschleiert bleiben*__),

nämlich die Frage nach den gesellschaftlichen Machtverhältnissen, und die Art und Weise der Verschleierung der tatsächlichen Machtverhältnisse.

(__*Man denke im Zusammenhang mit dieser Verschleierung an die Beeinflussung durch die sogenannten Medien, durch interessengesteuerte Wissenschaft und durch machtinteressengesteuerte Politik* — also lobbykratische Politik.__)[255]

[255] Zur Manipulation der öffentlichen Meinung, siehe in: Die *tri*_logische Sezierung [...], Band III, Teilband 1, Teil 1.

Auch ging mit diesen bürgerlichen Revolutionen die Überwindung der feudalen Zersplitterung fortschrittlich einher, und damit die Aufhebung *inner*_nationaler Grenzen, die Abschaffung seltsamer Gerichtsbarkeit und seltsamer Meßmethoden, und, damit einhergehend, die Schaffung eines zusammenhängenden (__„nationalen"__) Marktes, der dann dem nationalen Territorium entsprach.

Die Ergebnisse der bürgerlichen Revolutionen wurden aber ab dem Punkt fragwürdig, und die ganze nationalstaatliche Politik in der Folge widersprüchlich,

als eine bürgerliche Klasse begann

sich einerseits Privilegien auf Kosten der lohnabhängigen Klasse zuzuschanzen und diese andererseits, also das Großbürgertum, mit den

militaristischen Kräften des untergegangenen Feudalstaates paktierte —

zur Durchsetzung beider Interessen, und auf _*diese*_ Weise die lohnabhängige Klasse bewußt unterdrückend,

also diese unterdrückte Klasse auch bewußt

von der Einflußnahme auf die Organisation

des sich _*nun*_ ausbildenden (__*bürgerlichen*__) Nationalstaates

und der damit einhergehenden,

sich _*nun*_ formierenden nationalstaatlichen Machtverhältnisse abhielt.

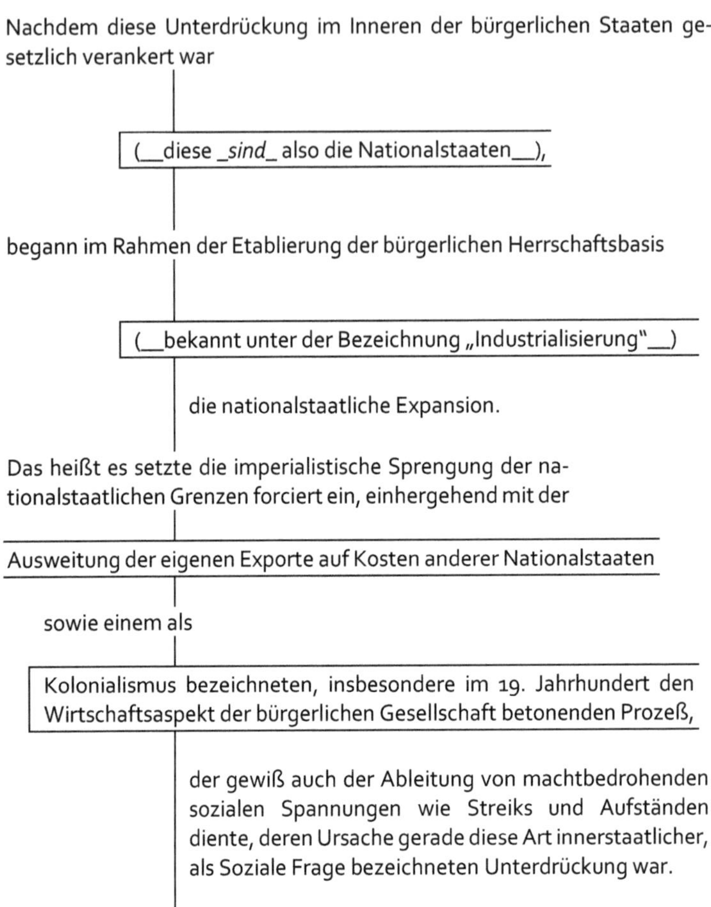

Nun, es waren die für die Macht bedrohlich werdenden Folgen dieser *inner_*staatlichen Unterdrückung *_und_* dieser Kampf unter den Machteliten um die über den einzelnen Nationalstaat hinausgehenden Einflußsphären ...

(__Übrigens ist genau dies unter „Imperialismus" zu verstehen, und da dieser Prozeß weiterhin anhält, läßt sich rhetorisch fragen: Sollte es Ausdruck von Rückwärtsgewandtheit sein, die praktizierte Politik der neoliberalen Nationalstaaten als imperialistisch zu bezeichnen? Anders wäre es, hätte es mit dem Ende des *Kalten Krieges* eine grundsätzlich veränderte politische Ausrichtung gegeben.[256]__)

... die schließlich den ersten großen imperialistischen Krieg auslösten, den wir gewohnt sind als Ersten Weltkrieg zu bezeichnen, der aber lediglich den ersten Teil dieses zerstörerischen Kampfes darstellte — denn nichts hatte dieser Krieg gelöst, sondern es wechselte *bloß* die dominante Macht der Welt.

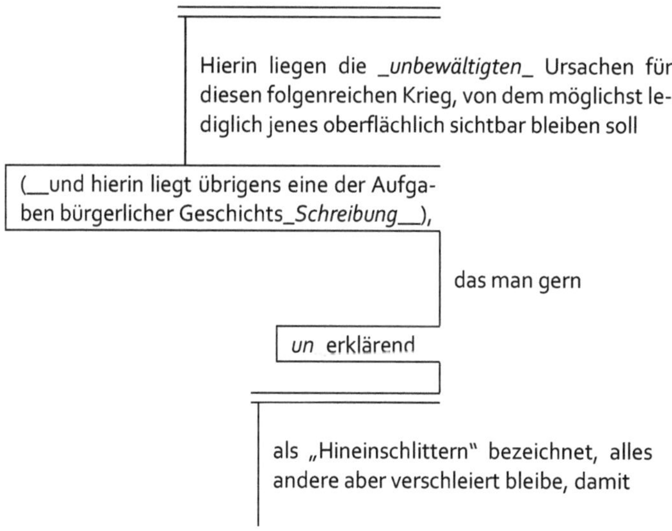

[256] Siehe, neben den Kapiteln 10-11 und 13 sowie den folgenden Erläuterungen, in: Die *tri*_logische Sezierung [...], Band III, Teilband 2, Teil 4: „Der Neowilhelmoliberalismus".

möglichst _nicht_ ins Bewußtsein der Masse der Menschen dringe, wer und was nicht nur solche Kriege verursacht, sondern geradezu benötigt ...

Diese

Art nationalstaatlicher Politik ist deshalb als reaktionär zu bezeichnen, da sie im wesentlichen einer gesellschaftlichen Klasse dient — im Inneren eines Nationalstaates

(__*und insofern sind die Nationalstaaten in der Tat nichts anderes als „Spielwiesen" der jeweiligen Machteliten*__),

und weil sie nach außen hin bestrebt ist

(__im Dienste dieser Klasse — _*nicht*_ der Nation als Ganzes__),

die Herrschaft über andere Nationalstaaten und Nationen zu erringen.

(__Unter Umständen auch in Kooperation mit _*deren*_ Machteliten.__)

Zum Erhalt sowie zur weiteren Ausdehnung ihrer Macht ist diese „Elite" zu allem bereit: bis hin zum Krieg. Als Beleg für diese Behauptung können diese beiden großen imperialistischen Kriege des 20. Jahrhunderts exemplarisch genommen werden.

Es sind die ihnen zugrundeliegenden *Strebungen* (__*der Machteliten der Nationalstaaten*__), die diese beiden

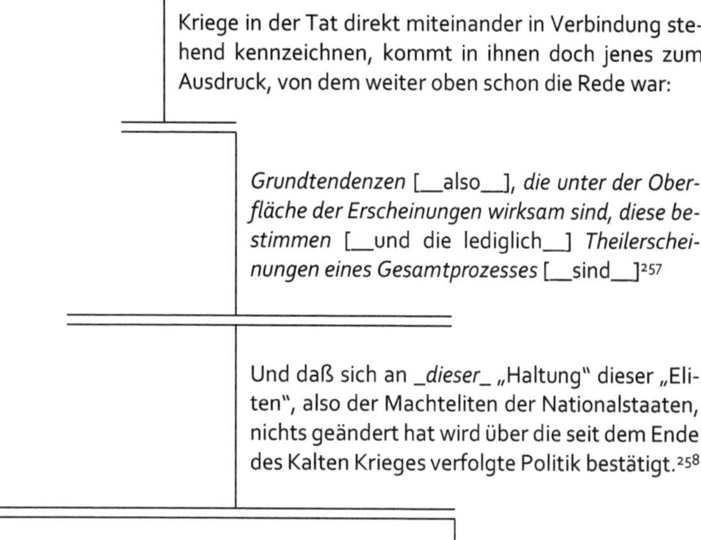

Kriege in der Tat direkt miteinander in Verbindung stehend kennzeichnen, kommt in ihnen doch jenes zum Ausdruck, von dem weiter oben schon die Rede war:

Grundtendenzen [__also__], *die unter der Oberfläche der Erscheinungen wirksam sind, diese bestimmen* [__und die lediglich__] *Theilerscheinungen eines Gesamtprozesses* [__sind__][257]

Und daß sich an _*dieser*_ „Haltung" dieser „Eliten", also der Machteliten der Nationalstaaten, nichts geändert hat wird über die seit dem Ende des Kalten Krieges verfolgte Politik bestätigt.[258]

Man muß sich vor Augen halten, in welcher Gemütsverfassung die nationalstaatlichen Machteliten in Europa in den letzten Jahren vor dem Ausbruch des 1. Teils des imperialistischen Krieges waren, in einer Zeit, in der die Klassenspannungen so zugenommen hatten, daß in allen entwickelten Staaten Europas Streiks an der Tagesordnung waren. Und so wurde in den großen europäischen Hauptstädten vor einer nahenden *vor*_revolutionären Situation gewarnt:

---

[257] Vgl. auf der Seite 369 das Zitat und die zugehörige Anmerkung in der Fußnote 254.

[258] Vgl. diesbezüglich auch in: Die *tri*_logische Sezierung des lobbykratischen Zeitalters [...], Band III, Teilband 2, Lesung 19, dort insbesondere: die Seiten 622 ff.: „Exemplarische Beispiele kontraproduktiver Konsequenzen deutscher Machtpolitik".

In *Österreich* zogen die offiziellen Kreise den Schluß, daß die einzige Alternative zum Bürgerkrieg, in dem dann die _*Machtfrage*_ ausgekämpft worden wäre, in einem gesamteuropäischen Konflikt bestehe.

In *Rußland* entwickelte sich 1913/14 eine Streikwelle, die noch größer war als jene, die mit der Revolution von 1905 einhergegangen war.

In *Italien* waren die Monate vor dem Kriegsausbruch stark von Aufständen und Streiks geprägt. In vielen Städten wurden lokale Republiken errichtet. Über der Stadthalle von Bologna wurde die rote Fahne gehißt.

In *Frankreich* wuchs die Militanz der Arbeiterklasse. 1913 kam es zu über 1.000 Streiks, an denen sich eine Viertelmillion Arbeiter beteiligten — darunter auch Beschäftigte der Post und des Telegraphenwesens, die bis dahin als staatstreu galten. Streiks von Landarbeitern endeten oft in Aufständen, bei denen die Häuser der Grundbesitzer verbrannt wurden.

In *Großbritannien* war die Periode unmittelbar vor dem Krieg eine Zeit zunehmender Gewalttätigkeit. Der Journalist, Historiker und (__von 1933 bis 1935__) Redakteur des Feuilletons des us-amerikanischen Gesellschaftsmagazins *Vanity Fair*[259], George Dangerfield (__1904-1986__), berichtet (__in seinem 1935 erschienenen Buch, *The Strange Death Of Liberal England__*), daß

> „Feuer, die lange im geistigen England ge-

[259] Siehe dazu die Erläuterungen im Vorwort dieser Untersuchung.

schwelt hatten, mit einem Male aufloderten, so daß Ende 1913 das liberale England in Schutt und Asche lag".

Dem Diplomaten und Politiker Harold Nicolson zufolge, hatten die zunehmenden Erhebungen der Industriearbeiter, die von einem „revolutionären Geist" gekennzeichnet waren, gemeinsam mit der Krise um die Herrschaft über Irland, das Land „an den Rand des Bürgerkrieges" gebracht. Im Juli 1914 warnte George V. während einer Konferenz im Buckingham Palast:

„Das Geheul des Bürgerkriegs liegt auf den Lippen der verantwortlichsten und nüchternsten meiner Untertanen."

In seinem letzten, von eigener Hand geschriebenen Teil seines detailreichen Geschichtswerks über die politischen, wirtschaftlichen und religiösen Entwicklungen in Großbritannien in der Zeit von 1815 bis 1914, beschreibt der Philosoph und Historiker Élie Halévy (__1870-1937__) u.a. die sich in jener Zeit ereignenden Unruhen als „zeitweise der Anarchie nahekommend" und schließt daraus, es habe sich um „eine Revolte nicht nur gegen die Autorität des Kapitals, sondern auch gegen die Disziplin der Gewerkschaften" gehandelt.

Von dieser, auf acht Bände angelegten *Histoire du peuple anglais au XIXe siècle*, erschienen fünf von eigener Hand Halévys

(__*die Zeit von 1815-1841 und die Zeit von 1895-1914 behandelnd*__), während die Zeit von 1841-1852 aus seinen Aufzeichnungen rekonstruiert und im postum herausgegebenen sechsten Band abgedeckt wurde. Die ins Englische übertragene und unter dem Titel *A History of the English People in the Nineteenth Century* herausgegebene Ausgabe, deckt den gesamten Zeitraum von 1815 bis 1914 ab, wobei die Lücke zwischen 1853 und 1894 vom englischen Historiker R.B. McCallum gefüllt wurde.

Der im Zusammenhang dieser Untersuchung relevante Teil hat in der französischen Ausgabe den Titel *Vers la Démocratie sociale et vers la Guerre* und behandelt den Zeitraum von 1895 bis 1914, während in der englischen Ausgabe der Titel dieses Teils *The Rule of Democracy* lautet und lediglich den Zeitraum von 1905 bis 1914 bearbeitet.

Halévy, den insbesondere das Aufkommen des Nonkonformismus' interessiert, geht bei seinen Überlegungen davon aus, daß die Grundlage des britischen Begriffs von Freiheit auf einem „freiwilligen Gehorsam" beruhe.

(__*Diese Annahme wird übrigens von den Überlegungen Adam Smiths gestützt, die dieser in seiner 1759 erschienenen Untersuchung, The Theory of Moral Sentiments angestellt hatte und die Grundlage für sein 1776 erschienenes Hauptwerk The Wealth of Nations wurden*[260].__)

In *D e u t s c h l a n d* war es besonders nach dem Sieg

[260] Siehe diesbezüglich in Teilband 4 dieser Untersuchung insbesondere die Bemerkung auf der Seiten 134 f., beginnend mit: „Wie oft verwendet übrigens Adam Smith ...".

der SPD in den Wahlen von 1912 in den Zirkeln der Machtelite und ihrer Satelliten zu Spekulationen und Diskussionen gekommen, ob nicht ein äußerer Konflikt dazu dienen könnte, die sich im Inneren aufbauenden Spannungen zu entschärfen. Zwar liest man in den, der eigenen Mythos-Bildung dienenden *Denkwürdigkeiten* Bernhard von Bülows lediglich ungenau:

ZITAT

[...] Aus Düsseldorf hörte ich Ende 1912, einer der hervorragendsten rheinischen Industriellen, Kirdorf, ein schroffer Mann, aber eine ungewöhnliche Intelligenz und ein Charakter, habe der festen Überzeugung Ausdruck gegeben, das, wenn die Dinge so weitergingen wie in den letzten drei Jahren, Deutschland nach innen und außen einer Katastrophe entgegentreibe. [...]

ZITATENDE[261]

Nun, tatsächlich aber hatte Emil Kirdorf _*sinngemäß*_ folgendes gesagt:

Wenn das drei Jahre noch so weiterginge

(__*gemeint sind in diesem Zusammenhang insbesondere die sich zu jener Zeit verschiebenden Mehrheitsverhältnisse zu Ungunsten der reaktionären Kräfte im Wilhelminismus*__),

dann würde Deutschland in Krieg oder Revolution stecken.

---

[261] Vgl. Bernhard Fürst von Bülow, *Denkwürdigkeiten*, 3. Band, (__*erst nach seinem Tode*__) herausgegeben von Franz von Stockhausen, Verlag Ullstein, Berlin, 1931, Seite 90.

Was Bernhard von Bülow in seinen „Denkwürdigkeiten" über Emil Kirdorf sagt ...

Wobei nicht auszuschließen ist, daß die tatsächlich von Kirdorf gebrachte und oben sinngemäß zitierte Äußerung, im nach seinem Tode erst veröffentlichten Buch

(__*das war die Vereinbarung zwischen dem Ullstein Verlag und Bülow*__),

bewußt allgemeingehalten zitiert zu finden ist, immerhin waren zu jener Zeit schon die Vorbereitungen zur Übernahme der Macht durch die Nazis in vollem Gange — und Kirdorf war der Spezi Hitlers.

Was also Bernhard von Bülow in seinen „Denkwürdigkeiten" über Emil Kirdorf sagt, ist jedenfalls eine Verschleierung des „Charakters" und des Verhaltens Kirdorfs.

Emil Kirdorf,

geboren 1847 in Mettmann und 1938 in Mülheim an der Ruhr gestorben

(__*dem erst 1995 die Ehrenbürgerwürde der Stadt Mülheim an der Ruhr aberkannt wurde*__),

wurde im Jahre 1892 Generaldirektor der Gelsenkirchener Bergwerks AG, die unter seiner Führung, als erstem modernen Manager, u.a. durch Zukauf von Hüttenwerken, vor dem ersten Teil des Großen Krieges zum größten Montankonzern

Europas wurde. Kirdorf gehörte zu den Förderern des 1891 gegründeten und 1939 aufgelösten Alldeutschen Verbandes, der der „ideologische Wegbereiter für den Nationalsozialismus" war[262], und anderer nationalistisch-militärischer Organisationen.

Schon 1923 nahm er Kontakt mit der NSDAP auf,

gründete im Verborgenen eine Einrichtung zur Förderung dieser Partei und wurde im Jahre 1927 deren Mitglied,

trat dann kurz aus, da aus den Reihen dieser Partei antikapitalistische Töne zu hören waren,

um dann, bezeichnenderweise wieder einzutreten,

da diese „Töne" offenbar bewußt fürs Fenster geredet worden waren — daß die deutschen Arbeiter nicht hellhörig würden.

Bis zu seinem Tode blieb Kirdorf Hitler verbunden, der ihn oft in seinem im Jahre 1905 errichteten Anwesen im „Uhlenhorst" in Mülheim an der Ruhr besuchte, wozu dann die durch den Wald führende Durchgangsstraße abgesperrt, die Randstreifen mit Fähnchen dekoriert und Hitlerjugend spalierstehend auf der „Streithofweg" benannten Zufahrt zum entsprechend „Streithof" genannten Anwesen aufgestellt wurde, in dessen Eingangsbereich in den Deckenbalken eingegraben zu lesen stand und vielleicht noch zu lesen steht

---

[262] Vgl. Immanuel Geiss, *Geschichte griffbereit — Begriffe: Die sachsystematische Dimension der Weltgeschichte*, Rowohlt Taschenbuch Verlag, Reinbek bei Hamburg, 1983, Seite 536.

(__zumindest aber konnte ich das Ende der 1980er Jahre u.f.Z. selbst noch lesen — heute ist der ganze Komplex wegen privater Nutzung nicht mehr zugänglich; und auch der Name hat sich in „Uhlenhof" gewandelt__):

„Ich komme durch, durch komme ich".

Dies sozusagen als indirekte Reaktion auf seine noch 1919 geäußerte Bemerkung, daß „die Zukunft schwarz, die Gegenwart rot und allein die Vergangenheit des armen deutschen Vaterlandes golden" sei.

Denn von politischer Seite wurde es zu jener Zeit ermöglicht,

daß von staatlicher Seite Eingriffe in das von Kirdorf begründete Rheinisch-Westfälische Kohlen-Syndikat _*dann*_ erlaubt seien, sollten dessen Preisforderungen die Gesamtwirtschaft nachteilig beeinflussen.

Hitler versprach Kirdorf die Rücknahme dieses und überhaupt der „Marxisten-Gesetze".

Und in der Tat mußten direkt nach der Machtübernahme durch die Nationalsozialisten die Arbeitnehmervertreter ihre Plätze in den Vorständen und Aufsichtsräten des Kohlensyndikats und des Reichskohlenrates räumen.[263]

[263] Vgl. diesbezüglich auch: „Die politischen Kohlen" in: „Der Spiegel", Ausgabe 43 des Jahre 1957, im Internet abrufbar über folgende, am 28. Januar '18 erneut geprüfte Internet-Anschrift: http://www.spiegel.de/spiegel/print/d-41758840.html.

Übrigens gehörte Kirdorf, neben anderen Vertretern der deutschen Schwerindustrie, wie Hugo Stinnes sen. und Fritz Thyssen sowie Alfred Hugenberg, der sowohl direkt mit der Schwerindustrie verbunden war als auch über seinen eigenen Medienkonzern wesentlich die öffentliche Meinung manipulierte, zu jenen, die Kriegsziele hatten, die sowohl der dauerhaften Sicherung der Rohstoffversorgung als auch als sicherer Absatzraum der deutschen Industrie dienen sollten. So ist von Hugenberg bekannt, daß er 1914/15 an der Ausarbeitung eines Annexionsprogramms beteiligt war, das die Ausdehnung der deutschen Grenzen zwischen Dünkirchen und Marseille im Westen und zwischen Riga und Odessa im Osten vorsah. Auch von Stinnes ist bekannt, daß seine Kriegsziele ähnlich waren: Der deutsche Wirtschaftsraum sollte nach der militärischen Eroberung Belgien, Nordfrankreich, das Erzbecken bei Longwy et Briey, das Baltikum, die russische Schwarzmeerküste bei Odessa, einschließlich der Krim, sowie das Donezk-Becken umfassen. Da sowohl Stinnes und Thyssen als auch Hugenberg eng mit Kirdorf verbunden waren, ist davon auszugehen, daß Kirdorf prinzipiell vergleichbare Aggressionsziele hatte.[264]

Nun, mit seinem Spruch:

> „Wenn das drei Jahre noch so weitergeht, dann steckt Deutschland in Krieg oder Revolution",

---

[264] Vgl. Gordon A. Craig, *Deutsche Geschichte 1866-1945: Vom Norddeutschen Bund bis zum Ende des Dritten Reichs*, Buchclub Ex Libris, Zürich, 1982, Seiten 304 f; *Lexikon der Biographien zur deutschen Geschichte von den Anfängen bis 1945*, hg. von Kurt Pätzold et al., Deutscher Verlag der Wissenschaften, Berlin, 1991, dort die diversen Einträge zu den genannten Personen.

brachte Kirdorf genau jenes auf den Punkt, das der „Haltung" _aller_ Machteliten in Europa entsprach:

> Bevor wir die Macht teilen, hetzen
> wir eher die Völker aufeinander.

Das taten diese „Eliten" — und lösten doch keines der ursächlichen Probleme: im Gegenteil. Diese „Haltung" der Machteliten ist heute so präsent wie damals. Das muß man im Hinterkopf behalten:

> Keineswegs bedeutete es das Ende der Menschheit, setzen wir und die Russen sämtliche unserer Atomwaffen ein. Etwa zehn Prozent der Menschen kämen wohl um, was gewiß eine Katastrophe wäre, aber bei nüchterner Analyse ist festzustellen: das Ende der Menschheit wäre das nicht.[265]

Denn zwar haben wir heute andere Zeiten, allerdings nicht in der Hinsicht, daß solches Denken und Streben obsolet geworden seien.

> Meine folgende Aussage ist am 14. September '14 erstmals auf meiner WebSite *NetzKolumnist.com* veröffentlicht worden. Sie können deshalb selbst überprüfen, in welcher Richtung die aktuelle Entwicklung erfolgt, beziehen Sie beim Lesen dieser Anmerkung das aktuelle politische Geschehen mit in die Betrachtung ein:

[265] Das Zitat findet sich auch auf den Seiten 291 f.

Wenn nämlich bspw. am 8. April '14 die „Möglichkeit" in den Blick kam, daß die türkische Regierung in den Giftgas-Angriff verwickelt gewesen sei, der vom „Westen", wie selbstverständlich, dem Assad-Regime zugeschrieben wird[266], dann entspricht eine solche „Möglichkeit" genau diesem alten, reaktionären, menschen- und völkerfeindlichen Denken, das dem Imperialismus eigen ist:

> *Den Menschen wird solange etwas vorgelogen, bis die Lügner selbst glauben, was sie den Menschen vorlügen — mit fatalen Folgen für die Menschen, kaum jedoch für die Lügner.*

(__Wie es sich mit _dieser_ „Möglichkeit" auch immer verhalten mag, Tatsache ist auf jeden Fall, daß die sogenannte Al-Nusra-Front [__heute Teil des militärischen Arms des sogenannten „Islamischen Staates"[267]__] von der Türkei aus ohne Behinderung nach Syrien eindringen konnte und deren Brigaden dort eher als Schlächter denn als „Befreier" wahrgenommen werden. Und allein dieser Fakt verleiht dieser „Möglichkeit" eine gewisse Wahrscheinlichkeit.__)

Aber ich habe keineswegs die Absicht, Herrn Assad und sein Regime in Schutz zu nehmen, es stellt sich aber die Frage, wem die Behauptung nützlich war, daß dieses Regime Giftgas eingesetzt habe.

---

[266] Vgl. den an diesem Tag in der Online-Ausgabe des Züricher *Tages-Anzeigers* veröffentlichten Artikel: *„War Ankara in den Giftgas-Angriff verwickelt?"*, dessen, am 28. Januar '18 erneut geprüfte Internet-Anschrift folgende ist:

http://www.tagesanzeiger.ch/ausland/naher-osten-und-afrika/War-Ankara-in-den-GiftgasAngriff-verwickelt/story/30962921.

[267] Beziehungsweise heute (__Januar 2018__) in verschiedenen Ländern aktiv, u.a. in Afghanistan ...

Die UN-Inspektoren, die die Untersuchungen um die Ereignisse vom 21. August 2013 anstellten, nämlich zur Klärung der Frage, ob Giftgas eingesetzt wurde, waren am 18. August aus einem anderen Grund in Damaskus eingetroffen, und wohnten übrigens nur wenige Fußminuten vom Ort dieser Ereignisse entfernt.

Der Grund für ihre Ankunft am 18. August war folgender:

Das Assad-Regime hatte diese UN-Inspektoren eingeladen, eine Untersuchung eines angeblichen Giftgasangriffs durch die Rebellen zu untersuchen, der am 19. März auf das Dorf Khan al-Asal bei Aleppo erfolgt sein soll

(__neben anderen Angriffen auf zwei weitere Ortschaften, bei denen ebenso die zu klärende Vermutung im Raum steht, ob auch dort chemische Waffen von Rebellen eingesetzt worden seien__),

und bei dem mehrheitlich Soldaten des Assad-Regimes getötet worden waren.

Auf Grund der Ereignisse vom 21. August bekamen diese UN-Inspektoren die Order, den Sachverhalt _*dieser*_ Ereignisse zu prüfen.

Das heißt zumindest auch, daß vorerst die Untersuchung der Ereignisse vom 19. März ruht — und auf Dauer ruhen wird, wenn es in absehbarer Zeit zu einer militärischen Anheizung des Bürgerkriegs in Syrien durch das direkte Eingreifen der USA, Frankreichs u.a. kommt — oder durch andere Ereignisse einfach verdrängt bleiben ...

Dies nur ein weiterer Fingerzeig darauf, wer am 21. August an einem Einsatz von Giftgas auf die Oase Ghouta ein Interesse haben konnte, wenn nicht die in dieser Gegend Syriens unterlegenen Rebellen, bzw. die sie unterstützende Seite, nämlich in erster Linie die USA.

> Übrigens war es Carla del Ponte, als hochrangiges Mitglied der UN-Kommission zur Klärung der Frage nach der Verantwortung für Kriegsverbrechen in Syrien, die am 6. Mai 2013 erklärte:
>
> > „Soweit wir das feststellen konnten, haben bisher nur die Widersacher des Regimes das Gas Sarin eingesetzt."[268]

Diese Aussage von Frau del Ponte wurde dann später von dieser UN-Kommission dahingehend abgeschwächt, daß es dafür keine Beweise gäbe.

> Die Antwort auf die Frage, wieso Carla del Ponte allerdings zu dieser Einschätzung kommen konnte, wenn es dafür keine Beweise gab, wird wahrscheinlich im Nirwana der UN-Diplomatie zwar zu suchen, aber nicht zu finden sein ...

Wie dem auch sei, auf Basis der bisherigen Erkenntnisse, ist eine Schuldzuweisung an das Assad-Regime zwar offenbar möglich, aber über die Fakten nicht gedeckt. Somit bleibt wohl ein militärischer Schlag gegen Syrien unter offizieller Beteiligung der USA weiterhin wahrscheinlich, aber, wegen der Faktenlage, wäre das als Aggression zu werten. Und damit hinge es vor allem von Rußland ab, ob sich daraus ein schwer-

---

[268] Diese Nachricht ist über folgenden, am 28. Januar '18 erneut geprüften Internet-Pfad abrufbar: http://www.nzz.ch/rebellen-setzten-angeblich-giftgas-ein-1.18076935.

wiegender internationaler Konflikt mit unabsehbaren Folgen entwickelte.[269]

Und wenn nun (__*September 2014*__) die Regierung Obama gegen den sogenannten „Islamischen Staat" (__kurz „IS"__) als eine ihrer _*Terroristen-Züchtungen*_ ...

Und „Züchtungen" übrigens deshalb, da Sie getrost davon ausgehen können, daß das Problem des Terrorismus', also jenes Problem, das der „Westen" so bezeichnet, sich zum überwiegenden Teil unter Anleitung geheimdienstlicher Kreise des „Westens" ereignet, d.h. ohne diese Einflußnahme als Problem _*nicht*_ existent wäre. Und diese Bemerkung entspringt keineswegs sogenannten verschwörungstheoretischen Überlegungen, sondern es geht dabei um die schlichte (__*zu wiederholende*__) Feststellung, daß Machteliten zu allem bereit sind, geht es um ihre Interessen:

ZITAT

[...] Der Kampf gegen den Terror ist letztlich ein Kampf um Öl, Gas, sonstige wertvolle Bodenschätze, Pipelinetrassen und geopolitische Knotenpunkte. Hier finden die Terrorakte statt, sprengen sich Selbstmordattentäter in die Luft, deren Taten dann nicht aufgeklärt werden, die jedoch medienwirksam den Einsatz des für den Terrorkampf völlig ungeeigneten Militärs rechtfertigen. Neuerdings in der

[269] Vgl. diesbezüglich auch: „Selbes Ziel, anderer Weg", ein Interview mit der unabhängigen Journalistin Karin Leukefeld auf „weltnetz.tv". Die entsprechende Internet-Anschrift ist am 28. Januar '18 geprüfte worden: http://weltnetz.tv/video/496-selbes-ziel-anderer-weg.

Gestalt von Drohnen, die nicht selten auf Grund von Falsch-Informationen und ohne daß die Betroffenen auch nur die Chance hätten, gehört zu werden, ganze Häuser mit Frauen und Kindern, Hochzeitsgesellschaften usw. niederbomben. [...]

ZITATENDE[270]

Wird also die Regierung Obama gegen eine ihrer eigenen *Terror*-Züchtungen nun auch auf syrischem Territorium mit sogenannten „gemäßigten" Rebellen

(__solchen also, die ähnlich wie die Schlächter des „IS" schlachten, nur in ihrem Sinne__)

mit ihrer Luftwaffe über syrischem Territorium kämpfen — _*ohne*_ Rückversicherung im UN-Sicherheitsrat — dann steht weit mehr auf dem Programm, als der sogenannte Kampf gegen den Terrorismus,

*aktuell*

fokussiert auf den „IS". Denn es ist davon auszugehen, daß es im Nahen Osten um *Tabula rasa* geht:

---

[270] Quelle dieses Zitats: „Ein Großteil der verlotterten Medien schaut nur noch auf den ausbeutbaren Skandalsatz", dieses von Marcus Klöckner mit Andreas von Bülow geführte Interview, ist auf dem Online-Nachrichtenportal *Telepolis* am 10. September '10 veröffentlicht worden und kann unter folgender, am 28. Januar '18 erneut geprüften Internet-Anschrift aufgerufen werden:

http://www.heise.de/tp/artikel/33/33298/1.html. Copyright © Telepolis, Heise Zeitschriften Verlag, mit freundlicher Genehmigung.

Das bedeutete aber Chaotisierung der ganzen Region und daraus dann _*irgendwie*_ „Formung" von für den „Westen" handhabbaren nationalstaatlichen Gebilden, oder, wo das nicht geht, „Zusammenarbeit" mit Warlords, die mit Geld und Waffen versorgt werden, so sie sich bereit erklärten, für den „Westen" strategisch oder ressourcenmäßig wichtige Gegenden zu „befrieden".[271]

Erkennen Sie den aktuellen Zusammenhang:

„Syriens Rechte werden mißachtet".[272]

... Nun, man wird sehen ...

_ Ende dieser, vom 14. September '14 stammenden Anmerkung _

... und _*w i e*_ man heute sehen kann ...[273]

[271] Vgl. auch Kapitel 13: „Die Welt als 'Hinterhof' der Machteliten oder Der Nationalstaat als grundlegendes Problem für Frieden".

[272] Quelle: *Der Freitag*; die am 28. Januar '18 erneut geprüfte Internet-Anschrift ist folgende:

https://www.freitag.de/autoren/lutz-herden/syriens-rechte-werden-missachtet.

[273] Empfohlen sei in diesem Zusammenhang folgender Artikel von Reinhard Merkel: *Der Westen ist schuldig*, der am 2. August '13 in der Online-Ausgabe der FAZ veröffentlich worden ist und dessen, am 28. Januar '18 ebenfalls erneut geprüfte Internet-Anschrift folgende ist:

http://www.faz.net/aktuell/feuilleton/debatten/syrien-der-westen-ist-schuldig-12314314.html?printPagedArticle=true#pageIndex_2

* * *

Wie kann es von Bedeutung sein, geht es darum,

selbst

erzeugten, auf die vorläufige Spitze getriebenen Terrorismus in Form des sogenannten „Islamischen Staates" zu bekämpfen, „Demokratie" in eine Region zu bringen, die dazu erst einmal umgekrempelt werden muß, wenn also bei dieser „hehren" Arbeit sowohl Menschenrechte und Völkerrecht beiseite geschoben werden *müssen* — Rechte, die offenbar erstmals auch in die Ukraine gebracht worden sind, deren Ausdruck ein vom „Westen" installiertes, weiterhin oligarchisches Marionettenregimes ist ... zumal solches Beiseiteschieben nach der

„Annexion" der Krim[274]

hoch notwendig ist?

Es mag wohl sein, daß in einem Krieg die Wahrheit zuerst stirbt. — Was eigentlich nicht stimmt, immerhin muß sie schon vorher geopfert worden sein, denn wie wollte man normale Menschen in einen Krieg treiben, wüßten sie davon, was dabei tatsächlich auf dem Spiel steht: die Interessen der Machteliten durchzusetzen? Da würden die normalen Menschen wohl sagen:

---

[274] Siehe zu dieser behaupteten Annexion auch den Artikel von Reinhard Merkel: *Die Krim und das Völkerrecht — Kühle Ironie der Geschichte*, in Teilband 4 dieser Untersuchung, Anhang I.

Na, dann kämpft doch für _eure_ Interessen selbst!

Also müssen der gemeine Journalist und der gemeine Wissenschaftler und der gemeine Politiker Lügengeschichten von „Bedrohung" und „Heimat" und „Recht" und von zu verteidigender „Demokratie" usw. erzählen.

Also schon längst vorher ist etwas anderes gekillt worden:

Die humane Kultur!

* * *

Nein, mit einer solchen „Weltelite" ist ein den Völkern wie den normalen Menschen dienlicher Frieden definitiv

nicht

möglich. Denn, wie oben angemerkt, war und ist das Credo der Machteliten:

„Bevor wir die Macht teilen, hetzen
wir eher die Völker aufeinander."

Halten Sie das im Hinterkopf, wird heute von politischer Seite wie von seiten der „Qualitätsmedien" erzählt, man habe Kriege im „Dienste" der Menschenrechte und des Völkerrechts zu führen — also „Menschenrechtskriege".

Sechzehntes Kapitel

Die „Nationalitätenfrage“, die Ukraine und die „Elite des Westens“

Das Selbstbestimmungsrecht der Völker ist keine „Schrulle“.

Ohne Sprache wäre zwischen Menschen ein Austausch von Kenntnissen nur unzureichend möglich. Ohne Menschen verbindende Sprache wären _*weder*_ die Entwicklung von Kultur _*noch*_ der damit einhergehende Wissensaustausch _*noch*_ die Entwicklung einer Wirtschaft _*noch*_ der damit einhergehende Warenverkehr _*noch*_ die Entwicklung zu einer Nation selbst möglich. Demnach bedarf es einer gemeinsamen Sprache, damit sich eine Nation entfalten kann, aber auch eines möglichst zusammenhängenden Territoriums _*und*_ einer alle nationalen Elemente verbindenden Organisationsform: den Staat dieser Nation. Daraus ergibt sich, daß jede Nation das Recht auf eigene Entfaltung und auf Sicherung ihrer Belange _*in den Grenzen*_ ihres Territoriums *un*_gehindert haben muß:

Grundsätzlich ist das Selbstbestimmungsrecht der Völker also keine „Schrulle“.

Bei der Lösung der *nationalen Frage*

ist aber entscheidend,

wie und auf welcher Grundlage dieses Recht in der Praxis umzusetzen ist, damit eine

kulturell fortschrittliche

Entwicklung für ein einzelnes Volk und für seine benachbarten Völker möglich wird. Richtig verstanden geht dieses

Selbstbestimmungsrecht eines Volkes

mit dem

Selbstbestimmungsrecht aller seiner Mitglieder einher.

Demnach könnte man

*_dann_*

von einer

nationalen Demokratie

sprechen, sind *_beide_* Rechte gewährleistet und verwirklicht. Allgemein wird diese Gewährleistung als in die Tat umgesetzt angesehen, ist eine Nation organisatorisch in einen *bürgerlichen* Staat

e i n g e b u n d e n,

d.h. heutzutage in einen bürgerlichen Staat, der als *National-staat* bezeichnet wird. Man spricht hierbei _*deshalb*_ von bürgerlichen Staaten, da in ihnen alle die Mitglieder des Staates betreffenden Rechte

*formal*

verwirklicht sind, in ihnen demnach eine

„formale Rechtsgleichheit"

existiert. Tatsächlich aber sind diese Rechte auch im bürgerlichen Staat von den Machtverhältnissen abhängig —

*insofern* wie im vorausgegangenen feudalen Staat.

Also werden ebenso im bürgerlichen Staat die Rechte im Sinne der, einen solchen Staat beherrschenden Schicht ausgeübt. Folglich wird die _*tatsächlich*_ praktizierte Gerichtsbarkeit von den Gesetzen und Verordnungen bestimmt, die von der herrschenden Klasse des

bürgerlichen National_*Staates*

verfügt wurden und werden.

Wobei es so ist, daß diese Gesetze und Verordnungen von jenen, die Machtelite (__*als Gruppe innerhalb dieser herrschenden Klasse*__) umkreisenden Satelliten *theoretisch begründet*, also von entsprechenden bürgerlichen Wissenschaftlern, dann von entsprechenden bürgerlichen Politikern _*praktisch umgesetzt*_ und zugleich von den *bevorzugten* bürgerlichen Journalisten *propagiert* werden, also den *Alpha*_Journalisten, die das in einer Redaktion zuerst zu Denkende und dann das von den schreibenden Mitarbeitern zu Schreibende bestimmen.[275]

Kleine, den bürgerlichen Staat betreffende Hintergrundausleuchtung

Ein bürgerlicher Staat ist gegliedert in zwei Hauptklassen: die herrschende bürgerliche Klasse und die beherrschte Klasse. Zwischen beiden befindet sich eine besondere gesellschaftliche Schicht: das *Kleinbürgertum* ...

Es ist ein Fehler zu glauben, daß es diese „Schichtungen" im _*heutigen*_ Nationalstaat nicht mehr gäbe, da dieser Umstand

(__*bewußt!*__)

kein gesellschaftspolitisches Thema ist, und von „Kleinbürgertum" schon gar nicht mehr die Rede sein könne, wir es hingegen heutzutage mit einer breiten, wenn auch bröckelnden „Mittelschicht" zu tun hätten, die sich gern als „Mittelstand" versteht. Nun, genau dort ist aber das Kleinbürgertum mentalitätsmäßig verortet.

[275] Siehe zu dem Problem der Meinungsmache in einer Massengesellschaft in: Die *tri*_logische Sezierung [...], Band III, Teilband 1, Teil 1.

Denn das

(__*wegen*_ seiner aufgestauten Aggressivität__)

für das Kleinbürgertum typische Verhalten, seine aufgestaute Aggressivität sich nämlich nicht so ohne weiteres entladen kann —

_*w e g e n*_

des ihm eigenen Charakters, der Produkt der gesellschaftlichen Stellung des Kleinbürgertums ist: zwischen Ober- und Unterschicht einklemmt zu sein,

mit der stetig präsenten Möglichkeit in Richtung auf die von ihm verhaßte Unterschicht abzurutschen —

bedingt durch jenen, über die neoliberale Ideologie in der Gesellschaft längst verankerten Mechanismus,

und den gerade diese Klasse bejaht:

Wettbewerb auf allen, das einzelne Individuum wie die Gesellschaft als Ganzes betreffenden Gebieten,

ist es das in dieser „Mittel-Schicht" präsente Verhalten, welches sich im nach oben Buckeln und im nach unten Treten ausdrückt.

Man denke in diesem Zusammenhang an die sogenannte *Agenda 2010* mit insbesondere ihrem *Hartz-IV*-Gesetz, das in der Tat ein _*kollektives*_

Konditionierungs- und Knechtungsmittel des neoliberalen Dogmas ist, ohne das ein Verankern eines, einer marktkonformen Gesellschaft entsprechenden Bewußtseins in den Köpfen der Menschen nicht möglich wäre:

Eigenverantwortung in der Misere hie, „Leistungsträgerschaft" im materiellen Glücke dort.[276]

Denn wer erst im *Hartz-IV-Turm* sitzt, kann den ihn auf diese Weise in seinen persönlichen Freiheitsgraden beschränkenden Bedingungen der gesellschaftlichen Realität kaum noch entkommen.

Und so sind dann die mit kleinbürgerlicher Mentalität ausgestatteten Menschen willig zu Vielem bereit—

daß sie erst gar nicht selbst in die Nähe dieses „Turmes" kämen.

Sie verachten schließlich jene per se, die schon in diesem Turme sitzen, da sie von der Erziehung her

(__*also in ihrer emotionalen Armut*__)

„wissen",

daß jeder seines Glückes Schmied sei, so er nur wollte —

bis es sie selbst trifft ...

[276] Vgl. die Seiten 81-86, beginnend mit: „Dementsprechend dient neoliberale Politik ...".

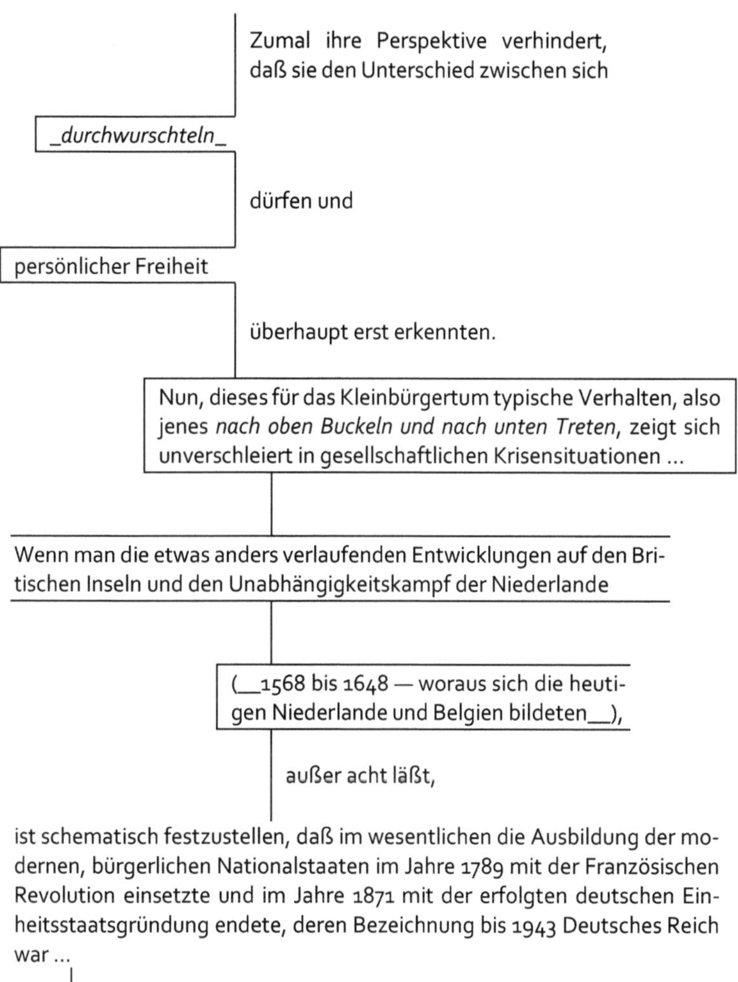

Zumal ihre Perspektive verhindert, daß sie den Unterschied zwischen sich

*_durchwurschteln_*

dürfen und

persönlicher Freiheit

überhaupt erst erkennten.

Nun, dieses für das Kleinbürgertum typische Verhalten, also jenes *nach oben Buckeln und nach unten Treten*, zeigt sich unverschleiert in gesellschaftlichen Krisensituationen …

Wenn man die etwas anders verlaufenden Entwicklungen auf den Britischen Inseln und den Unabhängigkeitskampf der Niederlande

(__1568 bis 1648 — woraus sich die heutigen Niederlande und Belgien bildeten__),

außer acht läßt,

ist schematisch festzustellen, daß im wesentlichen die Ausbildung der modernen, bürgerlichen Nationalstaaten im Jahre 1789 mit der Französischen Revolution einsetzte und im Jahre 1871 mit der erfolgten deutschen Einheitsstaatsgründung endete, deren Bezeichnung bis 1943 Deutsches Reich war …

und das dann zwar ab 1943 mit *_dem_* Anspruch „Großdeutsches Reich" hieß, die bereits 1848 erwogene „großdeutsche Lösung" verwirklicht zu haben, als Antwort auf die Deutsche Frage

(__*unter Einbeziehung der deutschen Bevölkerungsanteile der ehemaligen Habsburgermonarchie*__),

die im Jahre 1918 mit dem Ende der österreichisch-ungarischen Doppelmonarchie, einem sogenannten Vielvölkerstaat, wieder als offen gelten konnte. — Diese „großdeutsche Lösung" steht übrigens im Gegensatz zur Bismarckschen „kleindeutschen Lösung" von 1871, in der aber, mit der Einbindung der deutschen Länder in den preußischen Einheitsstaat, jene eigentümlichen nationalstaatlichen Grundlagen gelegt wurden, aus denen sich später dann der Nazismus entwickelte — und seit dem Ende des Kalten Krieges sich jenes entwickelt, das als Neo_Wilhelminismus bezeichnet werden kann.[277]

Das heißt formal hörte das Deutsche Reich 1945 auf zu existieren, wenngleich die Vertreter der im Jahre 1948 gegründeten Bundesrepublik Deutschland sich in der Fortsetzung des Deutschen Reiches verstehen —

wodurch wohl erst das heute wieder vorherrschend werdende Verhalten seiner Machtelite „verständlich" wird.[278]

* * *

[277] Zum „Wilhelminismus" und seinen Konsequenzen, siehe die Seiten 107 f., beginnend mit: „'Wilhelminismus' bedeutet kurzgefaßt folgendes ...". Siehe weiterführend auch in: Die *tri*_logische Sezierung [...], Band III, insbesondere Teilband 2, Lesung 16, dort unter: „Was übrigens den Begriff 'Wilhelminismus' anbelangt".

[278] Siehe dazu insbesondere in: a.a.O., Band III, Teilband 2.

Im Zusammenhang mit der „nationalen Frage" mögen sich einst reaktionäre bürgerliche Staaten (__*Nationalismus*__) und _*tendenziell*_ demokratische bürgerliche Staaten bis zu einem gewissen Punkt unterschieden haben, da im Inneren der zweiten Gruppe die Machtfrage bis zu einem gewissen Punkt demokratisch gelöst war und deshalb, im Gegensatz zu reaktionären bürgerlichen Staaten, zumindest weniger heuchlerische Neigung bestand, vorzugeben, andere Nationen _*„befreien"*_ zu wollen, verfolgten diese das Ziel, sie in den imperialistischen Dunstkreis ihrer Macht zu ziehen.

Diese, reaktionären Staaten eigenseiende Heuchelei, war allerdings in tendenziell demokratisch bürgerlichen Staaten lediglich unter der Voraussetzung geringer ausgeprägt, lag in der Bevölkerung tatsächlich ein ausreichender Demokratisierungsgrad vor,

wurde also von den politisch Verantwortlichen dort genau dies gesellschaftlich zu verankern als elementare politische Aufgabe verstanden,

und war über journalistisch saubere Arbeit zumindest eine relative Transparenz der tatsächlich praktizierten Politik sichergestellt.

Das bedeutet folglich, daß bürgerliche Staaten lediglich ein Mehr oder Weniger an politischer Heuchelei kannten.

Und das sind keine guten Aussichten, chaotisieren sich die Beziehungen zwischen solchen Staaten. Zumal als sicher gelten kann, daß dieser potentielle Unterschied im Zeitalter der Lobbykratie nicht mehr existiert — und dies heutzutage dadurch beschleunigt wird, daß eine Verankerung demokratischer Mindeststandards kein überzeugend politisch gefördertes gesellschaftliches Thema mehr ist.

Ende dieser kleinen Hintergrundausleuchtung

Die Organisierung eines historisch alten Volkes ...

Die *Bewohner einer historischen Landschaft* konnten sich über Jahrhunderte aneinander gewöhnen, entwickelten auf diese Weise eine entsprechende Bewußtheit von Zugehörigkeit durch ähnliche Erlebnisweisen und begannen sich mählich

(__*verhaltensmäßig wie sprachlich*__)

von Bewohnern anderer Landschaften zu unterscheiden.

Eine „historische Landschaft" ist demnach

ein Teil der Erdoberfläche, die in ihren Bewohnern ein Gefühl von Heimat dadurch erzeugt, daß sich bei ihnen, u.a. wegen ihrer besonderen Räumlichkeit und ihrer besonderen klimatischen Bedingungen, in der Zeitlichkeit eine vorherrschende Gemütsart, und damit einhergehend, eine vorherrschende Mentalität entwickeln, was Zusammengehörigkeit *suggeriert*.

Es handelt sich hierbei also um einen über einen langen Zeitraum verursachten Gewöhnungsprozeß. Und da dieser historische Prozeß in einer bestimmten Landschaft stattfindet, nennt man diese eine „historische Landschaft".

Solche Prozesse liegen _*jeder*_ gesellschaftlichen Entwicklung zugrunde, deren Vollendung mit dem Begriff „Volk" bezeichnet wird.

Das heißt die Geschichte eines Volkes läßt sich zwar mythisch *verfassen*, was dann nicht problematisch wird, bleibt bewußt, daß ein „Volk" realiter lediglich historisch faßbar ist.

Nun, die Organisierung eines historisch alten Volkes in einem Nationalstaat (__*einem bürgerlichen Staat also*__) erscheint einfacher als in einem Staat, der sich aus vielen verschiedenen Nationalitäten zusammensetzt. Bei genauer Betrachtung ergibt sich aber, daß nicht die Frage vermeintlicher „nationaler Homogenität" das entscheidende Element für irgendeine staatliche Organisierung einer, ein bestimmtes Gebiet bevölkernden Masse von Menschen ist, sondern ihr ähnlicher Bewußtheitsgrad, bzw. ihre Art der Identität, verbunden mit entsprechender Mentalität. Dies drückt sich in dem aus, was man mitunter als „Volkscharakter" bezeichnet und das zur Zeit der Gründung eines solchen Staates für seine Bewohner als allgemeingültig galt. Es ist dieser „Gründungscharakter" der von der Machtelite und ihren Satelliten eines solchen Staates wiederentdeckt wird, kommt es zu einer, die bisherige gesellschaftspolitische Entwicklung einschneidend ändernden, die Interessenlage dieser Elite tangierenden Situation. — (__Auf diesen Punkt ist insbesondere in: Die *tri*_logische Sezierung des lobbykratischen Zeitalters [...], Band III, Teilband 2, Lesung 16, zurückzukommen. Ein Anklang findet sich aber schon in: a.a.O., Band II, Seiten 386-89: „Die Steilvorlagen des Establishments".__)

Sind in einem Staat mehrere (__*mindestens zwei*__) Nationalitäten vertreten, spricht man übrigens von einem Nationalitätenstaat (__„Mehrvölkerstaat", bzw. „Vielvölkerstaat"__). Geschichtlich ist es so, daß es sich bei solchen Staaten meist um eine dominante Nationalität handelt, um die sich von ihr beherrschte Nationalitäten gruppieren. Die Gründe hierfür können unterschiedlich sein.

(__Beispielsweise sich kriegerisch ausbreitend oder / und, relativ gesehen, wegen besserer Wirtschaftsmethoden — oder indem eine dominante Nationalität als Schutz für kleine, allein zu schwache Nationalitäten fungiert.__)

All diese in einem „Vielvölkerstaat" organisierten Nationalitäten gehören dann zwar einer Gemeinschaft von Völkern an, für die wohl ein gemeinsames Recht gelten mag, die aber meist nicht zu ihrem Recht kommen. Beispielsweise deshalb nicht, da ihr nationales Bewußtsein noch unzureichend entwickelt ist. — Oder eine von diesen verfügte zwar schon über ein gewisses Maß an solcher Bewußtheit, so daß das Bedürfnis nach nationaler Unabhängigkeit insbesondere dadurch befördert würde, übte die dominante Nation die Art der Unterdrückung unverändert gegen diese, sich im Prozeß nationaler Bewußtwerdung befindenden Nation aus, wodurch sich dieses Bedürfnis destruktiv verstärkte und sich dieses entwickelnde Bewußtsein gleichfalls destruktiv, also im Sinne einer, nationalistische Reflexe bedienenden Abgrenzung verhärtete. Dieser Prozeß setzte u.U. eine von wechselseitiger Unterdrückung und Widerstand beförderte, schließlich zu Bürgerkrieg führende Spirale der Gewalt und des Hasses in Gang.

Was also in einem bürgerlichen Nationalstaat die von der herrschenden Klasse bestimmte Rechtslage für die *be*_herrschte Klasse (__*mit ihren Schichten*__) bedeutet, gilt wohl auch in einem Nationalitätenstaat, aber hinzu kann noch eine nationalitätenbedingt unterdrückende Komponente treten, sowie, je nach Entwicklungsgrad einer unterdrückten Nationalität in einem Nationalitätenstaat, eine gesellschaftlich klassenmäßige Schichtung und Herrschaft

*innerhalb* einer solchen einzelnen

(__und möglicherweise unterdrückten__)

Nationalität selbst.

Historisch gesehen,

können das zaristische Rußland und, etwas abgeschwächt, die österreichisch-ungarische Doppelmonarchie als schlechte Beispiele für Vielvölkerstaaten dienen. Kanada und die Schweiz hingegen als relativ gute Beispiele für solche Staaten ...

Wird nun bspw. eine bestimmte Nationalität dadurch an ihrer Entfaltung und der Sicherung ihrer Bedürfnisse und Belange gehindert, daß sie Teil eines oben skizzierten Nationalitätenstaates ist, dessen Rechtspraxis die Unterdrückung dieser Nationalität zuläßt — von welchem anderen Nationalstaat könnte dann

glaubhafte

Hilfe kommen, damit diese unterdrückte Nationalität zu ihrem Recht käme?

Es ist hier lediglich beispielsweise von _einem_ „helfenden" Nationalstaat die Rede, es könnten selbstverständlich auch mehrere _solche_ sein — wie die Geschichte lehrt.

Etwa von einem Nationalstaat, dessen Machtelite die Masse seiner Bürger nach ihrem Gusto unterdrückt — selbst wenn so etwas wie „Demokratie" in seiner Verfassung steht, tatsächlich aber die relevanten politischen Entscheidungen hinter verschlossenen Türen getroffen werden — und diese Entscheidungen im Interesse weniger sind?

Gewiß nicht.

Denn wer weiß, welche Absichten eine solche,

verschleiert

selbst unterdrückende Machtelite tatsächlich hegte, böte

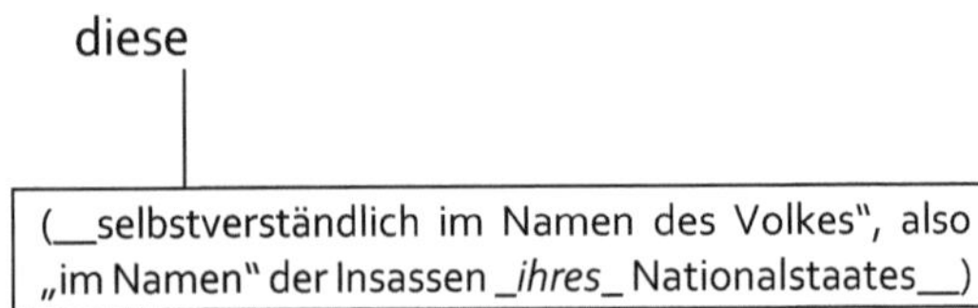

diese

(__selbstverständlich im Namen des Volkes", also „im Namen" der Insassen _*ihres*_ Nationalstaates__)

ihre Hilfe an, daß eine von einem anderen Nationalstaat oder von der dominanten Nationalität eines Nationalitätenstaates unterdrückte Nationalität sich zu befreien in die Lage versetzt würde?

(__Oder doch nur _*deren*_ Machtelite und _*deren*_ Satelliten dann?__)

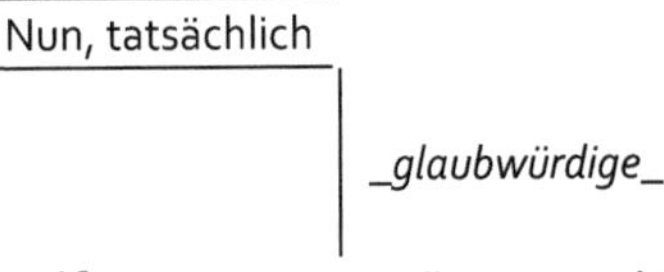

Nun, tatsächlich

*glaubwürdige*

Hilfe zur Unterstützung einer nationalen Befreiungsbewegung könnte lediglich von solchen Menschen kommen, die _*tatsächlich*_ in

*ihrem* Staat lebten und wirtschafteten,

den sie demnach nach

*ihren*

Bedürfnissen geschaffen hätten, in dem also

*sämtliche*

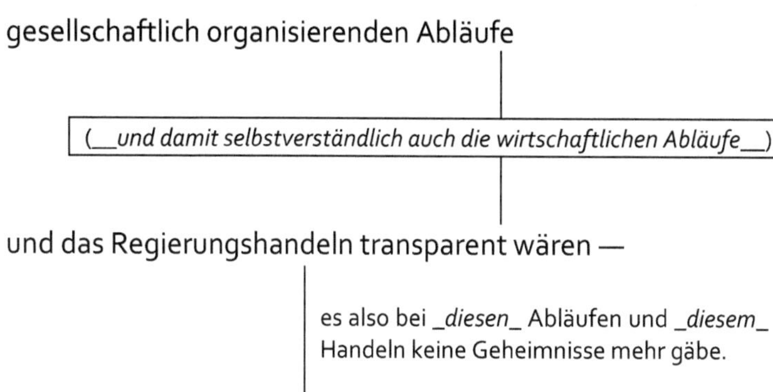

Das heißt solange die Regierung einer staatlich organisierten Nationalität von den Menschen dieser Gesellschaft nicht direkt

(__*transparent*__)

gewählt ist, so daß Gesetze und Verordnungen möglich sind, die den Interessen der Masse der Bevölkerung zuwiderlaufen ...

(__und auf diese Weise in der Bevölkerung mindere oder deutlichere Formen von Existenzangst erzeugend, im tatsächlichen gesellschaftlichen Leben Aggressivität oder Resignation nach sich ziehend — also jenes aggressive oder resignative Verhalten ist gemeint, das _*wegen*_ gesellschaftlich bedingter Machtverhältnisse in einer Gesellschaft manifest wird, nämlich Hinderung der freien Entfaltung der Person, _*wegen*_ der ihr vorenthalten werdenden, materiellen Voraussetzungen für ihre prosperierend persönlichen Entfaltung — auf Grund solcher Machtverhältnisse__),

... und eine solche Regierung von den Menschen dieser Gesellschaft auch nicht direkt *ent*_wählt

werden kann, die Geschicke der Menschen also letztlich von Vertretern der existierenden Machtverhältnisse

(__*un*_klar__)

bestimmt werden, nun, solange kann keine Rede davon sein, daß die von _*spin*_doktorischen, schreibenden und politischen Satelliten der Machtelite _*vertretene*_ Behauptung zuträfe, daß sie nicht nur die Interessen einer nationalstaatlich verfaßten Gesellschaft verträten, sondern es sich _*deshalb*_ um einen demokratisch verfaßten Staat handele.

Eine von außen kommende, der Befreiung einer unterdrückten Nationalität dienende Unterstützung ist demnach lediglich dann glaubwürdig und hilfreich

(__*und deshalb erst tatsächlich möglich*__),

wird diese von einem Staat angeboten, der lediglich deshalb existierte, da die Menschen seiner Gesellschaft ihn in

*ihrem*

Sinne schufen und zur Wahrung

*ihrer*

Interessen (__*nicht auf Kosten anderer*__) organisiert hätten.

Andernfalls

begäbe sich jene unterdrückte Nationalität,

nach erfolgreicher Lösung aus der bisherigen Unterdrückung oder

Abhängigkeit, in neue Abhängigkeit und,

was insbesondere die Lohnabhängigen anbelangt,

in neue Unterdrückung —

auf diese Weise lediglich die Sklavenherren wechselnd.

Nun, verhält es sich so,

daß die neoliberal verfaßten Hauptstaaten, insbesondere die der EU und die der USA, realiter keine demokratischen sind —

nicht einmal parlamentarisch demokratische:

Schließlich werden die

relevanten

Entscheidungen _nicht_ in den Parlamenten und somit von den Parlamentariern _nicht_ auf der Basis einer ergebnisoffenen, debattengestützten Entscheidungsfindung mit anschließender Aufforderung an die Regierung, das auf diese Weise gewonnene Ergebnis zu exekutieren, getroffen, sondern

ausschließlich

markt- und machtkonform — also

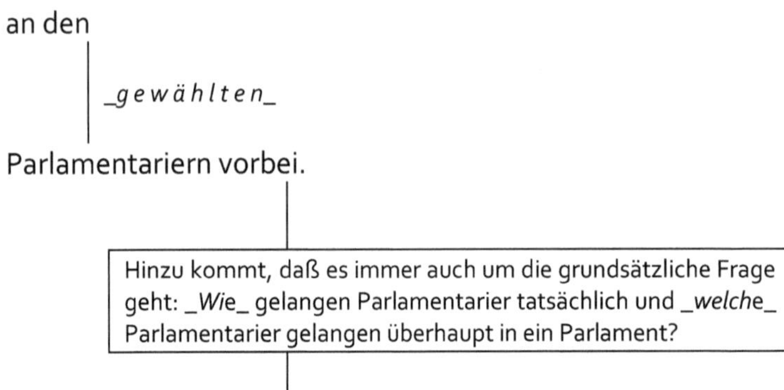

an den

gewählten

Parlamentariern vorbei.

Hinzu kommt, daß es immer auch um die grundsätzliche Frage geht: _Wie_ gelangen Parlamentarier tatsächlich und _welche_ Parlamentarier gelangen überhaupt in ein Parlament?

Somit ist es kein anderer Treppenwitz als der im Jahre 1914 von den _damaligen_ Lobbyisten der Macht den Menschen erzählte,

es müsse ein „Verteidigungskrieg" geführt werden gegen andere, und / oder damit „Demokratie" in andere Regionen oder Staaten der Welt gebracht werde, _oder_ die unterdrückten Völker sich von Unterdrückung „befreien" könnten (__vom zaristischen Rußland__), _hingegen_ ein anderer unterdrückender Vielvölkerstaat (__das habsburgische Österreich-Ungarn__) als Bollwerk gegen den Expansionsdrang des anderen unterdrückenden Vielvölkerreiches (__das zaristische Rußland__) zu verteidigen sei — in _diesem_ Falle also die unterdrückten Nationalitäten dieses Vielvölkerstaates, im sie unterdrückenden Vielvölkerstaat verbleiben müßten, da sie ansonsten sofort vom anderen unterdrückenden Vielvölkerstaat einverleibt würden,

ist es _prinzipiell_ eben kein anderer Treppenwitz, wenn

beispielsweise

von den _heutigen_ Lobbyisten der Macht ähnliches in den

90er Jahren des letzten Jahrhunderts u.f.Z. bezüglich der Balkanhalbinsel erzählt wurde[279], oder später dann bezüglich Libyens oder bezüglich Syriens oder bezüglich der Ukraine erzählt wurde und wird.

Und das sind lediglich Beispiele für solche hinterhältig niederträchtigen Heucheleien!

Brauchte aber eine Nation

(__oder eine einzelne Nationalität in einem Nationalitätenstaat, oder eine Nation, die zwar eigenständig staatlich organisiert ist, aber aus verschiedenen Gründen abhängig von einem anderen Staat ist, früher möglicherweise sogar mit diesem anderen Staat verbunden war, wie im Falle der Ukraine, also sich zwar von ihm bereits abgelöst hatte__)

Unterstützung als ganze Nation?

Nicht unbedingt,

denn das hinge davon ab,

wie sie tatsächlich strukturiert wäre und wie sie sich nach ihrer Befreiung strukturieren wollte.

Sie somit schon selbst Bewußtheit darüber haben müßte,

zu welchem Zweck sie sich national unabhängig machen wollte oder machte.

---

[279] Vgl. Kapitel 14.

Denn gäbe es in ihr eine Machtschicht, die lediglich deshalb existierte, da es in ihr eine Unterschicht gäbe, die nichts zu sagen und nichts zu entscheiden hätte,

und wollte,

nach Erlangung nationaler Unabhängigkeit, diese Machtschicht ihre Macht bloß in diesem Sinne weiterhin ausüben, dann lediglich in

(__*zumindest optischer*__)

Eigenregie, zwangsläufig aber weiterhin auf Kosten jener unterdrückten Klasse und deren Schichten,

wäre diese Machtschicht also bereits mit entsprechendem Bewußtsein ausgestattet, bildete somit eine Klasse, die demnach die nationale Herrschaft innehätte und, wegen ihres Klassenbewußtseins, ihre Interessen weiterhin durchzusetzen bestrebt wäre, hingegen jene unterdrückte nationale Klasse und deren Schichten noch gar kein Bewußtsein ihrer selbst, also ihrer Interessen hätte,

oder zwar dieses Bewußtsein schon längst,

aber keine diese (__*adäquat*__) vertretende Stimme,

dann bräuchte diese bisher unterdrückte Nation bei ihrer Befreiung keine Unterstützung als Ganzes, sondern

*ausschließlich*

die bisher und (__potentiell auch__) zukünftig unterdrückte Unterschicht dieser Nation.

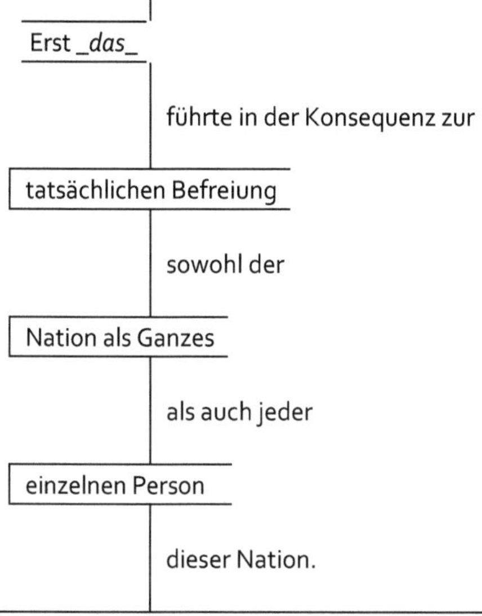

Denn es ist _nicht_ gut, herrscht eine Gruppe des Menschengeschlechts über andere Gruppen. Objektiv gesehen macht das _beide_ Seiten unfrei:

Die einen haben Angst vor jener, sie unterdrückenden Gruppe, diese vor jenen, die von ihr unterdrückt werden.

Also kann _glaubwürdige_ Unterstützung einer nationalen Befreiungsbewegung _ausschließlich_ von Menschen kommen, die sich selbst im obigen Sinne befreit haben, und sie kann ausschließlich für jene Teile einer unterdrückten Nationalität wünschenswert sein, die die _eigentlich_ Unterdrückten sind — und das sind (__pauschaliert gesagt__) die Lohnabhängigen.

Folglich ist eine

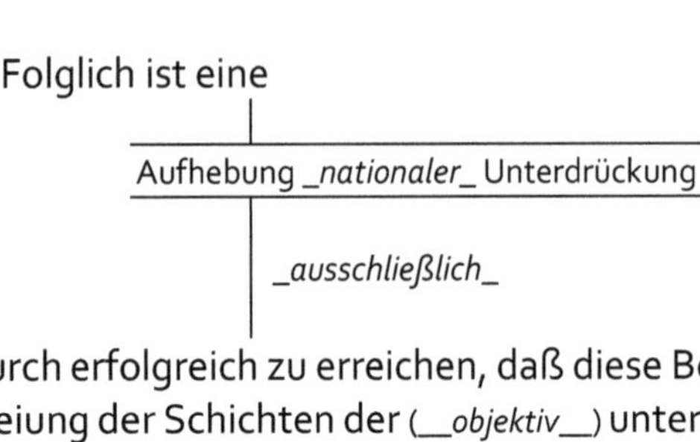

dadurch erfolgreich zu erreichen, daß diese Befreiung mit der Befreiung der Schichten der (__objektiv__) unterdrückten Klasse (__der Lohnabhängigen__) einhergeht.

Das heißt

nationale Unabhängigkeit

kann lediglich dann ein Wert an sich sein, wird gleichzeitig das

nationalstaatstypische „Oben" b e s e i t i g t.

Oder sollte es für die Masse der Menschen etwa „besser" sein, erfolgte nach erfolgreicher nationaler Befreiung ihre Ausbeutung _nun_ durch „Landsleute" — diese also lediglich mit anderen Vorzeichen fortgesetzt würde?

Gewiß nicht.

Zur tatsächlichen Lösung der nationalen Frage

ist demnach ebenso die Klärung wichtig,
wer hierbei auf welcher Seite steht.

Wer nämlich einerseits tatsächlich zu ihrer Lösung beitragen kann und wer andererseits auf diesem ernsthaft unternommenen Wege zur tatsächlichen Lösung der

nationalen Frage doch bloß seinen eigenen (__*oberen*__) Klassen-Interessen

(__*nicht so ohne weiteres sichtbar*__)

folgte.

Ist also grundlegend der Gegensatz entscheidend:

„Wir" Nation „A" und „ihr" Nation „B"?

Demnach die nationale Frage eine Sache des Außens und des Innens wäre?

Oder ist nicht vielmehr der entscheidende Punkt dieser:

„Wir" — die „Lohnabhängigen"

und

„jene" — die gar nichts andres wollen als diese Abhängigkeit aufrechtzuerhalten:

*weltweit*?

Also sind jene gemeint,

die den Menschen über ihre politischen, „wissenschaftlichen" und mediumistischen Satelliten vorgaukeln lassen, daß ausschließlich auf dieser Abhängigkeitsbasis eine Nation organi-

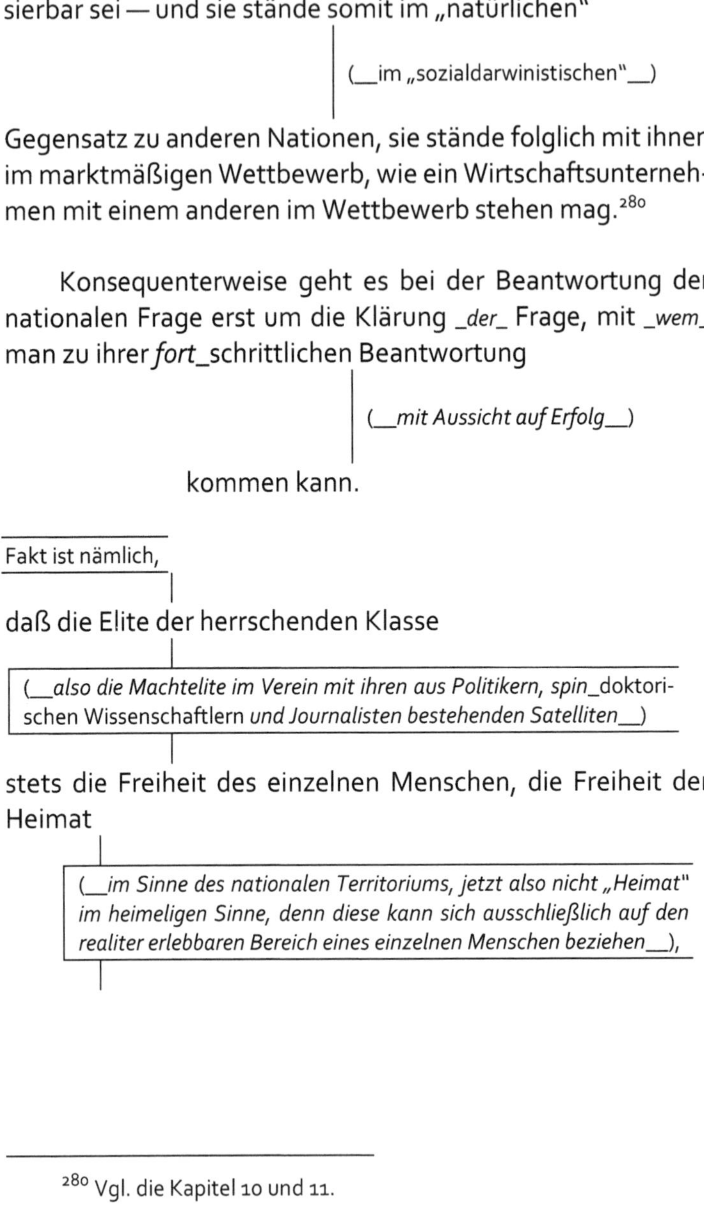

sierbar sei — und sie stände somit im „natürlichen"

(__im „sozialdarwinistischen"__)

Gegensatz zu anderen Nationen, sie stände folglich mit ihnen im marktmäßigen Wettbewerb, wie ein Wirtschaftsunternehmen mit einem anderen im Wettbewerb stehen mag.[280]

Konsequenterweise geht es bei der Beantwortung der nationalen Frage erst um die Klärung _*der*_ Frage, mit _*wem*_ man zu ihrer *fort*_schrittlichen Beantwortung

(__*mit Aussicht auf Erfolg*__)

kommen kann.

Fakt ist nämlich,

daß die Elite der herrschenden Klasse

(__*also die Machtelite im Verein mit ihren aus Politikern, spin*_doktorischen Wissenschaftlern *und Journalisten bestehenden Satelliten*__)

stets die Freiheit des einzelnen Menschen, die Freiheit der Heimat

(__*im Sinne des nationalen Territoriums, jetzt also nicht „Heimat" im heimeligen Sinne, denn diese kann sich ausschließlich auf den realiter erlebbaren Bereich eines einzelnen Menschen beziehen*__),

[280] Vgl. die Kapitel 10 und 11.

die Freiheit der Sprache und die Freiheit der Nation bedenkenlos verrät

(__und lieber, im Verein mit den Machteliten anderer ähnlich strukturierter Staaten, die Völker gegeneinander aufeinanderhetzt[281]__),

ist der Kampf um die Freiheit nicht in Deckung mit _*deren*_ Interessen — nämlich spätestens dann, will man die

nationale Sache

mit dem fortschrittlichen

Kampf um die Machtverhältnisse

in der Nation selbst verbinden:

Ist es doch erst _*diese*_ Verbindung, die die nationale Frage zu einer entscheidenden für den kulturellen Fortbestand des Menschengeschlechtes macht.

Und damit ist auch klar, daß ein solcher Kampf erfolgreich international zu führen ist ...

Dieser Klassen-Kampf wird von der anderen Seite — von oben weiterhin geführt:

Über die Satelliten der Machteliten der

[281] Vgl. das vorgehende Kapitel.

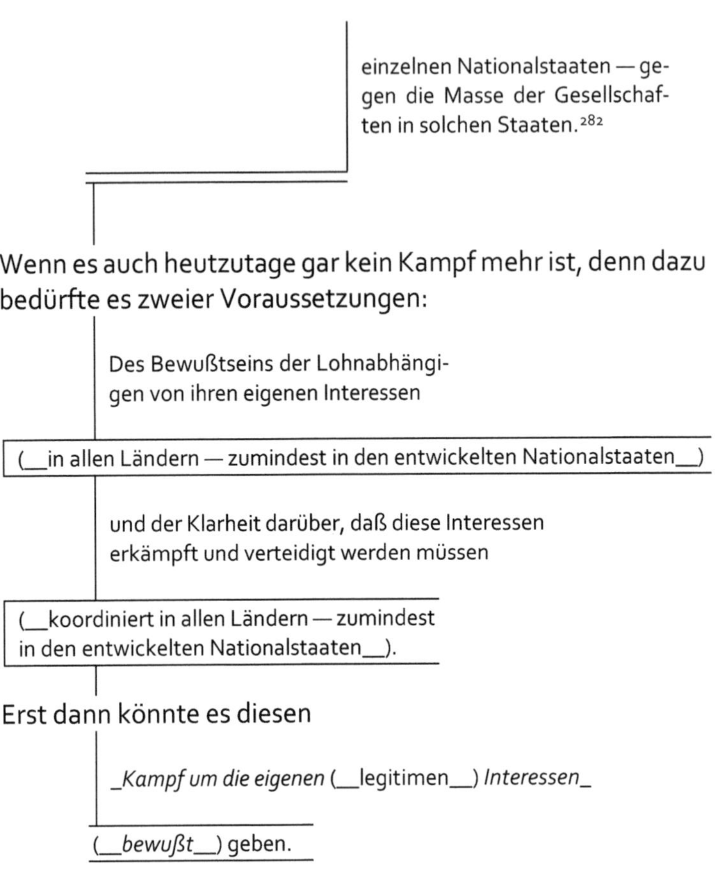

einzelnen Nationalstaaten — gegen die Masse der Gesellschaften in solchen Staaten.[282]

Wenn es auch heutzutage gar kein Kampf mehr ist, denn dazu bedürfte es zweier Voraussetzungen:

Des Bewußtseins der Lohnabhängigen von ihren eigenen Interessen

(__in allen Ländern — zumindest in den entwickelten Nationalstaaten__)

und der Klarheit darüber, daß diese Interessen erkämpft und verteidigt werden müssen

(__koordiniert in allen Ländern — zumindest in den entwickelten Nationalstaaten__).

Erst dann könnte es diesen

_Kampf um die eigenen (__legitimen__) *Interessen_*

(__*bewußt*__) geben.

---

[282] Vgl. den Artikel, der in der Online-Ausgabe der Wochenzeitschrift *Die Zeit* am 21. Dezember 2011 zu lesen war: „Sozialforscher warnt vor 'Klassenkampf von oben'", ein Interview mit dem Soziologen Wilhelm Heitmeyer, dessen folgende Internet-Anschrift am 29. Januar '18 geprüft worden ist:

http://www.zeit.de/politik/deutschland/2011-12/studie-deutschland-vorurteile.

So aber redet man viel von „Sozialpartnerschaft" und hilft auf diese Weise den Machteliten tatsächlich bei der Durchsetzung ihrer Interessen:

Niemals geht es um Erweiterung des eigenen Einflußbereichs der Machteliten, immer nur um den „Export" von „demokratischen 'Artikeln'" sowie um die Förderung nationaler Unabhängigkeit von bisher unterdrückten Nationen?

Gewiß nicht,

sondern es geht im alten Sinne weiterhin um die Machtausdehnung jener „Eliten", die schon für den Ausbruch des ersten und des zweiten Teils des großen Krieges im 20. Jh. verantwortlich waren.

Und hierbei ist ihr

(_*relativ aktuelles*_)

ideologisches Rüstzeug der Neoliberalismus —

der sich einerseits seit dem Ende des Kalten Krieges weltweit etabliert und, wegen seines gesellschaftssprengenden Potentials, in weiterer „Wandlung" begriffen ist[283]

Und über welches Rüstzeug verfügt jene Seite, die behaupteterweise die Masse der Lohnabhängigen vertritt, die in der von den politischen Satelliten der Machteliten aufgeteilten und in Nationalstaaten organisierten Welt leben muß — so, als wäre die Welt eine Kleingartenanlage?

[283] Das ist Thema im dritten Band der *Tri*_logischen Sezierung [...].

Zwar könnte darauf mit Keynes durchaus geantwortet werden, daß wir im _*Leben*_ auf lange Frist alle tot sind, aber das würde einem neoliberalen Ideologen sowieso bloß ein seltsames Lächeln ins Gesicht zaubern:

Das Leben? Hat sich das denn nicht nach „unserem" neoliberalen Modell zu richten?

Daß aber weder dieses Bewußtsein noch der daraus sich ergebende Widerstand vorhanden sind, liegt daran, daß,

neben dem Fakt, daß, im Prozeß der Industrialisierung und der Ausbildung der Nationalstaaten, in den Köpfen der Masse der Menschen eine gewisse Mentalitätsprägung kollektiv erfolgt ist, die es den Intellektuellen erst ermöglichte, entsprechende Theorien zu formulieren,

auf der „anderen Seite" eine voll durchstrukturierte Ideologie (__*also jene des Neoliberalismus'*__) existiert, aus der sich Politiker und Medienvertreter jederzeit bedienen können

(__*wenn nicht gar müssen, da die neoliberalen Lobbyisten ihre abzuarbeitenden ideologischen Programmpunkte auch _ungefragt_ auf deren Tisch legen*__)

zur Untermauerung _*jener*_ *Glaubens-These*, daß die Verhältnisse in den Staaten des „Westens" demokratisch _*und*_ wirtschaftlich effizient seien — unter Wahrung der individuellen und nationalen Freiheiten in zu Gruppen geordneten supranationalen Blöcken (__EU, USA__).[284] Und die anderen Staaten

(__wie die von den je _*dortigen*_ Oligarchen geprägte Russische Föderation, China und Indien mit ihren je vielen Volksgruppen, oder auch kleine zerstörte nationale Einheiten wie Libyen oder Syrien u.a.__)

diese neoliberale Organisationsart bloß nachzuahmen hätten.

Eine voll durchstrukturierte Ideologie also, die auf der Seite der Lohnabhängigen hingegen fehlt, in der sich nicht nur ihre Interessen spiegelten, sondern in der auch das Muster artikuliert wäre, das die praktische Umsetzung ihrer Interessen erst ermöglichte.

* * *

Damit ist nun ausgedrückt, daß eine nationale Befreiung nicht deshalb verwirklicht wäre, daß die Unterdrückung einer Nationalität durch eine andere aufgehört hätte, denn

eine nationale Befreiung ist erst dann tatsächlich erfolgt,

ist der Gegensatz:

„herrschende Klasse — beherrschte Klasse"

aufgehoben.

[284] Zu den Konsequenzen solcher „Wahrung von Freiheiten", siehe die Kapitel 13 und 18. Bezüglich der „Effizienz" des Profitprinzips, siehe in: Die *tri*_logische Sezierung [...], Band III, Teilband 1, Lesung 7: „Über die Glaubens_*Vorstellung* von der 'Effizienz der Märkte'".

Daraus folgt, daß, solange die Machtelite einer Nation selbst keine Neigung zeigt, diesen Gegensatz aufzuheben, die Befreiung von Unterdrükkung durch oder die Unabhängigkeit von einer anderen Nation, nicht im vorrangigen Interesse der unterdrückten Klasse dieser Nation sein kann.

Alles andere ist Augenwischerei und Gefühlsduselei, die u.a. zu Chauvinismus führt, unter Beibehaltung der inner*_nationalen Unterdrückung — und der Chauvinismus dann bspw. dazu diente, den sozialen Druck abzuleiten, der durch die Beibehaltung der innernationalen Unterdrückung stets erneut erzeugt wird.*

Und insofern ist die

*_tatsächliche_*

und

*_beständige_*

Befreiung einer Nation lediglich möglich, erfolgte diese im Rahmen einer konzertierten, internationalen Aktion der unterdrückten Klassen möglichst aller (*__zumindest aber jener der „großen" entscheidenden__*) Nationen (*__auf unserer Erde__*).

„Nie kann frei sein ein Volk, das andere oder sich selbst unterdrückt."

Das ist das erste.

Nie kann frei sein ein Mensch, der andere oder sich selbst unterdrückt.

Das ist jenes, das daraus resultiert.

Wozu mag also die vom „Westen" mit Vorbedacht betriebene Destabilisierung der Ukraine dienen?

(__Bedenken Sie, daß ich davon ausgehe, daß das Vorgehen des „Westens" in der Ukraine, das m.E. schon seit den 90er Jahren u.f.Z. erfolgt, einem neoliberalen Ziel dient. — Die Begründung für diese Annahme ist übrigens Gegenstand von Band III der *tri*_logischen Sezierung [...].__)

Etwa dazu, den europäischen Völkern zu demonstrieren, daß der „Westen" schwach sei, Rußland hingegen wohlgerüstet?

Im Jahre 2016 (__in Klammern die von 2014__) betrugen die jährlichen Militärausgaben Rußlands rund 69,2 (__84,5__) Milliarden US-Dollar. Die Militärausgaben der USA beliefen sich auf rund 611 (__610__) Mia US-Dollar. Die Militärausgaben Großbritanniens beliefen sich auf 48,3 (__60,5__), die Deutschlands auf 41,1 (__46,5__) und die Frankreichs auf 55,7 (__62,3__) Mia US-Dollar. [285]

Demnach standen im Jahre 2016, allein bezogen auf die anderen genannten Länder, den russischen Militärausgaben in Höhe von 69,2 Mia US-Dollar, 756,1 Mia US-Dollar gegenüber. — Wer hat folglich eher das Recht, sich bedroht zu fühlen, bezieht man mit in die Überlegung ein, daß sich die NATO seit dem Ende des Kalten Krieges immer weiter Richtung Rußland bewegt hat — ohne Rücksichtnahme auf die russischen Sicherheitsbedürfnisse?

[285] Der am 29. Januar '18 erneut geprüfte Link der Quelle ist folgender: http://de.statista.com/statistik/daten/studie/157935/umfrage/laender-mit-den-hoechsten-militaerausgaben/.

Daß „Lehren" zu ziehen seien, damit „man" in Zukunft nie wieder schwach wäre, russische Machtgelüste nicht „robust" parieren zu können? Und auf diese Weise sogar zu einer gemeinsamen „Identität" der Staaten der EU beizutragen:

„Geeint" über „gemeinsam" ausgetragene Konflikte und „gemeinsame" Kriegserlebnisse?

Über gemeinsame Sozialstaatlichkeit will man die Völker offenbar auf keinen Fall sich näherbringen _*lassen*_ — da sei der neoliberale Austeritätspolitiker vor!

Nun, ist man gezwungen, seine Kenntnisse jenen westlichen Medien verdanken zu müssen, deren Verlautbarungen in Teilen schon den Straftatbestand der

_*K r i e g s h e t z e*_ erfüllen

(__*und in einem tatsächlich demokratischen Staat ein Fall für den Staatsanwalt wären!*__),

ist solches Meinen früher oder später in den Köpfen der Masse der Menschen in der Tat zu verankern. Wenn nämlich bspw. der Herausgeber der „Welt"

(__*wirksam veröffentlicht und harmlos daherkommend*__)

meinen konnte, daß der erste Teil des Großen Krieges „zugleich auch eine Erfahrung" gewesen sei, die Europa geeint habe, denn, wenn es auch zynisch klinge, „dieser habe mit „martialischer Gewalt" einen „gemeineuropäischen Erfahrungshorizont" geschaffen[286], nun, dann ist das nicht nur eine Verklärung des Krieges und ein Aufruf zum Krieg, sondern es zeigt auch, daß dem Autor die Gründe für den ersten Teil des großen imperialistischen Krieges unbekannt sind. —

Zumindest verschweigt er sie, und damit wäre er nicht nur ein Hetzer!

Ist man also gezwungen, seine Kenntnisse jenen westlichen Medien verdanken zu müssen, deren Verlautbarungen in Teilen schon den Straftatbestand der

*_Kriegshetze_*

erfüllen, deren offensichtliches Hauptanliegen es ist, die neoliberale Doktrin mehr oder weniger verschleiert zu Markte zu tragen, koste es

(*__stets für andere__*)

[286] Siehe die am 17. April '14 auf Welt.de zu lesen gewesene Besprechung zweier zu jener Zeit erschienenen Bücher über Literaten und den Krieg: „Opferfeier und Höllenbilder"; die zugehörige, am 29.Januar '18 erneut geprüfte Internet-Anschrift lautet:
http://www.welt.de/print/welt_kompakt/kultur/article126595147/Opferfeier-und-Hoellenbilder.html?config=print.

Zwei andere Artikel fokussieren darauf, worum es heute zu gehen habe: Siehe bspw. auf FAZ.Net: „Flagge zeigen", vom 16. April '14, auch dieser Link ist am 29. Januar '18 erneut geprüft worden:
http://www.faz.net/aktuell/politik/die-nato-und-russland-flagge-zeigen-12899077.html; ebenso ist am 29. Januar '18 der folgende Zeit.de-Link erneut geprüft worden: „Der Krieg der kleinen grünen Männchen", vom 17. April '14: http://www.zeit.de/politik/ausland/2014-04/5vor8-joffe-ukraine.

was es wolle, könnte man wohl den Eindruck gewinnen, der „Westen" sei schwach.

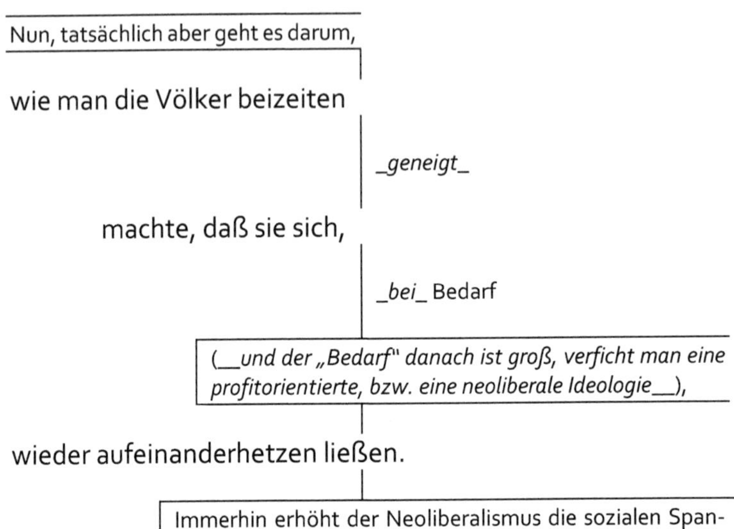

Nun, tatsächlich aber geht es darum,

wie man die Völker beizeiten

*_geneigt_*

machte, daß sie sich,

*_bei_* Bedarf

(*__und der „Bedarf" danach ist groß, verficht man eine profitorientierte, bzw. eine neoliberale Ideologie__*),

wieder aufeinanderhetzen ließen.

Immerhin erhöht der Neoliberalismus die sozialen Spannungen mehr und mehr — und aus Sicht der Machteliten müssen diese früher oder später auf eine Weise entladen werden, daß ihnen diese nicht ins Gesicht schlagen.

Nun, wieso mochten bspw. ein Herr Gauck, als der damalige neoliberal bestellte Bundespräsident und frühere Privilegierte der stalinistischen Ex-DDR, oder eine Frau von der Leyen, als eine direkte Vertreterin der alten deutschen Machtelite und

[*__während der Revidierung der Ihnen vorliegenden Untersuchung im Januar 2018 geschäftsführenden*; Anm.d.A.__]

Verteidigungsministerin der marktkonform zugerichteten

deutschen Gesellschaft, oder ein Herr Gabriel, als Vorsitzender jener Partei, deren Führungspersonal lange Erfahrung darin hat, die Interessen der arbeitenden Bevölkerung immer dann _*nicht*_ zu vertreten, käme es genau darauf an — und die im Jahre 1914 ihre eigenen Vorsätze exemplarisch verriet.

(__*Auf diese Weise aber die Masse der Bevölkerung verriet, die damals keineswegs kriegsbegeistert war, wie immer noch behauptet wird — ein „Nein" der SPD zwar vielleicht nicht den Krieg verhindert hätte, aber es dadurch ihren Vertretern weiterhin möglich gewesen wäre überzeugend zu argumentieren und sie somit glaubhaft geblieben wären.*__)

Darauf ist in einem späteren Buch zurückzukommen, da diese „Haltung" ein unverzeihlicher Schlag gegen die Prinzipien war, für die die Sozialdemokratie

(__ein Begriff übrigens, der zu jener Zeit noch etwas [__*notwendig*__] Revolutionäres bedeutete__)

nicht nur stand, sondern diese durchzusetzen überhaupt ins Leben gerufen worden war

Soll es etwa Zufall sein, daß seit Oktober 2013 diese beispielhaft genannten Personen der Bevölkerung, via vierter Gewalt, erzählten und weiterhin erzählen,

daß Deutschland militärisch nicht mehr zurückhaltend sein dürfe?

Aber zu welchem Zweck?

Etwa Verantwortung zu übernehmen, die Welt

erstmals

gerecht _und_ ökonomisch _nachhaltig_ zu ordnen — im Sinne der Menschen also, nicht im Sinne der Machteliten?

Nein, denn Sie predigen zwar Verantwortung,

schenken aber Imperialismus aus.[287]

Oder ist es tatsächlich Zufall, daß, nach dem Ergebnis der Bundestagswahl am 22. September 2013, keine CDU-Minderheitsregierung mit fast absoluter Mehrheit (__11 Stimmen, die Frau Merkel stets bekommen hätte von Grünen, SPD oder „Linken"__) die Regierung stellen sollte, da dann im Bundestag (__*unweigerlich*__)

*vor*

relevanten Entscheidungen, und damit eher wahrscheinlich,

*öffentlich*

[287] Vgl. „Neue deutsche Machtpolitik — Ukraine als Testfall". Die Internet-Anschrift des am 29. Januar '18 erneut geprüften Links dieser Quelle lautet:

http://www.imi-online.de/2014/04/24/neue-deutsche-machtpolitik/?print=true.

zu debattieren gewesen wäre?

Was nicht nur für die parlamentarische Demokratie gut gewesen wäre, sondern auch für die Entscheidungsfindung in relevanten Fragen. Auch wäre es dadurch weniger leicht möglich, die Interessen der lohnabhängigen Bevölkerung (__*zumindest nicht völlig und erleichtert*__) zu ignorieren.

Und wie sich dann die Tamtam-Parteien ins Zeug gelegt hätten, ihre Vertreter sich Schaukämpfe mit dem „politischen Gegner" geliefert hätten — wie bspw. die Grünen dann, die, nach der Bundestagswahl am 24. September '17 am liebsten sofort mit CDU/CSU und FDP eine Koalition eingegangen wären — unter Aufgabe _*aller*_ politischen Aussagen, für die diese, jetzt lediglich beispielhaft genannte Tamtam-Partei behaupteterweise steht. Das hat wirklich etwas von ungewollter Realsatire und, wäre es nicht so bezeichnend für den sich beschleunigenden Entpolitisierungsprozeß, wäre es also nicht so dramatisch schlimm, müßte eben in Kauf genommen werden, daß das politische Geschehen von solider Satire nicht mehr zu toppen ist!

Nein, das ist alles kein Zufall. Man will nicht nur nicht das Scheitern des neoliberalen Projektes wahrhaben, sondern es auch gen „Osten" weitertreiben, und nach Möglichkeit Konflikte schüren à la Ukraine, die der Ablenkung bzw. der Verschleierung des vom Neoliberalismus produzierten Chaos dienen — überall dort, wo dessen Ideologen die Völker drangsalieren können, was soziale Reaktionen auslöst, meist vorher noch gefördert zur Destabilisierung, um dann eine Marionettenregierung oder parzellierte Länder mit je Warlords zu dulden, so der „Mafiastaat“ Kosovo, das fragmentierte Libyen, das ins Chaos gestürzte Syrien.

Syrien, wo der „Westen“ jede Menge oppositioneller Gruppen förderte, deren Vertreter jeweils behaupteten, *_mindestens_* 70% der Bevölkerung zu vertreten — und man bloß nicht den Vertreter einer anderen von diesen mindestens 149 weiteren Gruppen zu ihnen schicken solle, da sie den dann erschießen würden.[288]

Mit anderen Worten:

Wer sich über Flüchtlingsströme empört, sollte sich zuerst fragen: a) welche Ursachen es dafür gibt und b) wer dafür primär verantwortlich ist. — Bei objektiver Betrachtung wird man jedenfalls nicht umhinkommen, eine *_grundsätzliche_* deutsche *Mit*_Verantwortung festzustellen.

---

[288] Quelle: „Alle vertreten die Mehrheit“, dessen, am 29. Januar '18 geprüfter Internet-Pfad folgender ist:
http://www.nachdenkseiten.de/?p=18769#h12.
Die originale Nachricht ist übrigens über folgenden, kostenpflichtigen Link abrufbar:
https://www.jungewelt.de/loginFailed.php?ref=/artikel/207819.alle-vertreten-die-mehrheit.html.

Überall zeigt der Neoliberalismus für die lohnabhängige Bevölkerung eine schlechte Zukunft auf — mit sich fortsetzenden Verelendungstendenzen: schon extrem vorangeschritten in Griechenland.

Geradezu ekelhaft, wie im Jahre 2017 die verbesserten Touristenzahlen Thema waren ... Und: Wohin fließt das Geld, jetzt, nachdem quasi alle Rosinen verkauft sind?

Und nun,

als von den Demagogen der Macht (__*in Medien und Politik*__) festgestelltes Ergebnis, daß es schließlich Rußlands „Aggression" gewesen sei — von den Russen zwar als notwendige Verteidigung verstanden ...

Übrigens auch dies eine Parallele zum ersten Teil des großen Krieges des 20. Jahrhunderts: alle an diesem Krieg beteiligten „Staatslenker" (__ohne Steuerrad__) verkauften die Aggressivität ihrer Machtelite als das Führen eines Verteidigungskrieges. Alle gaben vor, sie müßten Krieg zur Verteidigung der eigenen „Nation" führen — ein Angriffskrieg diene der Verteidigung:

Wenn nicht wir, dann die ...

Nun, es war genau diese Niedertracht, die erst die Völker geneigt machte, sich in diesen Krieg hetzen zu lassen, da sie _*nun*_ glaubten, es ginge darum, ihre „Heimat" zu verteidigen. — Objektiv gesehen, sind Nationalstaaten aber keine Heimstätten für die Völker, sondern es sind Organisationsformen zur _*Führung*_ der Völker — im Sinne der Interessen der Machteliten.

Das heißt solange es Nationalstaaten gibt, die eben nicht die Staaten der Völker, sondern die der Machteliten sind, kann es keinen Frieden zwischen den Völkern geben.

... Nachdem also die Demagogen der neoliberalen Machteliten bestimmt hatten, daß Rußland der „Aggressor" sei, geht es offenbar bei der vom „Westen" bewußt provozierten Destabilisierung der Ukraine darum

(__und egal offenbar, daß faschistoide Kräfte dabei eine Hauptrolle spielten, was in dieser Deutlichkeit ein Novum seit dem Ende des Kalten Krieges ist__),

die historische und wirtschaftliche Verbindung zwischen Rußland und der Ukraine mit der Brechstange zu zerstören ... Das heißt für die Russen aber, daß es nun ans sogenannte Eingemachte geht:

Ein solches Herausbrechen der Ukraine aus dem historisch und wirtschaftlich gewachsenen Verbund hieße nämlich eine direkte Bedrohung für Rußland, die, wie schon an anderer Stelle angemerkt[289], mit einem auf die *Brust Rußlands* gesetzten *Preßlufthammer im Dauereinsatz* vergleichbar wäre, mit der realen Gefahr der nachfolgenden Fragmentierung Rußlands.

Wieso wollte die EU nicht zulassen,

was für alle Beteiligten, selbst für die USA, wollten sie ihr Credo nur ernsthaft in Frage stellen, von Vorteil gewesen wäre, nämlich ein Zollabkommen der Ukraine mit Rußland und ein Assoziierungsabkommen mit der EU?

Nun, das neoliberale „Spiel" wäre nicht mehr

ausschließlich nach EU/UK/USA-Manier zu spielen.

[289] Vgl die Seiten 292-94, beginnend mit: „Die daraus resultierenden Konsequenzen ...".

Folglich geht es den neoliberalen Hauptblöcken (_*weiterhin*_) ums Ausdehnen ihrer Machtsphäre —

dann aber zwangsläufig auf Kosten anderer:

Und damit setzen sie das alte imperialistische Spiel fort.

Auf jeden Fall läßt sich am Beispiel der aktuellen Ereignisse und der bewußten, vom „Westen" provozierten Destabilisierung der Ukraine zeigen, wie wenig konstruktiv letztlich eine sich auf die Nationalität beschränkende Antwort auf die nationale Frage ist:

Bedeutet doch Eigenstaatlichkeit längst nicht gleichzeitige nationale Unabhängigkeit.

Es mögen in der Ukraine nationalistische Interessen, bis hin zu faschistoiden Interessen, gepaart mit oligarchischen Interessen, für das dortige Streben sich von „russischem Einfluß zu befreien" treibend sein.

(_Mit freundlicher Genehmigung und Unterstützung des „Westens", d.h. der USA und der EU als seinen neoliberalen Hauptblöcken._)

Tatsächlich ist es wohl so, daß sich hierbei verschiedene Gruppen zu einer „waffenbrüderlichen Interessengemeinschaft" zusammengeschlossen haben.

(_Letztlich gegen die Masse der Bevölkerungen — ob in der Ukraine, in Rußland oder in den neoliberalen Staaten des „Westens"_)

Die einen, zur Befriedigung ihres nationalistischen Begehrens

(__*Swoboda*, mit ihrem separaten Ausleger *Rechter Sektor*__), die anderen, sich profitwerte Vorteile dadurch verschaffen wollen, daß sie den Zugriff auf das ukrainische Potential bekommen, sprich: Rohstoffe, fruchtbare landwirtschaftliche Flächen und relativ gut ausgebildete, billige Arbeitskräfte

(__die einen Lohn gewohnt sind, der i.d.R. unter dem durchschnittlich in China gezahlten liegt__),

und schließlich explizit die USA, aus sogenannten geostrategischen Überlegungen.

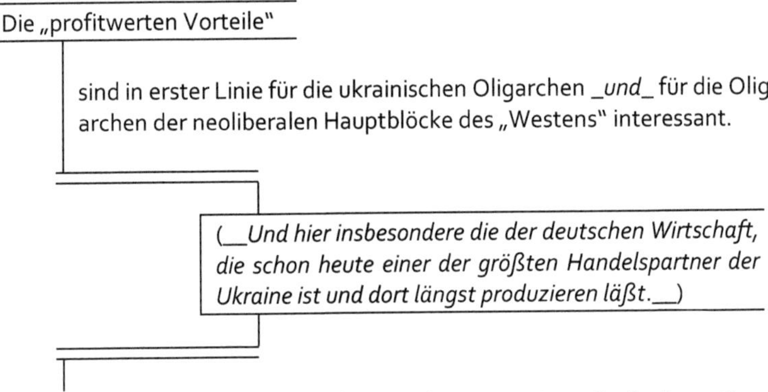

Die „profitwerten Vorteile"

sind in erster Linie für die ukrainischen Oligarchen _und_ für die Oligarchen der neoliberalen Hauptblöcke des „Westens" interessant.

(__*Und hier insbesondere die der deutschen Wirtschaft, die schon heute einer der größten Handelspartner der Ukraine ist und dort längst produzieren läßt.*__)

Nicht anders verhält es sich mit dem „nationalistischen Begehren" nach einer „unabhängigen" Ukraine. Diese Art von „Unabhängigkeit" ist lediglich für die ukrainischen wie für die Oligarchen der neoliberalen Hauptblöcke von Bedeutung:

Im _*Bedarfsfall*_ Niederschlagung aufbegehrender

großer Minderheiten sowie, im _*Bedarfsfall*_, Niederschlagung sozialer Bewegungen, die sich gegen Armut und schlechte Löhne und schlechte Lebensbedingungen überhaupt empören wollten.

Weiter oben wird auf der Seite 334 auf zwei, die Situation in der Ukraine betreffende Umfragen hingewiesen, die für die neoliberalen Machteliten und ihre Satelliten alarmierend sein müssen, was aber die praktizierte Politik keineswegs abmildern, sondern den weltweiten Chaotisierungsprozeß noch forcieren wird, da der Kapitalismus erneut in eine „virulente Krisenphase" tritt. Dies ist eine „Phase", die erfahrungsmäßig ihr Ende über einen „globalen Crash" finden wird.

Für das Bestreben der USA

liegt die geostrategische Bedeutung der Ukraine insbesondere darin,

ihren Status als unangefochtene Weltmacht zu sichern.

Und so muß es bspw. als ein besonderes Zeichen von Schwäche gewertet werden, daß Herr Brennan, in seiner Eigenschaft als dem CIA-Chef, der er von März 2013 bis Ende Januar 2017 war, mal eben (__*inkognito!*__) eine nicht rechtmäßige Regierung in Kiew besuchte[290], ihr Instruktionen zu geben für die

[290] Vgl. Spiegel-Online vom 15. April '14: *Was machte der CIA-Chef in Kiew?* Die folgende Internet-Anschrift dieses Artikels ist am 29. Januar '18 geprüft worden:

http://www.spiegel.de/politik/ausland/ukraine-cia-chef-brennan-sprach-in-kiew-mit-geheimdienstbeamten-a-964489-druck.html.

kurz darauf von dieser nicht rechtmäßigen Regierung verkündeten „Anti-Terror-Aktion" — geführt gegen die _*eigene*_ Bevölkerung im Osten der Ukraine, oder?

> Nun, Herr John Owen Brennan ist ja auch für *Counter-Terrorism* zuständig. Das Adjektiv „Counter" läßt sich zwar verschieden verwenden, kennt man aber die Praktiken der CIA, ist zumindest von einer _*mal so*_ und dann _*mal anders*_ zu verstehenden Verwendung auszugehen. Die Verwendung im Sinne von „gegen" ist jedenfalls insbesondere dann wahrscheinlich, wenn es um das Stören von Entwicklungen geht, die das Sich-Etablieren einer anderen „Macht" neben den USA ermöglichen *könnten*. — Es sei an dieser Stelle an die aktualisierte nationale Sicherheitsstrategie der USA erinnert.[291]

Und es ist wohl ebenso ein Zeichen von Schwäche, daß dann, nach hartnäckigem Dementieren, schließlich der Öffentlichkeit frech erzählt werden konnte, es habe sich dabei um einen „Routinebesuch" gehandelt?

> Ein „Routinebesuch" bei einer unrechtmäßigen Regierung?

Für wie dumm muß man die Russen halten und wie anmaßend muß man selbst sein, sich selbst objektiv Illegitimes per se zuzugestehen, und das deshalb nicht als illegitim gilt, da man es _*dann*_ selbst praktizieren will, paßt es in den eigenen politischen Kram, gleichartiges Verhalten anderer aber per se als illegitim erklärt, das unbedingt zu ahnden sei, da es „Ausdruck von „Aggression" wäre?

---

[291] Siehe hierzu das Kapitel 13.

Nun, wer die Geschichte der CIA ausreichend kennt, der weiß um ihre Aufgaben, zu denen in erster Linie das Destabilisieren von Ländern und das Stürzen von Regierungen und das Beraten von Marionettenregierungen gehören — immerhin sind die USA _*die*_ Supermacht und wollen das auch bleiben ...

Jedenfalls ist es so, daß der damalige, nicht rechtmäßig eingesetzte Präsident des ukrainischen Parlaments, Herr Alexander Turtschinow, im Anschluß an diesen Besuch des (__*unter falschem Namen eingereisten*__) CIA-Chefs Brennan, nicht nur diese „Anti-Terror-Aktion" verkündete, sondern auch erklärte, daß die Ukraine sich mit Rußland im Krieg befinde.

> Ein nicht rechtmäßiger Parlamentspräsident kann so etwas mal eben erklären — ohne Gewißheit zu haben, daß sein Puppenspieler dies unterstützte?

Und der damalige Chef des ukrainischen staatlichen Sicherheitsdienstes (__SBU__), Herr Walentyn Naliwajtschenko, der seit langem in engem Kontakt mit der CIA steht, was darauf hinweist, daß die CIA mindestens ebensolange schon in der Ukraine aktiv ist, verschärfte _*nach*_ diesem Besuch seine Gewaltandrohungen gegen die Rebellen in der Ostukraine, nämlich sie zu „vernichten", wenn sie nicht aufgäben [292]

Auch die Rolle des ermordeten Alexander Musytsch-

---

[292] Auf wen dieser Herr dabei zurückgreift, erschließt der Bericht: „Faschisten als Vorbild", der auf German Foreign Policy.com über folgenden, am 29. Januar '18 erneut geprüften Internet-Pfad abgerufen werden kann: https://www.german-foreign-policy.com/news/detail/6603/.

kos[293], dem Koordinator des „Rechten Sektors" in der Ukraine, und zwar nicht nur bei der aktuellen Destabilisierung der Ukraine, sondern auch im 2. Tschetschenienkrieg (__1999 bis 2009__), als er dort, um es freundlich zu umschreiben, „aktiv" war, ist ohne das Wissen um die Rolle der CIA, sowohl in Tschetschenien damals als auch in der Ukraine seit dem Ende des Kalten Krieges, nicht zu verstehen.

---

* * *

Nein, der „Westen" ist nicht schwach, sondern die Vertreter des „Westens" sind vor allem eines:

Heuchlerisch, hinterhältig und niederträchtig.

Apropos „heuchlerisch":

Es hat etwas Pathologisches, wenn Meinungsmacher und politische Repräsentanten des „Westens" dem staunenden Publikum bspw. weismachen wollen, die russische Seite habe sich mit dem Akzeptieren des Ergebnisses Referendums auf der Krim über „das Gesetz" erhoben.[294]

Deshalb erscheint mir zum Abschluß dieses Kapitels ange-

---

[293] Siehe bspw. diese Meldung, deren Internet-Pfad ebenfalls am 29. Januar '18 erneut geprüft worden ist:

http://www.russland.news/ein-nachruf-auf-alexander-musytschko-einer-der-fuehrer-des-rechten-sektors/.

[294] Es ist in diesem Zusammenhang zum wiederholten Male auf den hervorragenden Essay von Reinhard Merkel zu verweisen, den Sie im Anhang I des 4. Teilbandes abgedruckt finden.

messen, Herrn Gauck[295] jenes stellvertretend „zuzurufen", das dem _*vermeintlichen*_ Begründer des dogmatischen Christentums zugesprochen wird:

> Was siehst du aber den Splitter in deines Bruders Auge, und den Balken in deinem Auge nimmst du nicht wahr? Wie kannst du sagen zu deinem Bruder: Halt still, Bruder, ich will den Splitter aus deinem Auge ziehen, und du siehst selbst nicht den Balken in deinem Auge? Du *H E U C H L E R*, zieh zuerst den Balken aus deinem Auge und sieh dann zu, daß du den Splitter aus deines Bruders Auge ziehst![296]

Der Grund für diesen stellvertretenden, also allen seltsamen „Machteliten" (__*und ihren Satelliten*__) des „Westens" geltenden „Zuruf" liegt aber darin begründet, daß auf diese Weise das heuchlerische Verhalten der Repräsentanten des „Westens" zu benennen war, das, wenn auch als pathologisch zu bezeichnen, keineswegs ein junges Phänomen ist. — Allerdings ist damit nicht erklärt, wo dieses pathologische Verhalten seine Ursache finden mag.

Sicher ist aber, daß es alles andere als beruhigend ist.

---

[295] Bezüglich dieses exemplarischen Heuchlers, dessen Beliebtheit auf der, von den schreibenden Mitarbeitern der Medienkonzerne genährten Unkenntnis beruht (__vgl. diesbezüglich Klaus Blessing und Manfred Manteuffel, „Joachim Gauck — Der richtige Mann?", Edition Berolina, Berlin, 2014__), sei noch auf eine passende Anmerkung von Jürgen Todenhöfer auf dessen Facebook-Seite hingewiesen: „Gaucks seltsame Menschenrechtspolitik" — aufzurufen über folgenden, am 30. Januar '18 erneut geprüften Internet-Pfad:

https://www.facebook.com/JuergenTodenhofer/posts/10152127807530838.

[296] Vgl. Lk 6, 41.42. (__Hervorhebung durch den Autor.__)

Meine Vermutung geht übrigens in die Richtung, daß _*eine*_ der Ursachen für dieses pathologische Verhalten auf Verdrängung beruht, und daß diese Verdrängung ihren Grund in der Herrschaft über andere findet. Wobei dieses Beziehungsverhältnis in der profitorientierten Gesellschaft insbesondere durch den Gegensatz von privatem Kapital und lohnabhängiger Arbeit geprägt, bzw. der Reichtum weniger durch lohnabhängige Arbeitskraft _*bedingt*_ ist. — Diese Art des Umgang unter Artgleichen kann von den Vertretern und Apologeten dieses Systems aber nicht offen ausgesprochen werden, sondern zwingt sie zum notorischen Lügen, und dies führt zu einem Beziehungsverhältnis zwischen diesen Heuchlern und den Angelogenen, das seinen Ausdruck in etwas findet, welches man als *doppelte Unfreiheit* bezeichnen kann: die der Ausbeuter und die der Ausgebeuteten.

> Denn wie kann sich jemand als frei bezeichnen, der seine materiellen Freiheitsgrade einem anderen verdankt, der in dessen Diensten steht?

Eine weitere Ursache scheint mir in der je spezifischen, typischerweise mit einer Nationalstaatsgründung einhergehenden, kollektiven Charakterprägung der Masse der Insassen solcher Staaten zu liegen. [297]

---

[297] Darauf ist in Band III dieser *Tri*_logischen Sezierung zurückzukommen.

Editorische Notiz: Der Text dieses Kapitels wurde erstmals am 7. April 2014 auf meiner WebSite NetzKolumnist.com veröffentlich und am 15. September 2014 aktualisiert. Im Rahmen dieser Untersuchung wurde der gesamte Text überarbeitet und Anfang 2018 für die Ihnen vorliegende zweite Auflage komplett revidiert und erweitert.

Siebzehntes Kapitel

Die „Nationalitätenfrage", die Ukraine und die „Elite" des „Westens"

(__Ein Resümee der Kapitel 14-16__)

Am 26. April 2014 wurden sieben „Beobachter" des „Westens" von Aufständischen in der Ostukraine festgenommen und zwar an einem der Checkpoints unweit der knapp einhundertzwanzigtausend Einwohner zählenden Stadt Slawjansk, die zu jener Zeit unter Kontrolle der Aufständischen war, aber von prowestlichen ukrainischen Militärkräften bedroht wurde.

(__So wurden am 3. Mai, dem Tag der Freilassung dieser „Beobachter", in der südlich und 20 km von Slawjansk entfernt gelegenen Großstadt Kramatorsk heftige Kämpfe geführt.__).

Diese Beobachter waren auf Einladung der nicht rechtmäßigen Kiewer Regierung in die Ukraine gereist. Die Gruppe wurde von der deutschen Seite angeführt und setzte sich aus Mitgliedern deutscher, tschechischer, polnischer, schwedischer und dänischer Streitkräfte zusammen; begleitet wurde sie von einem deutschen Dolmetscher und von mehreren ukrainischen Offizieren. Diese Gruppe von Militärbeobachtern wurde dann am 3. Mai wieder freigelassen.

Bis heute ist ihre eigentliche Mission von offizieller Seite nicht benannt worden. Dennoch lassen sich ausreichend abgesicherte Vermutungen anstellen und _*daraus*_ Schlußfolgerungen ziehen, die weiterführende, über diese Affaire hinausweisende, selbst wiederum ausreichend abgesicherte Überlegungen erlauben. Davon soll nun in diesem Kapitel die Rede sein, das als ein Resümee der letzten drei Kapitel zu verstehen ist und für das der folgende Titel nicht falsch gewählt wäre:

> Von Heuchelei, Hinterhältigkeit und Niedertracht, wie sie nicht im Buche stehen.

Vom Beginn ihres Bekanntwerdens an, zeichnete die deutsche Seite ein falsches Bild von dieser Affaire. Denn man erweckte in der Öffentlichkeit den Eindruck, als daß die Militärbeobachter im Auftrag der OSZE unterwegs gewesen wären, und noch als dies von seiten der OSZE selbst dementiert worden war, verbreiteten deutsche Medien und Politiker weiterhin diese Falschaussage. Auf diese Weise wird übrigens zweierlei deutlich:

a) daß es sich dabei um eine bewußte Hinterslichtführung der Bevölkerung handelte

und

b) daß die deutsche neoliberale Politik in den inner-ukrainischen wie in den darüber hinausreichenden Konflikt tief verstrickt ist.

Bei der bisher bekannt gewordenen Fakten- und Vermutungslage, kann es keinen Zweifel mehr daran geben, daß die in der Ostukraine festgesetzten „westlichen Beobachter“ einen

Spionageauftrag hatten. Denn sie gehörten weder zum OSZE-Team noch konnten sie im Rahmen des „*Wiener Dokuments 2011 — Über vertrauens- und sicherheitsbildende Maßnahmen*" (__„WD 11-Auftrag"__)[298] aktiv gewesen sein, wie von westlicher Seite _*dann*_ behauptet wurde, als die vorher behauptete „allgemeine" OSZE-Mission nicht mehr haltbar war, da es die Aufgabe von militärischen Funktionären im „WD 11-Auftrag" ist, daß die Teilnehmerstaaten des *WDs* gegenseitig jährlich einmal einen ausführlichen Austausch vornehmen

(__also abgesehen von jenen relativ kurzfristig zu beantwortenden, der Klarstellung dienenden Fragen, die jedes Mitgliedsland von jedem anderen Mitgliedsland binnen zwei Monaten erwarten kann__),

wie aus diesem Dokument klar hervorgeht, so daß alle Beteiligten einen ausreichenden Überblick über

> die Gliederung, die Stationierung, das Personal, die Hauptwaffensysteme und Großgeräte der Truppenformationen und Kampftruppenteile ihrer Land- und Luftstreitkräfte (__einschließlich der permanent landgestützten Seefliegerkräfte__) sowie Informationen über ihre Verteidigungspolitik, Streitkräfteplanung und ihre Militärausgaben gewinnen können.[299]

Bezogen auf die festgesetzten Militärbeobachter in der Ukraine, erhebt sich nämlich nicht nur nachfolgende Frage,

---

[298] Im Internet ist die entsprechende pdf-Datei unter der folgenden, am 30. Januar '18 erneut geprüften Anschrift abrufbar:
http://www.osce.org/de/fsc/86599?download=true.

[299] Vgl. a.a.O., Seite 3.

sondern man kann auf diese auch eine schlüssige Antwort geben, und es ist diese Antwort, die sofort verlangte, der Bundesregierung politisch in den Arm zu fallen.

(__Und in einer Demokratie würde sie _*unverzüglich*_ abgesetzt!__)

Also lautet die Frage:

> Wieso mußten es (__*für diese skandalöse Mission in der Ukraine*__) Militärs sein, die dem Publikum immer noch als „OSZE-Beobachter" verkauft werden, und keine Diplomaten?

1. Zitat (__*aus einem ORF-Interview*__)

ZITAT

[...] Ich muß aber auch sagen, daß es sich genau genommen nicht um Mitarbeiter der OSZE handelt, sondern es sind Militärbeobachter, die bilateral dort unter einem OSZE-Dokument tätig sind. Wir haben parallel in der Ukraine auch eine OSZE-Mission, die schon über 125 zivile Beobachter im Land hat, auch in dieser Region [__gemeint ist die Ostukraine; Anm.d.A.__], und diese Leute sind glücklicherweise nicht betroffen. [...]

ZITATENDE[300]

Nun, „unter einem OSZE-Dokument tätig", könnte man auch klar übersetzen mit: *unter dem Deckmantel der OSZE im militärischen Auftrag tätig*. Denn diese „Militärmission" verwischt die von allen OSZE-Staaten akzeptierte Aufgabe der OSZE:

---

[300] Claus Neukirch, Vizechef des OSZE-Krisenpräventions-Zentrums.

> Diese besagte Mission hingegen dient, also im Widerspruch zur Aufgabe der OSZE, der militärischen Aufklärung in einer Krisenregion zum Nutzen einer der beteiligten Parteien.

2. Zitat (__*aus einem von Radio Bayern 2 geführten Interview mit Oberst Schneider, dem Leiter dieser Mission*__):

ZITAT

[...] Sie sind jetzt als Rüstungskontrolleur für die Bundesregierung dort. [...] Warum besteht eigentlich Ihre Mission aus Soldaten der Bundeswehr und nicht aus hauptberuflichen Diplomaten? Sie haben ja doch einen diplomatischen Auftrag. Warum schickt man da Soldaten hin? [...]

ZITATENDE

3. Zitat (__*Antwort Oberst Schneiders*__):

ZITAT

[...] Also, die Entstehungsgeschichte und den entscheidenden Punkt, an welcher Stelle man das in die Hände der Bundeswehr gegeben hat, den kann ich jetzt so schnell nicht herzitieren. Ich sehe nur, daß wir als Soldaten eine diplomatische Funktion hier übernommen haben [...] Es ist aber so, daß wir alles sehr eng mit unserem Auswärtigen Amt koordinieren. [...]

ZITATENDE

> „Es ist aber so, daß wir alles sehr eng mit unserem Auswärtigen Amt koordinieren."

Obwohl situativ zwei verschiedenen Kontexten zugehörig,

gibt es zwei Fakten, die man von der Art des Vorgehens her zusammenhängend betrachten muß, will man auf die im zweiten Zitat gestellte Frage:

> Wieso mußten es Militärs sein, die dem Publikum immer noch als „OSZE-Beobachter" verkauft werden, und keine Diplomaten?

die richtige Antwort geben.

1. Fakt:

ZITAT

[...] Die Regierung der Ukraine, die unter putschähnlichen Umständen ins Amt gekommen ist, bittet ausländische Militärs (__deren Regierungen diesen Machtwechsel unterstützten oder billigten__), die eigenen Truppen zu einem Einsatz in einen umkämpften Landesteil zu begleiten. Dies ist sicher keine Situation, wie sie den Autoren des ‚Wiener Dokuments' bei dessen Formulierung vorschwebte. Eher erinnert sie — in spiegelbildlicher Umkehrung — an das, was Putin gemeinhin unterstellt wird: die Entsendung von Beratern zur direkten Unterstützung einer Konfliktpartei. [...]

ZITATENDE

2. Fakt:

ZITAT

[...] Dem Kosovo-Krieg vom Frühjahr 1999 ging [...] eine OSZE-Mission voraus, die durch die Entsendung von Inspektoren schlichtend wirken sollte, dabei aber von Beginn an in die Mühlen einer verdeckten Politik geriet. Der Schweizer OSZE-Beobachter Pascal Neuffer erklärte dazu: „Wir waren uns von Anfang an darüber im Klaren, daß die Informationen, die im Laufe unserer Mission bei den OSZE-Einsätzen gesammelt wurden, die Satellitenbilder der NATO vervollständigen sollten. Wir hatten den sehr scharfen Eindruck, für die Nato zu spionieren." [...]

ZITATENDE[301]

Das genau ist der Punkt, um den es bei dieser aufgeflogenen Mission in der Ostukraine ging:

Das Abgleichen und Verifizieren von satellitengestützten (__o.ä.__) Informationen vor Ort.

(__*Diese Mission ist dort gewiß nicht die einzige dieser Art gewesen.*__)

Und genau aus diesem Grunde mußten es Militärs sein, denn ein solcher Abgleich und eine solche Verifizierung könnten nicht von originalen Diplomaten geleistet werden — das ist eine Aufgabe für speziell ausgebildete Militärs. Das heißt aber nichts anderes, als daß die Bundesregierung nicht nur tief in die Ukraine-Krise verstrickt ist, sondern daß sie auch keine Bedenken hat, deutsche Soldaten in den Dienst einer Putsch-Regierung zu stellen — und diese dadurch in Gefahr zu bringen.

Betrachtet man die weitere politische Entwicklung allein von 2014 an

---

[301] Quelle der Zitate zu diesem Thema und der beiden aufgeführten Fakten: „Das ist ein Verstoß gegen alle Standards". Dieser Artikel von Paul Schreyer ist am 29. April '14 vom Online-Nachrichtenportal *Telepolis* veröffentlicht worden, dessen folgende Anschrift ist am 30. Januar '18 erneut geprüft worden:

http://www.heise.de/tp/artikel/41/41616/1.html. © *Telepolis*, Heise Zeitschriften Verlag; mit freundlicher Genehmigung.

(__und zwar innen- wie außenpolitisch__),

scheint zumindest die Tendenz der zu gebenden Antwort auf die drei diesbezüglich von mir z.Z. der Aufdeckung dieser „Mission" gestellten Fragen klar zu sein:

> Wie weit will die Bundesregierung es noch treiben?
>
> Welche Absonderungen werden von „unseren" Politikern noch zu erwarten sein?[302]
>
> Wer fällt der Bundesregierung noch rechtzeitig in den Arm — bevor sie uns in eine Situation bringt, die lediglich zwei Auswege kennt: Gesichtsverlust _*oder*_ Krieg?

Das heißt die Ausführung eines solchen Auftrags im Rahmen der Ukraine-Krise, wo nichts rechtlich legitimiert sein kann, weder bezogen auf die selbsternannte Kiewer Regierung noch, in Reaktion darauf, bezogen auf die Rebellen in der Ostukraine ...

> _*Diese*_ Reihenfolge muß man zuerst bedenken und nicht lediglich selektiv, aus solchen Entwicklungen resultierende Ereignisse wahrnehmen, die, später, Teil unbewiesener Behauptungen werden — dann offenbar propagandistischen Zwecken dienend.

---

302 Vgl. den Artikel von Wolfgang Lieb von NachDenkSeiten.de: *Der Überfall auf den Antikriegstag*, dessen am 30. Januar '18 erneut geprüfte Internet-Anschrift folgende ist:

http://www.nachdenkseiten.de/wp-print.php?p=23083.

Übrigens dürften die Rebellen in der Ostukraine weit mehr Rückhalt in der Bevölkerung haben, als westliche Medien und Politiker „ihrem" staunenden Publikum weismachen wollen, was nicht heißen muß, daß diese von der dortigen Bevölkerung geliebt würden, aber der vom pro-westlichen Kiewer Regime herbeigeführte Konflikt kann von der Mehrheit der Bevölkerung nur als Krieg gegen sie selbst aufgefaßt werden, immerhin werden dort ganze Stadtviertel gebombt und viele Menschen getötet, so daß Hunderttausende geflüchtet sind — nach Rußland, nicht in den Westen der Ukraine. Zudem belegen zwei Anfang 2016 veröffentlichte Umfragen, auf die schon auf der Seite 334 hingewiesen worden ist (*__übrigens von Institutionen durchgeführt, die nicht als rußlandfreundlich einzuschätzen sind__*), daß das pro-westliche Regime in Kiew keinen Rückhalt in der ukrainischen Bevölkerung hat:

70 % der befragten

Bevölkerung in der Westukraine, und sogar 78 % in der Ostukraine, halten die von diesem Regime zu verantwortende, d.h. vom „Westen" zu verantwortende politische Richtung für falsch.[303]

[303] Vgl. die auf der Seite 334 in den Fußnoten 216 und 217 angegebenen Internet-Pfade. Siehe bspw. auch den Artikel von Paul Schreyer: „Ukraine-'Realitätscheck': Berlin laviert weiter", der am 28. April '15 auf dem Online-Nachrichtenportal *Telepolis* erschienen ist und der lediglich ein weiterer Beleg für die falsche deutsche Politik ist. Die am 30. Januar '18 erneut geprüfte Anschrift dieses Artikels ist folgende:

https://www.heise.de/tp/features/Ukraine-Realitaetscheck-Berlin-laviert-weiter-3371586.html?seite=all.

Also kann die Ausführung einer militärischen Aufklärung zugunsten der nicht rechtmäßigen Regierung in Kiew, die zu jener Zeit ihre Truppen militärisch gegen Teile der ukrainischen Bevölkerung einsetzte und wodurch diese vom „Westen" provozierte Destabilisierung der Ukraine in einen Bürgerkrieg mündete:

> Es herrscht „Angst in der Stadt
> vor den Panzern der Armee"[304],

nur als fahrlässig bezeichnet werden und als Ausdruck abenteuerlicher Politik gelten, die von der deutschen Seite deutlich mit zu verantwortend ist. Und daß es für diese Militäraktion kein Bundestagsmandat gab, ist u.a.

> _*dem*_

Fakt geschuldet, daß es keine parlamentarische Opposition mehr gibt, die (_*nicht nur zahlenmäßig*_) den Namen Opposition verdiente; bzw. daß eine solche abenteuerliche Politik ohne eine Große Koalition wohl nicht möglich gewesen wäre.

* * *

Übrigens äußerte sich die Bundesministerin der „Verteidigung", Frau von der Leyen, folgendermaßen zu dieser Militäraktion:

---

[304] Quelle: „Kriegsgefangene oder 'ungebetene Gäste'?" von Thomas Pany, *Telepolis* vom 26. April '14: http://www.heise.de/tp/artikel/41/41599/1.html. (_Der Link ist am 30. Januar '18 erneut geprüft worden._)

ZITAT

[...] Die Tätigkeiten der Beobachter sind ein wichtiger Beitrag zur Deeskalation in dieser schwierigen Lage im Osten der Ukraine. [...][305]

ZITATENDE

Abgesehen davon, daß diese Person manchen als eine Fehlbesetzung erscheinen *m a g*

(__tatsächlich _*dann*_ aber die „richtige" Figur ist, will man, und Sie können davon ausgehen, daß „man will", daß ihre militärischen Berater die Blaupausen liefern für eine deutsche, militärisch gestützte, „'neue' deutsche Machtpolitik"[306], denn diese Figur könnte alles nur Abnicken, was ihr vorgelegt wird, da ihr selbst die Kompetenz fehlt, die daraus sich ergebenden Konsequenzen zu reflektieren.__),

belegt deren

(__von den Fakten nicht gedeckte!__)

Aussage tatsächlich, daß der „Westen" nicht nur tatkräftig da-

---

[305] Quelle: idem, a.a.O. vom 27. April '14, der am 30. Januar '18 erneut geprüfte Pfad lautet: http://www.heise.de/tp/artikel/41/41602/1.html. Siehe auch: Florian Rötzer: „Sollten die Militärbeobachter provozieren?", ebenfalls a.a.O. vom 28. April '14, dieser ebenfalls 30. Januar '18 erneut geprüfte Pfad lautet: http://www.heise.de/tp/artikel/41/41608/1.html.

[306] Siehe bspw.: „Neue deutsche Machtpolitik — Ukraine als Testfall"; der Pfad dieser Quelle ist am 30. Januar '18 erneut geprüft worden:

http://www.imi-online.de/2014/04/24/neue-deutsche-machtpolitik/?print=true.

bei ist, die Lage in der Ukraine weiter zu destabilisieren, wodurch die Hoffnung schwindet, daß ein daraus dann als Möglichkeit sich entwickelnder schwerwiegender internationaler Konflikt noch zu verhindern sein wird, und daß nicht nur die Bevölkerungen in den neoliberalen Hauptstaaten nach Strich und Faden belogen werden, sondern auch, daß die neoliberalen Regierungen nun für die Bevölkerungen in den neoliberalen Hauptstaaten selbst gefährlich werden.

Genau hieran wird nun eines exemplarisch deutlich:

Daß es keinen direkten Zusammenhang zwischen den Staatsinteressen und den Interessen eines Volkes gibt.

Woran liegt das?

Nun, wie schon aus den Aussagen der zurückliegenden Kapitel 14 bis 16 deutlich geworden sein sollte, liegt das daran, daß „Staat" und „Volk" nicht identisch sind ...

und mit diesem Fakt geht der Umstand einher,

daß Staaten weniger „haltbar" sind, also ihre „historische Verfallszeit" kürzer ist als die von Völkern.

Woran aber mag *das* liegen?

Nun, das wiederum hängt ursächlich damit zusammen, daß Staaten nicht per se den Völkern dienen, sondern dem Organisieren der Völker.

Ob also eine solche Organisationsform den Völkern tatsächlich „dient" (__*oder die Völker dieser Organisationsform*, dem Staat, und damit der entsprechenden Machtelite – *dienen*__),

ist davon abhängig, wer

*tatsächlich*

die Art und Weise der Organisierung eines Volkes bestimmt.

Wer sie bestimmt, läßt sich daran erkennen, wem sie nützt.

Und wem mag also die Destabilisierung der Ukraine, die Austeritätspolitik in der EU, die NSA-Überwachung (__*in Verbindung mit der von ähnlichen „Diensten" praktizierten*__) nützlich sein, sind diese wichtigen Aspekte der neoliberalen Politik der Masse der Bevölkerung selbst nicht nützlich?

Nach einer solchen staatlichen Organisation haben sich die Völker aber unbedingt zu richten —

*behaupten*

die Vertreter (__*der Machteliten*__) der Nationalstaaten, was aber tatsächlich damit zusammenhängt, daß sie keine Selbstmörder sind:

Aus ihrer Sicht hätte es immerhin etwas Grauenhaftes, schüfen sich die Völker andere Staaten als jene, die ihnen aktuell von den Machteliten

v e r o r d n e t

worden sind.

Was ist aber, zwingen, objektiv gesehen, diese Staatsvertreter, und mögen diese zwar subjektiv keine Selbstmörder sein, die Völker unter die Herrschaft weltweit aktiver Konzerne und, falls aus Sicht der Machteliten notwendig, unter Berücksichtigung deren Interessenlage also, in Kriege?

Übrigens wird die Definition des „Völkerrechts"

(__und, je nach „Sachlage", seine Zurechtbiegung__)

vom

„Club der einflußreichen Staatsvertreter"

und vom

„Club der einflußreichen Personen sowie entsprechenden Institutionen" bestimmt.

Dies sind einmal die „Gruppe der Sieben" (__G7__), dann „Clubs" mit wechselnden Namen, sowie, da die Mitglieder im „Club der einflußreichen Staatsvertreter" sich wiederum als die Vertreter ihrer Konzerne verstehen, bestimmen zumindest wesentlich die Besitzer dieser Konzerne mit, wie das „Völkerrecht" gerade zu definieren wäre.[307]

Damit ist klar, daß das „Völkerrecht" den Völkern zwar nutzen *kann*, aber *nicht* grundsätzlich nützlich sein muß.

Denn die _*eigentlichen*_ Vertreter der Völker haben dieses

[307] Vgl. hierzu insbesondere das folgende Kapitel.

„Recht" nicht formuliert. _*Wären*_ es nämlich die _*eigentlichen*_ Vertreter der Völker, dann hätten sie das Völkerrecht insofern _*eindeutig*_ formuliert, daß ein Volk den aktuellen Organisationsstatus

(__die aktuelle Verfaßtheit als „Staat"__),

dann ändern kann, richtet sich dieser Organisationsstatus objektiv gegen die Interessen der Mehrheit des Volkes — und diese Mehrheit ist nun einmal die lohnabhängig arbeitende, die arbeiten werdende und die gearbeitet habende Bevölkerung.

Übrigens bewirkte eine solche Eindeutigsetzung des Völkerrechts, daß Revolutionen dann in der Tat obsolet wären. So aber gibt es für das Menschengeschlecht ausschließlich eine Alternative: Entweder Fortsetzung dieser Politik, die in Barbarei und Degeneration unseres Geschlechtes münden wird, oder eine kollektive, weltweit konzertiert stattfindende Erhebung

(__und damit die Grenzen der Nationalstaaten bewußt ignorierend__),

bezeichnet als Revolution, die man als einen blutig erfolgenden Emanzipationsprozeß zu verstehen hat. — Der alternative, nach Möglichkeit nicht blutig erfolgende Emanzipationsprozeß, wird im vierten Teil dieser Untersuchung skizziert.

Und daß das aktuell formulierte Völkerrecht nicht im Sinne der Völker funktioniert, ist immerhin in grundlegender Hinsicht Fakt. Denn das ganze neoliberale Projekt ist objektiv darauf angelegt, daß die neoliberalen Hauptblöcke EU/USA/UK primär im Sinne von Konzernen funktionieren —

und in der Folge wird diese Art und Weise des neoliberalen Funktionierens globalisiert.

*_Dies_* ist der tiefere Grund für die Destabilisierung ganzer Regionen

(__bspw. Nordafrika, Vorderer Orient, Ukraine__)

der Welt:

Es geht um globale Umformung der menschlichen Gesellschaften im Sinne des neoliberalen Projektes[308].

Und somit steigt nun akut weltweit die Kriegsgefahr

(__spätestens dann akut, erleben EU, USA wie UK das Fiasko ihrer Heuchelei, ihre Vertreter also Schuldige benötigen, daß ihr schändliches Tun bloß nicht allgemein offenbar würde— und die Empörung sich gegen sie selbst zu richteten drohte__),

wegen des Versagens ihrer Machteliten, da diese neoliberalen Hauptblöcke ihre Einflußzone gen Osten *auf Deubel komm raus* ausdehnen wollen — bezogen auf die Ukraine, auf Kosten Rußlands.

Im Gegensatz dazu wäre es aber beispielsweise friedlich und richtig im Sinne der Völker, eine Sicherheits- und Wirtschaftspartnerschaft von Staaten zu entwickeln — die dann die Staaten der Völker wären und nicht wie aktuell jene der Machteliten sind: die sich nun

(__*w i e d e r !*__)

offen gegen die Völker richten.

---

[308] Siehe im folgenden Kapitel, die Seiten 476 ff.: beginnend mit: „Die nachfolgenden Passagen ...".

Dies ist eine weitere Parallele zum ersten Teil des großen imperialistischen Krieges des 20. Jh. u.f.Z.

„Machtelite“ bedeutet übrigens, daß eine kleine Schicht eines Volkes, dieses Volk in ihrem Sinne „funktionieren“ läßt.

Eine „Machtelite“ steht somit im Gegensatz zu einer legitimen Elite des Volkes, die also mit dem Volk „geerdet“ ist — nicht im demagogischen Sinne von „populistisch“, sondern im Sinne von selbst erfragt und sich erfahrbar gemacht habend, was das Interesse des Volkes sei; die nicht den direkten Kontakt mit dem Volk scheut; die sich in seinen Dienst stellt; die ihm verantwortlich ist und es berät, daß Unfriedlichkeit zwischen den Völkern fremd bleibe, die also innere Sicherheit vorbeugend setzt und die äußere Sicherheit mit rein defensiven Waffensystemen kostenarm und dennoch verteidigungseffektiv setzt; die das Volk lehrt, daß der Erich Frommsche Grundsatz:

Anders sein zu können, ohne Angst haben zu müssen ungleich behandelt zu werden,

dem Volk selbst dient, seiner kulturellen Entfaltung dient, da es jedem seiner Mitglieder zugute kommt — wozu Bildung und Ethik grundlegend sind.

Das heißt die unter der Bezeichnung „Nationalstaaten“ firmierenden Staaten sind nicht die der Völker, sondern diese werden, _*objektiv*_ gesehen, in ihnen im Sinne der Machteliten dieser Staaten organisiert — und zwar entgegen ihren Interessen.

Also, objektiv gesehen, sind Nationalstaaten völkerrechtswidrige Organisationsgebilde, denn die bürgerlichen Machteliten dieser Staaten tuen nur so, als ließen sie ihre Satelliten im Sinne der in diesen Staaten organisierten Völker handeln. Tatsächlich aber lassen sie ihrer Satelliten, unter dem Deckmantel: „Im Namen des Volkes", ausschließlich zum eigenen Nutzen und somit im eigenen Interesse agieren.

(__Bröckchen mögen fürs Volk abfallen — *so es willfährig bleibt.*__)

Wer also will, daß die Völker zu ihrem Recht kommen, muß die Nationalstaaten durch solche organisierenden Einheiten ersetzen, in denen die vom Volk

(__*transparent*__)

gewählten Vertreter, im Sinne der von der Elite des Volkes formulierten (__*politischen*__) Vorgabe, Politik machen, und das Volk jederzeit _*seine*_ Geschicke _*seiner*_ Elite direkt übertragen kann, weichen die vom Volk (__*transparent*__) gewählten Vertreter vom Pfad der von _*seiner*_ Elite formulierten (__*politischen*__) Vorgabe gefährlich ab.

Nun, dieses gefährliche Abweichen ereignet sich _*erneut!*_

(__und zeigt sich lediglich beispielsweise in der Ukraine, in Syrien oder zeigt sich an „Freihandelsabkommen à la „TTIP", oder an dem, wofür der Begriff „NSA" steht__)

durch die nun allgemein offenbar gewordene, verantwortungslose Politik der neoliberalen Hauptregierungen des „Westens".

Diese praktizierte Verantwortungslosigkeit ist übrigens ein Exempel dafür, daß sofort von seiten der Eliten der Völker eingeschritten werden müßte:

Denn diese Politik ist nicht nur schädlich für die Völker, sondern diese entspricht, objektiv gesehen, dem, was der erste Teil und der, daraus resultierende, zweite Teil des großen imperialistischen Krieges bedeuteten:

Eine Kriegserklärung der Machteliten an die Völker.

Wer also will, daß die Völker zu ihrem Recht kommen, muß dafür sorgen, daß das von den Lobbyisten der Machteliten der Nationalstaaten ausformulierte „Völkerrecht", durch ein „Völkerrecht" im tatsächlichen Sinne der Völker ersetzt wird.

Diese Neuformulierung muß dann u.a.

(__*und im Gegensatz zur heutigen Formulierung*__)

folgenden Satz beinhalten:

Jedes Volk hat das Recht sich von seiner aktuellen

staatlichen Verfaßtheit loszusagen, wenn die staatlichen Entscheidungsträger es gefährdende Entscheidungen treffen — ob in Wirtschaft, Kultur oder in den die friedlichen Beziehungen zu anderen Völkern betreffenden Angelegenheiten.

Und:

Es versteht sich von selbst,
daß die Neuverfassung eines sich

*_losgesagt_*

habenden Volkes lediglich auf demokratischer Grundlage erfolgen kann, da „Demokratie" die

*_e i n e_*

Möglichkeit ist, daß sich ein Volk
tatsächlich in seinem Sinne
staatlich verfassen kann.

Ob es hierbei dann den staatlichen Verbund mit einem anderen Volk wählte,

das sich ebenso von seinem bisherigen „nationalstaatlichen", fremdbestimmten Organisiertsein (*__im Sinne der es beherrscht habenden Machtelite also__*) losgesagt hätte,

was der (*__wirtschaftlichen, kulturellen, sicherheitstechnischen etc.__*) Abwägung bedürfte, bliebe selbstverständlich ihm überlassen.

* * *

Wegen der in den Kapiteln 13 bis 15 sowie in diesem Kapitel beschriebenen Faktenlage, ist meine

an sich *r e a l i s t i s c h e*

Forderung:

International kollektiv abgehaltene Referenden zur Auflösung aller bestehenden Nationalstaaten und Neuverteilung der Erde im Interesse aller Völker! Denn das Versagen und die Eigensucht der Machteliten droht uns, d.h. die Völker (__!__), zum wiederholten Male in Pein und Knechtschaft zu stürzen!

Übrigens bedeutet „an sich realistische Forderung"

nicht:

tatsächlich utopische Forderung,

sondern

tatsächlich *un*_realistische Forderung.

Ist aber etwas nicht utopisch, sondern unrealistisch, stellt sich die Frage, wieso das Nämliche unrealistisch sei.

Nun, das hängt einerseits ursächlich mit den gegebenen Machtverhältnissen zusammen (__*also den nun tatsächlich lobbykratischen Verhältnissen*[309]__), die sich eindeutig auf Grund des seit Jahrzehnten propagierten politischen Reformismus' durch und nach dem ersten Teil des großen Krieges des zwanzigsten

[309] Vgl. Kapitel 6.

Jahrhunderts sowie in der Folge mit Hilfe des Faschismus' sowie dann dem Kalten Krieg und mit der freundlichen Unterstützung der stalinistischen Regime[310] erhalten und letztlich konsolidieren konnten — nun also, und _*weiterhin*_ mit freundlicher Unterstützung der meinungsmachenden Medienkonzerne und (_*jetzt*_) flächendeckender Überwachung (_*folglich flächendeckend sozialer und politischer Kontrolle*_), die Nutznießer solcher Verhältnisse _*glauben*_, diese auf „Ewigkeit" manifest erhalten zu können. —

Und es mag sogar sein, daß die und ihre Satelliten das können.

Die Konsequenz davon ist aber die schließliche Degeneration des gesamten Menschengeschlechtes.

Eine Perspektive, die für wahrlich _*freie*_ Menschen keine ist.

Die andere Ursache für die faktisch weltweiten oligarchischen Machtverhältnisse liegt darin, und diese ist ebenso mit dem Projekt des politischen Reformismus' verbunden, daß der Masse der Bevölkerung das politische Bewußtsein fehlt — d.h. das Bewußtsein von ihren tatsächlichen Interessen ... die,

(_*wenn überhaupt*_),

ihre Verwirklichung lediglich im Geschichtsprozeß finden

[310] Zur Begründung dieser Behauptung verweise ich auf Teilband 4 dieser Untersuchung, dort das Kapitel 23: „Die Funktion des bürgerlichen Sozialstaates", und dort, auf den Seiten 80-82, findet sich auch eine Definition des Stalinismus' unter: „Definition des Begriffs 'Stalinismus'".

können. — Und so muß es klar sein, daß die „Geschichte" des Menschengeschlechtes weder mit Geschichtsschreibung gleichzusetzen ist noch daß sie auf diese Weise adäquat gespiegelt werden könnte, denn das eine ist der tatsächliche Prozeß und das andere ist lediglich seine Beschreibung, die zudem abhängig von den Machtverhältnissen ist.

(__Es sei denn, eine Geschichts_*Schreibung* diente der Aufdeckung der Wirkkräfte des Geschichtsprozesses, eine solche „Schreibung" wäre aber lediglich dann verbindlich möglich, herrschten keine Machteliten über die Völker.__)

Somit ist „Geschichte" also als Prozeß zu verstehen. Und in diesem Prozeß ergeben sich historische Fragen, die von den politischen Vertretern des Menschengeschlechtes zu beantworten sind.

Ob sie richtig beantwortet werden,

läßt sich daran erkennen,

daß die _*einzelnen*_ Mitglieder des Menschengeschlechtes sozusagen zu sich selbst kommen und erst dann,

und auf diese Weise sich kollektiv *ent*_wickelnd

(__also gemeinsam _*und*_ persönlich zugleich__),

voranschreiten können.

Tatsächlich aber neigen Machteliten seit langen Jahrhunderten dazu, solche historischen Fragen falsch zu beantworten, d.h. primär auf ihre Interessen pochend und machtgeil, d.h. versagend —

gilt der geschichtliche Prozeß als Maßstab ...

Geschichte ist also etwas anderes als Geschichtsschreibung.

Und i.d.R. verschweigt Geschichtsschreibung mehr, als daß sie geschichtlichen Prozeß tatsächlich erklärte:

Gewiß, das Verschweigen von Zusammenhängen führt wohl dazu, daß die ihnen zugrundeliegenden Antriebkräfte

(__„Interessenlagen"__)

der Masse der Menschen nicht ins Bewußtsein dringen

(__*und genau das soll auch nicht geschehen*__),

selbstverständlich aber bleibt davon ihre jeweilige Wirkkraft unberührt. — Und so dienen entsprechende Behauptungen der Verschleierung, von denen zwei, als „Erklärung" für den Ausbruch des Großen Krieges dienende, an dieser Stelle geradezu als exemplarische Beispiele zitiert werden können:

„Man 'schlitterte' in den Krieg"

oder man habe sich wie

„Schlafwandler"

benommen.

Nun, das könnte man als kindisch bezeichnen — wäre es nicht tatsächlich eine gegen die Aufklärung gerichtete Beleidigung!

Bei dem, was die im und durch den Verlauf des geschichtlichen Prozesses gestellten historischen Fragen an das Menschengeschlecht anbelangt, handelt es sich genau um jenes, wodurch das Menschengeschlecht sich tatsächlich entwikkelt, bzw. sich dann *ent*_wickelt (__also *pro*_grediert__), beantworten seine Repräsentanten die an es gestellten Fragen richtig. Andernfalls tritt es bestenfalls auf der „Stelle" oder es *re*_grediert.

Und objektiv gesehen regrediert es.

Dies aber ist eine Perspektive, die für wahrlich _*freie*_ Menschen keine sein kann:

Sie ist nämlich der vorweggenommene Tod dessen, welches

„Anthropos"

bedeutet:

Der „Mensch" als Entwick_*e*_lungsmöglichkeit der Materia![311]

---

[311] Dies wird in meinem, voraussichtlich Ende 2018 beginnenden „großen Buchprojekt" ein Thema sein, in das u.a. die insbesondere aus den in Teilband 4 zu ziehenden Schlußfolgerungen dieser Untersuchung einfließen werden.

Achtzehntes Kapitel

Eine kurze Beschäftigung mit der Frage nach der neoliberalen Strategie des „Westens" und der Funktion seiner Medien bei der Vermittlung dieser Strategie

ZITAT

- *Der niederländische Untersuchungsbericht über den Absturz von MH17 wurde angeblich Malaysia übermittelt.*

- *Die Toten beim Angriff auf das Gewerkschaftshaus von Odessa.*

ZITATENDE[312] + [313]

Allein diese beiden fragmentarisch verwendeten Zitierungen zweier Headlines zeigen nur einmal mehr die moralische Verkommenheit, Verlogenheit und, aus meiner Sicht läßt es sich

---

[312] Quelle: Telepolis, 17. August '14; am 30.Januar '18 erneut geprüfter Pfad: http://www.heise.de/tp/druck/mb/artikel/42/42537/1.html.

[313] Quelle: a.a.O., 18. August '14; am 30.Januar '18 ebenfalls erneut geprüfter Pfad:

http://www.heise.de/tp/news/Die-Toten-beim-Angriff-auf-das-Gewerkschaftshaus-von-Odessa-2293486.html.

nicht mehr leugnen, die verbrecherische Politik der Verantwortlichen sowie die niederträchtige Propaganda sogenannter Journalisten des „Westens"![314] Sobald eine dieser Figuren die Worte „Demokratie" oder „Wahrheit" ausspricht oder niederschreibt, ist die Wahrscheinlichkeit recht hoch, daß sie lügt.[315]

_ EKELERREGEND. _

---

[314] Siehe auch in: Die *tri*_logische Sezierung [...], Band III, Teilband 1, Lesung 10: „Es bedarf schleunigst der Änderung des Grundgesetzes — zur Deckung der praktizierten Politik".

[315] Die folgenden Verweise dienen nicht nur Ihrer Information, sondern sie können auch für das Verständnis der in diesem Kapitel zu behandelnden Thematik hilfreich sein:

> „MH17: Noch immer kein Untersuchungsbericht" / Telepolis vom 2. September '14: http://heise.de/-2307104/; (__erneut geprüft am 30.Januar '18.

> „MH17: Blame Game" / a.a.O., 27. Juli '15: http://www.heise.de/tp/artikel/45/45542/; erneut geprüft am 30.Januar '18.

> „Moskau: MH17-Abschlussbericht 'fundamental falsch'" / a.a.O., 14. Oktober '15: http://www.heise.de/tp/artikel/46/46263/;erneut geprüft am 30.Januar '18.

Der folgende, ebenfalls am 30.Januar '18 erneut geprüfte Internet-Pfad, führt Sie zu einem stetig aktualisiert werdenden Dossier zum Ukraine-Konflikt:

> „Ukrainisches 'Great Game' zwischen Ost und West" / a.a.O.: http://www.heise.de/tp/artikel/41/41193/1.html.

In dem in der Fußnote 315 angegebenen Artikel: „MH17: Noch immer kein Untersuchungsbericht", merkt der Autor Wolfgang Pomrehn abschließend an:

ZITAT

[...] für die politische Bewertung reicht es eigentlich aus,
sich die Frage: *Cui bono?* (__„Wem nützt das?"__) zu beantworten. [...]

ZITATENDE

In der Tat,

wem mag es nützlich sein,

daß, vielleicht erst in einem Jahr oder so, ein solcher Untersuchungsbericht öffentlich werden wird, mit einem gänzlich anderen Ergebnis, und dann wohl nur randnotizliche Erwähnung findend, als den im „Westen" propagandistisch von den „Qualitätsmedien" unisono behaupteten Verlautbarungen, wer dafür

*_ausschließlich_*

verantwortlich sein konnte, kaum hatte sich dieses tragische Unglück ereignet, man dann aber nicht in der Lage war, einen einzigen stichhaltigen Beleg vorzulegen —

bis heute?!

Wem mag es also nützlich sein, daß eine unabhängig verfaßte Dokumentation der tatsächlichen Ereignisse weder erstellt wird noch *b e i z e i t e n* an die Öffentlichkeit dringt?

Hierzu vielleicht noch ergänzend die Nachricht vom 31. Juli 2014: „Estnischer General: Ermittlungen zu MH17-Absturz werden im Nichts enden".[316]

Diese Nachricht als solche stimmt. Daß eine solche Nachricht im Sinne der russischen Perspektive verwendet wird, liegt auf der Hand, ist diese Methode immerhin gängige Praxis.

Dennoch wäre es ein Trugschluß,

daß die in der Fußnote 316 angegebene Quelle grundsätzlich weniger vertrauenswürdig wäre als insbesondere die deutschen Massen-Medien, die in einer Verfassung sind, die nicht dazu beiträgt, komplexe Zusammenhänge derartig aufzubereiten, daß das zu einem relativ objektivierten Informiertsein beitragen könnte. Diese „Verfassung" läßt sich übrigens mit einem Zitat von dem Kabarettisten Volker Pispers treffend umschreiben:

Kritisch am heutigen Journalismus ist nur noch sein Geisteszustand.

Und bezüglich dieses *Cui-bono*_Zusammenhangs und folgender Aussage:

[316] Der folgende Internet-Pfad zu dieser Nachricht ist am 30. Januar 2018 erneut geprüft worden:

http://de.sputniknews.com/panorama/20140731/269161426/Estnischer-General-Ermittlungen-zu-MH17-Absturz-werden-im-Nichts.html.

ZITAT

[...] „Experten der ICAO

[__Internationale Zivilluftfahrtorganisation; Anm.d.A.__]

sollten rund um die Uhr präsent sein, um eine objektive Ermittlung sicherzustellen", sagte Korotschenko, Chefredakteur des Magazins „National Defence", am Mittwoch zu *RIA Novosti*. Eine ständige Präsenz der ICAO würde auch verhindern, daß der US-Auslandsgeheimdienst NSA die Ermittlungen beeinflusse.

Korotschenko erinnerte daran, daß der ukrainische Geheimdienst SBU nach dem Absturz den Mitschnitt des Funkverkehrs zwischen dem Tower und der Boeing-Besatzung beschlagnahmt habe. Es sei nicht auszuschließen, daß Angaben, die auf eine Schuld der Ukraine deuten könnten, gelöscht worden seien. „Die Blackboxes sind nun das einzige objektive Zeugnis über die letzten Lebensminuten der Besatzung und der Passagiere und über die Anweisungen der ukrainischen Flugsicherung." Die USA haben ein verzweigtes Satelliten-Überwachungsnetz, welches das gesamte Kampfgebiet in der Ost-Ukraine abdecke, sagte der Experte weiter. Er mutmaßte, daß die US-Geheimdienste Belege für eine Verwicklung der Ukraine haben, diese jedoch nicht veröffentlichen. [...]

ZITATENDE[317]

„[...] Experten der ICAO sollten rund um die Uhr präsent sein, um eine objektive Ermittlung sicherzustellen [...]".

---

[317] Quelle: „Nur ICAO könnte Manipulation bei Auswertung der Boeing-Blackboxes verhindern", Online Magazin *Sputnik News*. Der am 30. Januar '18 erneut geprüfte Internet-Pfad ist folgender:

http://de.sputniknews.com/panorama/20140723/269087657/Experte-Nur-ICAO-knnte-Manipulation-bei-Auswertung-der.html.

© Online Magazin *Sputnik News*, mit freundlicher Genehmigung.

Bezüglich des weiter oben ausgebreiteten Zusammenhangs und dieser zitierten Nachricht, schrieb ich am 24. Juli 2014:

ZITAT

[...] In der Tat, unter dem geht's nicht! Alle anderen sind irgendwie involviert und haben eigene Interessen. Es geht also nicht, daß britische Experten die Auswertung vornehmen ohne stets präsente unabhängige Kontrolle.

Wenn aber Frau Merkel und ihre Freunde und Freundinnen schon wieder so tönen, daß „verschärfte Sanktionen" zu verhängen seien, dann könnte das damit zu tun haben, daß nun die Flugschreiber in den Händen der Briten sind — während „der ukrainische Geheimdienst SBU nach dem Absturz den Mitschnitt des Funkverkehrs zwischen dem Tower und der Boeing-Besatzung beschlagnahmt" hat.

(__Daß dies keine propagandistische Behauptung von russischer Seite ist, wird daran deutlich, daß dieser Fakt von „westlichen" Medien nicht anders mitgeteilt wird, siehe bspw. die Nachricht vom 23. Juli 2014 auf der Online-Ausgabe der *Neuen Züricher Zeitung*[318] sowie, vom selben Tag, auf *airlines.de*[319].

Damit wären alle Elemente, die direkten Aufschluß zum Hergang des Unglücks geben könnten, in Händen von Re-

---

[318] *Abgestürzte Maschine: Ukrainischer Geheimdienst prüft Funkverkehr*; der folgende Internet-Pfad ist am 30. Januar '18 erneut geprüft worden:

http://www.nzz.ch/newsticker/ukrainischer-geheimdienst-prueft-funkverkehr-der-abgestuerzten-maschine-1.18349091.

[319] *Verwirrung um MH17-Kursänderung - Flugdatenschreiber sollen aufklären*; der folgende Internet-Pfad ist ebenfalls am 30. Januar '18 erneut geprüft worden:

http://www.airliners.de/mh17-flugdatenschreiber-werden-in-gross-britannien-untersucht/33146.

gierungen, denen in diesem Zusammenhang kein Vertrauen geschenkt werden kann, da sie selbst Partei sind.__)

Überraschend wäre es zumindest nicht, das Tönen von Frau Merkel wie folgt verstehen zu müssen:

> Wir haben die Daten, geben davon aber wahrheitsgemäß nichts bekannt, denn der Schuldige stand schon vorher fest: verschärfte Sanktionen können deshalb nur die einzige Antwort sein.

> Qu'est-ce que c'est que la fiction littéraire en comparaison de la surréalité réelle ? Or la fiction littéraire est une chose dont nous savons qu'elle est inventée. Et la réalité, elle, est-elle aussi inventée ? Oui — avant des paravents historiques. C'est-à-dire la vie ordinaire des peuples est une fiction réelle ! Q.e.d.

Erfreulicherweise berichtet der Berliner *Tagesspiegel* von aktuellen propagandistischen Manipulationen, wenn er auch titelt:

> „Falsche Bilder bei der ARD zum Ukraine-Konflikt: Propagandatricks — oder Pannen in Serie." […][320]

ZITATENDE

---

[320] Quelle: Online-Ausgabe des Berliner *Tagespiegels* vom 2. September '14. Die entsprechende, am 30. Januar '18 erneut geprüfte Internet-Anschrift lautet:

http://www.tagesspiegel.de/medien/falsche-bilder-bei-der-ard-zum-ukraine-konflikt-propagandatricks-oder-pannen-in-serie/10637680.html?print=true.

Nun, die neoliberale Politik des „Westens schließt Pannen aus.

Selbstverständlich ist diese Feststellung ausschließlich im Zusammenhang mit „westlicher" Propaganda zu verstehen.

Denn diesem Geschummel und Gelüge

liegen Ursache und Methode zugrunde, die nach dieser Einleitung im folgenden auszuleuchten sind.

Wäre es übrigens leicht möglich, gäbe ich meinen Personalausweis ab, um damit meinen Austritt aus diesem Nationalstaat zu bekunden — weil ich Deutscher bin und da diese Politik niemals im Sinne und Interesse der Masse der Bevölkerung, sondern primär im Sinne und Interesse einer verkommenen Machtelite und ihrer Satelliten sein kann.

* * *

Die nachfolgenden Passagen beziehen sich auf ein Strategiepapier der EU, dessen Inhalt u.a. indirekt verdeutlicht, daß die Ereignisse in der Ukraine vom „Westen" bewußt herbeigeführt worden sind. Allerdings heißt das nicht, daß sich die dafür verantwortlichen „Strategen" über deren tatsächliche Entwicklung im klaren waren. Aber dieses EU-Strategiepapier erlaubt die Vermutung, daß die Verantwortlichen ihre ideologische Linie nicht aufgeben werden.

> Das heißt mit dem (__*neoliberalen*__) „Westen" ist kein Frieden möglich, der den Namen verdiente.

Daß das so ist, verdeutlicht ein *Strategiepapier der EU*[321], das den Titel trägt:

> Perspektiven für die europäische Verteidigung 2020,

dessen Drucklegung im Jahre 2011 erfolgte und das im Internet als pdf-Datei abrufbar ist.[322] Dieses Papier umfaßt 224 Seiten und ist mit einem Vorwort von Catherine Ashton versehen, der damaligen *Hohen Vertreterin der EU für Außen- und Sicherheitspolitik*.

Der Inhalt dieses Papiers entspricht nicht nur dem offiziellen „Denken" seiner Repräsentanten, sondern er wird längst

---

[321] ISS Europäische Union — Institut für Sicherheitsstudien.

[322] Der am 30. Januar '18 erneut geprüfter Internet-Pfad ist folgender: https://www.iss.europa.eu/sites/default/files/EUISSFiles/Perspektiven_fuer_die_europaeische_Verteidigung_2020-1_0.pdf.

umgesetzt — soweit möglich. Und so können die ganzen netten „Sätze", die sich ansonsten darin finden mögen, und die lediglich als verschleiernde Hülle dienen können, nicht darüber hinwegtäuschen, daß mit einem solchen profitorientierten System, daß also im Sinne der großen Konzerne funktioniert und funktionieren soll, zumal an dessen Spitze ein Hegemon steht, der sein „Modell" auf die ganze EU übertragen sehen will, niemals ein *Modus vivendi* gefunden werden könnte, der im Sinne der Bedürfnisse und Interessen der wirklichen Menschen funktionierte — oder mehr Friedlichkeit in die Welt bringen könnte.[323]

So schreibt ausreichend realitätsfern einer der Autoren dieses Strategiepapiers der EU, Herr Tomas Ries, u.a., daß einige Staaten dieser Welt, die im Text als „Elitestaaten" bezeichnet werden und mit denen vor allem die USA und die „großen" Nationalstaaten der EU gemeint sind, mehr und mehr zu einer wohlhabenden und friedlichen Gemeinschaft zusammenfinden würden — blieben sie bloß schön auf neoliberaler Linie:

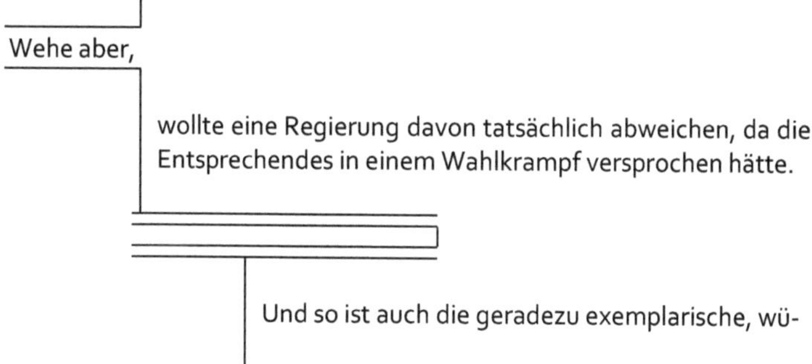

---

[323] Siehe diesbezüglich auch in: Die *tri*_logische Sezierung [...], Band III, Teilband 2, Teil 4: „Der Neowilhelmoliberalismus".

tende Reaktion zu verstehen, die Frau Merkel und Herr Sarkozy zeigten, als nämlich insbesondere diese beiden Figuren so erbost auf das Ansinnen des damaligen griechischen Ministerpräsidenten

Giorgos Andrea Papandreou

(__*der von Oktober des Jahres 2009 bis Anfang November des Jahres 2011 dieses Amt innehatte*__)

reagierten, für November 2011 ein Referendum anzukündigen, damit die Griechen selbst entscheiden könnten, ob sie die von der EU und insbesondere dem EU-Hegemon geforderten Sparauflagen akzeptieren wollten oder nicht.

Es sei dahingestellt, ob Papandreou es damit ernst meinte oder nicht, jedenfalls wäre ein solches Referendum eine der selbstverständlichen Möglichkeiten gewesen — in einer Demokratie.

Andererseits: herrschte in den „Elitestaaten" dieser Welt wirkliche Demokratie, hätten wir nicht eine solche „Weltelite" am Hals. Daraus zu schlußfolgern, daß diese „Elite" und eine zumindest tendenzielle Demokratie sich ausschließen, kann zwar bestritten werden, aber nicht mit stichhaltigen Argumenten. Daß sie sich ausschließen hingegen schon.

Oder werden wir wenigstens darüber transparent informiert, was und wieso tatsächlich in die praktizierte Politik einfließt? Nein, werden wir nicht. Wir haben es demnach mit einer „Oberflächendemokratie" zu tun, die, als tatsächlich lobbykratisches System, eine Demokratieoptik aufweist. — Dies eine Optik, die analog von Laminat her bekannt ist.[324]

Damit es aber für die „Machteliten" und deren in *spin*_dokto-rischer Wissenschaft, in Medien sowie im „Kultur-Betrieb" und im „Polit-Betrieb" dieser „Elitestaaten" tätigen Satelliten wohlhabend und friedlich bleiben kann, sind allerdings „strategische" Überlegungen notwendig, wie Herr Ries weiter ausführt.

Immerhin sei dieser Wohlstand [__*für wenige*__] lediglich dann zu halten,

bräche a) die Weltwirtschaft nicht zusammen und gingen b) die „Elitestaaten" eine „Symbiose" mit den großen Konzernen ein —

wodurch diese Konzerne aber nicht mehr ihren Standort in solchen Ländern hätten, sondern diese Länder selbst dann lediglich noch als Konzernstandorte zu definieren wären, und, so Herr Ries weiter,

die Länder [__*also diese Konzernstandorte*__],

als _*deren*_ verlängerter Arm,

hätten alle Hindernisse aus dem Weg zu räumen — ob innerstaatlich

[324] Zur „Oberflächendemokratie" siehe auch die Seiten 131-34, beginnend mit: „Die Frage ist nun ...".

(__diesem Zweck diente bspw. die Agenda 2010 in Deutschland und diesem Zweck dient sie nun in ganz Europa__)

oder genau dort, wo diese auswärts „investieren" wollten, also in anderen Ländern ihrer

W a h l.

„Hindernisse aus dem Weg räumen" kann dann durchaus bedeuten, daß _*mal eben*_ ganze staatliche Strukturen weggeräumt werden, via *social engineering* und *nation modelling* — gemäß der „Idee" der „Weltelite".

Nun, wer so denkt, findet es gewiß selbstverständlich, daß den Konzernen dann eine

„Investitionsschutzgarantie"

blanko gegeben werden muß — im Sinne einer

Profitausfallgarantie,

denn in der ideologischen Vorstellungswelt des Neoliberalismus' hat „Marktwirtschaft" offenbar Ähnlichkeit mit einer Einbahnstraße:

Null Risiko für den Profit, anstatt

(__wie es in gewissen Grenzen, d.h. unter Berücksichtigung sozialer Standards, bspw. durch Einhaltung der *Goldenen Lohnregel*, akzeptable wäre__),

Profit _*w e g e* n_ eines gewissen Maßes an Risiko.

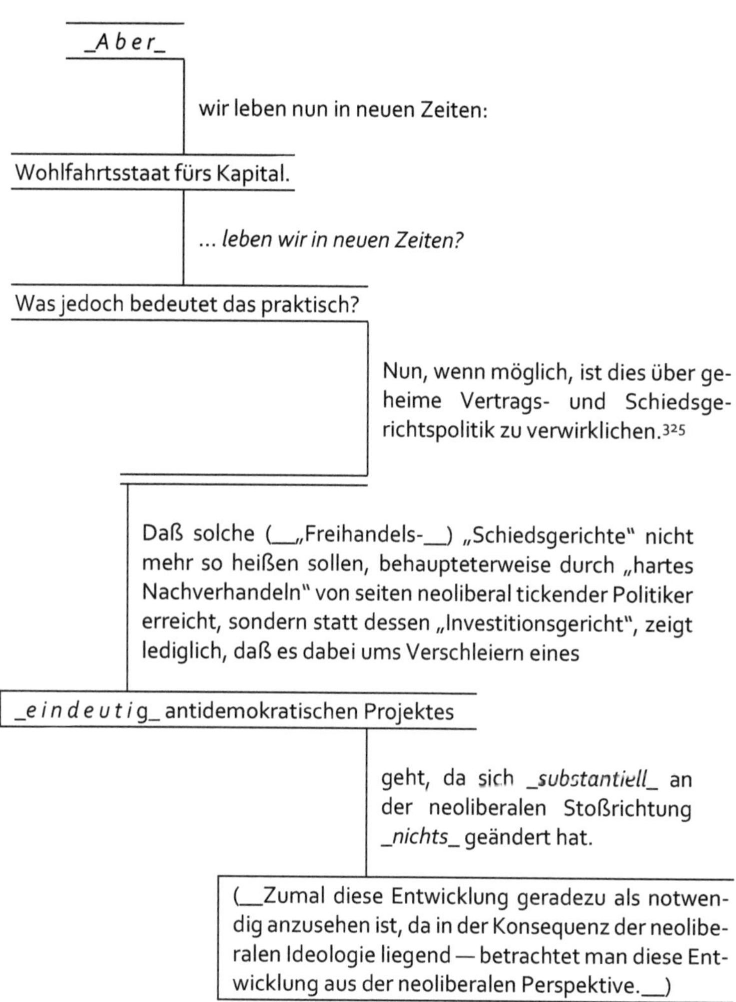

[325] Siehe in: Die *tri*_logische Sezierung [...], Band III, Teilband 2, Anhang II: „Beleg für die Behauptung, daß die EU ein antidemokratisches Gebilde ist". Dies wird dort am Beispiel des CETA-Abkommens verdeutlicht.

Und so sagen die Befürworter solcher „Freihandels-Projekte" schlicht die Unwahrheit, behaupten sie, es sei ein Fehler, daß solche Verhandlungen geheim stattfänden, da die gar nicht transparent zu führen wären.

Denn niemand,

der Demokratie für keine Phrase hält, kann es akzeptieren, daß sich eine kleine Gruppe von Leuten Sonderrechte zuschanzt und ganze Bevölkerungen nach ihrer Pfeife tanzen lassen kann, was aber genau durch solche sogenannten Freihandelsabkommen der Fall ist (*__und dem „neoliberalen Denken" absolut entspricht__*)!

Zu dieser „Einbahnstraße" gehört dann auch Druckausübung der Konzerne auf Staaten. Was tendenziell zwar nichts Neues ist.

Ist diese „Druckausübung" nicht möglich,

dann erfolgt von seiten der „Elitestaaten" eine Destabilisierungspolitik, solche Staaten betreffend, die sich einerseits nicht beugen wollen und die andererseits zu stark sind, als daß die „Elitestaaten" gegen diese direkt militärisch vorgehen könnten. — Oder,

sollte der Gegner deutlich schwächer sein:

„Kanonenbootpolitik" à la „FRÜHER".

Also „Demonstration" der militärischen Macht. „Kanonenbootpolitik" ist hier übrigens synonym zu verstehen, denn die Demonstration militärischer Macht ist auch auf der trokkenen Erdoberfläche möglich, indem man an den trockenen Landesgrenzen „Manöver" durchführt. Vielleicht ist dann besser von „Manöverpolitik" zu sprechen?

Welches, den jeweiligen Gegner „geneigt" machende Mittel aus dem neoliberalen Zauberkasten tatsächlich zur Anwendung kommt ist also abhängig davon, wodurch ein widerspenstiger Gegner am ehesten zu beeinflussen wäre.

(__Dazu bedarf es selbstverständlich der entsprechenden Informationen: Wer will, kann hieran schon deutlich genug erkennen, wie wichtig „Dienste" à la NSA fürs neoliberale System sind: auf solche Instrumente wird jedenfalls niemals verzichtet werden — nimmt man ihnen diese nicht konsequent aus der Hand.__)

Nun, objektiv gesehen, macht's die Mafia auch nicht anders, denn es geht bei alldem um Machtpolitik, nicht um Demokratie, Menschenrechte oder um das immer dann beschworene Völkerrecht, paßt es in den eigenen Kram. Und falls es nicht paßte? — Kein Thema für diese „Elite", dann muß es _*mal eben*_ geändert werden.

_ Dumme Frage! _

Bei Abkommen zwischen Staaten und Konzernen

zu_*un*_gunsten

menschlicher Gesellschaften, ist es übrigens kein Zufall, daß kein Parlamentarier frei Einblick in das Regelwerk eines à la TTIP-Abkommens nehmen durfte — sprich bspw. CETA, und falls ausgewählten Parlamentariern doch etwas Einblick gewährt wurde, dann war es diesen _*verboten*_ davon den Menschen zu berichten —

also _*Ihnen*_ und mir ...

Die Betitelung einer entsprechenden Nachricht auf *Telepolis* vom 26. Januar 2016: TTIP — *Deutsche Abgeordnete dürfen jetzt wissen, worüber sie abstimmen sollen*, läßt das Groteske an der neoliberalen Doktrin nur noch deutlich besser hervortreten, ist von *FREI*_Handel à la TTIP die Rede,.[326]

Auch weiß Herr Ries davon zu erzählen, daß eigentliche Probleme vorrangig nicht mehr wegen irgendwelcher Differenzen innerhalb der „Weltelite" selbst entstünden ...

(__Gewiß, das „Anliegen" der „Weltelite" ist ein „homogenes", nämlich die Verhältnisse derartig zu „gestalten", daß für sie das „Obenschwimmen" dauerhaft gewährleistet bleibt — möglichst _*ewiglich*_ — also zwangsläufig auf Kosten der Masse der Menschen, denn anders ist ein solches _*Obenschwimmen*_ gar nicht möglich.__)

... denn die ereigneten sich lediglich noch auf Grund von „Ungleichheit" zwischen den gesellschaftlichen Klassen.

[326] Der zugehörige Internet-Pfad ist am 31. Januar '18 erneut geprüft worden: http://heise.de/-3084816.

(__Nun, auch das ist „altes Wissen".[327]__)

In diesem Zusammenhang spricht der Autor übrigens von „sozioökonomischen Klassen" — womit er recht hat, denn gesellschaftliche Klassen zeichnen sich dadurch aus, daß die Ausbildung des Charakters ihrer Mitglieder primär von *jenen* variablen materiellen Verhältnissen beeinflußt wird, denen sie schon vor ihrer eigentlichen in Existenztretung ausgesetzt sind und ihre Prägungen erfahren, die also sowohl *sozial* als auch *ökonomisch*, d.h. _*gesellschaftlich*_ bestimmt sind, bzw. gesellschaftspolitisch — sieht man jetzt von den natürlichen Umweltfaktoren ab, die relativ invariable Größen sind.

Wer mag aber solche Spannungen erzeugt haben? Nicht das neoliberale System selbst, für das die soziale Ungleichheit einer ihrer wesentlichen Fetische ist?

Es geht hingegen um richtig verstandene _*Gleichheit*_ — nämlich: *anders sein zu können, ohne Angst haben zu müssen ungleich behandelt zu werden* (__vgl. Erich Fromm__).

Diese richtige Definition von Gleichheit ist nicht in einem System zu verwirklichen, das ein künstlich gesetztes Prinzip normsetzend gemacht und das dementsprechend von den Menschen fordert, sich marktkonform zu verhalten, sich also menschlich zu reduzieren, wie es insbesondere in Kapitel 1 dieser Untersuchung erläutert ist.

[327] Vgl. Kapitel 15, dort insbesondere die Seiten 375-84, beginnend mit: „Man muß sich vor Augen halten ...".

(__2003__) leidvoll erfahren müssen, was es heißt, diese „Weltelite" und ihren „Vorkämpfer" herauszufordern ...

Tatsächlich aber spielt es für diese „Weltelite" keine Rolle, ob sie von diesen beiden beispielhaft genannten Staaten herausgefordert worden war oder nicht.

Tatsächlich hatten die Vertreter dieser beiden Staaten die Vertreter dieser „Weltelite"" nicht herausgefordert, hingegen fühlte sich diese „Elite" in ihrem Streben gestört —

nach dem Ende des Kalten Krieges.

Was aber hat diese *Gesocks-Elite* verursacht, indem sie diese Staaten „gemordet" hat? Keine Erzeugung mafiöser Strukturen im Kosovo? Keine weitere Erzeugung und Verfestigung terroristischer Strukturen im Irak und darüber hinaus?

Andererseits:

Was aber soll erwartet werden von einem System und seinen Repräsentanten, dem selbst (__*nun offensichtlich werdende*__) mafiöse Züge eigen sind?

Nun, Herr Ries ist offenbar ein Ideologe, der die Interessen dieser „Machteliten" vertritt — immerhin wird er dafür bezahlt: von Steuergeldern.

Wodurch übrigens einmal mehr deutlich wird, daß es

eben nicht „unsere“ Staaten sind, sondern die einer verkommenen Machtelite, in deren Dienst die praktizierte Politik steht und für die ihre „wissenschaftlichen“ Satelliten das ideologische Rüstzeug liefern, das dann an die Bevölkerung über die „journalistischen“ Satelliten dieser „Elite“ „verkauft“ wird, damit die Bevölkerung „weiß“ wofür es zu sterben lohnt — nach kollektiv erfolgter, menschlich reduzierter Trimmung ...

„Weltelite“,

wie mondän sich das anhört!

Das hört sich so mondän an, wie Provinzler jemals welthaltig sein könnten. Mir ist jedenfalls völlig schleierhaft, wie mit solchen versammelten Provinzlern, die ihre höchste Aufgabe darin sehen, ihren Konzernen zu Diensten zu sein, Provinzler, die sich selbst das Etikett „Weltelite“ angepappt haben und die sich realiter vor allem durch Inkompetenz _*und*_ Grausamkeit auszeichnen, wie mit denen die wirklichen globalen Probleme tatsächlich angegangen werden, geschweige lösbar sein sollten.

Um diesen „Wohlstand“ und diesen „Frieden“ zu sichern, bedarf es u.a. selbstverständlich auch der indirekten, aber, wenn's nicht anders geht, auch der direkten militärischen Einflußnahme auf solche Staaten, die der Autor als

„entfremdete moderne Staaten“

bezeichnet, und zu denen er auch Rußland rechnet, da diese sich von dieser Art der „Globalisierung“ bedroht fühlten.

Da aber aus Sicht dieser „Weltelite“ von diesen Staaten eine potentielle Gefahr für _deren_ Art von Globalisierung ausgeht, ist _beizeiten_ dagegen etwas zu unternehmen. Dieser Perspektive folgend, tatsächlich aber auf Grund der Art und Weise ihres eigenen, auf andere projizierten „begehrlichen Strebens“ — geht also für das marktkonforme, weltdominierende Streben dieser „Weltelite“ eine solche Gefahr insbesondere von Rußland aus.

Deshalb

die Destabilisierung der Ukraine.

Und egal,

ob faschistische Kräfte Opponenten des ukrainischen Marionettenregimes dieser „Weltelite“ abschlachten und verbrennen — um eine Schwächung Rußlands zu erreichen, wird alles rechtens, d.h. ist dann alles erlaubt.

Weshalb sollten die Medien über solchen politischen Schmutz berichten? Sind denn Journalisten etwa dazu da? Und brächte das die Bevölkerung nicht in gefährliche Aufregung? Man stelle sich vor: Der Zwang des Gewissens bestimmte die Politik in einer, die neoliberale Ideologie betreffenden „Schicksalsfrage“.

Nun, es gibt schon einen „guten“ Grund für diese Strategie.

Und aus _diesem_ Grund, so schreibt der Autor weiter, benötigten „wir“ die Fähigkeit, eine „harte Machtpolitik“ betreiben zu können, nämlich eine, die auch „direkte militärische Konfrontation" einschließt ...

Herr Gauck,

von der Waffenindustrie eingeladen gewesen (__*oder sich selbst eingeladen habend?*__), anläßlich der im Jahre 2014 von der Waffenindustrie veranstalteten 50. sogenannten Sicherheitskonferenz in München, in seiner Eigenschaft als Präsident der Bundesrepublik Deutschland die Eröffnungsrede zu halten,

sprach offenbar in _*diesem*_ Sinne von der

(__*vermeintlichen*__)

Notwendigkeit, die „Kultur der Zurückhaltung" (__*was noch nie gestimmt hat*__) aufzugeben, sprich: „Kultur _*militärischer*_ Zurückhaltung", was, (__*es sei wiederholt*__) noch nie gestimmt hat. Denn, falls fürs Fenster zelebriert, war eine solche „Kultur" tatsächlich stets den Umständen geschuldet, oder „beschränkte" sich dann, bspw. auf „Hintergrundarbeit", wie die Ausbildung von Schergen, die dann in deren Ländern die Bevölkerung in Bedrängnis brachten und wohl noch bringen — wovon einen Eindruck zu gewinnen möglich ist, liest man das Buch von Markus Frenzel.[328] Und wurde in den 1990er Jahren die fragile Situation im ehemaligen Jugoslawien etwa _*nicht*_ wesentlich unter deutscher Beteiligung destabilisiert?

---

[328] Markus Frenzel, *Leichen im Keller — Wie Deutschland internationale Kriegsverbrecher unterstützt*, dtv, München, 2011.

sich immerhin schon jetzt durch die aktuell in der Ukraine praktizierte Politik im Auftrag der „Elitestaaten" dieser Welt zeigt, oder bspw. durch die bewußte Zerstörung staatlicher Strukturen wie in Syrien[330], wäre dann erst recht eine Bedrohung für die _*dortigen*_ Bevölkerungen zu erwarten

(__bspw. durch die Entwicklung mafiöser Strukturen, wie im Kosovo[331]__),

wie auch für die Bevölkerungen in diesen „Elitestaaten" selbst — mit dann wieder reaktiven Konsequenzen:

> Ausbau der Überwachung in _*ihren*_ Staaten, also in jenen dieser Machteliten, und in den „entfremdeten modernen Staaten", sowie Eskalation von Gewalt in _*den*_ Gegenden dieser Welt, auf die die „Elite" dieser „Elitestaaten" weiterhin Zugriff erlangen will.

---

* * *

_ Im zurückliegenden Text dieses Kapitels
wurden die Aussagen des Herrn Ries' auf den Seiten 69-76 dieses Strategiepapiers behandelt. _

---

* * *

Dies also die „Perspektive" für die Zeit bis 2020 und darüber hinaus — aus Sicht neoliberaler Ideologen.

---

[330] Vgl. die Seite 432, beginnend mit: „Syrien, wo der „Westen" ...".

[331] Vgl. das Kapitel 14: „Die Politik bürgerlicher Nichtversteher", dort insbesondere die Seiten 345 ff., beginnend mit: „Es ist an dieser Stelle ...".

(__Man könnte dieses Strategiepapier auch als „Grundsteinlegung" für die Politik der sich imperialistisch ausrichtenden EU verstehen, das also den dann folgenden, je situativ angepaßten Strategien als Richtungsvorgabe dienen wird.__)

Nun, diese Ideologen „denken" lediglich jenes vor, das immer dann von der EU und ihren, von den nationalstaatlichen Regierungen eingesetzten „Kommissaren" in die Tat umgesetzt wird — gibt es dazu eine mindeste Möglichkeit.

(__Letztlich aber wird diese Politik vom substantiell nicht zureichenden EU-Hegemon bestimmt.[332]__)

Also kann ich Ihnen schon jetzt versichern, daß mit dieser Art von neoliberalem System

(__das sich konkret in den einzelnen neoliberalen Nationalstaaten unterscheiden mag__),

erst dann

orwellianische Friedlichkeit

in die Welt gekommen sein wird, sind alle Weltgegenden neoliberal durchökonomisiert —

und gilt es dann als selbstverständlich, daß Menschen ökonomische Funktionseinheiten sind.

[332] Siehe hierzu in: Die *tri*_logische Sezierung [...], Band III, Teilband 2, Seiten 609-14: „Die traditionell fehlende eigene Substanz".

Das heißt dann konkret:

Globale Überwachung mittels subtilster Unterdrückungsmethoden. Und läßt dann auf keinen Fall mehr zu, daß die Menschen jemals noch über _*notwendige*_ Dinge sich trauten nachzudenken — wie nämlich, bspw. eine

humanistische Staaten-Gemeinschaft

tatsächlich angedacht, dann entwickelt und schließlich auf dafür vorgesehenen

„Spielwiesen"

ausprobiert werden könnte — also

schon an Schulen (__*dann in der Tat*__) als konstruktiver Wettbewerb im Fach Sozial_*Wesen* mit der Zielsetzung ausgelobt,

schließlich gänzlich auf staatliche Strukturen verzichten zu können.

Auf dem Wege solcher Überlegungen und ihrem nachfolgenden Ausprobieren, stellte sich dann wahrscheinlich als ein frühes Ergebnis heraus, daß „unsere Weltelite" lediglich als exemplarisches Beispiel für eine falsche Elite taugte. Das Positive an einem solchen Beispiel wäre aber, daß dann Überlegungen angestellt werden könnten, welcher Strukturen es bedarf, eine solche Eliten-Entwicklung zu verhindern, bzw. solcher Entwicklung beizeiten entgegenzusteuern.

(__Siehe hierzu den vierten Teil dieser Untersuchung.__)

Man lese es wohl:

> Aus Sicht der „Weltelite" benötigt man die Fähigkeit, eine „harte Machtpolitik" betreiben zu können, nämlich eine, die „direkte militärische Konfrontation" einschließt, geht es um „entfremdete moderne Staaten".[333]

Das heißt die aktuellen, primär vom „Westen" verursachten internationalen Konflikte sollen _auch_ die Menschen

> _in_

den „Elitestaaten" in Angst versetzen, so daß die Masse dieser Bevölkerungen geneigt werde, für irgendeine verbrecherische Aktion einen Blankoscheck zu akzeptieren, also zur Durchführung militärischer, bzw. polizeistaatlicher Maßnahmen, die dem Machterhalt oder der Machtausdehnung dieser „Weltelite" diente, und dabei kann es dann gar nicht um Angelegenheiten wie Demokratie, Menschenrechte oder Völkerrecht gehen.

> Die Bevölkerungen in den „Elitestaaten", die die Staaten dieser „Eliten" sind, werden auf diese Weise zu Insassen solcher Staaten. Hierdurch entsprechen sie auf eine gewisse Weise (__*lobbyistisch gelenkten*__) staatlichen Vollzugsanstalten, deren „Offenheit" in direkter Abhängigkeit zum jeweiligen Status des einzelnen Bewohners steht. Beispielsweise entpuppt sich für einen HARTZ-IV-

[333] Vgl. die Seite 76 dieses oben schon erwähnten Papiers, dessen Internet-Anschrift an dieser Stelle wiederholt sei:

https://www.iss.europa.eu/sites/default/files/EUISSFiles/Perspektiven_fuer_die_europaeische_Verteidigung_2020-1_0.pdf.

Empfänger eine solche Anstalt als eine relativ geschlossene, von den Akteuren dieser „Weltelite“ gesteuerte „Welt am Draht“.

Zur Verdeutlichung des damit Gemeinten, sei auf den gleichnamigen Film von Rainer Werner Fassbinder aus dem Jahre 1973 verwiesen, der als Vorläufer von „Matrix“ zu verstehen ist.

Wenn es nicht so krank wäre, könnte man es als Witz abtun, daß diese „Elite“

*_dann_*

von „entfremdeten modernen Staaten“ sprechen läßt, handelt es sich um andere. Aber Herr Ries, als Ideologe dieser „Weltelite“, meint wohl mit „entfremdet“, daß diese Staaten sich von der „Elite“ der „Weltelitestaaten“ entfremdet hätten.

(__Wobei Herr Ries übrigens auf der Seite 71 des besagten „EU-Strategie-Papiers“ u.a. davon spricht, daß der „Kaiserthron“ dieser „Elite-Gemeinschaft“ das Weiße Haus sei.__)

Jedenfalls kann ihn nur weniger interessieren, daß die „Eliten“ der „entfremdeten modernen Staaten“ sich, wie es so üblich ist, von deren Bevölkerungen entfremdet haben. Denn, je nach Interessenlage dieser „Weltelite“, läßt man die „Eliten“ der „entfremdeten modernen Staaten“ unter der Bedingung „gewähren“, erscheint es der Crème de la Crème der „Elite“, der „Weltelite“ eben,

(__*die eigentlich die des Universums sein muß*__),

opportun. Und _*falls*_ dieser Ideologe dies, dann sozusagen bemäntelnd, auch _*mit*_ meinte, hätte er damit zwar recht. Nur, mit welchem Recht aber quatscht ein solcher Ideologe davon, denkt er selbst im Interesse einer „Weltelite", deren politische Satelliten diesen „Elitestaaten" vorstehen, da diese doch von den Bevölkerungen dort völlig abgehoben funktionieren? — Leider aber ist es kein Witz, sondern diese „Elite" und ihre Ideologen meinen es todernst — mit uns.

Übrigens verdeutlicht in diesem Strategiepapier folgende Aussage

auch, daß „unsere" großen medialen Meinungsmacher, bei der Verfolgung dieser Strategie, eine wichtige Rolle spielen:

Herr Ries hat nämlich erfahren, daß die EU als Gesellschaft verweichlicht sei.

„Verweichlichte Gesellschaften" haben aber nicht nur die Neigung, für sich selbst eigenes Leiden und eigenes Opferbringen

(__*zum Wohle der* „Weltelite"__),

nicht zu mögen, sondern, schlimmer noch, dies nicht einmal anderen auferlegen zu wollen.

Sozusagen kein Wunder also, daß wenigstens die Machteliten und ihre Satelliten in *spin*_doktorischer Wissenschaft, Politik und Medien der „Weltelitestaaten" grausam sein müssen, sind es die normalen Menschen nicht und wollen diese es auch nicht sein.

Unter solchen „schlechten" Voraussetzungen hält der Autor es dann für unwahrscheinlich, daß die Fähigkeit zur Aufrechterhaltung

„hochintensiver militärischer Gewalt" (__sic!__)

wenigstens bis zum Jahre 2020 beibehalten werden kann, geschweige sie auch einzusetzen.[334]

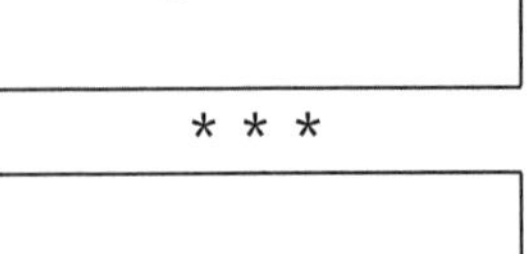

* * *

Läßt man also die Sprüche Revue passieren, die bisher von sogenannten Meinungsführern der Medien abgesondert worden sind, löst sich das Rätsel ihres hetzerischen und verunglimpfenden Tons: Sie sind die Knechte einer destruktiven Ideologie, d.h. sie dienen als deren Einpeitscher.

Diese Meinungsmacher in den Mainstreammedien schlagen also nicht ohne Grund, oder weil sie „durchgedreht" wären, einen solch hetzenden und verunglimpfenden Ton an — wozu sich allerdings schon längst so manche politische Figur gesellt hat.

Auf jeden Fall offenbaren sie auf diese Weise

_a l l e_

ihren Charakter und wer sie (__*in welcher Münze auch immer*__) bezahlt.

[334] Vgl. die Seiten 79 f. dieses Strategiepapiers.

Wer aber mag leiden müssen, endet die praktische Umsetzung dieser Ideologie im Fiasko?

Neunzehntes Kapitel

Zeit der Illusionisten

Editorische Notiz: Dieser Text wurde erstmals am 28. Januar 2015 veröffentlicht, also kurz nach dem Wahlsieg der sogenannten Koalition der radikalen Linken in Griechenland. Zu jener Zeit wurde ich wegen des Inhalts dieses Textes von Leuten heftig angegriffen, die jene „Illusionisten" sind, von denen dieses Kapitel berichtet. Dieser Text ist für dieses Kapitel lediglich leicht redigiert worden.

Eine der Absichten der zurückliegenden Kapitel war es, ausreichend zu verdeutlichen, daß es für jede Machtelite und ihre Satelliten in Politik, „Wissenschaft" und Medien_*Konzernen*

(__*als den inoffiziellen Propagandaorganen dieser* „Elite" *und ihren, als Wachhunde der neoliberalen Ideologie dienenden, schreibenden Mitarbeiter, angeführt von Alpha_Journalisten*__)

elementar ist, daß die Masse der Bevölkerung nicht erkennt, wer sie belügt.[335]

---

[335] Was sowohl die Bildung der eigenen Meinung als auch den Mißbrauch der Meinungsfreiheit anbelangt, ist darauf zurückzukommen in: Die *tri*_logische Sezierung [...], Band III, Teilband 1, Teil 1: „Von *Pen*_Pushern und *Spin*_Doktoren".

Nun, kurios wird es, drehen Intellektuelle ab einer gewissen Aufklärungsentwicklung sozusagen ab, um nicht die an sich offen herumliegenden Fakten konsistent zu einem bündigen, die realen Verhältnisse zeichnenden „Bild“ verweben zu müssen, das letztlich die notwendigen Schlußfolgerung zu ziehen forderte.

Auf diese Weise kann es geschehen, daß Leute, durchaus mit aufklärerischer Absicht angetreten, zu Obskuranten werden.

Und so ist es zwar verständlich, daß sich politisch normal interessierte Menschen einer Gesellschaft Hoffnungen machten, da doch Anfang Januar 2015 in Griechenland eine „andere“ Regierung ans Ruder gekommen war.

Unverständlich erscheint es aber, sehen das auch Leute so, die sich intellektuell regelmäßig mit der politischen Entwicklung beschäftigen und für sich „den kritischen Blick“ reklamieren.

Denn es ist objektiv gesehen keine Frage, ob diese Regierung Politik im Sinne der Masse der Bevölkerung praktizieren könnte. Besteht sie doch aus Parteien, die nicht für die Masse der Griechen, wohl aber, im Falle der Partei SYRIZA, für eine kleinbürgerliche Klientel sprechen können, die entweder in den letzten Jahrzehnten einen gewissen sozialen Aufstieg geschafft hatte, der nun akut bedroht ist, oder, womöglich in der Hoffnung eines über diese Partei nun ermöglichten sozialen Aufstiegs, sich von der radikalen Rhetorik der Wortführer dieser „Koalition der *radikalen* Linken“ haben blenden lassen, die, nach der Wahl in eine „'realistische' Politik“ mündete — wie üblich.

„'Realistische' Politik" bedeutet in _diesem_ Zusammenhang eine Politik im Sinne der Stützung des,

auf Grund der zugunsten der deutschen Wirtschaft sich auswirkenden Konstruktionsfehler der EWU und der von der deutschen Politik lauthals auf europäischer Ebene geforderten Austeritätspolitik,

in Schieflage geratenen Projektes des Neoliberalismus', die die bürgerlichen Eliten der meisten südwesteuropäischen Staaten, also einschließlich der Frankreichs, an den Rand rutschen ließ, die nun sogar eine Möglichkeit sehen, die deutsche EU-Politik mehr unter Druck setzen zu können,

allerdings _nicht_ mit dem Ziel echter Umverteilung von Macht wie von materiellen Ressourcen im Sinne

der Masse der europäischen Bevölkerungen. So war die Reaktion auch in Frankreich, von links bis rechts des bürgerlichen Spektrums, positiv auf den Wahlsieg der bürgerlichen Linken in Griechenland.

Allerdings wird in Europa die Konsequenz die sein, daß keine wahrlich linke Politik daraus resultieren wird, sondern eine nationalistische mit linkem oder rechtem Anstrich — also nicht zum Vorteil der Masse der Europäer, sondern lediglich das gefährliche Gebräu aus Neoliberalismus und Nationalismus verstärkend.

Aufgabe dieser „'realistischen' Politik" ist es, das neoliberale Projekt erst einmal wieder zu stabilisieren. Denn den Insidern des „Systems" scheint klargeworden zu sein, daß eine soziale Lage, die sich für die Masse der Menschen prekär „verfestigt" (__aber gerade deshalb nicht von politischer Stabilität begleitet sein kann, ansonsten fänden die das schon gut__),

zu politischen Reflexen führen kann, die von ihnen nicht mehr so ohne weiteres zu steuern wären. Das heißt Herr Tsipras wird primär in

*_diesem_*

Sinne seine Politik betreiben.

Nicht ohne Grund war er schließlich in den vergangenen Jahren bei einflußreichen Regierungen und Organisationen zu Gast:

Wieso mögen wohl die „Märkte" gar nicht verrückt spielen?

Etwa deshalb, da deren Vertreter die tatsächliche „Radikalität" dieser „radikalen Linken" mißdeutet hätten?

Nun, mein Grundsatz ist: Halte andere niemals für doof.

Eine „'realistische' Politik" demnach, die

(__*wie üblich und so es not tut*__)

von Rhetorik für diejenigen begleitet ist, die sich davon blenden lassen —

wobei Leute, die es eigentlich wissen müßten, nämlich Intellektuelle, die sich selbst als aufgeklärt und fortschrittlich verstehen, sich offenbar weiterhin blenden lassen *_wollen_* —

will ich jetzt nicht annehmen,

daß diese selbst einem bürgerlichen Zwangsdenken unterliegen, das aus dem Prozeß der politischen Ereignisse das freie Ziehen von politischen Konsequenzen behinderte, wenn nicht gar verunmöglichte.

Oder ist es etwa nicht offensichtlich, daß es auch _*weiterhin*_ keineswegs um eine Neuausrichtung der Politik im Sinne der Masse der Europäer geht?

Und so ist es eine Illusion, glaubt jemand, daß zumindest in Griechenland sich diese Masse nun „trauen" könne, für ihre Rechte auf die Straße zu gehen, um auf diese Weise Herrn Tsipras *„Rückenwind für seine rhetorischen Floskeln"* zu geben, und so auch zu verhindern, daß er weiter nach rechts rücke.

Na, da bin ich aber gespannt was geschehen würde, versuchten die tatsächlich _*ihre*_ „politischen Erfahrungen" unter dem „Schutz" dieser verbalradikalen bürgerlichen Partei zu sammeln.

Denn nicht lediglich in diesem Zusammenhang wird die rechtsextreme Partei der *Unabhängigen Griechen* ins „Spiel" kommen, mit der diese „radikale Linke" eine Koalitionsregierung gebildet hat — und die die reaktionären Kräfte Griechenlands vertritt, ob unter den Reedern, im Staatsapparat, im Militär oder in der orthodoxen Kirche. Eine Partei also, die ausgewiesen chauvinistisch ist und deren Repräsentanten sich

*noch nie*

für die Interessen der lohnabhängigen Griechen interessiert haben.

Man darf demnach zwar gespannt sein was geschieht, wird die Masse der Griechen von der Politik dieser Regierung enttäuscht sein — allerdings überrascht sein sollte man _*dann*_ nicht.

Man muß sich das einmal vorstellen:

> Nicht nur, daß eine, sich behaupteterweise als „links" verstehende Partei mit Leuten paktiert, die den Kern der griechischen Reaktion vertritt, nein, sondern das wird auch von solchen Leuten, die sich als „intellektuell fortschrittlich" gerieren, als kaum der Rede wert erachtet!

Nun, realiter wird das aber lediglich gewissen Leuten in die Hände spielen — vorzüglich solchen, die,

> ist die Meinungsmache soweit fortgeschritten, daß die Stimmung in der Bevölkerung ausreichend nationalismusgeschwängert ist,

erst dann jene als „unverbraucht" geltenden Figuren ins Licht treten lassen.

* * *

Das heißt, *so oder so*, das neoliberale Projekt wird fortgesetzt, jetzt vielleicht mit einer leichten Verzögerung, sozusagen über eine *„getragene Linkskurve"*, denn, das versteht doch jeder: *Strukturreformen*, die müssen nun einmal sein, sprich: Völliges Durchflexibilisieren der Arbeitsverhältnisse der abhängig Beschäftigten zur Wahrung der wirklich wichtigen, der _*großen*_ Interessen!

Da wird für die Masse der Menschen schon noch etwas abfallen. Nun, vielleicht dürfen die dann ihr „Glück" im Krieg finden, bzw. es suchen ...

Objektiv betrachtet, und für sich genommen, ist allerdings die Beobachtung dieses mählichen Wandlungsprozesses der Vertreter der bürgerlichen Linken Europas nicht ohne Interesse. Ein Prozeß, der in Deutschland möglicherweise auf *jene* Illusion zurückzuführen ist, daß diese Leute Hoffnung auf einen „rot-rot-grünen"

(__*oder so*__)

Regierungswechsel setzen, der sich in ihrem Leben noch ereignen möge

„... Daß ich das noch erleben darf!" – o.ä. verzückt bemerkt.

Nun, sollte das zutreffen,

gerieten sie in große Orientierungsnot, im Anschluß an die Erfüllung ihrer Hoffnung — ausgestattet wie sie mit ihrer *Loupiote ordinaire* sind:

Il est impossible de transpercer la brume du chaos politique et les raisons pour les structures sociales du pouvoir si on a seulement une loupiote ordinaire à la disposition.

Wie aber sollten Leute, die selbst lediglich mit einer *funzeligen Lampe* ausgestattet sind,

nämlich eben genau mit jener *Loupiote ordinaire*,

anderen auf eine Weise Licht geben können, daß diese wenigstens klar erkennten, was auf sie zukommt — und die zudem den Charme von Totengräbern haben?

Ja, ja, wenn „Realos" Politik machen, dann bricht die *Zeit der Illusionisten* an, genauer gesagt: *sie wird fortgesetzt.*[336]

---

[336] Editorische Notiz: Wie eingangs des letzten Kapitels dieses ersten Bandes mit seinen drei Teilbänden schon bemerkt, ist dieser Text am 28. Januar 2015 erstmals auf *NetzKolumnist.com* veröffentlich worden. Im Rahmen der Ihnen vorliegenden Untersuchung wurde dieser Text zwar im März 2016 redigiert, aber im Kern seiner Aussage unverändert gelassen. Es liegt also an Ihnen, sich die Frage zu beantworten, ob seine Aussagen, also abgehoben von den Personen oder Parteien, die lediglich als austauschbar zu verstehen sind, an Aktualität verloren oder sogar gewonnen haben könnten. (__*Von meinem persönlichen Eindruck ausgehend, hätte ich diesen Text nicht in die Untersuchung aufgenommen, wäre aus meiner Sicht seine Aktualität geschwunden — obwohl mir das recht wäre.*__)